예수 더 없이 아름다운 사람

성경 마태 마가 누가 요한 복음 강의

예수 더 없이 아름다운 사람

재발행 개정 1쇄 | 2019년 3월 1일

강의 | 오쇼 **번역** | 김석환 **펴낸이** | 송승용
펴내곳 | 도서출판 티움 **디자인** | 디자인감7
출판등록 | 제314-000011 **주소** | 서울시 양천구 신정동 1009-6
전화 | 02-324-2010 **전자우편** | tiumbooks@naver.com

「이 도서의 국립중앙도서관 출판예정도서목록(CIP)은 서지정보유통지원시스템 홈페이지(http://seoji.nl.go.kr)와
국가자료공동목록시스템(http://www.nl.go.kr/kolisnet)에서 이용하실 수 있습니다.
(CIP제어번호 : CIP2019006742)」

성경 마태 마가 누가 요한 복음 강의

예수 더 없이 아름다운 사람

오쇼 저 김석환 역

티움

역자서문

젊은 시절 나에게 있어서 예수는 항상 풀리지 않는 숙제였다. 교회에서 가르쳐 주는 예수, 넓은 도서관을 빽빽이 채운 신학서적이 설명해주는 예수는 나름대로 가치가 있었지만 어떤 이유에선지 나에게는 부족함이 느껴졌다. 예수를 잘 알지는 않았지만 예수에 대한 이야기만 나오면 마음 한구석에서 "그건 아닌 것 같아." 하는 소리가 들리는 듯했다.

그러던 중에 오쇼의 책으로 우리나라에 처음으로 번역 소개되었던 《마하무드라의 노래》와 《사라하의 노래》에서 단편적으로 언급된 예수에 대한 새로운 시각에서 어떤 희망을 보았다. 그리고 머릿속에 엉클어져 있던 수수께끼들이 하나둘씩 풀려나가기 시작했다. 게다가 책 뒤편에 소개된 오쇼의 여러 강의록 중에서 예수에 관해 강의한 책이 일곱 권이나 있다는 것을 알고는 너무도 흥분하였다.

우연한 기회에 선배의 요청으로 〈노자 도덕경〉을 먼저 번역할 수밖에 없었지만 마음은 항상 예수에게 가 있었다. 그래서 도덕경 번역을 마치자마자 시작한 것이 예수 강론 I Say Unto You 1, 2권 번역이었다.

그러고 나서는 모든 숙제가 다 풀린 것 같은 기분이었다. 일반적인 상식으로는 도저히 어울릴 것 같지 않았던 붓다와 노자, 짜라투스트라, 까비르, 탄트라, 인도의 고대 경전들이 예수와 어깨를 나란히 하고 있는 것이 너무도 신기하였고, 가슴이 뻥 뚫리고 머릿속이 시원해지는 느낌이었다. 번역을 마쳤을 때는 이제 숙제를 다 한 것 같은 성취감과 만족감으로 한껏 충만하게 되었다.

오쇼의 예수 강론은 크게 세 번에 걸쳐 이뤄졌다. 첫 번째가 74년 8월 21일부터 9월 10일까지 도마복음 강의The Mustard Seed였고 두 번째가 75년 10월 21일부터 12월 31일까지 4대 복음에 대한 강의Come Follow to You, 세 번째가 77년 10월 21일부터 11월 10일까지 역시 마찬가지로 4대 복음에 대한 강의I Say Unto You였다. 이 책은 마지막에 해당하는 세 번째 강의로 예수에 대한 오쇼의 시각을 집대성한 것이라고 할 수 있다.

33년 만에 이 강의를 다시 보면서 오쇼의 혜안에 또 다시 감탄하지 않을 수 없었다. 성경의 문구 하나 하나에 숨겨진, 아무나 볼 수 없는 것을 이렇게 예리하게 짚어준 사람이 오쇼 말고 또 있을까? 특히나 산상수훈의 첫 구절과 그 뒤에 이어지는 구절의 차이에 대한 설명에서 나는 오쇼 앞에서 무릎을 꿇고 싶은 심정이었다. "심령이 가난한 자는 복이 있나니 천국이 저희 것임이요." 이것이 모든 것을 담고 있는 말이기에 단 한 줄로 끝났을 수도 있었지만 제자들이 이해하지 못하는 것을 본 예수는 그 다음 구절에서는 한 단계 내려와 마음이 이해하는 미래형을 사용해서 설명할 수밖에 없었다는 말. 예수 그 자신이 아니면 설명될 수 없는 것들을 마치 예수가 그 당시 상황을 설명하듯이 풀어내주는 것에 고개를 숙이지 않을 수 없었다.

오쇼의 강의는 한 권의 강의록 안에 삶의 모든 것, 지혜의 모든 것을 담아낸다. 오쇼가 다른 선지자들과 구별되는 점은 선대의 모든 선지자들에게 태그를 걸어 놓았다는 데에 있다. 같은 말을 반복하는 것처럼 보이지만 각각의 다른 선지자들이 갖고 있는 서로 다른 에너지에 오쇼의 색깔이 입혀짐으로써 전혀 다른 것 같은 새로운 형태의 에너지가 탄생한다. 오쇼가 남긴 600권이 넘는 분량의 책이 가능할 수 있었던 것도 바로 이 때문일 것이다.

오쇼의 또 다른 매력은 간결함과 명쾌함이다. 오쇼는 영어로 말하면 2형식의 문장을 자주 사용한다. ○○은 ○○이다. 가장 간단한 형식의 문장을 사용하기 때문에 머리가 쉽게 따라가고 가슴이 쉽게 공명한다. 마치 노래를 듣는 듯하다. 노래는 음률로 사람을 끌어들여 어느덧 듣는 사람도 그 노래를 따라 흥얼거리게 된다. 오쇼는 명쾌한 논리로 사람들의 무의식적인 편견을 의식적으로 깨뜨리고 있지만 오쇼가 노리는 것은 결국은 공명이다. 같은 에너지를 서로 나누는 것이다.

지난 번 《두드리지 마라 문은 열려있다》로 인연을 맺은 티움 출판사에서 다시 한 번 《너희에게 이르노니》의 재출간을 허락해 주셨다. 열

악한 출판 상황에도 불구하고, 그리고 한 때 불같이 타올랐던 오쇼의 열기가 많이 식어있음에도 불구하고 용기를 내주신 것에 감사를 드린다. 이 책이 식어가는 오쇼에 대한 열기를 다시 한 번 활활 타오르게 하는 도화선이 되어주기를 기대한다.

차례

마/태/복/음 5장

1. 예수께서 무리를 보시고 산에 올라가 앉으시니, 제자들이 나아온지라.
2. 입을 열어 가르쳐 가라사대
3. 심령이 가난한 자는 복이 있나니 천국이 저희 것임이요.
4. 애통하는 자는 복이 있나니 저희가 위로를 받을 것임이요.
5. 온유한 자는 복이 있나니 저희가 땅을 기업으로 받을 것임이요.
6. 의에 주리고 목마른 자는 복이 있나니 저희가 배부를 것임이요.
7. 긍휼히 여기는 자는 복이 있나니 저희가 긍휼히 여김을 받을 것임이요.
8. 마음이 청결한 자는 복이 있나니 저희가 하나님을 볼 것임이요.
9. 화평케 하는 자는 복이 있나니 저희가 하나님의 아들이라 일컬음을 받을 것임이요.
10. 의를 위하여 핍박을 받은 자는 복이 있나니 천국이 저희 것임이라.
12. 기뻐하고 즐거워하라. 하늘에서 너희의 상이 큼이라. 너희 전에 있던 선지자들을 이같이 핍박하였느니라.
13. 너희는 세상의 소금이니, 소금이 만일 그 맛을 잃으면 무엇으로 짜게 하리요. 후에 아무 쓸데없어 밖에 버리어 사람에게 밟힐 뿐이니라.

1장

씨앗의 죽음은 나무의 탄생이 되고

복음서는 믿을 수 없을 정도로 아름답게 시작한다. 다른 어떤 책도 그렇게 아름답게 시작하지 않는다. 또한 그렇게 시작할 수도 없다. 성경은 '책 중의 책' 이다. 성경Bible이란 바로 '책' 을 뜻하는 말이다. 성경은 인류가 갖고 있는 책 중에서 가장 귀중한 책이다. 성경은 '증거, 성약' Testament이라고도 불리운다. 왜냐하면 예수가 그 안에서 신을 증언했기 때문이다. 예수는 신의 증거가 되었다. 그것만이 있을 수 있는 유일한 증거이다. 신은 논쟁이 될 수 없으며 오직 예수 같은 사람만이 신의 증거가 될 수 있다.

복음서는 예수가 피워 놓은 아름다운 꽃들을 모두 간직하고 있다. 복음서에 기록된 말들은 이전에 있었던 그 어떤 말보다도 더 아름다운 말들이다. 붓다나 노자조차도 그런 식으로 말하지 않았다. 붓다는 매우 철학적이고 세련되었다. 그러나 예수는 매우 단순하고 간결하다. 예수는 마치 시골 농부나 어부처럼 말한다. 그가 그렇게 보통 사람들처럼 말하기 때문에 그의 말에는 단호함이 있으며 구체적이고 실재적이다.

붓다의 말은 추상적이다. 매우 고차원적이고 철학적이다. 그러나 예수의 말은 실재적이고 세속적이다. 거기에는 비가 내릴 때 젖은 땅에서 솟아오르는 향기가 있다. 흙의 냄새, 해변의 냄새, 바다의 냄새, 나무의 냄새가 있다. 예수의 말은 아주 세속적이다. 흙에 뿌리를 내리고 있다. 그는 세속적인 사람이다. 그리고 그것이 바로 예수의 아름다움이다. 그 아름다움은 어느 누구와도 비교될 수가 없다.

그러므로 나는 어떤 책도 복음서가 시작하는 방식으로 시작한 것이 없고 어떤 책도 복음서가 말하는 방식으로 말하지 않는다고 말한다.

복음서gospel라는 말은 원래 'Godspel god spell 즉 '신이 말하다'라는 뜻' 이라는 단어에서 왔다. 신은 바로 예수를 통해서 말했다. 예수는 단지 빈 대나무일 뿐이다. 그 노래는 신의 것이다. 그리고 예수의 비유는 삶을 있는 그대로 표현한 것이다. 그는 어떤 개념을 비비 꼬아 말하지 않는다. 그는 진리를 있는 그대로 나타낼 뿐이다.

복음서는 이렇게 시작한다. 다윗의 아들, 아브라함의 아들인 예수 그리스도의 계보이다. '아브라함이 이삭을 낳고, 이삭이 야곱을 낳으며, 야곱이 유다를 낳고, 유다는 베레스를 낳고, 베레스는 헤스론을 낳고, 헤스론은 람을 낳고……' 이런 식으로 계속 나간다. 그런 다음

'야곱이 마리아의 남편인 요셉을 낳고, 그로부터 그리스도라 불리는 예수가 태어나시니라.'

그런 다음 이 족보는 갑자기 멈춘다. 아브라함에서 예수까지 42대가 지나갔다. 복음서는 42대를 기록하다가 갑자기 예수가 태어나면서 족보가 중단된다. 갑자기 정점에 도달한 것이다. 바로 예수가 완성이기 때문이다. 그 이상은 없다. 예수는 최정상이고 그 이상으로 넘어갈 수가 없다. 따라서 '아브라함이 이삭을 낳고, 이삭이 야곱을 낳고' 그렇게 이어지다가 예수에 이르러 더 이상 갈 길이 없어진다. 최정상에 도달한 것이다. 예수는 꽃이며 완성이다. 바로 그것 때문에 성경은 예수를 플레로마pleroma, 즉 성취라고 부른다.

그 42대가 예수에서 완성되었다. 예수 이전의 역사 전부가 예수 안에서 성취되었다. 집에 도착한 것이다. 그는 그 42대의 열매이고 성장이며 진화였다. 예수는 완성이다. 그래서 복음서에서는 예수 이후로는 아무도 말하지 않는다. 예수는 어느 누구도 낳지 않았다. 그는 그 자신을 낳았다. 그리고 그것이 '그리스도'라는 말의 의미이다.

탄생에는 두 가지 종류가 있다. 하나는 다른 사람, 즉 부모로부터의 탄생이 있다. 그것은 육체적인 탄생이다. 다른 하나는 자기가 자기 스스로를 낳는 것이다. 그대는 그대 자신에게서 태어나야 한다. 그대 스스로가 자궁이 되어야 하고, 아버지가 되어야 하고, 어머니가 되어야 하고, 아이가 되어야 한다. 과거의 그대는 죽어야 하고 미래의 그대가 탄생해야 한다. 그대는 그대 스스로를 낳아야 한다. 그것이 바로 복음서가 믿을 수 없을 만큼 아름답게 시작한다고 말하는 이유이다. 예수는 아무도 낳지 않았다. 그는 그 자신을 낳았다.

그것이 바로 십자가형과 부활의 의미이다. 육체는 십자가형을 받았으나 영혼은 십자가형을 받을 수 없다. 육체는 파괴될 수 있지만 영혼은 파괴될 수 없다. 육체는 물질이다. 칼로 자를 수 있고 독으로 죽일 수 있다. 비록 누가 살해하지 않아도 죽음은 찾아올 것이고 육체는 사라질 것이다. 육체는 사라져야 한다. 그렇게 되어 있다. 그것은 단지 잠시만 존재할 뿐이다. 의식이 있는 자는 자신 안에서 영혼을 창조하는데 그 시간을 이용한다.

육체는 포도와 같다. 포도는 없어지게 되어있다. 포도를 영원히 보관할 수는 없다. 포도는 썩을 것이다. 그러나 바로 그 포도에서 우리는 포도주를 만들어낼 수 있다. 포도주를 '영혼'이라고 부르는 이유가 거기에 있다. 그대는 자신의 존재 안에서 영혼을, 포도주를 만들어낼 수 있다. 포도는 쌓아놓을 수 있는 것이 아니다. 그것은 일시적이다. 하지만 포도주는 영원할 수 있다. 사실 더 오래되면 오래될수록 더 가치 있고 더 귀해진다. 포도주에는 영원의 무언가가 있다.

육체는 포도와 같지만 그것을 잘 이용한다면 포도주를 창조해낼 수 있다. 육체는 사라질 것이다. 하지만 포도주는 남아있을 수 있다. 영혼은 남아있을 수 있다.

예수는 많은 기적을 행했다. 그 중의 하나는 물을 포도주로 만든 것이다. 이것은 비유이다. 그것을 문자 그대로 받아들이지 않길 바란다. 그것을 문자 그대로 받아들이면 그 의미가 상실되기 때문이다. 그것이 역사적인 사실이라고 증명하려 한다면 어리석은 일이다. 그것 때문에 예수마저도 덩달아 어리석어 보일 것이다. 그것은 내면의 세계를 비유한 것이다.

내면의 세계는 문자로 표현될 수 없다. 그저 상징으로만 표현될 수 있을 뿐이다. 물을 포도주로 변하게 한 것은 시간을 영원으로 만들고, 남아있을 수 없는 것을 남아있을 수 있는 것으로 만드는 것을 의미한다.

물을 계속 보관하고 있으면 조만간에 썩기 시작한다. 하지만 포도주는 오랜 세월동안 보관할 수 있다. 그리고 오래되면 오래될수록 더 좋아지고 더 강력해지고 더 짙어진다. 포도주는 영원을 비유한 것이다.

예수는 희생을 통해 변형되었다. 그 누구도 희생 없이 변형된 일은 없다. 그 대가를 치러야 한다. 십자가가 바로 그 치러야 할 대가이다. 다시 태어나기 위해서는 죽어야 한다. 신을 얻기 위해서는 모든 것을 잃어야 한다. 예수는 그 자신을 낳았다. 그 현상은 십자가 위에서 일어났다. 십자가에서 그는 잠시 망설였다. 매우 혼란스러웠다. 자연스런 일이었다. 잠시 동안 그는 어디에서도 신을 볼 수 없었다. 모든 것이 사라졌다. 그는 모든 것을 잃고 있었다. 그는 죽어가고 있었고 어떤 가능성도 없어 보였다. 그와 똑같은 일이 모든 씨앗에게 일어난다. 흙에 씨앗을 뿌리면 씨앗이 자기 자신을 잃어버리는 순간이 온다. 그때 망설임이 있다. 그와 똑같은 망설임이 십자가 위에서 예수에게도 일어났다. 씨앗이 죽어가고 있다. 씨앗은 과거에 매달려야 한다. 씨앗은 살아남고 싶어 한다. 아무도 죽고 싶어 하지 않는다. 그리고 씨앗은 그것이 죽음이 아니라고, 곧 부활할 것이라고, 곧 싹이 틀 것이라고 상상하지 못한다.

씨앗의 죽음은 나무의 탄생이 될 것이다. 잎이 무성해지고 꽃이 피고 열매를 맺을 것이다. 새들이 날아와 가지 위에 앉아 둥지를 틀 것이고, 사람들이 나무 그늘 아래에 앉을 것이다. 낮에는 구름과 이야기를 나누고 밤에는 별들과 이야기를 나눌 것이다. 그리고 하늘과 함께 유희를 즐기고 바람 속에 춤을 출 것이다. 커다란 기쁨이 있을 것이다. 그런데 씨앗 이외에는 다른 것이 되어본 적이 없는 이 불쌍한 씨앗이 어떻게 그것을 알 수 있겠는가? 그것은 상상조차 할 수 없는 일이다. 신을 상상할 수 없는 이유가 바로 그런 것이다.

그런 일이 일어난다는 것을 씨앗에게 증명할 방법이 없다. 씨앗이 이렇게 말한다. "그렇다면 어떤 일이 일어나는지 나에게 보여 달라!" 그러나 보여줄 수 있는 방법이 없다. 무슨 일이 일어날 것인지 씨앗에게 보여줄 수가 없다. 그것은 미래에 일어날 일이다. 그런 일이 일어나면 씨앗은 없어지게 된다. 씨앗은 결코 나무를 만날 일이 없을 것이다. 마찬가지로 인간은 결코 신을 만나지 못한다. 신은 인간이 사라질 때 내려오기 때문이다.

예수는 망설였다. 당황스럽고 불안했다. 그는 외쳤다. 하늘을 향해 울부짖었다. "왜 저를 버리셨습니까? 왜? 왜 저에게 이 고통을 주십니까? 제가 당신에게 무슨 잘못을 했습니까?" 그의 마음속에 수천수만 가지의 원망이 스쳐갔을 것이다.

씨앗이 죽어가고 있다. 씨앗은 바로 다음에 무슨 일이 일어나는지 전혀 모르고 있다. 씨앗이 바로 그 다음의 단계를 인식한다는 것은 불가능하다. 따라서 신앙이 필요하다. 신뢰가 필요하다. 씨앗은 나무가 탄생할 것이라고 믿어야 한다. 그 모든 망설임, 그 모든 공포, 불확실성, 고뇌, 불안, 이 모든 것들에도 불구하고 씨앗은 나무가 탄생할 것이라고, 나무가 만들어질 것이라고 믿어야 한다. 그것이 신뢰로의 도약이다.

그리고 그 도약이 예수에게 일어났다. 그는 십자가 위에서 모든 것을 놓아버리고 이렇게 말했다. "당신의 왕국이 오게 하소서. 당신의 뜻이 이루어지게 하소서." 그의 심장이 요동치고 있었다. 자연스런 일이다. 그대의 심장 또한 그럴 것이다. 죽음이 찾아오는 순간, 그대의 자아가 사라지는 순간, 그대 자신을 아무 것도 없는 무無에게 잃어버리는 순간, 살아남을 방법이 전혀 없는 것 같은 순간, 그리고 항복해야 하는 순간이 찾아올 때, 그대 또한 두려워할 것이다.

내려놓는 데에는 두 가지 방법이 있을 수 있다. 하나는 마지못해 내려놓는 것이다. 그때 그대는 핵심을 놓칠 것이다. 죽은 다음 다시 태어날 것이다. 다른 하나는 깊이 수용하면서, 신뢰 속에서 편안히 놓아버리는 것이다. 예수가 한 일이 바로 그것이다. 그것은 가장 위대한 기적이다. 나에게는 그것이 기적이다. 아픈 사람을 치료한 것, 장님을 눈 뜨게 한 것, 나병 환자를 낫게 한 것이 기적이 아니다. 죽었던 나자로를 부활하게 한 것도 기적이 아니다. 그런 것은 진정한 기적이 아니다. 그것들은 모두 비유이고 우화일 뿐이다. 모든 스승들이 눈먼 자의 눈을 뜨게 했고 귀먹은 자의 귀를 열리게 했다. 모든 스승들이 사람들을 죽음으로부터 살려냈고 무덤에서 불러냈다. 그러나 그것들은 모두 비유이다.

예수가 망설임과 걱정과 의심에도 불구하고 결국 모든 것을 내려놓고 "당신의 뜻이 이루어지게 하소서." 하고 말한 바로 그것이 진정한 기적이었다. 그 순간 예수는 사라졌고 그리스도가 탄생했다.

떼이야르 드 샤르뎅Theihard de Chardin, 1881~1955, 프랑스 신부은 그것을 '그리스도 기원Christgenesis' 이라고 명명했다. 예수가 그리스도를 낳은 것이다. 그리스도 기원을 통해서 인간은 진정한 자신이 된다. 자신이 아닌 것을 잃어버리고 진정한 자신이 된다. 인간의 그리스도화이다. 그리스도가 되는 것이다. 기독교인이 되는 것이 결코 아니다.

기독교인은 기독교의 교리를 따르는 사람이다. 그리스도화한 사람은 씨앗은 죽고 나무가 된 사람을 뜻한다. 에고를 버리고 자기 자신은 사라지며 다른 차원에서 변형되어 나타나는 것이다. 곧 부활이다.

그리스도화 한다는 것은 그대가 더 이상 혼자가 아님을 뜻한다. 신이 그대 안에 있고 그대가 신 안에 있다.

그리스도는 자신을 어떤 때는 인간의 아들이라고 말하고, 어떤 때는 신의 아들이라고 말한다. 이것이 그리스도 의식의 역설이다. 그는 둘 다이다. 육체가 관련되는 한 그는 인간의 아들이다. 마음이 관련되는 한 인간의 아들이다. 그러나 영혼이 관련되는 한 그는 신의 아들이다. 의식이 관련되는 한 그는 신의 아들이다. 육체가 영혼의 거처이듯 마음은 의식의 도구이다. 마음은 육체에 속하고 의식은 영혼에 속한다. 예수는 역설이다. 한쪽으로는 인간이고 다른 한쪽으로는 신이다. 신과 인간이 함께 움직일 때, 기적이 일어난다 해도 놀랄 것은 아무 것도 없다. 기적은 신과 인간이 함께 움직일 때만 일어나는 것이다.

레오 톨스토이는 이렇게 말했다. "그리스도는 신과 인간이 함께 일하고, 함께 걷고, 함께 춤추는 것이다." 성 아우구스티누스는 이렇게 말했다. "신이 없다면 인간은 존재할 수 없다. 그리고 인간이 없다면 신도 존재하지 않을 것이다. 그리스도란 신과 인간이 결합된 것, 무한이 유한과 만나고, 시간이 영원을 만나 서로의 속으로 녹아들어 가는 것이다."

한 늙은 정원사가 정원에서 땅을 파고 있었다. 그때 사제가 다가와서 말했다. "조지, 신과 인간이 함께 일을 할 수 있다는 것이 참으로 놀라운 일이지 않아요?"

"그렇지요. 하지만 신께서 작년에 저 혼자서 이 정원을 가꾼 모습을 보셨어야 할 걸 그랬습니다."

사실 그렇다. 인간만으로는 무력하다. 그런데 신 역시 혼자 일할 수 없다. 신은 홀로 전능하지만 도구가 없다. 인간은 비어있는 대나무이다. 어느 누구도 그것으로 노래를 부르지 못하고, 음악과 하모니와 멜로디를 채우지 못한다. 신은 멜로디를 만들어낼 능력은 있지만 플루트를 만들 빈 대나무가 없다.

그리스도는 신의 입술에 놓인 플루트이다. 따라서 그리스도로부터 나온 것은 무엇이든 신의 말이다. 복음이다.

14대! 아브라함에서 다윗까지 14대이고, 다윗에서 바빌론으로 유배될 때까지 14대이며, 바빌론으로 유배된 이후 그리스도까지가 14대이다.

이것 또한 매우 상징적이다. 성경과 같은 부류의 책은 평범한 사람들의 작품이 아니다. 그것은 조지 구제프George I. Gurdjieff, 1872~1949, 그리스계 아르마니아 사람으로 동양을 순례하면서 명상법을 수행하였고 그것을 서양에 맞게 소개하였다. 서양의 부처라고도 함가 일컫는 '객관적 예술objective art'이다. 성경은 이 세상에 있는 대표적인 객관적 예술의 하나이다. 그것은 셰익스피어나 칼리다스Kalidas, 4~5세기 인도의 시인가 쓴 책과는 다르다. 그런 사람들은 주관적 예술을 창조한다. 그들은 무엇인가를 아름답게 쓴다. 미적 감각이 있다. 하지만 다른 평범한 사람들처럼 무의식적이다. 아름다움을 맡는 코는 있지만 다른 사람들과 마찬가지로 잠을 자고 있다. 그들의 예술 작품은 주관적이다. 그들 자신을 표현할 뿐이다.

그러나 베다, 코란, 우파니샤드, 성경 같은 책들은 '졸고 있는' 사람들이 쓴 것이 아니다. 아름다운 시나 산문은 아니지만 진리가 무엇인지 아는 사람들, 진리에 깨어있는 사람들이 쓴 것이다. 그럴 때 그들이 쓰는 것은 그것이 무엇이 되었든 마치 지도와 같다. 그것은 암호를 해독하듯 풀어내야 한다. 그렇지 않으면 계속 길을 잃을 것이다.

왜 하필이면 14대일까? 어떤 학자도 그런 질문을 하지 않았다. 어떤 성서학자도 그런 질문을 하지 않았다. 왜 14대일까? 왜 15대는 아니고 왜 13대는 아닐까?

여기서 나는 객관적 예술의 예를 보여주려고 한다. 14인 데에는 이유가 있다. 그것을 해독해야 한다.

육체가 성숙하듯이 영혼도 성숙한다. 14년이 되면 육체는 성숙한다. 성적으로 성숙해져 자손을 낳을 수 있게 된다. 14년이 되면 육체는 성적으로 무르익어 소년은 아버지가 될 수 있고, 소녀는 어머니가 될 수 있다. 그들은 자신들의 닮은꼴을 번식할 수 있다.

그와 똑같은 방식으로 영혼 또한 성숙해진다. 육체가 성적으로 성숙하는 데에 14년이 걸리듯이 영혼이 영적으로 성숙하는 데에도 14대가 걸린다. 아브라함에서 다윗까지 14대가 걸리고, 다윗에서 바빌론으로의 유배까지 14대가 걸리고, 바빌론으로의 유배에서 예수까지 14대가 걸렸다는 것은 바로 그런 의미이다. 영혼이 성숙해질 때, 열매가 익을 때, 그 열매는 나무에서 떨어진다. 아직 익지 않은 것은 나무에 매달려있다. 익지 않은 것은 나무에 매달려있어야 한다. 익지 않은 채로 떨어지면 그 열매는 쓰고 신맛을 그대로 유지하고 있을 것이다. 결코 단맛이 나지 않을 것이고 쓸모가 없을 것이다. 충분히 익으려면 매달려있을 필요가 있다. 매달린다는 것은 '내가 아직 당신을 떠날 준비가 되지 않았습니다.' 를 보여주는 것이다. 사람이 성숙하여 무르익으면 바로 그 무르익음이 자유가 되고, 더 이상 매달리지 않는다.

예수는 신 속으로 사라졌다. 예수는 삶이라고 하는 생명나무에서 사라졌다. 열매가 익은 것이다. 바로 그것을 우리 동양에서는 이렇게 말한다. : 사람이 완전하게 되었을 때 – 이 땅에서, 이 상황에서 자랄 수 있는 모든 것이 다 자랐다는 의미에서 완전하게 되었을 때 – 그는 다시 돌아오지 않는다. 그는 저 너머의 세계로 건너갔다. 다시는 돌아오지 못하는 지점을 넘어섰다. 그리고 그는 결코 돌아오지 않을 것이다. 우리는 그런 사람을 붓다, 또는 자이나Jaina라고 부른다.

유대인들은 그런 차원을 '그리스도' 라고 불렀다. 그리스도란 저 너머의 세계로 넘어가 이곳에는 잠깐만 머무는 사람을 말한다. 열매가 익어 언제라도 떨어지기만을 기다리고 있다. 약간의 미풍만 불어도 열매는 영원히 사라질 것이다. 존재 속으로 사라질 것이다. 따라서 나무는 예수에서 그친다. 그는 결혼하지 않은 채로 남는다. 그는 자손을 낳지 않는다. 예수의 독신생활은 일반적인 독신생활, 억압된 독신생활과는 아무 관계도 없다. 그는 사랑에 반대하지 않는다. 그는 성에 반대하지 않는다. 그는 청교도가 아니다. 도덕주의자가 아니다.

어젯밤 도스토옙스키의 글을 읽었다. 그는 이렇게 말했다. "도덕주의자들은 항상 매우 불행하다." 완벽하게 옳은 말이다. 도덕주의자들은 정말로 불행한 사람들이다. 사실 불행한 사람들만이 도덕주의자가 된다. 그들은 너무도 불행하여 다른 사람들까지도 모두 불행하게 만들고 싶어 한다. 그리고 사람들을 불행하게 만드는 가장 좋은 방법은 그들이 죄의식을 느끼게 만드는 것이다.

예수는 도덕주의자가 아니다. 브라마차리아brahmacharya, 그의 독신은 완전히 다른 차원이다. 그것은 그가 육체적 차원에서 번식하는 것에는 더 이상 흥미를 느끼지 못하고 영적인 차원에서 번식하는 데에만 흥미를 갖고 있다는 의미이다. 그는 아이를 낳지 않고 제자들을 낳는다. 그는 신이 세상으로 내려올 수 있도록 더 많은 거처를 만든다. 그는 육체를 창조하는 것이 아니라 영혼을 창조한다. 그리고 그는 기적의 스승이다. 그는 이 땅 위에 깨달은 많은 사람들을 만들어냈다. 그에게는 그런 마법의 손길이 있었다. 게다가 그것도 별 볼 일 없는 사람들 가운데서 만들어냈다.

붓다는 깨달은 많은 사람들을 만들어냈다. 그러나 그들은 매우 성숙한 영혼들이었다. 사리풋다Sariputta, 붓다의 10대 제자 중 가장 뛰어난 인물는 이미 매우 성숙한 영혼이었다. 열매가 이미 무르익었다. 나는 붓다가 사리풋다의 삶 속에 들어가지 않았다 할지라도 사리풋다는 조만간 깨달았을 것이라고 생각한다. 붓다가 꼭 필요하진 않았다. 그가 도움을 주고 속도를 올려주기는 했지만 그것이 필수적인 것은 아니었다. 만일 사리풋다가 붓다를 만나지 않았더라면 아마도 한 번이나 두어 번 더 윤회를 한 후에 그 스스로 도달했을 것이다. 그는 이미 도달하고 있었다. 거의 다 와 있었다. 마하가섭도 그랬고 목견련도 그랬고 그 밖의 다른 붓다의 제자들도 그랬다.

그런데 예수는 정말로 기적을 행했다. 그는 평범한 돌을 건드려 다이아몬드로 변형시켰다. 그는 아주 평범한 사람들 속에 있었다. 그물을 던지는 어부에게 다가가 그 옆에 서서 손을 그의 어깨에 올리고 이렇게 말한다. "내 눈을 보라. 물고기를 얼마나 더 잡을 것인가? 내가 그대를 사람을 낚는 어부로 만들겠다. 내 눈을 바라보라." 그러자 그

가난하고 평범한 어부가 -그는 교육도 받지 못했고 세련되지도 않았고 교양도 없었다. 영적인 성장에 대해서는 들은 적도 없었고 흥미도 갖지 못했었다. - 고기를 잡아 생계를 유지하는 일에 만족하고 매일 매일의 삶에 행복해 했던 그가 예수의 눈을 들여다보고는 그물을 던져버리고 예수를 따른다. 그리고 그 어부가 깨달은 사람이 된다. 농부, 세리, 또는 막달라 마리아 같은 창녀가 깨닫게 된다.

예수는 평범한 금속을 황금으로 변형시킨다. 그는 정말로 '현자의 돌' 이다. 그의 손은 마술사의 손이다. 무엇을 만지든 갑자기 영혼이 살아 일어난다.

붓다는 많은 사람들을 깨닫게 했다. 그러나 그들은 이미 깨달음의 길에 있었던 사람들이었다. 붓다는 세련된 사람들 속에 있었다. 학식 있고, 덕망 있고 특별난 사람들이었다. 그러나 예수는 아주 평범한 사람들과 함께 있었다. 억압에 짓밟힌 가난한 사람들이었다. 바로 이것이 사제들이 예수를 죄인으로 몰고 간 죄목 중의 하나이다. 도박꾼들, 주정뱅이들, 창녀들과 함께 다닌다는 것이다. 그는 창녀와 함께 있었다. 어느 누구와도 함께 있었다. 아무와도 함께 음식을 먹었다. 그는 타락한 사람이었다. 표면적으로, 겉보기에는 그가 타락한 사람처럼 보였다. 그러나 그가 밑으로 떨어진 것으로 보일 때는 밑에 떨어진 사람들을 일으켜 세워주려고 했을 때였다. 그는 가장 바닥에 있는 사람들을 가장 높은 곳으로 올려주고 있었다. 그리고 거기에는 이유가 있었다.

최하층의 사람들은 세련되지 못하고 교양이 없을 수도 있다. 그러나 그들의 가슴에는 순수함이 있다. 더 많은 사랑이 있다. 이제 그 차이를 이해할 수 있을 것이다. 붓다의 길은 지성의 길이다. 붓다는 어부에게 다가가 이렇게 말하지 못한다. "나를 따르라. 그러면 그대를 깨닫게 해주겠다." 그것은 붓다에게 불가능한 일이다. 그의 길은 자각의 길, 지성의 길, 이해의 길이다. 어부는 그의 말이 무슨 말인지 알아듣지도 못할 것이다. 붓다의 말은 어부에게는 너무도 과한 것이다. 어부가 이해하지 못하는 저 너머의 것이다.

예수의 길은 사랑의 길이다. 가난한 사람들은 부자보다 더 사랑이 많다. 어쩌면 그것 때문에 그들이 가난한지도 모른다. 사랑이 많을 때는 많은 돈을 축적하지 못하기 때문이다. 사랑과 돈은 함께 가지 않는다. 사랑이 많을 때, 그대는 나누어준다. 부자는 사랑하는 사람이 될 수 없다. 왜냐하면 사랑은 부자의 재산에 항상 위협이 되기 때문이다. 만일 부자가 사람들을 사랑한다면, 그는 나누어주어야 할 것이다.

나는 어떤 가족과 7년을 함께 살았다. 주인은 상당한 재력가였다. 그리고 그는 나의 생각에 흥미를 보였다. 그런 이유로 그는 자기와 함께 있자고 나를 초대했다. 그는 나를 위해서 모든 것을 마련해주었다. 커다란 방갈로와 정원을 제공해주었다. 단지 나와 함께 있기 위해 가족 모두를 데리고 나와 함께 살려고 온 것이다. 그런데 놀라운 것은 그가 아내나 아이들과 대화하는 것을 한 번도 보지 못했다는 점이다. 우리가 서로에게 더 익숙해지면서 하루는 그에게 물었다. "나는 당신이 아내나 아이들과 함께 앉아있는 것을 본 적이 없어요. 가족들 누구와도 말하는 것을 본 적도 없고요. 도대체 무슨 일인가요?"

그가 말했다. "아내에게 말을 거는 순간 아내는 요구하기 시작합니다. '가게에 멋진 장식물이 있어요.' 아니면 '좋은 드레스가 나왔어요.' 하고 말입니다. 그러면서 내 주머니 속으로 뛰어들지요. 아이들에게 말을 걸면, 아이들의 손이 즉시 내 주머니 속을 뒤지기 시작합니다. 그래서 침묵을 지키고 딱딱하고 엄숙한 얼굴을 유지하는 게 더 낫다는 것을 배우게 되었습니다. 그것이 나를 방어해줍니다. 그러면 아무도 요구하지 않습니다."

나는 그의 생각을 이해하게 되었다. 그것이 이 세상의 모든 부자들의 생각이다. 돈에 너무 집착하는 사람은 정말로 돈에 매이게 된다. 사랑을 할 수 없기 때문이다. 돈이 사랑의 대체물이다. 그는 돈을 축적한다. 그것 외에는 행복해질 일이 없다고 생각하기 때문이다. '돈을 모아라. 그러면 적어도 돈을 갖게 되고 무엇이든 살 수 있다.' 그는 돈으로 사랑까지 살 수 있다고 믿는다.

섹스는 살 수 있겠지만 사랑은 아니다. 그런데 그때가 되면 많은 사람들이 섹스가 사랑이라고 생각한다. 육체는 살 수 있다. 하지만 그 사람에게서 어떤 친밀감을 얻을 수는 없다. 많은 사람들이 다른 사람의 육체를 가지는 것, 다른 사람의 육체를 소유하는 것이면 충분하다고 생각한다. '더 이상 무엇이 필요한가? 왜 그 이상의 것에 골머리를 앓아야 하지?' 많은 사람들이 어쩌다 만난 사람과의 섹스에만 흥미를 갖고 있다. 친밀감이 아니다. 깊이 들어가는 것이 아니다. 깊은 대화 속으로 들어가는 것이 아니다. 그들은 깊은 대화를 두려워한다. 그러려면 약속을 해야 하고 약속은 책임을 동반하기 때문이다. 그러면 아주 감성적이어야 하고 살아있어야 한다. '뭐 어때? 그냥 어쩌다 만나 하는 섹스가 좋잖아? 그런 섹스는 돈으로 살 수 있어. 시장에서 언제든 구할 수 있어.' 돈을 추구하는 사람은 돈으로 모든 것을 살 수 있다고 생각한다. '그런데 왜 다른 것에 신경을 쓰지? 최고의 미인을 소유할 수 있고, 최고로 화려한 집을 소유할 수 있고, 이것도 할 수 있고 저것도 할 수 있는데?' 그는 이런 것들이 자신을 만족시켜줄 것이라고 생각한다. 그러나 그런 것들은 결코 만족을 주지 않는다. 오직 사랑만이 만족을 준다. 어떤 대체물도 만족을 줄 수 없다. 대체물은 대체물일 뿐이다. 그것은 가짜다.

가난한 사람들에게는 더 많은 사랑이 있다. 왜냐하면 가난한 사람들은 에너지 전체가 가슴 주변을 돌게 하기 위해서 머리를 키우지 않기 때문이다. 두 개의 에너지 센터가 있다. 가슴과 머리이다. 에너지가 가슴으로 들어가든지 아니면 머리로 들어가든지 둘 중의 하나이다. 에너지가 양쪽으로 들어가 균형을 이루는 사람, 또는 에너지를 필요한 곳으로 돌릴 수 있는 사람을 발견하는 경우는 아주 희귀하다. 그는 지적이고 싶을 때는 에너지를 머리로 흘러가게 하고 사랑을 원할 때는 에너지를 가슴으로 흘러가게 한다. 이런 사람은 완벽한 사람이다.

하지만 보통 사람들은 그렇게 완벽하지 않다. 그들은 머리에 고정되거나 가슴에 고정되어 있다.

예수의 길은 사랑의 길이다. 따라서 그는 지성이 아직 발달되지 않은 가난한 사람들 속에서, 평범한 사람들 속에서 기적을 행했다. 그들에게는 기회가 있었다. 그들의 에너지는 가공되지 않았고 아직 가슴에 있었다. 그들은 아이들에 더 가까웠던 것이다.

육체가 14년 만에 성숙하는 것과 똑같이, 영혼도 14대 만에 성숙한다. 그것이 최소한의 기간이다. 그것은 그대에게 달려있다. 때로는 140대가 지나도 성숙하지 않을 수도 있다. 그대는 아주 게으를 수도 있고 전혀 무지한 상태로 머물 수도 있다. 그러나 14대가 원래의 제한 시간이다. 그만큼의 시간이 필요하다.

영혼은 한철 피었다 지는 계절 꽃이 아니다. 그것은 레바논의 거대한 삼목시더우드, cedarwood, 삼나무과 같다. 오랜 시간이 걸린다. 그 나무가 자라서 하늘로 뻗어 오르기 까지 14대가 걸린다. 몇 주일 만에 피었다가 다시 지고 마는 계절 꽃이 아니다. 영혼은 영원을 의미한다. 영원은 시간과 인내를 요구한다. 14대라는 것은 그것의 상징적인 숫자이다.

예수는 14대가 지나기 전에는 태어날 수 없다. 예수의 차원은 시간이 흐른 뒤에야 가능하다. 몇 단계를 거쳐야만 한다. 그리고 그것은 다른 차원에서도 마찬가지다.

예를 들자면, 원시시대의 혈거인동굴에 사는 사람은 플라톤의 대화록이나 베토벤의 심포니, 레오나르도 다빈치의 그림, 혹은 라빈드라나드 타고르의 시 같은 것을 우리에게 전해줄 수 없을 것이다. 그런 것을 혈거인이 만들어내는 것은 불가능하다. 혈거인은 우리에게 아인슈타인이나 도스토옙스키나 피카소를 전해줄 수도 없을 것이다. 붓다나 노자나 예수가 나타나는 것 또한 마찬가지로 시간이 필요하고 준비가 필요하다. 그만큼 성장하기 위해서는 어떤 환경이 필요하다. 그래야만 예수가 나타날 수 있다.

예수가 존재하기 위해서는 많은 것이 필요하다. 그는 그러한 환경에서만 존재할 수 있다. 예수가 말하고자 하는 것을 말하기 위해서는 그것을 이해할 수 있는 특정한 종류의 사람이 필요하다.

지금 내가 여기에서 말하고 있는 것은 오직 지금에만 말해질 수 있다. 이 이전에는 말해질 수 없었다. 오직 지금에만 말해질 수 있고 그

전에는 불가능했다. 그리고 내가 내일 말하게 될 것은 오직 내일에만 말해질 수 있다. 오늘은 아니다. 그대가 받아들일 자세가 되어야 한다. 그대가 성장해야 한다. 그것을 받아들일 어떤 상태에 있지 않다면 그것은 말해질 수 없다.

예수는 유대 의식 전체의 정점이다. 그런데 이상한 일은 유대인들이 예수를 거부했다는 점이다. 그런 일이 항상 일어난다. 붓다는 힌두 의식의 정점이었지만 힌두교인들은 그를 거부했다. 소크라테스는 그리스 의식의 정점이었지만 그리스인들은 그를 죽였다. 아주 이상한 일이다. 하지만 이런 일은 항상 일어난다. 왜 우리는 우리 자신들의 정점을 받아들이지 못할까? 무엇이 잘못인가? 왜 유대인들은 예수를 받아들일 수 없었을까? 그들은 예수를 기다리고 있었다. 메시아가 나타나기를, 그리스도가 오기를 기다리고 있었다. 그들은 아직도 기다리고 있다. 그런데 메시아는 이미 왔다가 갔다. 그들은 자기들이 메시아를 쫓아냈으면서 아직도 메시아를 기다리고 있다.

무엇이 문제인가? 왜 항상 잘못되는 것인가? 예수는 유대 의식의 정상이다. 예수 이전의 모든 유대 예언자들이 그가 올 수 있는 기반을 준비하고 있었다. 세례 요한이 사람들에게 말했던 바가 그것이다. "나는 내가 길을 준비하고 있는 그분에 비하면 아무 것도 아니다. 나는 단지 청소부일 뿐이다. 그가 올 수 있도록 길을 청소하고 있을 뿐이다. 나보다 높은 분이 오고 있다." 세례 요한과 다른 예언자들은 단지 이 궁극적인 정점, 산봉우리, 에베레스트를 위한 길을 준비하고 있었을 뿐이다. 그리고 그 에베레스트가 나타난다. 그러나 뭔가 잘못된다. 무엇이 잘못되는 것일까? 다른 봉우리들이 스스로 왜소함을 느끼기 시작한 것이다.

그들 모두가 도움이 되었다. 생각해보라. 만일 히말라야의 다른 봉우리들이 사라진다면 에베레스트는 홀로 서 있을 수 있겠는가? 에베레스트는 혼자 서 있을 수는 없다. 에베레스트가 거기에 있기 위해서는 히말라야 전체가 그를 받쳐주어야 한다. 에베레스트는 홀로 그렇게 높이 솟아오를 수 없다. 어떤 봉우리도 혼자서는 그렇게 높이 솟아오를 수 없다. 크고 작은 수천 개의 다른 봉우리들이 받쳐주어야 한다. 그런데 그 최고의 봉우리가 솟아오르면 다른 봉우리들은 상처를 받기 시작한다. 그들의 에고가 아파한다. 아주 고통스럽다. 그들이 그 봉우리를 받쳐주었다. - 이것이 역설이다. - 그들이 최고의 봉우리가 나올 수 있게 받쳐주었다. 그들이 없었다면 일어날 수 없는 일이었다. 그런데 지금 그 일이 일어났고 그들은 스스로가 낮아짐을 느끼고 절망하고 있다. 만일 히말라야의 다른 모든 봉우리들이 에베레스트에 대항하여 음모를 꾸민다면, 그것은 아주 논리적인 일이 될 것이다. 만일 그들이 에베레스트를 십자가에 못 박는다면, 그것은 아주 논리적인 일이 될 것이다.

예수에게 일어난 일이 바로 그것이다. 예수가 나타나자 유대인들, 랍비들, 종교 지도자들, 사제들은 매우 불쾌해졌다. 그의 존재 자체가 눈에 거슬렸다. 그가 누구를 거스른 것이 아니었다. 그가 누군가에게 상처를 입힌 것이 아니었다. 어떻게 예수가 다른 사람에게 상처를 입히겠는가? 그러나 그의 존재 자체, 에베레스트와 같은 높은 차원, 그 풍성함, 그 고귀함 때문에 모든 사람들이 낮아 보이고 작아보였다. 그것은 에베레스트가 어떻게 할 수 있는 일이 아니었다. 에베레스트는 교만하지도 않고 이기적이지도 않다. 단지 높을 뿐이다. 그런데 다른 봉우리들이 상처를 입는다. 고통스러워하고 복수하고 싶어 한다. 그래서 예수가 십자가에 못 박혔던 것이다. 그래서 붓다가 거절당했던 것이다. 붓다는 인도에서 완전히 추방당했다. 자신의 나라에서 이방인이 되었다.

이런 일이 오랜 세월동안 계속 일어나고 있다. 지금도 마찬가지다. 그리고 앞으로도 영원히 그럴 것처럼 보인다. 왜냐하면 인간은 결국 인간이기 때문이다. 잠자고 있는 상태에서, 이기적인 특성의 인간은 그런 식으로 행동할 수밖에 없다.

예수의 아름다움은 그를 통해서 신의 노래가 흘러나온다는 데에 있다. 기억하라! 그는 단지 매개체일 뿐이다. 그는 단지 메신저일 뿐, 이 복음서의 저자가 아니다. 그는 단지 그가 받고 있는 것을 주고 있을 뿐이다.

자, 이제 이 아름다운 복음서를 보기로 하자.

* 예수께서 무리를 보시고 산에 올라가 앉으시니 제자들이 나아온지라.

단어 하나하나를 아주 조용히, 공감하면서 보길 바란다.

* 예수께서 무리를 보시고

'무리', '군중', '산에 올라가' 이것은 어떤 심리적인 것을 말하는 방식이다. 대중들은 의식의 최하층이다. 무리, 군중, 이들은 짙은 어둠이다. 그곳은 아주 어둡고 아주 깊은 잠에 빠져있다. 군중들 사이로 들어갈 때, 만일 그 군중들과 관계를 맺고 싶다면, 그들의 수준으로 가야 한다. 군중 속으로 들어갈 때마다 마치 뭔가를 잃는 듯한 느낌을 받는 이유도 그 때문이다. 약간 질식할 것 같은 느낌을 받는다. 그 느낌은 신체적인 느낌만이 아니다. 사람들이 주위에 있기 때문이 결코 아니다. 그 질식할 것 같은 느낌은 오히려 더 심리적이다. 의식이 아주 낮은 사람들과 함께 있을 때, 그대는 에베레스트를 유지할 수 없다. 그들이 그대를 끌어내린다. 군중들에게 갈 때마다 그대는 뭔가를 잃어버린다. 그래서 홀로 있고 싶고 명상하고 싶은 욕구가 일어난다. 예수의 삶을 보면 그가 무리들 속으로 가는 것을 자주 발견할 것이다. 그가 할 일이 거기에 있었다. 그곳이 그가 있어야 할 곳이었다. 그러나 몇 달 후에, 예수는 산으로 올라간다. 신과 함께 하기 위해 대중들로부터, 무리로부터 떨어져 나온다.

홀로 있을 때 그대는 신과 함께 있는 것이다. 완전히 혼자 있을 때만이 신과 함께 있을 수 있다. 그리고 신과 함께 있을 때 그대는 하늘을 날기 시작한다. 신의 존재가 그대를 위로, 또 위로 끌어올린다. 그리고 대중들의 존재는 그대를 밑으로, 또 밑으로 끌어내린다. 신과 함께 있을 때만 그대는 날개를 달 수 있고 하늘로 날아오를 수 있다. 대중들과 함께 있을 때, 날개는 잘려나간다. 어디 날개뿐이겠는가? 손과 발도 잘려나간다. 그대는 불구자가 된다. 왜냐하면 그들 모두가 불구자이기 때문이다. 그대는 마비되어 버린다. 왜냐하면 그들 모두가 마비되었기 때문이다. 그리고 만일 그들과 함께 있으면서 그들의 방식대로 살지 않는다면 그들은 절대로 그대를 용서하지 않을 것이다.

만일 그들과 함께 일하고 싶다면, 그들을 돕고 싶다면, 그들의 세계 속으로 들어가 그들의 방식을 따라야 한다. 그리고 그것은 피곤한 일이다. 아주 지치는 일이다.

* 예수께서 무리를 보시고 산에 올라가

그는 어떤 마을에 머물면서 사람들을 변형시키는 마술과 같은 일을 하고 있었다. 눈먼 사람들에게 눈을 주고, 귀먹은 사람들에게 귀를 열어주고, 걷지 못하는 사람들을 걷게 하고, 죽은 자를 다시 살려냈다. 그러나 그러는 동안 수많은 사람들이 찾아오고 있었다. 거대한 군중들이 그를 둘러싸고 있었다. 그는 피곤하고 지쳤다. 따라서 그는 산으로 올라가야 할 필요가 있었다.

밖으로 나가는 것은 밑으로 내려가는 일이고, 안으로 들어오는 것은 위로 올라가는 일이다. 내면의 세계에서 위와 안, 밖과 아래는 같은 의미이다. 사람들을 상대해야 할 때는 밖으로 나가야 한다. 그리고 의식이 매우 낮은 사람들을 상대해야만 할 때는 아래로 굽혀야 한다. 이것은 매우 피곤한 일이다.

예수, 붓다, 또는 마하비라, 이들은 모두 산으로 올라간다. 그리고 외진 곳을 찾아간다. 오직 자신들의 높은 의식 수준을 되찾고, 순수성을 되찾고, 자신들의 차원을 되찾고, 다시 그들 자신이 되기 위해, 그리고 신과 함께 하기 위해서이다. 신과 함께 있으면서 그들은 높이 솟아오른다. 신과 함께 있을 때, 그들은 갈매기가 되어 높이 솟아오른다. 거기에 어떤 제약도 한계도 없다. 다시 활력을 되찾고 신으로 가득 찬다. 다시 비를 가득 머금어 비를 쏟아내고 싶어 하는 구름이 된다. 그리고 목말라하는 사람들이 있는 대중 속으로 돌아온다.

사람들은 내가 방에서 혼자 무엇을 하는지 묻는다. 그곳은 나의 산이다. 거기서 나는 높이 솟아오른다. 거기에서 나는 그대들을 생각할 필요가 없고, 그대들과 교류할 필요가 없다. 육체와 마음을 통해 움직일 필요도 없다. 나는 육체를 잊을 수 있고, 마음을 잊을 수 있고, 그대들을 잊을 수 있다. 모든 것을 잊을 수 있다.

모든 것을 완전히 잊어버리는 바로 그 순간, 존재가 있다. 그 존재는 무한하다. 그 존재는 찬란하다. 그것은 신선하고 생명력이 있다. 그것이 바로 생명의 근원이기 때문이다.

그러나 생명력으로 가득 찰 때, 그것을 반드시 나누어주어야 한다.

그래서 나는 매일 아침 그대들에게 돌아오고, 매일 저녁에 그대들에게 돌아온다. 나는 계속해서 산에서 대중 속으로 움직이고 있는 것이다!

산으로 간다는 것은 정말로 산에 올라간다는 뜻이 아니다. 단지 내면의 높은 곳으로 간다는 것을 의미한다. 예수가 정말로 산에 갔는지의 여부는 중요하지 않다. 그것은 복음서와 아무런 상관도 없다. 어쩌면 정말로 산에 올라갔을지도 모른다. 그 시절에는 내가 지금 사는 방식으로 산다는 것이 거의 불가능했기 때문이다. 그것은 불가능한 일이었다.

나 또한 예수처럼 15년 동안 무리들 속에서 어울려 살았다. 그때는 단 한순간도 홀로 있을 수가 없었다. 그래서 나는 예전에 살던 자발푸르로 자주 돌아가 그곳에서 완전히 홀로 있어야 했다. 자발푸르는 매우 조용한 곳이었다. 이 나라 어디를 돌아다녀도 나는 사람들을 만나게 되었다. 하지만 자발푸르에서는 그렇지 않았다. 그곳은 나의 산이었다. 내가 다시 봄베이나 델리, 또는 뿌나로 돌아오면 사람들은 내가 왜 그렇게 자주, 쓸데없이 자발푸르를 다녀오는지 묻곤 했다. 나는 보름이나 이십일 아니면 사나흘 정도 자발푸르를 다녀왔다가 다시 시작하곤 했다. 그것은 쓸데없는 일처럼 보였다. 뿌나에서 봄베이로,

봄베이에서 델리로, 델리에서 암리차르Amritsar로, 암리차르에서 스리니가르Srinagar로 갈 수도 있었다. 그런데 왜 나는 그 일정 사이에 자발푸르에서 며칠을 머물러야 했는가?

자발푸르는 나의 산이었기 때문이다. 거기서 나는 완전히 홀로 있었다. 대중들이 그곳까지 몰려오기 시작해서 거기서조차 혼자 있는 것이 불가능해졌을 때, 나는 그곳을 떠나야 했다. 지금은 내 방에서 예수가 했던 것과 똑같은 일을 하고 있다.

* 제자들이 나아온지라.

제자들에게 말하는 것은 대중들에게 말하는 것과는 다르다. 내가 대중들을 상대로 말하기를 그만둔 이유도 그 때문이다. 나는 가슴으로 교류할 수 있는 산야신sannynsins, 구도를 위해 출가한 수행자들을 위해 별도의 특별 모임을 만들어야 했다.

대중들을 상대로 이야기할 때, 먼저 그들은 내가 말하는 것에 관심을 두지 않는다. 그때 나는 불필요하게 소리를 질러야 한다. 그리고 그들이 무관심할 때, 그들은 나에게 적대적이다. 그들은 항상 두려워하며 자신들의 생각을 고집하고 나에게 저항하고 논쟁한다. 그것은 불필요한 일이다. 그리고 지금 내가 말하는 것이나 예수가 이야기하였던 것은 논쟁할 수 있는 성질의 것이 아니다. 어떤 증명도 불가능하다. 오직 신뢰만이 필요할 뿐이다. 만일 그대들이 나를 신뢰한다면, 그런 것들은 설명될 수 있다. 따라서 무엇보다 먼저 기본적으로 신뢰가 있어야 한다. 나를 신뢰하지 않는다면, 어느 것도 증명할 길이 없다. 그때는 피차 서로의 시간을 낭비하게 될 뿐이다.

그러나 제자들에게 말하는 것은 다르다. 제자들에게 말한다는 것은 상대가 수용적이라는 뜻이다. 수용적일 뿐만 아니라 전폭적으로 환영한다. 제자들은 나를 환영한다. 내가 안으로 들어오기를 원하고 있다. 그리고 내가 무엇을 말하든 다 받아들이고 싶어 한다. 문이 열려 있다. 창문이 나를 위해 열려있다. 내가 산들바람이 되거나, 햇빛이 되어 그들의 존재 속으로 들어오기를 바란다. 그들은 두려워하지 않는다. 방어하지도 않고 논쟁하지도 않는다. 그들은 가슴 전체로 미지의 차원을 향해 나와 함께 갈 준비가 되어있다.

제자들에게 말하는 것은 토론이나 논쟁 같은 것이 아니다. 그것은 하나의 대화다. 연인들이 서로에게 이야기하는 것과 같은 대화다. 제자는 스승을 사랑하고 스승은 제자를 사랑한다. 깊은 사랑이 흐른다. 그 사랑이 다리가 된다. 그리고 그때 위대한 진리가 설명되고, 전달되고, 거의 현실로 나타난다.

* 산에 올라가 앉으시니 제자들이 나아온지라
입을 열어 가르쳐 가라사대

예수는 무리에서 빠져나왔다. 제자들에게서 빠져나온 것이 아니었다. 제자들은 언제든 그를 볼 수 있었다. 그는 신과 함께 하늘을 날 수 있었고 제자들은 그와 함께 하늘을 날 수 있었다. 어쩌면 그들은 나는 것에 그리 능숙하지 않았을 지도 모른다. 그러나 그들은 날 준비가 되어있었다. 그리고 그것만이 유일하게 필요한 것, 가장 필수적인 것이었다. 어쩌면 그들은 홀로 그 높이로 가지 못할지도 모른다. 그러나 스승을 신뢰함으로써 따라갈 수 있었다. 어디까지라도, 어떤 막다른 곳이라도 그들은 따라갈 수 있었다.

스승은 신과 함께 하늘을 날고, 제자들은 스승과 함께 하늘을 난다. 제자는 아직도 신을 볼 수 없다. 하지만 스승을 볼 수는 있다. 그리고 제자는 스승을 통해서 신을 느낄 수 있다. 그것이 스승이 제자에게 거의 신처럼 보이는 이유이다. 사실 스승은 신이다. 차츰차츰 제자가 스승에게 가까이 갈수록, 제자는 스승이 텅 빈 공空인 것을, 스승이 신이 비춰지는 거울인 것을 본다. 조만간 제자 자신도 공이 되고, 거울이 될 것이다. 그리고 그 스스로 스승이 되어 다른 이들을 도울 것이다.

* 심령이 가난한 자는 복이 있나니 천국이 저희 것임이요.

이것이 가장 근본적인 가르침이라고 할 수 있다. 또 다른 산상수훈이 있지만 이것에 비교될 바가 아니다. 이것은 특별하고 또 특별하다. 그 아름다움은 바로 '심령이 가난한 자는 복이 있나니 천국이 저희 것임이요.' 이다. 다른 가르침에서 예수는 이렇게 말한다. '그들이 땅을 기업으로 받을 것이오.' 하지만 여기에서 그는 이렇게 말한다. '왜냐하면 천국이 저희 것임이요.'

'심령이 가난하다.' 는 것은 붓다가 사리풋다에게 말한 '무無' 와 똑같은 의미이다. 에고는 그대를 부자로, 그대를 어떤 뛰어난 사람으로 느끼게 만든다. 그러나 에고가 사라질 때, 그대는 아무도 아니다. 바로 그것이 예수가 말한 '심령이 가난함' 의 뜻이다.

붓다의 말은 더 철학적이고 세련되다. "오, 사리풋다여! 형상은 무無, nothingness이며 무는 곧 형상이다. 色卽是空, 空卽是色"

그러나 예수의 말은 간결하고 순박하다. 자연스런 일이다. 붓다는 위대한 왕의 아들이었지만 예수는 목수의 아들이었다. 여러 해 동안 그는 아버지가 일하는 작업장에서 나무를 나르고, 자르는 일을 하였었다. 그는 단순한 사람들, 목수나 나무꾼 같은 사람들의 방식을 알고 있다. 그는 말한다. '심령이 가난한 자는 복이 있나니' – 그들은 자신들이 아무 것도 아니라는 것을 알고 있는 사람들이다. 자신들은 속이 그저 비어있음을 알고 있는 사람들이다. 거기에 에고가 없고 자아가 없으며 어떤 주장도, 어떤 말도, 어떤 지식도, 어떤 경전도 없으며 그저 빈 공, 순수한 하늘만 있을 뿐임을 아는 사람들이다. '천국이 저희 것임이요.' 천국은 지금 이 순간 그들의 것이다! 그들이 천국을 '가질 것' 이라고 말하지 않는다. 미래에 일어날 일을 말하는 것이 아니다. 거기에는 어떤 시간적인 요소가 들어있지 않다. 만일 그대가 아무도 아니라면, 지금 이 순간 그대는 신이다. 그대가 아무 것도 아니라면 그대가 곧 신이다! 아무 것도 아닌 것無, nothingness과 신 사이에는 아무런 틈새도 없다. 한쪽 면으로 보면 아무 것도 아닌 것, 심령이 가난한 것이고, 다른 쪽 면으로 보면 천국인 것이다.

매우 역설적인 말이다. 가난한 자, 그들은 왕이 될 것이고 스스로 왕이라고 생각하는 자, 그들은 가난하게 될 것이다. 얻고 싶다면 잃어버려라. 잃고 싶다면 얻어라. 거지가 되고 싶다면 소유하라. 그리고 왕이 되고 싶다면 버려라. 아무 것도 갖지 말라. 그대 자신조차도 갖지 말라. '심령이 가난한 자' 란 바로 그것을 의미한다. 바로 지금 여기에 천국이 있다. 그것은 미래를 약속하는 것이 아니다. 그것은 단순한 진리를 말하는 것이다.

이 뒤의 수훈은 그리 깊지 않다. 만일 이것을 제대로 이해한다면 더 읽어나갈 필요가 없다. 그리고 만일 이것을 이해하지 못한다면 – 틀림없이 이것을 이해하지 못했을 것이다. – 예수가 계속 말을 이은 이유가 그 때문이다. 예수는 진리를 더 풀어서 이해할 수 있도록 했다.

* 애통하는 자는 복이 있나니 저희가 위로를 받을 것임이요.

이제 미래가 들어온다. 제자들은 예수의 말을 이해하지 못했다. 그렇지 않았다면 산상수훈은 단 한 줄로 끝났을 것이다. 그 말이 모든 것을 담고 있기 때문이다. 더 이상 상세히 말할 필요가 없었다. 예수는 모든 것을 말한 것이다. 그것이 예수의 궁극적인 경전이다. 하지만 그는 틀림없이 제자들의 눈을 들여다보았을 것이고, 제자들이 이해하지 못했음을 보았을 것이다. 그 말은 너무 높은 수준의 말이었다. 그는 더 밑으로 내려와야 했다. 미래를 끌어들여야 했다.

마음은 미래를 이해할 수 있다. 마음은 현재를 이해하지 못한다. 마음은 현재를 이해하는 능력이 전혀 없다. 만일 내가 이렇게 말한다고 하자. "지금 바로 그대는 붓다이고 그리스도다." 그대들은 내 말을 듣고 이렇게 말할 것이다. "무슨 말씀이십니까? 제가 붓다라니요? 바로 어젯밤 저는 도박을 했습니다. 당신은 저를 잘 모르세요. 저는 담배도 피우고 때로는 마약도 합니다. 저는 죄인입니다. 무슨 말씀을 하시는 건지 모르겠군요. 저는 제가 더 잘 압니다. 저는 붓다가 아니라 세상에서 가장 악질의 죄인입니다."

그러므로 내가 "그대는 지금 바로 붓다이다. 아무 것도 모자란 것이 없다."라고 말하면 그대는 예의상 들어주기는 하겠지만 속으로는 이렇게 말할 것이다. "말도 안 돼!"

예수는 최고의 진리를 말했다.

* 심령이 가난한 자는 복이 있나니 천국이 저희 것임이요.

이것은 붓다가 사리풋다에게 준 가르침과 비교될 수 있다. 붓다는 이렇게 말했다. "이것은 최고의 만트라Mantra, 진언(眞言), 영적 또는 물리적 변형을 일으킬 수 있다고 여겨지는 발음, 음절, 낱말이나 구절다. 이것은 그 어느 것과도 비교될 수 없는 만트라다. 이것 보다 더 높은 차원의 만트라는 없다. 가떼 가떼 파라가떼 파라삼가떼 보디 스바하Gate, gate, paragate, parasamgate, bodhi svaha : 가자, 가자, 더 높이 가자, 우리 다 같이 가자. 깨달음이여, 할렐루야!"

그리고 붓다는 하나의 만트라에 압축된 이것이 모든 것이라고 말했다. 예수의 이 만트라가 바로 붓다의 만트라와 같은 것이다.

* 심령이 가난한 자는 복이 있나니 천국이 저희 것임이요.

지금 당장, 지금 여기, 바로 이 순간이다. 아무 것도 되지 마라. 그러면 모든 것을 가질 것이다. 거지가 되어라. 그러면 황제가 될 것이다. 잃어라. 그러면 얻을 것이다.

그는 틀림없이 주위를 돌아보고 화살이 아직 과녁에 이르지 못했음을 알아차렸을 것이다. 제자들은 가슴을 열어놓지 않았다. 그들은 화살이 지나가는 길을 비켜섰다. 화살이 그들의 머리 위로 날아갔다. 예수는 밑으로 내려와야 했다. 그래서 그는 미래를 끌어들였다.

미래를 가져온다는 것은 마음을 가져온다는 뜻이다. 마음은 수단과 목적을 이해할 수 있다. 원인과 결과를 이해할 수 있다. '이것을 하라. 그러면 이런 일이 일어날 것이다.' 하지만 기억하라. 그것은 일어 '날' 것이다. 미래에 일어날 것이다. 씨앗을 땅에 뿌리면 어느 날 그것은 나무가 될 것이다. '완벽하게 맞는 말이다.' 마음은 말한다. '그것은 이해할 수 있다. 거기에 과정이 있다. 나무는 단계적으로 피어나오게 될 것이다.' 만일 이렇게 말한다면, "씨앗을 뿌려라. 그리고 보라! 보라! 나무가 나타났다!" 그러면 마음은 이렇게 말할 것이다. "당신 마술사요, 아니면 뭐요? 그런 일은 마술사만이 할 수 있소."

산상수훈의 첫 번째 말은 매우 마술적이다. 마음은 그것이 무슨 뜻인지 가늠하지 못한다. 그것이 무슨 말인지 이해하지 못한다. 마음은 구분, 이중성, 원인과 결과, 과거와 미래, 이것과 저것, 여기와 저기를 이해할 수 있다. 마음은 분리시킨다. 그러면 마음은 편안해진다. 마음은 말한다. "바로 그거야. 의로우면 뭔가를 얻게 될 것이다. 하지만 시간이 있어야 한다. 준비를 해야 하고, 이것저것 많은 것을 해야 한다." 마음은 행위자인 것이다.

* 애통하는 자는 복이 있나니 저희가 위로를 받을 것임이요.

예수는 말한다. : 좋다. 그렇다면 어린아이처럼 되어라. 아이가 엄마를 찾아 울면 엄마가 달려온다. 아이가 슬퍼하면 엄마가 와서 위로해준다. 그러니 애통해 하라. 그대가 아무 것도 할 수 없다고 울며 기도하라. 기억하라! 기도란 눈물을 통한 명상, 눈물이 있는 명상이다. 눈물이 명상이 될 때, 그것이 기도이다. 명상이 사랑과 함께 할 때, 그리고 그대는 길 잃은 아이이고 존재는 어머니나 아버지라고 생각하는 것이 바로 예수의 방법이다. 그는 말한다. : 그렇다면 기도하라. 그대의 무력함을 눈물로 호소하라. 그러면 도움 받을 것이고 위로 받을 것이다.

* 온유한 자는 복이 있나니 저희가 땅을 기업으로 받을 것임이요.

그리고 단순하고, 겸손하며, 온유해져라. 교만하지 말라. 자, 여기에도 차이가 있음을 잘 들어보라. 첫 번째 가르침은 '심령의 가난함' 이었다. 그것은 겸손해지라는 말이 아니다. 왜냐하면 겸손에는 어떤 미묘한 에고가 남아있기 때문이다. 그대는 '나는 겸손하다.' 고 생각한다. '나' 가 거기에 있다. 먼저 그대는 이렇게 생각하고 있었다. '나는 아주 위대하다.' 그런데 이제 그대는 이렇게 생각한다. '나는 아주 미약하다.' 하지만 거기에도 '나' 가 존재한다. '나' 가 아직도 계속되고 있다.

따라서 약간의 장애가 있다. 미래에 있을 일을 말하기 때문이다. 그대는 지금 당장 그렇게 되지 못한다. 겸손이라는 약간의 장벽이 있다. 온유함이 그대 주위에 감돌고 있을 것이지만 그것이 그대를 진리로부터 계속 분리되게 만들 것이다.

* 의에 주리고 목마른 자는 복이 있나니 저희가 배부를 것임이요.

좋은 일을 하라. 덕을 쌓으라. 그러면 신이 내려와 그대를 채워줄 것이다.

* 긍휼히 여기는 자는 복이 있나니 저희가 긍휼히 여김을 받을 것임이요.

인정을 베풀어라. 자비를 베풀어라. 신이 그대에게 주었으면 하는 것을 그것이 무엇이든 그대가 세상에 베풀어라. 신의 세상에 주어라. 그것이 법칙이다.

* 마음이 청결한 자는 복이 있나니 저희가 하나님을 볼 것임이요.

깨끗함도 약간의 거리가 있다.

가난함이 최상이다. 그러나 깨끗함에는 아직도 약간의 에고가 있다. '나는 깨끗하다. 신성하다. 그대보다 더 신성하다.' 이런 일이 계속된다. 죄인이란 에고를 주장하는 사람이다. 성인은 미묘한 에고, 성스러움을 주장하는 사람이다. 그리고 현자는 아무 것도 주장하지 않는 사람이다. 현자는 단지 이렇게 말한다. "나는 아무도 아니다. 아무 것도 아니다." 말로만 그러는 것이 아니라, 그는 그것을 알고 있다. 존재적으로 알고 있다.

* 기뻐하고 즐거워하라. 하늘에서 너희의 상이 큼이라. 너희 전에 있던 선지자들을 이같이 핍박하였느니라.

너희는 세상의 소금이니,

예수는 말한다. "기뻐하라!" 하지만 이 기쁨은 궁극적인 기쁨이 아니다. 그것은 하나의 욕망이다. 왜냐하면 천국에서 받을 결과가 크기 때문이다. 무엇인가를 얻으려는 욕망, 뭔가를 성취하려는 욕망이 있다. 어떤 욕망도 없다면 – 신에 대한 욕망조차 없다면, 천국에 대한 욕망조차 없다면 – 그러면 바로 지금 그대는 왕이다. 바로 지금 천국이 그대의 것이다.

그리고 예수는 제자들에게 이렇게 말한다.

* 너희는 세상의 소금이니,

아주 터무니없는 말처럼 보인다. 그들은 가난한 사람들이었다. 누구는 목수였고, 누구는 신발 만드는 사람이었고, 누구는 어부였다. 다들 그렇고 그런 사람들이었다. 그런데 예수가 그들에게 이렇게 말한다. '너희는 세상의 소금이니' 터무니없어 보인다. 하지만 그의 말이 옳다. 그들은 왕도 아니었고, 황제도, 영주도, 총독도, 부자도 아니었다. 그런데 왜 예수는 이렇게 말하는 것일까? 왜냐하면 누구든 신을 조금이라도 알게 되면 그는 소금이기 때문이다. 세상에 의미가 있고, 삶에 맛이 있고 기쁨이 있는 것은 이런 소수의 사람들 때문이다.

나 또한 이렇게 말한다. "그대는 세상의 소금이다. 신에게로 나아가기 시작한 사람은 누구든 기쁨을 향해 나아가는 것이기 때문이다. 그리고 그대가 기쁨으로 나아갈 때, 그대는 세상 전체가 기쁨으로 나아가도록 돕는 것이다. 그대가 곧 세상이기 때문이다."

* 기뻐하고 즐거워하라.

왜냐하면

* 너희는 세상의 소금이니, 소금이 만일 그 맛을 잃으면 무엇으로 짜게 하리요. 후에 아무 쓸데없어 밖에 버리어 사람에게 밟힐 뿐이니라.

나 또한 그대들에게 말한다. "그대들은 이 세상의 소금이다. 그대들은 진화된 인간의 목자들이다. 그대 산야신들은 미래의 씨앗을 간직하고 있다. 기뻐하라! 그리고 더욱더 짜져라. 더욱더 신으로 충만해라."

23. 그러므로 예물을 제단에 드리다가 거기서 네 형제에게 원망들을 만한 일이 있는 줄 생각나거든

24. 예물을 제단 앞에 두고 먼저 가서 형제와 화목하고 그 후에 와서 예물을 드리라.

27. 또 간음치 말라 하였다는 것을 너희가 들었으나

28. 나는 너희에게 이르노니 여자를 보고 음욕을 품는 자마다 마음에 이미 간음하였느니라.

29. 만일 네 오른눈이 너로 실족케 하거든 빼어 내버리라. 네 백체 중 하나가 없어지고 온몸이 지옥에 던지우지 않는 것이 유익하며

38. 또 눈은 눈으로 이는 이로 갚으라 하였다는 것을 너희가 들었으나

39. 나는 너희에게 이르노니 악한 자를 대적하지 말라. 누구든지 네 오른편 뺨을 치거든 왼편도 돌려 대며

43. 또 네 이웃을 사랑하고 네 원수를 미워하라 하였다는 것을 너희가 들었으나

44. 나는 너희에게 이르노니 너희 원수를 사랑하며 너희를 핍박하는 자를 위하여 기도하라.

45. 이같이 한즉 하늘에 계신 너희 아버지의 아들이 되리니, 이는 하나님이 그 해를 악인과 선인에게 비취게 하시며 비를 의로운 자와 불의한 자에게 내리우심이니라.

46. 너희가 너희를 사랑하는 자를 사랑하면 무슨 상이 있으리요. 세리도 이같이 아니하느냐.

48. 그러므로 하늘에 계신 너희 아버지의 온전하심과 같이 너희도 온전하라.

2장

신은 오직 인간을 통해서 사랑할 수 있다

모세는 세상에 율법을 가져왔지만 예수는 세상에 사랑을 가져왔다. 예수가 존재하기 위해서는 모세가 반드시 필요하다. 율법은 강요된 사랑이고 사랑은 자발적인 율법이다. 율법은 밖에서 오고 사랑은 안에서 온다. 율법은 바깥의 세계이고 사랑은 내면의 세계이다.

사랑은 어떤 특정한 질서, 어떤 특정한 규율, 어떤 특정한 율법이 존재할 때만 일어날 수 있다. 사랑은 정글 속에서는 존재할 수 없다. 모세는 사람을 문명화했고 예수는 사람을 영적으로 승화시켰다. 예수가 계속해서 "나는 폐하러 온 것이 아니요 완전케 하려 함이로다."

하고 말하는 이유가 거기에 있다.

모세는 계명을 주었다. 그리고 예수는 그 계명에 통찰을 주었다. 사람은 형식적인 차원, 피상적인 차원에서 계명을 따를 수 있다. 의로운 사람이 될 수 있고, 청교도가 될 수 있고, 도덕주의자가 될 수 있다. 하지만 깊은 곳에서는 아무 것도 변하지 않는다. 모든 것이 똑같은 상태로 남아있다. 과거의 어둠이 아직도 남아있고 과거의 무의식이 아직도 남아있다. 사실 바뀐 것은 아무 것도 없다. 단지 겉 표면에 색칠을 한 것뿐이다. 이제 그대는 아름다운 가면을 쓰고 있다. 아름다운 가면을 쓰는 것에는 잘못된 것이 아무 것도 없다. 흉한 얼굴을 하고 있다면 다른 사람들에게 그 얼굴을 보여주지 않는 것이 나을 수도 있다. 다른 사람들에게 왜 부담을 주는가? 차라리 가면을 써라. 그러면 사람들은 그대의 추한 얼굴을 보지 않아도 된다. 하지만 그 가면이 그대의 추한 얼굴을 바꾸지는 못한다. 가면이 그대의 진정한 얼굴이 아니라는 것을 단 한 순간도 잊지 마라. 그대는 그 진짜 얼굴 또한 변형시켜야 한다.

모세는 사회에 거친 규율을 안겨다주었다. 그것보다 더 잘할 수는 없었다. 다른 방법이 없었다. 당시의 인류 의식은 아주 원시적인 상태에 머물러 있었기 때문이다. 약간의 교화도 기대할 수 없었다. 하지만 모세는 그 길을 준비했다. 그리고 예수는 그 길의 완성이다. 모세가 시작한 일을 예수가 마무리 지었다. 모세는 기초를 닦아놓았고 예수는 성전 전체를 지었다. 기초에 있는 돌들은 투박하고 거칠 수밖에 없다. 오직 그런 투박하고 거친 돌에서만 아름다운 대리석 사원이 만들어질 수 있다. 항상 기억하라! 예수는 모세를 반대하지 않았다. 그런데 유대인들은 예수를 오해했다. 모세는 율법을 이야기했지만 예수는 사랑을 이야기했기 때문이다.

유대인들에게, 특히 사제들과 정치가들에게는 예수가 율법을 파괴하는 것으로 보였다. 따라서 그들은 분노했다. 그리고 그들이 옳았다. 율법은 어떤 면에서는 파괴되어야 할 것이다. 왜냐하면 더 높은 차원의 율법이 들어오면 낮은 차원의 율법은 사라져야 하기 때문이다. 낮은 차원은 높은 차원이 들어올 수 있도록 사라져야 한다.

율법은 공포에 의존한다. 율법은 탐욕에 의존한다. 율법은 그대에게 벌을 내린다. 율법의 핵심은 정의다. 하지만 정의만으로는 충분하지 않다. 왜냐하면 정의는 거칠고 딱딱하고 폭력적이기 때문이다. 오직 사랑만이 그대의 존재를 꽃 피우게 할 수 있다. 사랑만이 그대가 최정상으로 오를 수 있게 도울 수 있다. 정의가 아니다. 율법은 무법보다 낫지만 사랑에 비교하면 율법 그 자체가 무법이다. 사랑에 비교한다면 말이다. 그것은 상대적이다. 왜냐하면 율법은 그가 대적하고 있는 악, 바로 그 똑같은 악에 의존하기 때문이다.

누군가가 살인을 하면, 율법은 그를 살해한다. 그가 누군가에게 한 것과 똑같은 것을 그대가 그에게 하고 있다. 그것은 비록 공정하기는 하지만 숭고하지 않다. 종교적이지 않다. 그 안에 영성이 없다. 그저 수학적일 뿐이다. 그가 누군가를 죽였다. 이제 율법이 그를 죽인다. 만일 죽이는 것이 잘못된 것이라면, 어떻게 율법이 옳은 일을 했다고 할 수 있겠는가? 만일 죽임 그 자체가 잘못된 것이라면 율법은 아주 많이 부족한 것이다. 율법은 똑같은 악에 의존하고 있다. 이것을 기억하라.

예수가 사랑에 대해 말했을 때, 율법에 매달리는 사람들은 매우 두려웠다. 만일 율법을 버리게 된다면 그들 안에 숨어있는 동물들이 뛰

쳐나와 사회 전체를 갈기갈기 찢어버릴 것을 알았기 때문이다. 그들은 자신들의 얼굴이 단지 겉에서만 아름답고, 깊은 곳에서는 아주 흉하다는 것을 알고 있었다. 그리고 예수가 "모든 가면을 버려라." 하고 말했을 때, 그들은 두려웠다. 그리고 화를 냈다. "이 사람은 위험하다. 그가 사회 전체를 파괴하기 전에 그를 벌해 파멸해야 한다."

하지만 그들이 오해한 것이다. 예수는 단지 가면을 벗으라고만 한 것이 아니었다. 그는 이렇게 말하고 있었다. "내가 그대들의 진정한 얼굴을 아름답게 만들 수 있는 연금술을 가져왔다. 왜 가면을 쓰고 다니는가? 왜 무겁게 가리고 있는가? 왜 거짓된 물건을 갖고 다니는가? 나는 그대들에게 어떤 두려움도, 어떤 탐욕도 필요 없는, 억지로 쓸 필요도 없는 더 높은 차원의 법을 줄 수 있다. 그것은 그대 존재 안에서 일어난다. 그것은 두려움이 아니라 이해에서 일어난다." 기억하라! 이것이 차이다. 두려움으로부터 율법이 나오고 사랑으로부터 이해가 나온다.

모세는 반드시 필요하다. 하지만 모세는 또한 반드시 사라져야 한다. 그는 자기가 할 일을 모두 다 했다. 그는 기초를 준비했다. 예수가 나타날 때, 모세가 한 일은 완성된 것이다.

하지만 유대인들은 화가 났다. 사람들을 과거로부터 떼어내는 것은 아주 어려운 일이다. 모세는 유대인들의 마음에서 가장 중심이었다. 그들은 예수가 모세를 반대한다고 생각했다. 그리고 이 오해는 계속해서 이어져 오고 있다. 오해다.

인도의 힌두교인들은 붓다가 베다에 반대한다고 생각했다. 똑같은 문제다. 매우 똑같은 문제다. 붓다는 베다에 반대하지 않는다. 어떤 면에서는 그렇지만, 그것은 어느 한 면일 뿐이다. 그는 깊이가 있는 뭔가를 가져왔고 그 깊이를 이해할 때 베다는 더 이상 필요치 않게 된다. 그래서 그가 베다를 반대하는 것처럼 보인다. 베다를 의미 없는 것으로 만든 것이다. 바로 그것이 예수가 추구하는 목적이었다. 모세를 완성함과 동시에 모세를 의미 없게 만드는 것, 바로 새로운 체제가 들어선 것이다.

예수는 사랑으로, 무한한 사랑으로 넘치는 사람이다. 그는 이 땅을 사랑했다. 이 땅의 흙냄새를 사랑했고 나무를 사랑했고 사람들을 사랑했다. 그는 이 땅의 창조물들을 사랑했다. 그것이 창조주를 사랑하는 유일한 길이기 때문이다. 그림을 칭찬하지 못한다면 어떻게 화가를 칭찬할 수 있겠는가? 시를 칭찬하지 못한다면 어떻게 시인을 칭찬할 수 있겠는가?

예수는 매우 긍정적이다. '예' 라고 말하는 사람이다. 그는 한 가지 아주 중요한 사실을 알고 있다. 그리고 그것을 여러 번 반복해서 말한다. 그것은 바로 신이 추상적이라는 사실이다. 신을 직접 만나볼 수는 없다. 신은 '인류humanity' 라는 말과 마찬가지로 추상적이다. 사람을 마주칠 수는 있어도 인류를 마주칠 수는 없다. 이런 사람, 저런 사람은 만날 수 있어도 인류를 만날 수는 없다. 그대가 마주치는 것은 언제나 구체적인 사람이다. 추상적인 신은 결코 만날 수 없다. 왜냐하면 신은 얼굴이 없기 때문이다. 그대는 그를 알아보지 못할 것이다. 그렇다면 어디서 그를 찾을 것인가?

그대가 마주치는 사람들 각각의 눈을 들여다보라. 그대가 마주치는 각각의 존재를 바라보라. 바로 그것이 구체적인 형상을 한 신이다. 물질화된 신이다. 여기 있는 사람들 모두가 신의 화신이다. 바위, 나무, 사람, 이 모든 것이 다 신의 화신이다. 이 사람들을 사랑하라. 이

나무들, 이 별들을 사랑하라. 그러면 그 사랑을 통해서 존재의 무한함을 느끼기 시작할 것이다. 하지만 먼저 특정한 존재의 작은 문을 통해야 한다.

예수는 아주 많이 오해를 받아왔다. 그는 유대인들에게 오해받았다. 그가 유대인들이 그토록 오랫동안 기다려오던 그들 지성의 정점이었음에도 불구하고 말이다. 그가 왔을 때 그는 배척당했다. 그리고 더 나아가 예수는 기독교인들에게 더욱더 오해를 받아오고 있다. 위대한 '예스맨yes man'이 '노맨no man'으로 바뀌었다. 기독교인들은 예수를 마치 고문당하는 사람처럼 매우 슬프게, 엄청난 불행에 우울한 얼굴을 한 사람으로 묘사했다. 이는 아주 잘못되었다. 이는 절대로 사실이 아니다! 그것은 사실일 수가 없다! 그가 아니면 누가 웃을 수 있고, 누가 사랑할 수 있고, 누가 찬양할 수 있겠는가? 예수는 그 자체가 존재의 찬양이다. 세상에 있을 수 있는 최상의 찬양이다. 이것을 기억하라! 그래야만 이 구절들을 이해할 수 있을 것이다.

아주 아름다운 일화가 있다. 예수가 십자가에 못 박혀 있고, 그 밑에는 성 패트릭이 곧 죽게 될 예수의 영혼을 위해 기도하고 있었다.

예수가 성 패트릭을 불렀다. "패트릭, 이 위로 올라와라. 너에게 꼭 해야 할 말이 있다."

패트릭은 위를 올려다보지도 않고 이렇게 대답했다. "주여, 절대로 그럴 수 없어요. 저는 지금 당신의 영혼을 위해 기도하고 있습니다."

그러자 예수가 조금 더 큰 소리로 다급하게 불렀다. "패트릭, 나 그리스도를 위해서 쓸데없는 짓 그만하고 이리로 올라오라. 아주 중요한 일이다. 꼭 해야 할 말이 있다."

"주여, 그럴 수 없다니까요. 제가 당신 영혼을 위해 기도를 하고 있다고 말하지 않았습니까?"

예수는 다시, 거의 고함을 지르듯 말했다. "패트릭, 이번이 마지막이다. 이리로 올라와! 아주 급한 일이야. 말 들어!"

패트릭은 마지못해 일어서면서 속으로 이렇게 말했다. '제기랄! 바보 아냐? 자기 영혼을 위해 기도하느라고 바쁜데 왜 올라오라 마라야?' 그러면서 사다리를 가져와 십자가에 기대어 놓고 마지못해 한발씩 발을 디뎌 꼭대기까지 올라왔다. "자, 스승님, 왔습니다. 이제 저를 여기까지 올라오게 한 이유를 말씀해보세요."

"보아라, 패트릭!" 예수가 말했다. "저기 나무들 너머에 우리 집이 보이는구나!"

십자가에서 죽어가고 있었다. 그런데 이렇게 말한다. "저기 나무 너머를 봐. 우리 집이 보이지?" 그는 이 땅을 너무도 사랑했다. 그리고 그것만이 신을 사랑하는 유일한 방법이다. 다른 방법은 없다.

존재를 거부하면, 그것은 곧 신을 거부하는 것이다. 삶에 '노'라고 말한다면, 신에게 '노'라고 말하는 것이다. 이 삶은 신의 삶이기 때문이다. 그리고 항상 기억하라! 신에게는 입술이 없다. 신은 누군가의 입술을 통해 그대에게 키스한다. 신에게는 손이 없다. 신은 누군가의 손을 통해 그대를 안아준다. 신에게는 눈이 없다. 신은 누군가의 눈을 통해 그대를 본다. 그리고 신은 그대에게 보이고 그대의 눈을 통해 계속 보고 있다.

퀘이커교인Quakers들은 신에게는 오직 그대밖에 없다고 말한다. 그것이 신이 가진 유일한 것이라고 한다. 맞는 말이다. 이 통찰을 깊이 꿰뚫어라. 그래야만 예수의 말을 이해할 수 있을 것이다. 그렇지 않으면 놓칠 것이다. 기독교인들이 오랜 세월 동안 그래왔던 것처럼 말이다. 삶이 곧 신이라는 것, 이것을 초석으로 삼아라. 그러면 모든 것이 아주아주 단순해질 것이다. 그리고 올바른 인식을 갖게 될 것이다. '예스' 라고 말하라. 그러면 갑자기 기도가 그대 안에서 일어나는 것을 느낄 것이다.

이런 일을 해본 적이 있는가? 조용히 앉아, 아무 것도 하지 않고 내면에서 일어나는 춤에 맞춰 몸을 흔들면서 "예스. 예스." 라고 말해보라. 그 속으로 들어가 그것이 그대의 가슴에서 나오게 하라. 그것이 그대 존재 전체에 퍼지게 하라. 그대의 심장 박동에 따라 고동치게 하라. 그대의 핏속에서 맥박 치게 하라. 그것이 그대를 감전시키게 하라. 그러면 곧 놀라게 될 것이다. 생전 처음으로 기도가 무엇인지 맛본 것이다.

영어 단어 '예스' 는 훌륭한 만트라Mantra가 될 수 있다. 사실이다. 그 소리 자체가 긍정적이다. 바로 그 소리가 가슴속에 긍정을 만들어낸다. 반대로 '노' 라고 말해보라. 조용히 앉아서 '노. 노.' 라고 말해보라. 그 속에 빠져 들어가 보라. 그대의 존재 전체가 '노' 라고 말하게 해보라. 그러면 그 차이를 보게 될 것이다. '노' 라고 말하면 화가 날 것이다. 계속해서 '노' 라고 말하면 화가 머리끝까지 치솟을 것이고 계속해서 '노' 라고 말하면 그대가 존재로부터 잘려나간 것처럼, 고립되고 외톨이가 된 것처럼 느껴질 것이다. 다리가 사라진 것이다. 특히 현대인들의 마음은 '노' 라고 말하는 마음이다.

프랑스의 철학자 데카르트Descartes는 '나는 생각한다. 고로 나는 존재한다.' 고 말했다. 현대인의 마음은 이렇게 말한다. "나는 '노' 라고 말한다. 고로 나는 존재한다." 현대인들은 '노' 라고 말하는 마음이다. 계속해서 '노' 라고 말한다. '노' 는 에고를 만들어낸다. '노' 라고 말하지 않고는 에고를 만들어낼 수 없다. 에고를 만들어내려면 '노' 라고 말하고 또 '노' 라고 말하라. 그 방법 밖에 없다.

에고는 분리시킨다. 에고는 그대를 비종교적으로 만든다. 에고는 그대를 전체로부터 분리시키기 때문이다. 그리고 그대는 스스로가 전체라고 생각하기 시작한다. 그대는 자신이 무한한 복합체 속에서 존재한다는 사실을 잊는다. 거대한 우주의 일부라는 사실, 그대가 섬이 아니라는 사실을 잊는다. 어느 누구도 섬이 아니다. 우리는 무한한 대륙의 일부일 뿐이다. '예스' 라고 말하면 대륙과 연결된다. 신에게 연결된다. '예스' 라고 더 자주, 더 많이 말하라. 그러면 더 종교적이 될 것이다. '예스' 가 그대의 교회가 되고, 그대의 사원이 되게 하라. 예수는 '예스' 라고 말하는 사람이었다.

십자가 위에서 죽어가면서도 예수는 말했다. "저 나무 너머를 봐. 우리 집이 보이지?" 이것이 그의 마지막 순간이었다. 하지만 존재에 대한 그의 사랑, 삶에 대한 그의 사랑은 여전히 있었다. 거기에서 빛나고 있었다. 마지막 순간 그는 신에게 기도했다. "아버지, 이들을 용서하소서. 그들은 자기들이 무엇을 하는지 모르기 때문입니다."

그들은 자기들이 무엇을 하고 있는지 정확히 알고 있었다. 그들은 자기들이 사람을 죽이고 있다는 것을 알고 있었다. 하지만 중요한 것은 그게 아니다. 예수가 "그들은 자기들이 무엇을 하고 있는지 모릅니다."라고 말할 때, 그는 이렇게 말한 것이다. "그들은 너무도 잠들어 있습니다. 너무도 에고에 갇혀 있습니다. 아버지여, 그들은 눈이 멀었습니다. 어떤 의식도 없습니다. 그들의 가슴속에 거대한 어둠이 보입니다. 그들을 용서하소서. 그들 책임이 아닙니다." 이것이 사랑의 목소리다. 그는 그들을 책망하지 않았다. 보통 사람이라면 이렇게 기도했을 것이다. "저들을 모두 멸망케 하소서. 저들이 당신의 독생자를 죽이고 있습니다. 즉시, 지금 당장 저들을 죽이소서! 천둥 번개처럼 내려오소서! 불을 뿜어 지금 여기서 저들을 태우소서! 당신의 아들에게 하고 있는 짓이 무엇인지 보여주소서!" 그것이 어쩌면 공정했을지도 모른다. 하지만 예수에게는 그것이 옳은 일이 아니었다.

예수는 정의의 차원에 존재하지 않는다. 그는 자비의 차원에 존재한다. 자비는 용서하고 정의는 징벌한다. 그리고 벌은 벌을 받는 자에게 거대한 분노를 일으킨다. 그리고 그는 복수할 기회를 노린다. 오직 사랑만이 화해할 수 있다. 사랑은 어떤 고리도 만들지 않기 때문이다. 분노, 두려움, 폭력, 공격, 징벌, 이 모든 것이 악순환의 고리를 만든다. 그리고 어느 하나가 다른 것을 더 깊은 어둠으로, 더 깊은 암흑으로 끌고 간다.

예수의 메시지는 '예스'이다. 그는 자신의 죽음에게까지 '예스'라고 말한다. 그것을 받아들이고 환영한다. 그것이 신의 뜻이기 때문이다. "그렇다면, 그렇게 하소서." 그는 그 속에서 긴장을 푼다. 그대는 삶에게도 긴장을 풀지 못하지만 예수는 죽음에게도 긴장을 푼다. 그것이 마지막 시험이었고, 그는 그 시험을 통과했다.

죽음만이 사람이 진정으로 어떤 사람인지, 어떤 기질을 갖고 있는지 알 수 있는 유일한 기준, 유일한 척도이다. 사랑에 대해서 말하는 것은 매우 쉬운 일이다. 하지만 사랑을 하는 것은 어려운 일이다. 왜냐하면 사랑은 하나의 십자가이기 때문이다. 자비를 말하는 것은 매우 쉽다. 하지만 진정으로 자비를 베풀기 위해서는 모든 것을 잃어야 한다.

며칠 전에 이런 이야기를 읽었다.

씨Si 아저씨와 로즈 아줌마는 늙어가고 있었다. 그들은 매일 밤마다 기도를 했다. 그 기도의 내용은 항상 이랬다. '주여, 저희를 데려가시려거든, 언제든 데려가소서. 저희는 준비되어 있습니다.'

개구쟁이 아이들이 그들의 기도를 듣고는 장난을 치기로 했다. 그들은 지붕위로 올라가 굴뚝을 통해 아주 낮은 목소리로 이렇게 말했다. "씨야, 씨야!"

로즈 아줌마가 물었다. "무슨 일이세요?"

목소리가 대답했다. "씨를 원하노라."

"당신은 누구세요?"

"나는 주의 명을 받아 씨를 데리러 왔다."

"글쎄요, 그는 여기 없어요. 나갔어요."

"씨가 없다면 그 대신에 너를 데리고 가야겠다."

그러자 로즈 아줌마가 짜증스럽게 말했다. "침대 밑에서 나와요! 당신이 거기 있다는 걸 천사님이 아시잖아요!"

죽음이 찾아올 때, 사람들은 모든 것을 잊어버린다. 몇 년 동안이나 그들은 기도를 하고 있었다. '주여, 당신이 저희를 데려가신다면 저희는 언제든 준비가 되어 있습니다.' 이제 신은 준비되었지만 로즈 아줌마는 갈 준비가 되지 않은 것이다.

오래된 수피 우화를 들은 적이 있다. 한 나이 든 사람이 숲에서 나오고 있었다. 그는 나무꾼이었다. 그는 나무를 한 짐 지어 나르고 있었다. 그는 정말로 늙었다. 70 또는 80세 정도였다. 그는 삶에 지쳐있었다. 그는 하늘을 바라보며 이렇게 말하곤 했다. "죽음이 어디 있습니까? 왜 나에게는 오지 않습니까? 나는 여기에 살아야 할 이유가 하나도 없습니다. 그저 마지못해 살고 있습니다. 내가 자살을 하면 좋겠습니까? 하지만 그것은 죄악입니다. 왜 당신은 내게 오지 않습니까?" 계속해서 그는 이렇게 기도했다. "죽음이여, 와서 나를 데려가시오! 나는 끝났소." 사실 그는 살아야 할 목적이 없었다. 그는 늙었고 돌봐줄 사람도 없었다. 남은 돈도 없었다. 매일 숲에 가서 나무를 해서 팔아야 겨우 먹을 것을 마련할 수 있었다.

그런데 그날 죽음이 그곳을 지나가고 있었다. 그가 나뭇짐을 팽개치고는 하늘에 대고 소리를 질렀다. "죽음이시어, 어디에 계시오? 다른 사람에게는 잘도 오더니 왜 나에게는 오지 않는 것이오? 나에게 화가 난 것이오? 왜 내게는 오지 않소? 자, 어서 오시오. 나는 준비되었소."

우연히 죽음이 그 말을 들었다. 그래서 죽음이 그 앞에 나타나 말했다. "좋다. 무엇을 원하는가?"

그러자 그가 몸을 떨기 시작했다. 그가 말했다. "별거 아닙니다. 저는 그저 늙은이일 뿐입니다. 이 나뭇짐을 머리에 올리는 게 힘이 듭니다. 아무도 도와줄 사람이 없으니, 제발, 저를 도와 이 짐을 머리에 올려주십시오. 감사합니다!"

오랫동안 그는 죽게 해달라고 기도하고 있었다. 사실 그는 죽게 해달라고 기도하였던 것이 아니다. 그는 자기가 무엇을 하고 있는지도 알지 못했다.

예수는 완전히 알고 있었지만 그조차도 잠시 동안 흔들렸다. 그러니 다른 사람들은 말해 무엇 하겠는가? 십자가 위에서 잠시 동안 그는 흔들렸다. 그리고 신에게 이렇게 말했다. "왜 저를 버리십니까? 왜요? 제가 무슨 잘못을 했습니까? 왜 저에게서 멀어지십니까? 왜 이런 일이 저에게 일어나고 있습니까?" 한 순간 그는 흔들렸다. 그처럼 높은 차원에 있으면서도 말이다. 그러니 평범한 인간들은 말해 무엇 하겠는가? 하지만 그는 핵심을 본다. 그는 깨달은 사람이었다. 위대한 통찰이 있었다. 그는 마음을 내려놓고 말했다. "당신의 나라가 임하옵소서. 당신의 뜻이 이루어지게 하옵소서. 당신이 원하는 대로 하소서." 완전히 자신을 내려놓았다. 바로 그 순간 예수는 죽고 그리스도가 탄생했다. 십자가에서 죽임을 당한 후가 아니라 바로 그 순간에 부활이 일어났다는 것이 나의 생각이다. 바로 그 순간 단절이 일어났다. 예수가 사라진 것이다. "당신의 뜻이 이루어지소서."라고 말한 순간 그것이 예수의 죽음이었다. '자기'라고 하는 어떤 느낌의 죽음이었다. 예수는 그 순간이 마지막이었다. 그리스도가 된 것이다. 이것이 진정한 부활이다. 이 외에 다른 것들은 그저 우화일 뿐일지도 모른다. 의미는 있지만 역사적인 사건이 아닌 우화 말이다. 심오한 뜻은 있지만 사실이 아닌 신화이다. 하지만 이것은 진정한 사실이다. 바로 조금 전에 그는 흔들리고 있었다. 두려워하며 떨고 있었다. 그런 뒤 그는 안정을 찾고 긴장을 늦추었다. 다 내려놓고 항복했다. 그 순간 그는 더 이상 신에게서 분리되어 있지 않았다.

그대의 의지가 신에게서 분리되어 있을 때, 그대는 신으로부터 분리되어 있는 것이다. 그대의 의지가 신의 뜻에 항복할 때, 그대는 분리되어있지 않다. 그때 그의 뜻이 유일한 뜻이다.

* 그러므로 예물을 제단에 드리다가 거기서 네 형제에게 원망들을 만한 일이 있는 줄 생각나거든
예물을 제단 앞에 두고 먼저 가서 형제와 화목하고 그 후에 와서 예물을 드리라.

예수는 말한다. : 신에게 기도하고 신의 뜻을 따르려고 사원에 꽃과 예물을 갖고 오다가 누군가 그대에게 화를 낸 것이 기억난다면 - 그대가 뭔가를 해서 누군가를 화나게 했다면 - 그때 가장 먼저 해야 할 일은 돌아가서 그들과 화해하는 것이다. 여기서는 '누군가가' 형제다. 기억하라! 아버지는 하나이기 때문이다. 나무들이 그대의 형제들이다. 그래서 성 프란체스코는 나무에게 '형제', '자매' 라고 부르곤 했다. 물고기, 갈매기, 바위, 산, 이 모든 것들이 그대의 형제들이다. 그들 모두가 하나의 근원에서 나왔기 때문이다.

예수는 말하고 있다. 만일 그대가 세상과 화해하지 않는다면 신께 기도할 수 없다고. 형제와도 화해하지 못하는데 어떻게 아버지께 올 수 있겠는가? 그리고 형제는 구체적이고 아버지는 추상적이다. 형제는 실제로 존재하지만 아버지는 숨어있다. 형제는 드러나 있지만 아버지는 드러나 있지 않다. 그런데 어떻게 드러나지 않은 아버지와 화해할 수 있겠는가? 그대는 드러난 것과도 화해하지 못하고 있다. 예수의 이 말은 아주 의미 깊은 말이다. 그것은 단지 그대의 형제만을 의미하는 것이 아니다. 단지 인간만을 의미하는 것이 아니다. 그것은 어디에서든 그대가 상처를 주고 있는 존재 전체를 의미하는 말이다.

위대한 선사 임제臨濟가 앉아 있었다. 어떤 사람이 찾아왔다. 그는 문을 아주 세게 밀쳤다. 그는 틀림없이 화가 나 있었을 것이다. 그리고 안으로 들어와서는 신발을 밖으로 홱 내던지고 문을 소리가 나도록 세게 닫았다. 그는 기분이 좋지 않았다. 임제가 말했다. "기다려라. 들어오지 마라. 먼저 문에게 용서를 구하고 신발에게 용서를 구하라."

그 남자가 말했다. "무슨 소리요? 선사들은 미쳤다고 하더니 그게 사실인 것 같군. 나는 그저 뜬소문이려니 했는데, 도대체 무슨 되지도 않는 말을 하는 거요? 왜 내가 문에게 용서를 구해야 한단 말이요? 참 황당하군. 그리고 저 신발은 내 것이란 말이오."

그러자 임제가 말했다. "나가라! 다시는 들어오지 마라! 신발에게 화를 낼 수 있다면 왜 신발에게 용서를 구할 수 없는가? 화를 낼 때, 그대는 신발에게 화를 낸다는 것이 참으로 바보 같은 일이라고 생각하지 않았다. 분노와 관계를 맺을 수 있다면, 왜 사랑과는 관계를 맺지 못하는가? 관계는 관계이다. 화를 낸다는 것은 일종의 관계를 맺는 것이다. 그렇게 화를 내면서 문을 세게 닫았을 때, 그대는 이미 문과 관계를 맺었다. 그대는 잘못 행동했다. 비도덕적이었다. 그 문은 그대에게 아무 것도 하지 않았다. 먼저 나가라. 그렇지 않으면 다시 들어오지 마라."

그리고 임제는 침묵했다. 임제의 침묵. 그리고 그 안에 앉아 있는 사람들의 존재감. 그것은 마치 번개와 같았다. 그 사람은 이해했다. 그 논리를 이해했다. 너무도 명확했다. '화를 낼 수 있다면, 왜 사랑할 수는 없는가? 가라.' 그래서 그는 나갔다. 어쩌면 그의 평생 이런 일은 처음이었을 것이다. 그는 문을 만졌다. 그의 눈에서 눈물이 흘러내리기 시작했다. 그는 그 눈물을 거둘 수가 없었다. 그리고 자신의 신발에게 무릎을 꿇었다. 그 순간 거대한 변화가 일어났다. 그가 몸을 돌려 임제에게 다가오자 임제는 그를 껴안아주었다.

이것이 화해다. 화해하지 않고 어떻게 기도할 수 있겠는가? 존재와 화해하지 않고 어떻게 스승에게 올 수 있겠는가?

예수는 말한다.

* 그러므로 예물을 제단에 드리다가 거기서 네 형제에게 원망들을 만한 일이 있는 줄 생각나거든

예물을 제단 앞에 두고

이제 제단과 기도는 2차적이다. 지금 이 순간 그대는 기도할 자세가 되어 있지 않기 때문이다.

기도는 얻어야 하는 것이다. 기도는 존재와 화해함으로써 얻어진다. 기도는 단지 사원에 들어가서 하는 것만이 아니다. 그것은 어떤 행위가 아니다. 기도는 알려지지 않은 의식의 최정상으로 올라가는 것이다. 하지만 그것은 그대가 화해했을 때, 존재와 얽힌 것이 없이 풀어져 있을 때만 가능하다.

이것은 기독교인들이 오랜 세월 동안 해오던 것과는 완전히 다른 것이다. 그들은 화해하지 않았다. 그들은 자신의 몸과도 화해하지 않고 있다. 그러니 다른 사람들과는 말해 무엇 하겠는가? 그들은 자신의 존재와도 화해하지 않는다. 그들 내면에는 거대한 저주가 숨어있

다. 그 저주를 간직한 채 어떻게 기도할 수 있겠는가? 그들의 기도는 그저 그런 상태, 미적지근하여 열의가 없는 상태일 뿐이다. 그리고 그것은 그들을 전혀 변형시키지 않는다.

기도는 마법의 신앙 고백문이다. 그것은 하나의 만트라고 주문이다. 하지만 올바른 순간에 해야만 한다. 아무 때나, 아무 데서나 할 수 있는 것이 아니다. 그리고 올바르게 조율해야 한다. 모든 종교가 특정한 시간, 이른 아침 해가 뜰 때를 선택한 이유가 그 때문이다. 그 때 존재와 조율할 수 있는 가능성이 더 높아진다. 밤에 그대는 잠을 잔다. 적어도 여덟 시간 동안 그대는 이 세상에 있지 않았다. 적어도 여덟 시간 동안 그대는 일을 하지도 않았다. 서로 먹고 먹히는 치열한 경쟁을 하지 않았다. 적어도 여덟 시간 동안 그대는 이완된 상태에서 잠을 자고 있었다. 아침에 일어날 때 눈은 맑고 그대 존재 안에 있던 구름이 걷혀 있다. 어떤 순수함이 있다. 그대 안에만 그런 것이 아니다. 주변의 모든 것이 다 그렇다. 나무들도 순수해졌다. 그들 역시 휴식을 취했다. 이파리에 맺힌 이슬방울도 순수해졌다. 하늘도 맑아지고 새들도 순수해졌다. 그리고 태양이 솟아오르고 있다. 다시 새날이 밝았다. 모든 것이 원초적인 근원으로부터 거대한 순수함과 함께 돌아오고 있다. 새로운 젊음과 신선함을 받아 돌아오고 있다. 많은 종교들이 해가 뜨기 전 이른 아침을 선택한 이유가 바로 그것이다. 태양과 함께 많은 것들이 그대 안에서 일어나기 때문이다. 태양은 거대한 에너지다. 태양이 그대 안으로 쏟아져 들어올 때, 모든 욕구가 살아나고, 모든 다툼이 되살아난다. 다시 그대는 세상 속으로 들어간 것이다.

그래서 아침이 그대가 존재에 조율하기에 가장 좋은 때로 선택되었다.

기도는 그대가 조율되었을 때만 가능하다. 그리고 예수는 심리학적으로 매우 타당한 것을 말하고 있다. 제단 앞에서라도 만일 누군가를 화나게 한 것이 기억난다면, 만일 누군가 그대 때문에 마음의 상처를 안고 있고, 어디에선가 그대에게 화를 품고 있다면, 가서 그가 치유되도록 하라. 화해하라.

헨리 소로우Henry Thoreau, 1817~1862, 미국 철학자가 죽어가고 있었다. 그의 늙은 친척 아주머니가 그를 보러 왔다. 그녀가 말했다. "헨리, 신과 화해했니?"

헨리가 눈을 뜨고는 말했다. "저는 신과 다툰 기억이 없어요. 그와는 싸운 일이 전혀 없어요."

하지만 이렇게 말할 수 있는 사람은 아주 드물다. 헨리 소로우는 매우 성스러운 사람이었다.

그대는 매일 다투고 있다. 기억하라! 누군가를 상대로 다투고 있는 그대는 신과 다투고 있는 것이다. 왜냐하면 신 이외에는 아무 것도 존재하지 않기 때문이다. 그대의 삶은 끊임없는 다툼의 연속이다. 그 다툼은 계속 쌓여가고 있다. 그리고 그대의 시스템, 그대의 존재를 독살하고 있다. 그리고 어느 날 그대가 기도를 한다. 그러나 그 기도는 입바른 거짓으로 보인다. 기도가 나오지 않는다. 어울리지 않는다. 기도는 갑자기 해서 되는 것이 아니다. 먼저 준비가 되어있어야 한다.

예수가 말하는 첫 번째 준비는 이것이다. '그대의 형제와 화목하라.' 여기서 형제는 모든 인류, 동물, 새들을 의미한다. 존재 전체가 그대의 형제다. 우리는 한 근원으로부터, 한 아버지로부터, 또는 한 어머니로부터 나오기 때문이다. 이 다양함 전체가 하나에서 나온다.

그러니 기억하라! 우리는 신을 오로지 인간을 통해서만 사랑할 수 있다. 그대는 신을 절대로 만나지 않을 것이다. 그대가 만나는 대상은 항상 인간이다. 인간을 통해서 신을 사랑하기 시작했다면, 이제 더 깊이 들어갈 수 있다. 이제는 동물을 통해서 신을 사랑할 수 있다. 그리고 더 깊이 들어가면 나무를 통해서 신을 사랑할 수 있다. 아직도 더 깊이 들어갈 수 있다. 산과 바위를 통해서 신을 사랑할 수 있는 것이다. 그리고 모든 형상을 통해서 신을 사랑하는 법을 배웠을 때, 오직 그때만이 그대의 사랑이 기도로 바뀐다.

나에게는 세 개의 단어가 매우 중요하다. '섹스', '사랑', 그리고 '기도'이다. 섹스는 그대의 육체가 다른 사람의 육체와 화해하는 것이다. 다시 말한다. 섹스는 그대의 육체와 다른 사람의 육체 사이에 일어나는 화해이다. 그래서 섹스가 그렇게 만족스러운 것이다. 그것이 그렇게 짜릿한 전율, 엄청난 흥분, 그리고 커다란 이완과 평온을 가져다주는 이유가 바로 그것이다. 하지만 섹스는 가장 낮은 차원의 화해다. 그 이상을 알지 못한다고 해도 상관은 없지만, 그러면 그대는 집에서만 살고 있는 것이다. 그 집에는 다른 방도 많이 있다는 것을 모른 채 말이다. 그대는 어두운 방에서만 살고 있으면서 그것이 전부라고 생각한다. 그대의 집에는 아름다운 방들이 많이 있다. 하지만 그대는 거지로만 머문다. 오직 육체에만 머물고 있기 때문이다. 육체는 단지 현관문일 뿐이다. 궁전으로 들어가는 현관문일 뿐이다.

섹스는 기쁨을 가져다준다. 그것은 두 물질적인 육체 사이의 화해이기 때문이다. 두 육체가 한 음에 맞춰 진동한다. 거기에 노래가 있다. 육체적인 노래가 있다. 두 육체의 에너지 사이에서 시가 나온다. 그들은 손에 손을 잡고 함께 춤을 추고 서로를 품에 안는다. 그들은 서로의 속으로 빠져든다. 잠시 동안 엑스터시가 있다. 그리고 사라진다. 왜냐하면 육체는 서로의 속으로 녹아들어 갈 수 없기 때문이다. 그러기에는 육체가 너무나 단단하다.

두 번째가 사랑이다. 사랑은 두 마음, 두 개의 심리적인 에너지 사이의 화해다. 사랑은 더 높고, 더 깊고, 더 크다. 어떤 사람을 사랑할 수 있다면, 두 사람 사이에서 섹스가 서서히 사라지는 것을 보게 될 것이다. 서양 사람들은 이 현상을 매우 두려워한다.

매일 몇몇의 커플이 찾아와 말한다. "우리에게 무슨 일이 일어나고 있는 것인지 모르겠습니다. 우리는 더욱더 사랑하게 되었습니다. 그런데 왜 섹스는 사라지고 있나요?" 그들은 섹스와 사랑이 동의어라고 배웠다. 그러나 그 둘은 같은 것이 아니다. 그들은 사람을 더욱더 사랑하면 그 사람과 더 많이 섹스를 하게 된다고 배웠다. 그러나 사실은 정반대다. 사랑을 더 많이 하게 되면 섹스는 사라지기 시작한다. 더 높은 화해가 시작되기 때문이다. 그때 낮은 차원의 것이 뭐가 중요하겠는가? 더 큰 만족이 있고 더 큰 기쁨이 있는데!

세 번째 단계는 기도다. 기도는 사람의 영혼과 존재의 영혼 사이에서 일어나는 화해다. 그것이 가장 높은 차원의 화해다. 그 이상은 없다. 그러므로 기도가 일어날 때, 소위 말하는 사랑 또한 사라지기 시작한다. 사랑이 일어날 때 섹스가 사라지는 것과 똑같다. 나는 지금 섹스를 비난하는 것이 아니다. 섹스에 잘못된 것은 아무 것도 없다. 그것은 그 자체로 완벽하게 아름답고 건강한 현상이다. 그러나 더 높은 에너지가 들어올 때, 낮은 것은 사라지기 시작한다. 더 이상 필요가 없다. 그가 맡은 일은 이미 끝이 났다.

그것은 마치 어머니의 자궁 속에서 아홉 달 동안 자란 아이와 같다. 이제 아이는 자궁 밖으로 나올 준비가 되어있다. 자궁 속의 아홉 달은 아름답다. 아이는 평생 동안 어머니에게 감사할 것이다. 그 빚은 갚을 수가 없다. 이제 아이는 자궁에서 나올 준비가 되어있다. 자궁도 아이를 더 이상 담고 있을 수 없다. 아이가 자궁보다 더 커지기 시작했다.

그것과 아주 똑같은 일이 일어난다. 섹스 속으로 정말로 깊이 들어가면, 사랑이 섹스가 담을 수 있는 것보다 더 커지는 순간이 온다. 그때 그대는 넘쳐흐르기 시작한다. 더 높은 곳으로 움직이기 시작한다. 그리고 곧 섹스로부터 벗어난다. 그리고 다시 어느 날엔가 똑같은 일이 일어난다. 사랑이 너무 커질 때, 그대는 기도로 넘쳐흐르기 시작하고 사랑은 사라진다.

예수의 일화 중에서 아주 아름다운 것이 있다. 이 이야기에 대해 명상하길 바란다.

예수가 베드로에게 '나를 사랑하는가?' 라고 세 번을 묻는다. 그때 베드로는 점점 더 확신에 차서 그렇다고 다짐했다.

예수가 이렇게 세 번이나 같은 말을 반복한 의미가 무엇일까? 왜 세 번인가? 한 번이면 족하지 않은가? 누군가에게 '나를 사랑합니까?' 라고 물을 때, 그가 긍정이든 부정이든 대답을 하면 그것으로 끝이다. 그런데 왜 세 번이나 반복했을까?

첫째로, 3이라는 숫자는 섹스, 사랑, 기도의 세 단계를 상징한다. 사실 그 세 번의 질문은 고대어의 원전에서는 동일하지 않았다. 그런데 영어는 빈약한 언어였다. 고대의 언어와 비교하면 빈약했다. 왜냐하면 영어는 더 과학적이고 더 수학적이기 때문이다. 고대의 언어들은 과학적이지도 수학적이지도 않았다. 그것이 그 언어들의 아름다움이다. 그들은 시적이었다. 그래서 한 단어에도 많은 의미가 있었다. 그리고 한 의미에도 여러 단어가 있었다. 그것은 더 유동적이었다. 더 많은 가능성이 있었다. 원전에서는 세 번의 질문이 똑같은 것이 아니었다.

사랑을 표현하는 말에는 완전히 다른 두 단어가 있다. 예수의 원래 질문은 아가파오Agapao라는 동사를 사용했다. 그것은 관계가 아니라 사랑의 상태를 뜻한다. 예수가 '너는 나를 사랑하느냐?' 라고 말했을 때, 그는 '너의 사랑이 기도의 단계에 있느냐?' 를 의미했다. 그는 최상의 것을 물은 것이다. 그 차이를 이해해야 한다.

관계는 낮은 차원이다. 사랑의 최고 단계는 전혀 관계가 아니다. 그것은 단지 그대의 존재 상태이다. 나무들이 파란 것처럼 연인들은 사랑을 한다. 나무들이 파란 것은 특별한 누군가를 위한 것이 아니다. 그대가 찾아올 때 나무들이 파래지는 것이 아니다. 꽃은 누가 오든 말든, 누가 감사하든 말든 계속해서 향기를 퍼뜨린다. 어떤 위대한 시인이 가까이 오는 것을 볼 때 향기를 뿜어내는 것이 아니다. "이제 이 사람이 나를 칭찬할 것이다. 이제 이 사람이 내가 누구인지 이해할 것이다." 꽃은 어리석고 바보 같은 사람, 무감각하고 둔한 사람, 정치가나 그런 종류의 사람이 지나간다고 문을 닫는 것이 아니다. "왜 돼지에게 진주를 던지나? 그럴 필요가 어디 있나?" 아니다. 꽃은 계속해서 향기를 퍼뜨린다. 그것은 관계가 아니다. 하나의 상태이다.

예수가 처음으로 "나를 사랑하는가, 베드로?"라고 물었을 때, 그는 아가파오라는 단어를 사용했다. 그것은 '너는 나와 사랑하는 상태에 있는가?' 라는 뜻이었다. 예수는 이런 뜻이었다. '나에 대한 사랑이 전체에 대한 사랑이 되었는가? 내가 그대에게 전체로 들어가는 문, 신성에 들어가는 문이 되었는가? 나를 인간으로서가 아닌 신의 대신으로서 사랑하는가? 내 안에서 나의 아버지가 보이는가? 내 안에서 신을 볼 수 있는가?' 그것이 아가파오의 의미다. 그것은 기도와 자비를 포함하는 말이다.

'자비compassion' 라는 말은 아름답다. 그것은 열정passion과 같은 어원에서 나왔다. 열정이 언제 자비가 되는가? 열정은 관계다. 그것은 관계를 맺으려는 욕망이고 욕구다. 그것은 의존과 속박을 만들어낸다. 그리고 그 결과로서 모든 종류의 불행을 낳는다. 자비는 같은 에너지이지만 더 이상 관계를 맺는 일에 매달리지 않는다. 관계를 맺지 않는다는 말이 아니다. 욕망이 사라졌다는 뜻이다. 자비는 홀로 있을 수 있으면서 완벽하게 행복하고 절대적으로 행복할 수 있는 상태이다. 다른 사람과 함께 있으면서 행복할 수 있고, 홀로 있으면서 행복할 수 있을 때, 그때 그대는 자비의 상태에 이른 것이다. 그런데 혼자서는 행복할 수 없고 누군가와 함께 있어야만 행복할 수 있다면, 그것은 열정이다. 그대는 의존하고 있다. 그대는 함께 있지 않으면 행복할 수 없는 사람에게 화를 내게 된다. 그것은 자연스러운 일이다. 그래서 연인들은 서로에게 끊임없이 화를 내는 것이다. 어느 누구도 자신을 속박하는 것을 좋아하지 않기 때문이다.

자유는 인간의 영혼에 있어서 최상의 가치이다. 따라서 그대의 자유를 빼앗고 그대 주위에 어떤 속박을 만드는 것을 그대는 싫어한다. 연인들이 끊임없이 서로를 증오하는 이유가 바로 그것이다. 심리학자들은 사랑의 관계가 단순한 사랑의 관계가 아니라는 것을 알기에 이르렀다. 이제 그들은 그것을 '애증관계' 라고 부른다. 증오가 항상 거기에 있기 때문이다. 그러니 어떻게 그것을 사랑만으로 부르겠는가?

친구와 적 사이에는 큰 차이가 없다. 친구와의 관계는 사랑-증오이고, 적과의 관계는 증오-사랑이다. 그것이 유일한 차이다. 단지 어디를 강조하느냐에 달려 있다. 사랑이 위로 가고 증오가 밑에 숨는 것, 그것이 우정이고 증오가 위로 가고 사랑이 밑에 숨는 것, 그것이 적개심이다.

그것을 지켜보라. 그것을 관찰하라. 자비는 다른 누구에게 의존할 필요성을 넘어서는 것을 뜻한다. 이제 그대는 나누어줄 수 있다. 필요가 없기 때문이다. 그대는 필요가 없을 때만 나누어줄 수 있다. 필요가 없을 때만 줄 수 있다. 거지들은 주는 자가 될 수 없다. 누군가에게 사랑을 달라고 매달리고 있다면 어떻게 다른 사람에게 줄 수 있겠는가? 기껏해야 그러는 척 가장할 수 있을 뿐이다. 상대방도 마찬가지이다. 상대방도 그대를 사랑하는 것처럼 가장하고 있다. 그대가 그들을 사랑할 수 있게 말이다. 이제 둘 다가 서로를 속이고 있다. 허니문이 오래갈 수 없는 이유가 그것이다. 얼마나 오랫동안 속일 수 있겠는가? 얼마나? 지적이면 지적일수록 허니문은 더 짧아질 것이다. 정말로, 정말로 지적이라면 첫날밤만으로 충분할 것이다. 그것으로 끝날 것이다. 그대가 거지이고 그녀도 거지라는 것, 두 거지가 서로에게서 충족되기를 구걸하고 있다는 것을 훤히 보고 말 것이다. 그들은 아무 것도 갖고 있지 않다. 그들은 그저 그러는 척하고 헛된 약속을 하고 있다. 그 약속은 오로지 얻기 위함이다. 하지만 아무도 처음부터 그것을 갖고 있지 않았다. 그들은 아무도 그것을 얻지 못한다. 조만간 어느 한 사람은 그 가식을 꿰뚫어 보기 시작한다. 아내는 속았다는 것을 알고 화를 낸다. 남편도 역시 속았다는 것을 알고 화를 낸다. 하지만 사실 아무도 속이지 않았다.

거지들은 주는 사람이 될 수 없다. 그대는 갖고 있을 때만 나누어줄 수 있다. 자비는 나누어줄 수 있다. 왜냐하면 자비는 넘쳐흐르기 때문이다. 구름이 비를 흠뻑 머금고 쏟아져 내릴 준비를 하는 것처럼 말이다.

첫 번째 질문에서 예수는 이렇게 물었다. "나를 사랑하는가?" 그는 아가파오라는 단어를 사용했다. 아가파오는 자비다. 아가파오는 깨어있는 사랑이다. 이해를 통한 사랑이다. 열정에 찬 사랑이 아니다. 자각을 통한 사랑이다. 무의식적인 기호嗜好 liking를 통한 사랑이 아니다. 그대는 그 여인의 모습을 좋아한다. 그 남자의 코를 좋아한다. 아니면 머리 색깔, 눈동자의 색깔을 좋아한다. 이들은 모두 어리석다. 어떻게 사랑이 이런 것들을 통해서 일어날 수 있겠는가? 사랑은 기호가 아니라 이해다. 감정적인 것이 아니다. 무한한 지성이 있고, 그 안에 자비가 있을 때, 그 자비의 강렬함 속에서 아가파오가 일어난다.

베드로는 필로philo라는 말로 대답했다. 그는 말했다. "그렇습니다. 나의 주님, 저는 당신을 사랑합니다!" 하지만 그는 다른 단어를 사용했다. 아가파오가 아니라 필로라는 말을 사용했다. 필로는 철학philosophy, 박애주의자philanthropist 같은 단어에 사용되는 말이다. 필로, 그것은 인간적인 애정이 담겨있다. 상태가 아니라 관계다. 의식적이 아닌 무의식적이다. 사랑은 아가파오에서는 일어나고, 필로에서는 떨어진다. 우리가 '사랑에 떨어진다falling in love.' 라고 말하는 이유가 거기에 있다. 그대는 그 안에서 비틀거린다. 그 속에서 밑으로 내려간다. 그것을 통해 어두운 구멍 속으로 빠진다. 필로는 무의식적이다. 그것은 주의, 자각, 이해, 관찰에서 나오는 것이 아니다. 통합된 영혼에서 나오는 것이 아니다. 개체에서 나오는 것이 아니다. 그것은 어떤 감춰진 충동, 본능, 열정에서 나온다. 그것은 욕망이다.

그리스도가 두 번째 질문을 할 때, 그때도 역시 아가파오라는 단어를 사용했다. 스승은 계속해서 해머를 두드린다. 그러나 베드로는 그 의미를 놓쳤다. 그것은 너무도 단순했다. 하지만 그대 또한 계속 놓치고 있다는 것을 기억하라. 그는 예수가 어떤 단어를 사용했는데 자기는 다른 단어로 대답했다는 것을 깨닫지 못했다. 그것은 단지 무의식적이었다. 예수는 다시 물어야 했다. 또다시 그는 베드로가 들을 수 있게 아가파오라는 단어를 썼다. 어쩌면 이제 그는 그것을 들었을지도 모른다. 그러나 베드로의 대답은 다시 인간적인 차원에 머물러 있었다. 사실, 그는 약간 화가 났다. 그는 틀림없이 이렇게 생각했을 것이다. '예수님이 나를 뭐로 보시는 거지? 모자라고 어리석다고 생각하나? 내가 사랑한다고 말했는데 똑같은 질문을 또 하시네?' 그는 틀림없이 약간 화가 났을 것이다. 그는 다시 같은 단어 필로를 사용했다. 화가 나 있으면 더욱더 무의식적이 된다. 이제 그는 예수가 말하는 것을 듣지 못한다. 예수가 누구인지 보지 못한다. 똑같은 질문에 그는 짜증이 났다. 그는 또다시 놓쳤다.

세 번째 질문에서 그리스도는 베드로가 이해하지 못하는 것을 받아들이고 그 스스로도 필로라는 단어를 사용한다. 왜 그랬을까? 그것은 베드로가 그 상태를 이해하지 못할 것임을 알았기 때문이다. 베드로는 그것을 맛본 일이 전혀 없었다. 그것은 그의 차원을 넘어선 것이었다. 스승은 제자가 스승에게 오지 못할 때, 스스로 제자에게 가야 한다. 계속 오라고 부르고 소리를 쳐도 그대가 오지 않을 때, 스승은 그대의 손을 잡아 그대를 꺼내려고 어둠 속으로 내려간다.

세 번째 질문에서 예수가 필로라는 말을 써서 물어보았을 때, 베드로는 예수의 반복되는 질문에 기분이 상해 자신의 사랑을 더욱더 강하게 주장했다. 그는 틀림없이 훨씬 더 화가 났을 것이다. '내가 이미 대답을 했는데 왜 자꾸 물으실까? 예수님의 마음에 어떤 의심이 있는 것은 아닐까? 나의 사랑을 의심하는 것일까?' 이런 의심이 일어났을 것이다. 그는 아직도 핵심을 놓치고 있었다. 예수는 필로라는 말을 써서라도 그를 이해시키려고 했다. 그러나 이제는 베드로가 너무 화가 났다. 예수가 바로 옆에 서서 베드로의 손을 잡고 있었지만 그는 그것을 보지 못했다. 그는 계속 주장했다. '저는 당신을 사랑합니다.' 하지만 이 주장은 에고의 주장일 뿐이었다.

그리스도가 부드럽게 말했다. "가서 나의 양을 먹이라."

예수는 생각했다. '아무 소용이 없군. 나중을 기다려야 하나보다. 지금은 때가 아닌 것 같다.' 스승은 때로는 몇 년을 기다려야 한다. 그리고 제자는 한편으로는 깨달음이 일어나기를 바라지만, 다른 한편으로는 스스로 온갖 종류의 장애물을 만들어내고 있다. 하지만 그것 역시 자연스런 일이다. 무의식적인 마음에게서 무엇을 더 기대할 수 있겠는가? 의식이 진정으로 무슨 뜻인지를 알지 못하는 마음에게서, 그리고 어두운 동굴에서만 살면서 빛을 본 적도 없는 마음에게서 무엇을 더 기대할 수 있겠는가? 그러면서도 그들은 계속 사랑과 빛을 말한다. 연민의 마음으로 예수가 말했다. "좋다, 베드로! 가서 나의 양을 먹여라. 지금 있었던 일은 잊어버려라. 지금은 때가 아니다. 처음부터 내가 묻지 말았어야 했다. 내가 기다려야 한다."

구제프Gurdjjeff의 수제자 중 한 사람인 모리스 니꼴Maurice Nicoll은 이렇게 말한다. "우리가 우리 자신을 만들어내지 말아야 하듯이 우리는 다른 사람도 만들어내지 말아야 한다. 그러면 우리는 열정도 없고 그저 있는 그대로 존재하며 어떤 정의도 없는 공통된 존재를 느끼기 시작한다."

그대 자신을 만들어내지 않을 때 – 에고는 그대의 창작물이다. – 그대 주변에 거짓 인격을 만들어내지 않을 때, 그대가 무엇이든 그저 있는 그대로 존재하기 시작할 때, 존재 속으로 긴장을 풀고 녹아들어갈 때, '우리가 우리 자신을 만들어내지 말아야 하듯이 우리는 다른 사람도 만들어내지 말아야 한다.' 둘은 함께 간다. 만일 그대가 자신을 만들어내고 있다면, 그대는 다른 사람도 만들어낼 것이다. 그대는 계속해서 자신의 아름다운 이미지를 창조해간다. 그리고 거기에 맞추어 다른 사람들의 아름다운 이미지도 창조해간다. 그대 자신에 대한 이미지도 진실이 아니며 다른 사람에 대한 이미지도 진실이 아니다. 따라서 그대는 일종의 환상 속에 살면서 계속해서 좌절한다. 그대의 이미지에 따라서 오는 것은 아무 것도 없기 때문이다. 그럴 수가 없다. 그대의 이미지는 그저 그대가 만들어낸 것일 뿐이다. 그것은 진실이 아니다.

모리스 니꼴의 말이 옳다. '우리가 우리 자신을 만들어내지 않을 때, 우리는 다른 사람도 만들어내지 않게 된다. 그리고 그때 갑자기 어떤 공통된 기반, 공통된 존재가 나타난다.' 열정이 사라진다. 그리고 열정passion이 사라질 때, 자비compassion가 나타난다.

'자비' 란 강렬한 열정이 그 강렬함 때문에 스스로 타버리는 것을 의미한다. 너무도 강렬해서 스스로 타버리고 불 속으로 사라진다. 자신의 강렬한 불 속으로. 그때 완전히 다른 차원의 사랑이 나타난다. 그것이 자비다. 그때 자비는 그대로부터 계속해서 쏟아져 나온다. 물결처럼 계속 나온다. 낮과 밤이 바뀌고 해가 바뀌어도 계속해서 흘러나온다. 그리고 그것을 받아들일 준비가 된 사람은 누구나 그것을 받아들일 수 있다. 수용하고 소화할 준비가 된 사람은 누구나 그것을 통해서 충족될 수 있다.

자비는 모두를 위해, 모든 것을 위해 흐른다.

자비는 바로 그 열정의 불 속에서 태어난다. 열정으로부터 자비가 태어나는 것이다. 섹스는 사랑을 담지 못하고 사랑은 기도를 담지 못한다. 하지만 사랑은 섹스 안에 존재한다. 마치 태아가 자궁 안에 존재하고 새가 알 속에 존재하는 것처럼. 알은 잠시 동안 새를 보호하지만 결국은 그것이 방해가 된다. 그때 알은 깨져야 한다. 그리고 새는 알에서 나와 하늘로 날아야 한다.

섹스는 사랑의 새가 자라나는 알이다. 그리고 새 그 자체, 사랑 그 자체는 기도가 자라나는 알이다. 그리고 기도가 최고로 성장했을 때, 거기에 오직 신만이 존재한다. 그대는 존재하지 않는다. 그때는 그대가 어디에 있든 그곳이 바로 성전이다. 그때 그대가 누구이든 그대는 완전한 행복을 느낀다. 그것이 천국의 의미이다. 그것이 '신의 왕국'의 의미이다.

그러므로 예수는 이렇게 말한다. "먼저 가서 형제들과 화목해라. 창조물들과 화목해라."

* 또 간음치 말라 하였다는 것을 너희가 들었으나

나는 너희에게 이르노니 여자를 보고 음욕을 품는 자마다 마음에 이미 간음하였느니라.

문제는 어떤 것을 했느냐가 아니다. 문제는 생각에 있다. 이것이 범죄crime와 죄sin의 차이다. 범죄는 그대가 행동으로 저지른 것이고 죄는 그대가 생각 속에 담고 있었던 범죄다. 범죄는 현실 세계에서 현실로 나타난 죄이다. 그대가 한 일이다. 그대가 세상에 드러낸 일이다. 그리고 죄는 그대가 그대 안에서 키우고 있는 범죄이다.

예수는 말한다. '음란한 생각을 품을 때, 그대는 이미 간음을 범한 것이다.' 모세의 율법은 말한다. '간음하지 마라. 이것이 계명이다.' 그러나 그것은 단지 행위만을 방지할 뿐 생각에 대해서는 아무 것도 말하지 않는다. 단지 사람들과 어떻게 관계하라고 말할 뿐, 그대의 꿈속에서 벌어지는 것에 대해서는 아무 것도 말하지 않는다.

예수는 말한다. : 계명은 그대를 변형시키지 않을 것이다. 그대는 겉으로는 완벽하게 도덕적일 수 있지만 깊은 내면에서는 온갖 뱀과 전갈과 모든 독을 품을 수도 있다. 모든 문제가 거기에 있다.

예수는 어떤 뜻으로 그렇게 말했을까? '아름다운 여인을 보지 말라.' 는 뜻인가? 그것은 불가능하다. 예수가 그런 의미로 말할 리가 없다. '들에 있는 백합을 보라.' 고 말한 그가 어떻게 '아름다운 여인을 보지 말라.' 고 말할 수 있겠는가? 아름다운 백합을 볼 수 있다면 왜 아름다운 여인이나 아름다운 남자를 보지 말라고 하겠는가? 백합이 신의 아름다움을 나타낸다면, 남자는 더 높은 차원의 신을 나타내고 여자는 세상에서 가장 아름다운 현상을 나타내는 것이다. 예수가 그렇게 말할 수는 없다. 그렇다면 그는 무엇을 말하는 것일까? 이것을 이해해야 한다.

그대가 아름다운 여인을 보고 있다. 그대가 만일 그녀의 아름다움, 그 모습, 그녀가 걷는 자태, 그녀 주위에 퍼지는 우아함을 즐기고 있다면 거기에 욕망은 없다. 단지 거대한 경외심에 전율하고 있을 뿐이다. 그녀 안에 있는 신의 아름다움에 전율하고 있을 뿐이다. 욕망은 아름다운 여인을 보자마자 '어떻게 저 여자를 소유할 수 있을까?'를 생각할 때만 들어온다. 생각이 죄인이다. 욕심이 죄인이다. '어떻게 저 여자를 소유할 수 있을까? 어떻게 저 여자를 가질 수 있을까? 어떻게 저 여자를 다른 사람에게서 빼앗을 수 있을까?' 하는 생각이 들어올 때, 그때 그대는 추해진다. 폭력이 들어온 것이다.

'폭력violence'이라는 말이 어디서 왔는지 아는가? 그것은 '위반violation'이라는 말과 같은 어원에서 온다. 소유를 생각하는 순간 그대는 신의 미묘한 법칙을 위반한 것이다. 그것은 일종의 신성 모독이다. 아름다움은 무한하다. 그런데 그대가 그것을 더럽혔다. 그것을 어떻게 사용할지를 생각하기 시작했다. 그것은 마치 꽃을 보고는 '어떻게 저것을 가질까? 어떻게 훔칠까? 어떻게 저것을 가져다가 시장에 팔수 있을까?'를 생각하는 것과 같다. 이것이 위반이다. 이것이 신성 모독이다. 따라서 그것이 폭력인 것이다.

욕망이 일어날 때, 소유하고 이용해 먹으려는 욕심이 일어날 때, 아름다움은 사라진다. 그때 그대는 이미 가슴속으로 그 여인을 추하게 만든 것이다. 그녀는 너무도 순수하고, 너무도 아름답고, 보는 것 자체가 너무도 영광이었다. 이제 그 모든 것을 그대가 파괴했다. 그것을 즐기는 대신에, 그것에 전율하는 대신에, 그것을 찬양하는 대신에, 이제 그대는 근심하기 시작한다. 어떻게 할 것인가? 그녀는 다른 사람에게 속해있다. 다른 사람의 아내다. 이제 그대는 혼란에 빠진다. 그녀의 아름다움에 기분이 좋아지는 대신에 이제는 혼란에 빠진다. 그대는 '어떻게 그녀를 뺏어올까? 어떻게 할까?'를 생각하기 시작한다. 그대는 핵심 전체를 놓쳐버린다. 그녀의 아름다움을 통해서 문이 열렸다. 그런데 그대는 그것을 놓쳤다. 그리고 그것을 더럽혔다. 바로 그것이 간음이다.

예수는 아름다움에 무감각해지라고 말하는 것이 아니다. 그가 그렇게 말할 수는 없다. 기독교에서 뭐라고 가르치든 상관없이 내가 보장할 수 있다. 그는 그렇게 말할 수 없다. 그는 무한한 감수성과 무한한 사랑으로 가득 찬 사람이다. 그런 그가 어떻게 아름다움에 무감각할 수 있겠는가? 그는 단지 이렇게 말하고 있는 것이다. '욕망을 품지 말고 그저 즐겨라.' 소유하고 나면 즐길 필요가 없다. 사실이 그렇다. 어떻게 한 번 소유한 것을 즐길 수 있겠는가? 소유 그 자체에서 아름다움은 파괴된다. 그대가 그것을 독살했다. 그대가 그것을 망쳐버렸다. 간음이란 바로 그런 것이다.

＊ 만일 네 오른 눈이 너로 실족케 하거든 빼어 내버리라. 네 백체 중 하나가 없어지고 온몸이 지옥에 던지우지 않는 것이 유익하며

이 구절은 오랜 세월 동안 신경증적인 사람들에 의해 잘못 해석되어 왔다. 이 말에 따라서 기독교 성자들 중에는 자기들의 성기를 자른 사람들이 있었다. 그리고 눈을 빼어버린 사람들도 있었다. 인간은 참으로 어리석은 것 같다. 그런데 이런 사람들이 존경받고 추앙받아왔다. 그리고 그들이 신성시 되고 성인이 되었다. 이들은 단지 신경증 환자일 뿐이다. 히스테리 환자들이다. 완전히 바보 같은 사람들이다. 이 말은 그런 뜻이 아니다. 이 말은 전체를 위해 부분이 희생되어야 한다는 뜻이다. 전체가 부분을 위해 희생할 수는 없는 일이다. 단지 그것이다. 그대 존재의 어떤 부분이 그대와 전체 사이에서 방해가 된다면 그것을 희생해야 한다는 뜻이다.

내가 알기로는 스스로가 전체인 듯이 가장하는 부분이 방해물이다. 그리고 그것이 곧 그대의 마음이다. 다른 것이 아니다. 그대의 마음만이 '내가 전체다. 나는 나 스스로 충분하다.' 라고 가장하고 있다.

마음만이 유일한 사기꾼이다. 마음은 에고의 개념, 분리되어 있다는 느낌을 준다.

예수는 이렇게 말하고 있다. : 부분을 희생해라. 그것이 머리라면 머리를 희생해라. 머리를 잘라 버리라는 뜻이 아니다. 단지 머리를 굽혀, 머리를 항복하게 하라는 뜻이다. 만일 그대에게 문제를 만들고 있는 것이 그대의 마음, 그대의 사고 과정이라면, 그것을 희생해라. 그것은 아무런 가치도 없다. 전체를 위해서 모든 것을 희생해야 한다. 오직 그때만이 그대는 전체가 될 것이다.

* 또 눈은 눈으로 이는 이로 갚으라 하였다는 것을 너희가 들었으나 나는 너희에게 이르노니 악한 자를 대적하지 말라. 누구든지 네 오른편 뺨을 치거든 왼편도 돌려 대며

'악에 대적하지 말라.' 예수의 말 중에서 가장 위대한 말이다. 옛날에는 이런 말이 있었다. '눈에는 눈으로, 이에는 이로'

그것이 율법의 개념, 정의의 개념이다. 그러나 예수는 사랑을 가져왔다. 그는 말한다. '악에 대적하지 말라.' 왜 그런가? 매우 이상한 말로 보인다. –'악에 대적하지 말라.' – 만일 아무도 대적하지 않는다면 악은 더 커져버릴 것이다. 그러나 그 뜻은 그런 것이 아니다. 이는 내면의 연금술과 관련이 있다. '우리에게 일용할 양식을 주소서.' 라고 한 예수의 기도도 똑같은 의미다.

힌두교인들과 이슬람교인들, 그리고 그 밖의 다른 종교인들은 기독교인들의 기도를 보고 웃음을 참지 못했다. – '우리에게 일용할 양식을 주소서.' – 너무 유치해 보인다. 예수는 일용할 양식을 구하는 것 외에 다른 것을 생각할 수 없었는가? 그러나 그것은 '일용할 양식' 이 무슨 뜻인지 모르고 하는 말이다.

예수는 말한다. : 육체가 공기, 음식, 물을 섭취함으로써 존재하듯이, 그대의 영혼 또한 매일 신으로부터 양분을 얻고 있다. 그것이 그대의 일용할 양식, 매일의 양분이다. 매일 그대는 일정량의 영적인 에너지를 받고 있다. 그 에너지로 그대는 파괴를 할 수도 있고 창조를 할 수도 있다. 만일 파괴하는데 사용한다면 에너지를 잘못 사용하는 것이다. 그것은 폭력이고 위법이며 신성 모독이다. 만일 창조적인데 사용한다면, 그것은 그대가 신에게 가는 길이 될 것이다. 그 에너지는 그대 안에서 더 높은 봉우리로 자랄 것이다. 그리고 그대 안에 풍요로움을 가져다 줄 것이다.

그대에게 계속 쏟아져 내리고 있는 신의 에너지가 바로 예수가 말하는 '일용할 양식' 이다. 만일 이 에너지가 올바르게 사용되지 않고 파괴적인 일에 쓸모없이 낭비된다면, 신은 계속해서 베풀고 있는데 그대는 계속해서 버리고 있는 것이다. 무엇을 버리고 있는지도 모른체 말이다.

수피의 우화 중에 이런 것이 있다.

어떤 사람이 이른 아침에 산책을 하러 강으로 나왔다가 어떤 가방에 걸려 넘어졌다. 가방을 열어보니 그 안에는 돌이 가득 들어있었다. 그는 강둑에 앉아 놀이삼아 그 돌들을 강에 던지기 시작했다. 그리고 그 돌이 일으키는 첨벙거리는 소리를 즐겼다. 차츰 날이 밝아 오고 태양이 솟아오르기 시작했다. 이제 돌은 하나 밖에 남지 않았다. 그때 그는 돌을 보았다. 그리고는 가슴을 치며 울기 시작했다. 지나가던 사람들이 모여들어 그에게 물었다. "왜 그러시오? 무슨 일이오?"

그가 말했다. "이것이 돌인 줄 알았는데 다이아몬드였소. 내가 그것을 수천 개나 던져 버렸소. 한 시간 내내 던지고 있었소. 뭘 던지고 있는 줄도 모르고 말이오. 난 그냥 돌인 줄만 알았는데. 이제 남은 건 이것 하나뿐이오."

그러나 나는 말한다. 그는 그나마 운이 좋았다. 마지막 하나가 남았을 때, 그는 적어도 그것을 알게 되었다. 마지막에 이르러서도 사람들은 모른다. 그들은 그냥 계속 던지기만 한다. 그들은 이 세상에서 살다가 죽는다. 그러는 동안에도 일용할 양식, 매일 쏟아져 내려오는 그 다이아몬드를 알지 못하고 간다.

그것이 그대의 에너지이다. 그대는 그 에너지를 분노에 쏟아 부울 수도 있다. 그리고 똑같은 에너지를 사랑에 쏟아 부울 수도 있다. 그것은 그대의 선택에 달려 있다. 그래서 예수는 '악에 대적하지 말라.' 고 말한 것이다. 악에 대적하기 시작하면 그대의 에너지 전체가 저항하는 데에 쓰일 것이다. 그리고 악은 수없이 많다. 이 말은 도덕적인 가르침이 아니다. 이는 하나의 연금술적인 가르침이다.

＊ 또 눈은 눈으로 이는 이로 갚으라 하였다는 것을 너희가 들었으나

나는 너희에게 이르노니 악한 자를 대적하지 말라. 누구든지 네 오른편 뺨을 치거든 왼편도 돌려 대며

에너지를 낭비하지 마라. 어떤 사람이 그대를 때리고 싶어 한다면, 또는 이미 그대를 때렸다면, 그에게 다른 쪽 뺨도 내주어라. 그리고 이렇게 말하면서 감사하라. "감사합니다, 선생님. 언제라도 또다시 제가 필요하다면, 저는 준비되어 있습니다." 그리고 가던 길을 계속 가라. 에너지를 낭비하지 마라. 그 에너지는 너무도 귀하기 때문이다. 보복, 반발, 싸움, 분노로 에너지를 낭비하지 마라. 그것은 곧 다이아몬드를 던져버리는 일이다.

우리는 계속해서 속으로 부정하고, 불평하고, 비난하고, '노'라고 말하는 분위기 속에서 산다. '노'라고 말하면서 우리는 바로 코앞에 있는 것을 놓치고 있다. 내면에서는 계속 이렇게 부정하고 있다. '이것은 옳지 않아! 이것은 좋지 않아! 이렇게 되어야 해! 저렇게 되어야 해!' 엄청난 에너지가 이 부정하는 일에 소비된다. 그리고 우리는 일을 바로잡으려고 한다. 그러나 인생은 짧다. 인생은 쏜살같이 지나가고 있다. 그리고 아무 것도 올바로 된 적은 없다. 우리는 단지 그런 행위에 우리 자신의 힘을 빼고 있을 뿐이다.

예수는 말한다. '자각하라.' 그대의 에너지는 귀중하다. 그리고 그

대는 제한된 양만을 쓸 수 있다. 이만한 양을 쓰게 되면 더 많은 것을 쓸 수 있게 된다. 예수는 말한다. '가진 자는 더 많이 주어질 것이다. – 이 말은 정말로 아름다운 말이다 – 갖지 못한 자는 가진 것마저 빼앗길 것이다.' 아주 역설적이지만 완벽한 진리다.

에너지를 저장하면 더 많이 얻게 된다. 더 많이 갖고, 더 많이 저장할수록 더 많이 주어질 것이다. 그것을 가질 만한 자격이 있다는 것을 증명하고 있기 때문이다. 더 적게 가지면 더 적은 양이 주어질 것이다. 그리고 아무 것도 갖지 못하면, 갖고 있는 것마저 빼앗길 것이다. 빈껍데기만 남을 것이다. 부정적인 공(空)이 될 것이다. 붓다가 말하는 공이 아니다. 그대는 아무 의미도 없는 그저 빈껍데기가 될 것이다. 바보가 만들어낸 이야기, 아무 의미도 없는 소란스런 소리로 가득 찬 이야기처럼 말이다.

이렇게 끊임없이 에너지를 잘못 사용함으로써 우리는 우리 주위에 감옥을 만든다. 그러나 감옥의 문은 항상 열려있다. 왜냐하면 그대 자신 외에는 어떤 간수도 없기 때문이다. 그대는 감옥이면서 죄수이고, 또한 간수이기도 하다. 우리는 단지 우리의 어리석고 습관적인 태도를 희생해버리면 된다. 그러면 감옥을 만든 똑같은 에너지가 우리의 자유가 되고 구원이 된다.

니콜라스 쿠사Nicholas of Cusa, 1401~1464, 독일 신비주의 철학자는 올바른 삶은 오직 한 가지만을 필요로 한다고 주장했다. 그것을 그는 '학습으로 터득한 무지'라고 불렀다. 다시 순진해져라. 무지를 배워라. 아이가 되어라. 저항하지 말고 싸우지 마라. 그대에게 쏟아져 내리는 에너지를 즐겨라. 다시 원초적이 되어라. 다시 순진을 배워라. 따분하고 죽어있는 과거와 지식, 그리고 마음에 매달리려는 집착을 버려라.

'학습으로 터득한 무지' 란 '아는 무지knowing ignorance' 를 의미한다.

아는 무지가 있고, 무지한 지식이 있다. 학자들의 지식, 성직자들의 지식은 단지 이름뿐인 지식이다. 그것은 아무 것도 모르는 것이다. 그러나 예수나 붓다의 무지는 다르다.

달마대사가 무 황제로부터 "당신은 누구십니까?" 라는 질문을 받았을 때, 그는 이렇게 말했다. "나는 모릅니다."

이 무지, 이 순진함, 그것이 아는 것이다.

그대 자신을 보호하려 하지 마라. 사람들과 싸우지 마라. 예수는 특히 '악에 대적하지 말라.' 고 한다. 하지만 그대의 마음은 이렇게 말할 것이다. '그렇지만 악이 있을 때 우리는 저항해야 한다. 악은 받아들일 수 없다. 우리는 악에 대항해 싸워야 하고 파괴해야 한다.' 그러나 아무도 악을 파괴한 적이 없다. 악은 영원하다. 악과 싸우면서 그대가 파괴될 것이다. 악은 파괴될 수 없다. 이 잘못을 깨달아라. 이 잘못된 이치를 깨달아라.

* 또 네 이웃을 사랑하고 네 원수를 미워하라 하였다는 것을 너희가 들었으나

나는 너희에게 이르노니 너희 원수를 사랑하며 너희를 핍박하는 자를 위하여 기도하라.

여기서 말하는 메시지는 매우 명확하고 강하다. 예수는 이렇게 말하고 있다. : 티끌만큼의 에너지도 낭비해서는 안 된다. 에너지 전체가 보존되어야 한다. 에너지가 어떤 단계에 이르면 변형이 자동적으

로 일어난다. 그것이 연금술의 과학이다.

물에 열을 가해보라. 계속해서 에너지를 가해보라. 그러다가 100도에 도달하면 물은 증발하기 시작한다. 99도, 뜨겁다. 그러나 아직도 물이다. 99.9도, 아주 뜨겁다. 그러나 아직도 물이다. 100도, 갑자기 도약이 일어난다!

내면세계에서도 그런 일이 일어난다.

예수의 말들은 도덕적인 경구가 아니다. 이 말들은 내면의 변형과 관련된 말이다. 에너지를 보존하고 어디에도 낭비하지 않아야 한다. 개가 짖는다고 그대도 따라 짖는다면 얼마나 어리석은가? 그대는 말한다. "나는 악에 대적해야 한다. 이 개는 교훈을 배워야 한다." 그대가 개를 가르쳐 교훈을 줄 수는 있다. 그런데 개들이 교훈을 배웠다는 말을 나는 들어본 적이 없다. 개들은 계속 짖기만 한다. 많은 사람들이 개에게 교훈을 가르치려고 했다. 그러나 개들은 매우 고집이 세다. 그들은 계속해서 짖는다. 그대는 단지 기운만 빠질 뿐이다. 또한 개들에게 짖어대면서 그대는 신에게 기도하는 능력을 잃어버렸다. 짖는 것과 기도하는 것은 공존할 수 없기 때문이다.

투쟁, 증오, 분노, 이것들과 사랑은 공존할 수 없다. 이것이 단순한 내면의 경제학이다.

* 이같이 한 즉 하늘에 계신 너희 아버지의 아들이 되리니

신의 아들이 되고 싶다면, 이렇게 해야 한다. 에너지를 보존해야 한다. 그리고 신은 그대에게 매일 에너지를 주고 있다. 사람이 계속해서 그 에너지를 보존한다면 다른 것은 아무 것도 필요하지 않다. 예수

는 바로 그런 열쇠를 주고 있다. 엄청나게 위대한 열쇠다. 그것은 궁극의 문을 열 수 있다.

* 이는 하나님이 그 해를 악인과 선인에게 비취게 하시며 비를 의로운 자와 불의한 자에게 내리우심이니라.

예수는 말한다. : 의와 불의에 구애받지 말라. 신을 보라. 그의 구름은 의로운 자와 불의한 자 모두에게 비를 내린다. 그의 태양은 선한 자와 악한 자 모두에게 빛과 생명을 내려준다. 그런데 왜 그대가 걱정을 하는가? 신은 계속해서 모든 것에 에너지를 주고 있다.

그러니 제발, 개혁가가 되지 마라. 기억하라! 그대 자신을 개혁하고 싶다면, 개혁가가 되지 말아야 한다. 왜냐하면 그대는 어느 하나만 될 수 있기 때문이다. 개혁가가 된다면 그대는 다른 사람들을 변화시킬 것이다. 그대가 개혁되고 싶다면 개혁가가 되지 말고 대신에 그대의 에너지를 보존하라. 그대가 개혁되면, 그대가 변형되면, 많은 것들이 그대를 통해서 변형된다는 것, 바로 그것이 기적이다. 그대의 촉매와 같은 존재, 그거면 족하다. 그대가 거기에 존재하는 것만으로도 많은 것들이 미지의 것에 전율할 것이다. 그대가 만지기만 해도 무언가 그들 안에서 진동하기 시작할 것이다.

그대가 많은 것을 해야 한다는 뜻이 아니다. 단지 그대의 빛이 타오르고 있으면 사람들이 그대를 향해 모여들기 시작할 것이다. 어둠을 더듬으며 그대를 향해 움직일 것이다. 그들이 점점 더 가까이 올수록 어느 날엔가는 불붙지 않은 램프가 이미 불이 붙어있는 램프를 통해서 불이 붙는다. 불꽃이 이곳에서 저곳으로 옮겨 붙는다. 단지 가까이 있는 것만이 필요할 뿐이다.

스승 주위에 있어라. 이미 도달한 사람 주변에 있어라. 그리고 저항하지 말고, 싸우지 말고, 방어하지 말고 더 가까이 다가가라. 그저 받아들여라. 그러면 모든 것이 스스로 일어나게 될 것이다.

이는 하나님이 그 해를 악인과 선인에게 비취게 하시며 비를 의로운 자와 불의한 자에게 내리우심이니라.

그러니 그대가 누구이기에 선과 악을 걱정하는가? 그대가 누구이기에 세상이 어떻게 되어야 한다고 걱정하는가? 그것 또한 에고의 함정일 뿐이다.

* 너희가 너희를 사랑하는 자를 사랑하면 무슨 상이 있으리요. 세리도 이같이 아니하느냐.

청교도주의자, 세리, 도덕주의자, 형식주의자, 그들 역시 이와 똑같이 한다. 누군가 그들을 사랑해주면 그들도 자기를 사랑해주는 사람을 사랑한다. 거기에 특별난 것은 없다. 특별하다고 말할 만한 것이 아무 것도 없다. 사람들이 그대를 사랑할 때, 그대는 사랑한다. 누군가 그대에게 미소를 지으면 그대도 미소를 보낸다. 그러나 그것은 아무 것도 아니다.

누군가 그대를 때릴 때 그대가 미소를 짓고, 누군가 그대를 증오할 때 그대가 사랑을 보낸다면, 이것이 기적이다! 이것이 마법이다! 그리고 이런 마법만이 그대를 신의 아들로 만들 수 있다. 다른 것은 아무런 도움이 되지 않는다.

* 그러므로 하늘에 계신 너희 아버지의 온전하심과 같이 너희도 온전하라.

이것 또한 가장 근본이 되는 말이다. '너희도 온전하라.' 기억하라! 그대는 완전할 수 있다. 그대는 본질적으로 완전할 뿐이기 때문이다. 그대는 신으로부터 왔다. 그런데 어떻게 불완전할 수 있겠는가? 그대는 신에게 속해있는데 어떻게 그대가 불완전할 수 있겠는가? 본질적으로 그대는 신이다. 신이 그대 안에 있고 그대가 신 안에 있다. 그러나 그대는 자신에게 그것을 볼 수 있는 기회를 주지 않았다. 바깥세계에 너무도 매여 있기 때문이다. 이런 일 저런 일을 하고, 세상에 약간의 선행을 하고, 세상에 정의를 가져오고, 이것저것을 개혁하는 등 그대는 너무도 바깥세계에 매여 있다. 그 이유 때문에 내면의 성전을 들여다볼 수 없었다. 그런데 신이 거기에 있다. 신이 그대 안에 거하고 있다.

그렇다. 그대는 완전할 수 있다. 완전하기 때문이다. 오직 완전만이 완전할 수 있다.

그러므로 완전은 만들어져야 할 것이 아니다. 단지 발견하기만 하면 된다. 그것은 이미 거기에 있다. 어쩌면 숨어있을지도 모른다. 베일 뒤에 가려있을지도 모른다. 하지만 거기에 있다. 그 베일을 벗겨내라. 그러면 발견할 것이다. 그것을 꾸며내고 만들어내는 것이 아니다. 단지 발견하기만 하면 된다. 어쩌면 발견이라는 말조차 적당한 단어가 아닐는지 모른다. 이렇게 말해보자. 그것을 '재' 발견하라.

마/태/복/음 6장

5. 또 너희가 기도할 때에 외식하는 자와 같이 되지 말라. 저희는 사람에게 보이려고 회당과 큰 거리 어귀에 서서 기도하기를 좋아하느니라. 내가 진실로 너희에게 이르노니 저희는 자기 상을 이미 받았느니라.
6. 너는 기도할 때에 네 골방에 들어가 문을 닫고 은밀한 중에 계신 네 아버지께 기도하라. 은밀한 중에 보시는 네 아버지께서 갚으시리라.
7. 또 기도할 때에 이방인과 같이 중언부언하지 말라. 저희는 말을 많이 하여야 들으실 줄 생각하느니라.
8. 그러므로 저희를 본받지 말라. 구하기 전에 너희에게 있어야 할 것을 하나님 너희 아버지께서 아시느니라.
9. 그러므로 너희는 이렇게 기도하라. 하늘에 계신 우리 아버지여! 이름이 거룩히 여김을 받으시오며
10. 나라이 임하옵시며 뜻이 하늘에서 이룬 것같이 땅에서도 이루어지이다.
11. 오늘날 우리에게 일용할 양식을 주옵시고
12. 우리가 우리에게 죄 지은 자를 사하여 준 것 같이 우리 죄를 사하여 주옵시고
13. 우리를 시험에 들게 하지 마옵시고 다만 악에서 구하옵소서. (나라와 권세와 영광이 아버지께 영원히 있사옵나이다. 아멘)

마/태/복/음 7장

6. 거룩한 것을 개에게 주지 말며 너희 진주를 돼지 앞에 던지지 말라. 저희가 그것을 발로 밟고 돌이켜 너희를 찢어 상할까 염려하라.
7. 구하라 ! 그러면 너희에게 주실 것이요, 찾으라 ! 그러면 찾을 것이요, 문을 두드리라 ! 그러면 너희에게 열릴 것이니
8. 구하는 이마다 얻을 것이요, 찾는 이가 찾을 것이요, 두드리는 이에게 열릴 것이니라.
12. 그러므로 무엇이든지 남에게 대접을 받고자 하는 대로 너희도 남을 대접하라. 이것이 율법이요 선지자니라.
13. 좁은 문으로 들어가라. 멸망으로 인도하는 문은 크고 그 길이 넓어 그리로 들어가는 자가 많고
14. 생명으로 인도하는 문은 좁고 길이 협착하여 찾는 이가 적음이니라.

3장

종교란
잃어버린 유년시절을
찾는 것이다

◆

인간은 마음이다.

'인간man' 이라는 말 자체가 마음을 뜻하는 산스크리트 어원인 'man' 에서 왔다. 마음의 작용을 이해한다면 인간의 실재와 그 가능성도 이해하게 될 것이다. 그리고 마음의 내적인 기재를 이해한다면, 사람의 과거와 현재와 미래 또한 이해하게 될 것이다.

인간은 내면적으로 보면 하나의 존재가 아니라 하나의 통로다. 인간은 하나의 존재가 아니다. 왜냐하면 인간은 끊임없이 되어가는 중이기 때문이다. 인간이 되는 데에는 휴식이 없다. 휴식은 인간 아래에 있든가 아니면 인간 너머에 있다. 아래에는 자연이 있고 너머에는 신이 있다. 인간은 바로 그 사이에 있다. 하나의 연결 고리, 하나의 사다리이다. 사다리 위에서는 휴식을 취할 수가 없다. 사다리 위에서는 멈출 수도 없다. 사다리는 그대의 거처가 될 수 없다. 인간은 뛰어넘어야 할 존재다. 초월해야 할 존재다.

인간은 두 무한 사이의 여행이다. 하나는 그대의 본성이고, 다른 하나는 그대 안에 숨겨진 신이다. 인간은 그 둘 사이에 있는 나룻배이다. 그 배를 사용하라. 하지만 그것에 한정되지 마라. 그것을 사용하라. 하지만 그것에 얽매이지 마라. 그대는 그것을 넘어가야 한다는 것을 항상 잊지 마라.

예수가 전한 메시지는 어떻게 인간을 넘어서느냐이다. 그래서 그는 반복해서 이렇게 말한다. '나는 인간의 아들이며 신의 아들이다.' 그는 이 모순된 말을 계속 주장한다. 그는 인간이 한편으로는 자연의 일부이면서 다른 한편으로는 신의 일부라는 것을 확실히 알리고 싶었기 때문이다. '아들' 이라는 말이 바로 그 의미다. 아들은 아버지의 일부라는 뜻이다.

이 두 개의 분리된 실재에 속해있다 보니 인간에게는 불안과 긴장과 끊임없는 갈등이 있다. 이 두 개의 본성이 계속 싸우고 있다. 따라서 인간에게는 평화가 있을 수 없다. 술에 만취해 의식을 모두 잃은 사람처럼 완전히 무의식적이 되든가 – 그때 평화가 있다. – 아니면 완전히 깨어있어 그대 존재의 모든 곳이 빛으로 가득 차든가 – 붓다 또는 그리스도가 되는 것이다. 그때 평화가 있다 – 둘 중의 하나일 수밖에 없다. 인간 밑으로 떨어지든가 아니면 인간을 넘어서든가 둘 중의 하나다. 인간이 되려고 매달리는 것은 병에 매달리는 것이다.

병disease : dis-ease - 평온으로부터 분리된 상태, 끊임없는 긴장. 바로 이것이 인간의 정확한 모습이다. – 존재할 것이냐, 아니면 존재하지 않을 것이냐, 이것이 될 것이냐 아니면 저것이 될 것이냐 – 영혼과 육체 사이, 낮은 차원과 높은 차원 사이, 무의식과 의식 사이에서 끊임없는 싸우고 있다. 인간을 갈등으로 이해하고, 인간을 끊임없는 긴장으로 이해하라. 그러면 커다란 도움이 될 것이다. 그때 그대는 인간으로 머물기를 중단하고 '어떻게 넘어설 것인가, 어떻게 초월할 것인가, 어떻게 극복할 것인가'를 생각하기 시작한다.

프리드리히 니체는 이렇게 말했다. "인간은 자기 자신을 초월하려고 노력하고, 정말로 자신을 초월할 수 있는 유일한 동물이다." 자기 자신을 뛰어넘는 것, 그것은 세상에서 가장 큰 기적이다. 그런데 그런 일이 일어났다. 그리스도, 붓다, 크리슈나에게서 그런 일이 일어났다. 그것은 그대에게서도 일어날 수 있다! 그대는 위대한 가능성, 위대한 프로젝트, 위대한 모험이다. 그러나 마치 그대가 이미 도달한 것처럼 생각하지 마라. 그러면 가는 길 어딘가에서 매달리고 있는 것이다. 그대의 일부는 한 쪽에서 끌어당기고 있고 다른 일부는 다른 쪽에서 끌어당기고 있다. 그대는 갈기갈기 찢어질 것이다. 고뇌 속에 머물게 될 것이다. 그대의 존재는 길고 긴 악몽 이외에 다른 아무 것도 되지 않을 것이다.

경전에 들어가기에 앞서 마음에 대해서 몇 가지를 더 이야기해야겠다. 인간은 곧 마음이기 때문이다.

마음의 첫 번째 상태를 우리는 '전前마음'이라고 부를 수 있다. 그 마음은 어린아이에게 존재한다. 아주 원시적이고 동물적이다. 그래서 아이들은 아름답고 순수하며 우아하다. 왜냐하면 우리가 불안이라고 부르는 것이 아직 생겨나지 않았기 때문이다. 아이는 편안하다. 아이는 아직 여행자가 아니다. 아직 아이는 다른 집을 찾으려고 자기 집을 떠나지 않았다. 여행은 아직 시작되지 않았고 아이는 휴식을 취하고 있다. 자기가 무엇이든 상관없이 완벽하게 편안하고 행복하다. 그의 눈에 아무런 근심도 없고 아이의 주변에 어떤 우아한 기품이 있는 이유가 바로 그것이다.

그러나 이 우아함은 잃어버리게 되어있다. 이 우아함은 영원히 머물지 못한다. 왜냐하면 그것은 무의식적이기 때문이다. 얻어낸 것이 아니고 천연의 선물이기 때문이다. 그리고 아이는 그것을 완전히 의식하지 못하고 있다. 그는 그것을 붙잡을 수도 없다. 의식하지 못하는 것을 어떻게 붙잡을 수 있겠는가? 그것은 잃어버리게 되어있다. 그것을 얻는 유일한 방법은 그것을 잃어버리는 것이다. 아이는 타락 속으로 빠져 들어가야 한다. 아이는 마음의 교활함 속으로 빠져 들어가야 한다. 그러면 그가 뭔가를, 뭔가 무한히 귀중한 것을 잃어버렸음을 깨닫게 될 것이다.

그러나 그 사실을 알 수 있는 것은 그것을 잃어버렸을 때뿐이다. 그 외에는 다른 방법이 없다. 그때부터 그대는 찾기 시작한다. 종교란 잃어버린 유년시절을 찾는 것 이외에 다른 것이 아니다. 모든 사람들이 유년시절의 기억을 간직하고 있다. 어딘가 깊은 곳에 생생하게 살아있는 기억을 갖고 있다. 그리 잘 의식되지 않을지는 모르지만 그것은 뭔가를 잃어버린 듯한, 뭔가를 잊어버린 듯한, 전에는 있었던 것이 이제는 없어진, 뭔가를 놓치고 있는 것 같은 무의식 속의 느낌으로 작용한다. 그리고 그것을 찾아 나서기 시작한다.

첫 번째 단계가 전前마음이다. 거기에는 책임이라는 것이 없다. 아이는 의무라는 것을 모른다. 가치라든가 덕이라는 것을 모른다. 아이는 성인의 도가 무엇인지도 모르고 따라서 죄가 무엇인지도 모른다. 그는 분리되기 이전에 존재한다. 성인의 도와 죄라는 두 길이 서로 갈라지기 이전에 존재한다. 그는 일종의 근원적인 통일체 상태에 있다. 이것은 오래 지속될 수 없다. 곧 분리될 것이다. 그러나 아직은 그 상태로 가지 않았다. 약 세 살 정도까지의 아이가 이런 상태이다.

세 살부터 네 살 사이에 아이는 순수성을 잃는다. 동정을 잃는다. 원래의 본성을 잃고 문명화된 사회의 일부가 된다. 이제 정말로 사람이 되는 것이다.

이 전前마음은 본능적이다. 그것은 매우 지성적intelligent이다. 그러나 지성은 지적인intellectual 것과는 다르다. 지성은 순수하게 본능적이다. 아이는 아주 지성적으로 행동하지만 지적이지는 않다. 아이가 보여주는 지성은 자연스럽다. 아이는 그것을 배운 것이 아니다. 그것은 그의 몸이 갖고 있는 지혜의 일부이다. 그것은 타고난 것이다.

아이는 선과 악의 개념이 없다. 따라서 아무런 갈등도 없다. 그의 욕망은 순수하다. 그는 무엇을 욕망하든 열정적으로, 전체적으로 욕망한다. 그의 마음속에서는 이 욕망이 옳은지 그른지를 판단하는 문제가 일어나지 않는다. 어떤 기분이 들면 그 기분에 완전히 몰입한다. 하지만 그 기분은 일시적이다. 그에게는 정체성이 없다. 그는 예측 불가능이다. 어떤 순간에는 사랑으로 넘치다가, 또 어떤 순간에는 화를 낸다. 그렇지만 그가 모순적이라고 말할 수도 없다. 그는 아주 변덕스럽다. 왜냐하면 항상 순간에 진실하기 때문이다. 그는 그것을 의식적으로 하는 것이 아니다. 단지 자연스런 일일 뿐이다.

따라서 거기에 순수함이 있다. 그러나 그렇게 깊은 것은 아니다. 순수함이 있지만 그 안에 명상의 깊이가 없다. 그것은 얕고, 순간적이고, 일시적이다.

아이는 사람이라기보다는 동물에 더 가깝다. 아이는 사람과 동물 사이의 연결고리이다. 아이는 인간이 태고 이래로 겪어온 모든 단계를 그 시기에 다 통과한다. 과학자들은 아이가 엄마의 자궁 속에 있는 아홉 달 동안 수백만 년의 진화과정을 통과한다고 말한다. 생명이 지상에서 시작했을 때와 같이 아이는 물고기처럼 시작하여 서서히 성장한다. 며칠 만에 아이는 수백 수천만 년의 시간을 통과한다. 그리고 아홉 달 만에 진화의 전 과정을 다 통과한다. 하지만 태어난 뒤에도 아이는 아직도 인간이 아니다. 적어도 문명화된 인간이 아니라는 뜻이다. 아이는 원시적이다. 동굴에 살았던 혈거인과 같다.

아이는 내면의 카오스 속에서 산다. 그는 자기가 무엇을 하게 될지 모른다. 그에게는 미래가 없다. 과거도 없다. 그는 완전히 현재 속에서 산다. 완전히 현재 속에서, 무의식적으로 살기 때문에 그의 삶은 어떤 규율이나 질서가 있을 수 없다. 그것은 혼란스럽고 무정부주의적이다. 이것이 인간의 첫 번째 단계, 마음의 첫 번째 단계이다. 그리고 기억하라! 비록 조만간에 그것을 잃게 될 것이지만 그것은 그대 안에 기저층처럼 남는다는 것을. 그것이 완전히 사라지는 것은 명상이 깊어져 명상이 그대의 존재를 변형시켰을 때뿐이다. 그런 게 아니라면 그것은 항상 남아있고, 그대는 언제라도 그 속으로 떨어질 수 있다. 어떤 압박감 또는 긴장 속에 있을 때, 그대는 다시 아이처럼 될 수 있는 것이다. 예를 들어, 그대의 집이 불에 타고 있다고 하자. 그대는 아이처럼 울기 시작할 수 있다. 그대는 평소에 우는 사람이 아니다. 아무도 그대가 우는 것을 본 적이 없을 수도 있다. 그런데 집에 화재가 나자 갑자기 그대는 자신이 성인이라는 것을 잊어버리고 어린아이처럼 울기 시작한다. 눈물이 흘러내린다. 그대는 어찌할 바를 모른다. 무슨 일이 일어난 것인가? 전前마음이 그대를 바꿔놓은 것이다. 그것은 항상 거기에 있었다. 그 단계 위의 두 번째 단계로 성장했지만 깊은 곳에 그것은 그대로 남아있다. 두 번째 층이 작동되지 않을 때, 그대는 아주 무기력하게 첫 번째 층으로 떨어진다. 이런 일이 매일 일어난다.

분노할 때 그대는 더 아이처럼 된다. 사랑할 때도 그대는 더 아이처럼 된다. 두 연인 사이의 대화를 들어보라. 아주 유치하다는 것을 발견할 것이다. 처음으로 사랑에 빠졌을 때의 기억을 돌이켜보라. 그대가 어떻게 행동했고 연인에게 무슨 말을 했는지를. 유치함을 발견할 것이다. 아니면 누군가 그대를 자극하여 화가 났던 때를 떠올려보라. 그대는 아주 비논리적이고, 비지성적이고, 무식하게 행동했다. 그리고 나중에는 그것을 후회한다. 나중에 두 번째 층이 돌아올 때, 그 두 번째 층이 첫 번째 층이 한 일을 후회하기 때문이다. 교양으로 잘 다듬어진 마음이 돌아와 다시 주도권을 잡을 때, 후회가 일어난다. 그 마음은 이렇게 말한다. "그렇게 하는 것이 아니었는데, 그러지 말 것을……."

첫 번째 층은 그대가 그리스도나 붓다가 되지 않는 한 결코 완전히 사라지지 않는다. 그것은 항상 남아있다. 그것을 지켜보라. 첫 번째 층은 매우 혼란스럽다.

인간의 두 번째 층은 집단적이다. 두 번째 마음을 나는 '집단적인 마음'이라고 부른다. 이제 가족, 사회, 단체, 국가가 그대 자신보다 더 중요해진다. 아이는 매우 자기 지향적이다. 오직 자기 자신만을 생각한다. 다른 것에는 신경 쓰지 않는다. 완전히 이기적이다. 이제 두 번째 마음은 다른 사람을 생각하기 시작한다. 자신의 이익을 희생하기 시작한다. 더 집단적이 되고 사회와 부족, 친족의 일원이 된다. 문명화되기 시작하는 것이다. 문명화란 사회의 일부가 되는 것, 여러 사람의 일부가 되는 것을 뜻한다. 책임을 지게 되고 이기적인 존재로 살아가지 않는다. 문명화란 다른 사람을 위해서 자신을 희생하는 것을 의미한다.

대부분의 사람들이 이 두 번째 마음 안에 있다. 아주 희귀한 경우를 제외하고는, 첫 번째 마음은 조만간 사라진다. 일부 지적장애, 바보들에게는 첫 번째 층이 결코 사라지지 않는다. 그것이 더 우세한 상태로 남는다. 그들은 사회생활 하는 법을 배우지 못하고 원시상태로 남는다. 그런 경우가 아니라면 정상적으로는 두 번째 층이 진화되어 나타난다. 학교교육, 가정교육, 교사, 사회, 경험, 관찰……. 이제 아이는 그가 외딴 섬이 아니라 사회, 교회, 국가 등 조직의 일원이라는 것을 배우기 시작한다.

두 번째 집단적인 마음에는 정체성이 있다. 첫 번째 마음은 정체성을 모른다. 아이에게 "너 누구니?"라고 물으면 아이는 대답하지 못한다. 자기가 누구인지 모르는 것이다. 하지만 어른들은 이렇게 말할 수 있다. "나는 가톨릭 신자입니다. 나는 공산주의자입니다. 나는 힌두교인입니다. 나는 인도인입니다. 나는 독일인입니다. 나는 이탈리아인입니다." 이 사람은 무엇을 말하고 있는가? 그는 이런 말을 하고 있다. "나는 힌두교, 기독교, 또는 이슬람교라고 불리는 집단에 속해 있습니다. 나는 이 나라에, 이 지방에, 인도, 독일, 이탈리아에 속해 있습니다." 또는 "나는 이런 사상에 속해있습니다. – 공산주의, 파시즘 등" 그는 자신이 어디에 속해있다는 것을 말하고 있다.

그는 정체성을 갖고 있다. 그는 이렇게 말할 수 있다. "나는 의사입니다.", "나는 엔지니어입니다.", "나는 사업가입니다." 이 또한 "이것이 내가 하고 있는 일입니다. 이것이 이 사회에서 내가 맡고 있는 일입니다."를 말하는 것이다. 누군가에게 "당신은 누구입니까?"라고 물으면 그는 자기가 어디에 속해있고, 누구에게 속해있으며, 사회에서 자기가 맡은 기능이 무엇인지를 말한다. 그러나 그것은 자신에 대한 정보라고 할 수 없다. 만일 그것이 자신에 대한 정보라면 모든 사람들이 자기가 누구인지 알 것이다. 실용적인 목적이라면 그것으로 충분하다. 그리고 많은 사람들이 거기에서 그친다.

거기에서 그치면 자신이 누구인지 절대로 알 수 없을 것이다. 그대는 거짓된 정체성을 갖고 있을 뿐이다. 그저 몇 가지의 꼬리표일 뿐이다. 그리고 그것이 자기라고 생각한다. 그것은 그대가 아니다. 그대는 훨씬 더 높은 차원에, 또는 훨씬 더 깊은 곳에 존재한다. 그대가 모아온 꼬리표들은 사회의 일원으로서 기능하는 데에는 좋다. 그러나 그것들은 그대의 실재를 보여주지 못한다. 내면의 실재는 건드려지지 않은 채로 남아있다. 그러나 이것이 거의 모든 사람들이 멈추어 있는 두 번째 층이다. 사회는 그대가 그 너머로 가는 것을 원치 않는다. 학교, 전문학교, 대학, 이들이 기울이는 노력은 그대가 어린아이의 상태에서 벗어나 문명화되게 하는 것이다. 그러면 그들의 노력은 끝난다. 그러면 사회가 하는 일은 끝이 난다.

사회는 그대를 대중의 일원으로 만들었다. 일종의 노예로 만들었다. 그대를 감금하여 그대 안에 있는 혼돈, 자유, 무책임 같은 위험한 것들을 빼앗고, 그대에게 의무와 책임, 선과 악의 가치기준을 주고,

그대를 새장에 가두고 일정한 범주로 분류했다. 이제 사회가 할 일은 끝났다. 이제 조용히 살아라. 사무실에 나갔다가 가정으로 돌아와 아이들과 부모를 돌보아라. 그리고 어느 날 죽어라. 그러면 그대의 존재는 완성된다. 이것은 아주 잘못된 완성이다. 틀에 박힌 삶이다.

프리드리히 니체는 이런 상태를 '낙타', 즉 등에 혹을 지고 있는 동물이라고 불렀다. 이것은 낙타의 상태다. 사람들은 전혀 아무 이유도 없이 계속해서 무거운 짐을 지고 다닌다. 그리고 낙타가 사막에서 돌아다니듯이 사막에서 계속 돌아다닌다. 온 사방에 이런 건조하고 지루하고 생기 없는 낙타들이 거대한 짐을 지고 다니는 것이 보인다. 그 짐이 그들을 짓누르고, 그들을 죽이고 있다. 그러나 그들은 아직도 지고 다닌다. 어쩌면 그저 습관일 뿐이다. 어제도 그랬고 그제도 그랬다. 이제는 그것이 그들의 일상이 되었다. 그들 정체성의 일부가 되었다. 그들의 짐과 고뇌와 슬픔과 불행이 그들 정체성의 일부가 되었다. 이런 낙타들을 어디서나 발견할 것이다. 그리고 이 사막이 온 지구를 덮고 있다.

아이는 첫 번째 층에서 두 번째 층으로 나와야 한다. 그리고 거기에서 멈춰서는 안 된다. 낙타가 되는 것이 목표가 아니다. 뭔가 그 이상의 것이 필요하다. 뭔가 더 존재적인 것이 필요하다. 만일 그대가 좋은 낙타이고 훌륭한 짐을 지고 있다면 그대는 존경받을 만한 사회적 지위를 가질 것이다. 사람들이 그대를 존경할 것이고 그대에게 경의를 표할 것이다. 그것은 일종의 쌍방 간의 이해다. 어떤 사람이 그렇게 많은 짐을 지고 있다면 그는 어떤 상을 받아야 한다. 그것이 바로 존경이다.

존경respect이라는 말은 참 아름답다. 그것은 다시re 본다spect는 뜻이다. 어떤 사람이 책임과 의무를 지고, 가정과 사회의 엄청난 짐을 지고 있을 때, 사람들은 그를 보고 이렇게 말한다. "보라. 얼마나 위대한 사람인가!" 다시 본다. 그들은 보고 또다시 보고 이렇게 말한다. "보라! 이 사람이 얼마나 많은 짐을 지고 있는가? 얼마나 큰 희생인가!" 그는 자신의 전존재를 희생했다.

종교를 위해 희생하면, 그 종교는 그대를 신성시하고 그대를 성자라고 부를 것이다. 나라를 위해서 희생하면, 그 나라는 그대를 존경할 것이다. 뭔가 다른 것을 위해 희생하면, 그들은 그대에게 존경을 표할 것이다. 그대는 계속해서 이런 존경을 수집할 수 있다. 삶은 전혀 살지도 않으면서 계속해서 죽음을 향해 갈 수 있다. 이것을 깨달아라!

여기에는 어떤 집단적인 책임이 있다. 집단적인 마음이 작동한다. 그대에게는 아직 개인적인 책임이 없다. 아이는 책임이 없다. 두 번째 단계에서는 책임은 있지만 그것은 집단적이다. 그대는 어느 것에 대해서도 개인적으로 책임을 느끼지 않는다. 단지 어떤 집단의 일원으로서만 책임을 느낄 뿐이다.

인도 마을에서는 이런 낙타 현상이 매우 현저하게 드러나는 것을 볼 수 있다. 브라민brahmin, 브라만 계급에 속하는 사람에게는 자신의 책임이 아무 것도 없다. 그가 갖고 있는 책임이란 그가 브라민이라는 것, 브라민처럼 행동해야 한다는 것뿐이다. 인도의 마을에서는 개인을 찾아볼 수 없다. 오직 집단만을 보게 된다. 브라민, 수드라, 크샤트리아, 이들은 모두 자기들의 공동체에 따라, 그 규칙에 따라 움직인다. 아무도 생각할 책임이 없다. 생각이라는 것을 할 필요가 없다. 태곳적부터 규칙이 만들어져 내려왔다. 그 규칙은 경전에 쓰여 있다. 모든 것이 명쾌하다. 깊이 생각하거나 숙고하거나 명상할 필요가 없다. 모든 문제가 이미 해결되어 있다. 마누Manu, 인도의 모세가 모든 문제를 다 해결해놓았다.

예수는 유대인이 두 번째 단계에 있는 것을 발견했다. 모세는 원시적인 마음에 문명을 가져왔다. 이제 예수는 다른 변혁, 다른 변형을 가져올 필요가 있었다. 사람들은 바퀴 속의 톱니처럼, 거대한 기계의 부품처럼 존재하고 있었다. 여기서 문제가 되는 것은 어떻게 효율적으로 작동하느냐였다.

삶을 즐겁게 사는 데에는 그것만으로는 충분하지 않다. 효율적이어야 한다. 왜냐하면 효율성은 그대를 좋은 기계로 만들 것이기 때문이다. 그러나 그것은 그대에게 영혼을 주지 않는다. 그것은 그대에게 찬양을 주지 않는다. 그것은 환희로 가득 찰 수가 없다. 그러나 두 번째 마음에는 몇 가지 좋은 점이 있다는 것을 잊지 마라. 그것은 그대가 세 번째 단계를 이해하도록 도와준다는 것이다.

두 번째 마음은 긴장이 없다. 거기엔 걱정이 없다. 인도 사람들, 또는 동양 사람들은 더 조용하고 더 고요하다. 그들은 어떤 편안함, 어떤 위엄을 가지고 움직인다. 배가 고프거나 아프다 해도 인내하고 깊이 받아들인다. 그들은 반발하지 않는다. 반란은 그들에게 별 관심을 끌지 않는다. 그들은 받아들이는 삶을 산다. 그들에게는 반란을 일으킬 만큼의 개별성이 없다. 인도인들은 그런 것을 매우 만족스럽게 생각한다. 그들은 미국이 미쳐가고 있다고 생각한다. 그들은 '우리는 운이 좋다.' 라고 생각한다. 하지만 내가 보기에는 그렇지 않다.

미국은 곤경에 처해있다. 미국은 거대한 고뇌에 빠져있다. 그러나 그 고뇌는 소위 인도인들이 평화라고 부르는 것보다 더 차원이 높다.

그것은 더 창조적일 수 있고, 이 세상에 마음과 의식의 더 높은 단계를 이 '소' 같은 평화인도인들이 말하는 평화가 하는 것보다 더 많이 가져올 수 있다. 이 평화는 창조적이지 않다. 그것은 어떤 면에서는 좋다. 큰 고뇌 없이 삶을 살 수 있다. 그렇지만 그런 삶에서는 아무 것도 나오지 않는다. 그저 평화롭고 평화로울 뿐이다. 그 평화는 전혀 창조적이지 않다. 밖으로나 안으로나 전혀 창조적이지 않다. 그 평화는 매우 무기력하다. 이 두 번째 단계에는 평화가 있고, 순종이 있고, 인내가 있다. 공동체와 교회에 속해있다는 소속감이 있다. 아무도 외로움을 느끼지 않는다.

미국 사람들은 매우 외롭다. 군중들 속에서도 외롭다. 인도에서는 혼자 있어도 혼자 있는 것이 아니다. 그들은 어딘가에 속해있다는 것을 알고 있다. 어디선가 어떤 특정한 역할을 맡고 있다는 것을 알고 있다. 사람들이 자기들을 필요로 한다는 것을 알고 있다. 자기들이 선택할 필요가 없고 모든 것이 이미 정해져 있다는 것을 알고 있다. 브라민은 브라민으로 태어난다. 그는 사회에서 존경을 받을 것이고, 성직자가 될 것이다. 그렇게 되기 위해 그가 해야 할 일은 없다. 이미 운명에 의해서, 신에 의해서 정해졌다.

결정을 내릴 필요가 없을 때, 그대는 어떤 걱정도 하지 않는다. 결정이 걱정을 가져온다. 결정을 내려야 한다면, 거기에 문제가 생긴다. 이쪽으로 갈 것인가, 아니면 저쪽으로 갈 것인가? 천 가지나 되는 방법이 있다. 그리고 너무도 많은 대안이 있다. 그때 그대는 몸을 떨면서 선택한다. 그대가 옳은 것을 선택하고 있는지, 아니면 그른 것을 선택하고 있는지 누가 알겠는가? 그것을 아는 방법은 선택하는 것밖에 없다. 그러나 그때는 너무 늦을 것이다. 10년이 지난 후에 그것이 잘못된 선택이었다는 것을 알게 된다면, 과거로 돌아가 다시 선택하는 것은 너무도 어려운 일일 것이다. 그러면 10년이라는 세월이 사라질 것이고 그 세월이 다 헛될 것이다.

마음의 두 번째 단계에는 일종의 소속감이 있다. 그대는 선택할 필요가 없다. 모든 것이 이미 선택되었고 결정되었다. 일종의 운명론이 있다. 이미 일어난 일은 받아들여야 한다. 어쩔 수 없는 일이기 때문이다. 그 이외에 다른 것이 될 수 없는데 왜 걱정하겠는가? 인도에서 심리적인 좌절이 미국보다 적은 이유가 그 때문이다. 그러나 그것은 좋은 일이 아니다. 기억하라! 나는 심리적인 좌절이 훌륭한 것이라고 말하는 것이 아니다. 긴장하고 걱정하는 것이 어떤 가치 있는 일이라고 말하는 것이 아니다. 그렇다고 그저 걱정하지 않고 긴장하지 않는 것이 위대한 성취라고 말하는 것도 아니다.

두 번째의 마음 상태는 일종의 가부장제이다. 아버지는 아주 중요하다. 아버지라는 인물은 매우 중요해서 신은 곧 아버지라고 여겨진다.

어머니와 아버지 사이에는 차이가 있다. 아버지는 지나치게 요구하지만 어머니는 그렇지 않다. 어머니의 사랑은 무조건적이지만 아버지의 사랑은 조건적이다. 아버지는 말한다. "이렇게 하라. 그러면 너를 사랑할 것이다. 이렇게 하지 않으면 내 사랑을 받지 못할 것이다." 그리고 아버지는 쉽게 화를 낼 수도 있다.

이런 상태가 가부장적인 상태이다. 아버지는 중요하고 어머니는 중요하지 않다. 무조건적인 사랑이 무엇인지 모른다. 사회는 사회를 잘 따르는 사람을 존경하고 높이 평가한다. 약간이라도 빗나가면 멸시하고 그대를 파괴한다. 유대교의 신은 말한다. "나는 아주 질투가 많은 신이다. 나를 거역하는 자는 모두 파멸시킬 것이다!" 나라가 바로 그렇게 말한다. 정부가 그렇게 말하고, 성직자, 교황이 그렇게 말한다. 그들 모두가 매우 질투심이 많다. 그리고 매우 위압적이다.

이 상태는 매우 억압적이다. 누구라도 자기 말을 하는 것을 허락하지 않는다. 누구라도 자기 존재를 갖는 것을 허락하지 않는다. 억압적이다. 개별적인 욕구를 허락하지 않는다. 독재적이다. '예' 라고 말하라고 가르친다. '노' 는 받아들여지지 않는다. '예' 를 폭력적으로, 공격적으로 강요한다. 당연히 이 '예' 는 가치가 떨어질 수밖에 없다. 왜냐하면 '노' 라고 말할 수 없을 때, 그 '예' 는 무기력해지기 때문이다. 하지만 온 사방에 있는 것이 이런 '예' 이다. 사람들은 신을 믿으라고 교육을 받았기 때문에 신을 믿는다. 교회에 다니라고 교육받았기 때문에 교회에 다닌다. 모든 일을 이렇게 형식적으로, 의례적으로 하고 있다. 예수는 이런 사람들은 위선자라고 불렀다.

경전에 들어가기에 앞서 이런 것들에 대한 이해가 있어야 한다. 그래야만 경전의 뜻을 좀 더 명확히 알 수 있다.

이런 마음 상태는 색칠해진 외면만을 갖고 있다. 내면은 건드려지지 않은 상태로, 진화하지 않은 채로 남아있다. 일종의 유신론이다. 사람들은 신을 믿는다. 천국을 믿고 지옥을 믿는다. 벌을 믿고 보상을 믿는다. 하지만 믿을 뿐이다. 그들은 아는 것이 아니다. 거기에 '예' 가 있지만 그것은 강요된 것이다. 그대 안에서 진화하고 개화할 수 있는 기회가 주어지지 않았다. 거기에 공공의 결속이 있다. 그대는 결코 혼자일 수 없기 때문이다. 그대는 항상 사람들과 함께 있다. 무리들이 그대 주변에 항상 존재하고 그것이 편안하게 느껴진다. 그리고 혼자 있게 되는 순간, 두려움이 일어난다. 다른 사람들이 온 사방에 있을 때, 그대는 신뢰할 수 있다. 그렇게 많은 사람들이 잘못될 수는 없다. 따라서 그대는 틀림없이 옳다. 너무도 많은 사람들이 같은 길, 같은 방향으로 가고 있고, 그대 또한 그들과 함께 있기 때문이다.

세 번째 마음을 나는 '개별적인 마음' 이라고 부른다. 니체는 그것을 '사자' 라고 불렀다. 그것은 독립이다. 그것은 주장이고 반역이다. 에고가 발전했다. 에고가 단단히 뭉쳐 결정結晶이 되었다. 이제 그 사람은 더 이상 교회나 국가나 부족이나 친족이나 가족의 일부가 아니다. 그는 그 자신이다. 진정한 수양은 그대가 하나의 개인이 되었을 때 시작할 수 있다. 자아에 대한 감각이 반드시 있어야 한다. 이것이 바로 마음의 세 번째 단계이다.

정체성은 더 이상 어떤 소속이 아니다. 정체성은 그대가 힌두교인이나, 이슬람교인이나, 기독교인이 되는 것이 아니다. 정체성은 더 개인적이다. 이제 그대는 화가이다. 그대는 시인이다. 정체성은 더 창조적이다. 그것은 어디에 소속되느냐가 아니라 그대가 세상에 무엇을 기여했는지가 핵심이다.

희미한 마음속에서 중심이 서서히 일어난다. 아이의 마음 안에는 중심이 없었다. 집단적인 마음 안에는 외부로부터 강요된 거짓된 중심이 있었다. 그러나 개별적인 마음 안에는 내면의 중심이 일어난다. 첫 번째는 일종의 카오스, 무질서였다. 두 번째는 일종의 가부장제였다. 윽박지르는 사회와 아버지에 의해서 강요된 명령이 있었다. 세 번째는 일종의 동질감, 형제애가 일어난다. 그대는 어떤 무리에도 속하지 않는다. 아무도 그대에게 무엇을 강요할 수 없고, 그대 또한 어느 누구에게 강요하지 않는다. 그대는 자신의 자유를 존중하듯이 다른 사람의 자유를 존중한다. 모두가 다 형제다.

첫 번째 단계에서는 근본적인 질문이 '아버지가 누구인가?' 였다. 두 번째 단계에서는 질문이 아버지가 누구인가가 아니다. 아버지는 없다. 신은 죽었다. 바로 그것이 니체가 신이 죽었다고 선언한 바로 그 상황이다. 아버지로서의 신은 죽었다. 그것은 또한 붓다가 신이 없다고 하고, 마하비라Mahavira, BC 444-372, 자이나교의 창시자가 신이 없다고 하고, 파탄잘리Patanjali, BC 2세기경, 요가철학 창시자가 신을 단지 가정假定일 뿐이라고 말한 상황이다. 어떤 단계에서는 필요하지만 그 단계를 넘어가서는 필요가 없어지는 것이다.

책임이 일어난다. 아주 개인적인 책임이다. 그대는 그대 행동 각각의 것에 책임을 느끼기 시작한다. 왜냐하면 이제는 무엇이 옳고 무엇이 그른지 알기 때문이다. 누군가 '이것이 옳다.' 고 말하기 때문이 아니다. 이것이 옳다고 그대가 느끼기 때문이다. 이것이 좋다고 그대가 느끼기 때문이다. 더 큰 이해와 더 큰 의식이 필요해진다. 거기에는 더 큰 기쁨이 있을 것이다. 왜냐하면 그대가 더 결정화될 것이기 때문이다. 그러나 또한 거기에 더 많은 걱정이 있을 것이다. 이제 뭔가 잘못되면 그대가 잘못될 것이기 때문이다. 그리고 그대 홀로 그대의 모든 행동에 책임을 진다. 아버지를 바라만 볼 수는 없다. 책임을 다른 사람에게 던질 수 없다. 운명이나 아버지는 존재하지 않는다. 길 위에 홀로 남겨져 수천 가지의 대안 중에서 그대가 선택해야 한다. 그리고 각각의 선택이 결정적이 된다. 시간을 거꾸로 거슬러 올라갈 수 없기 때문이다. 거대한 불안이 일어난다. 사람들이 심리적인 좌절을 겪기 시작하는 곳이 바로 여기이다. 이곳은 두 번째 단계보다 더 높은 단계이다. 그리고 서양은 소위 동양이라고 말하는 곳보다 더 높은 단계에 존재하고 있다. 물론 거기에는 문제가 수두룩하다. 그러나 그 문제들은 해결될 수 있다. 그리고 그 문제들은 마음의 낮은 단계로 미끄러져 떨어지는 것이 아니라 해결되어야 하는 것들이다.

거기에 자유가 있다. 따라서 거기에 긴장이 있다. 거기에 생각이 있고 집중이 있다. 추상적인 철학이 태어나고 과학이 발전한다. 그리고 '노'가 매우 중요해진다. 의심이 매우 중요해진다. 집단적인 마음에서는 신앙이 규율이었다. 그러나 개별적인 마음에서는 의심이 규율이 된다. '노'는 매우 중요해진다. 반역은 '노' 없이 존재할 수 없고, 에고는 '노' 없이 성장할 수 없고 무르익을 수도 없기 때문이다. 그대는 수천 가지의 일에 대해서 '노'라고 말해야 한다. 그래야 '예'라고 말하고 싶은 단 하나에게 '예'라고 말할 수 있게 된다. 이제 '예'가 중요하다. 왜냐하면 '노'라고 말할 능력이 있기 때문이다. 이제 '예'는 강력한 힘을 갖고 있다.

항상 '예'라고 말하는 사람의 '예'는 별로 가치가 없다. 그러나 99번 '노'라고 말하고 한 번 '예'라고 말하는 사람은 정말로 '예'라고 말하는 것이다. 거기에는 진정성이 있다.

그것은 매우 창조적인 난국이다. 그 이상으로 넘어가면 창조적이 될 것이지만, 거기에서 떨어지면 두 번째 단계로 떨어지는 것이 아니라 첫 번째 단계로 떨어질 것이기 때문이다. 이것을 잘 이해해야 한다. 세 번째 단계에서, 개별적인 마음에서 떨어지면, 그대는 즉시로 완전한 혼란 속으로 떨어질 것이다. 두 번째는 더 이상 가능하지 않기 때문이다. 그대는 이미 '노'라고 말하는 것을 배웠다. 반역을 배웠고 자유를 맛보았다. 따라서 두 번째 단계로 돌아가지 못한다. 그 문은 더 이상 그대에게 존재하지 않는다. 세 번째 단계에서 떨어지면 바로 첫 번째 단계로 떨어진다. 그리고 그대는 미칠 것이다.

프리드리히 니체에게 바로 그런 일이 일어났다. 그는 '사자' 였다. 그런데 그 사자는 미쳐버렸다. 으르렁거리며 포효했지만 세 번째 단계 너머의 길을 찾지 못했다.

세 번째 단계에서 떨어질 때, 그때는 첫 번째 단계로 떨어진다. 이것을 반드시 기억해야 한다. 그대는 두 번째 단계로 갈 수가 없다. 두 번째 단계는 영원히 끝난 것이다. 일단 '노' 를 깨닫게 되면 신앙으로 돌아갈 수 없다. 의심했던 사람, 의심하는 법을 배운 사람은 다시는 신앙으로 가지 못한다. 불가능한 일이다. 이제 그 신앙은 단지 속임수가 될 것이다. 그리고 그대는 자신을 속이지 못한다. 일단 무신론자가 되었다면 일반적인 유신론으로는 해결되지 않는다. 그때 그는 나 같은 사람을 찾아야만 할 것이다. 일반적인 유신론으로는 해결되지 않을 것이다. 그는 이미 그것을 넘어가버렸다.

니체는 붓다 같은 사람이 필요했다. 그러나 그의 주변에는 붓다 같은 사람이 없었기 때문에, 그리고 서양적인 마음은 세 번째 단계를 넘어서게 만들 수 없었기 때문에 그는 미쳐야만 했다. 서양에서는 어떤 사람이 정말로 세 번째 단계에서 진화할 때마다 미쳐버리게 된다는 것이 거의 확실한 사실이다. 왜냐하면 서양에는 네 번째 단계가 없기 때문이다. 만일 네 번째 단계가 가능하다면 세 번째 단계는 매우 창조적일 수 있다. 만일 에고를 버릴 수 있는 가능성이 있다면, 그때의 에고는 무한한 가치를 갖는다. 그러나 그 가치는 스스로를 놓아버리는 데에 있다! 만일 그것을 놓아버리지 못한다면, 그것은 짐이 될 것이다. 엄청난 짐이 될 것이다. 견뎌낼 수 없을 것이다. 그러면 사자는 계속 포효하지만 미쳐버리는 것 외에 다른 길이 없다.

세 번째 단계. 아주 치명적인 단계이다. 그것은 바로 중간에 있다.

그 밑으로 두 개의 마음이 있고 그 위로 두 개의 마음이 있다. 정확하게 중간에 있는 연결고리이다. 떨어지면 광기의 심연으로 갈 것이고, 일어서면 그리스도나 붓다가 되는 더 없는 행복 속으로 들어갈 것이다.

네 번째 마음은 '우주적인 마음' 이다. 기억하라. 그것은 마치 집단적인 것처럼 보이지만 그렇지 않다. '집단적' 이라 함은 어떤 사회, 어떤 시대, 어떤 시기, 어떤 나라에 속하는 것을 의미한다. '우주적' 이라 함은 존재 전체에 속하는 것을 의미한다. 에고는 익으면 버릴 수 있다. 사실 네 번째 문이 열리면 그 스스로 버린다. 네 번째 문을 가능하게 해주는 것, 그것이 바로 종교의 기능이다. 그것이 지금 서양의 문제이다. 세 번째 마음이 최고 극단으로까지 발전했다. 그런데 네 번째 문이 없다. 서양은 네 번째 문이 절박하다.

칼 구스타프 융은 그의 회고록에서 평생 동안 수천 명의 사람들을 관찰하면서 몇 가지 결론에 도달했다고 말했다. 그중의 하나는 40에서 45세 정도의 사람들은 항상 종교적인 위기에 봉착한다는 것이다. 그들의 문제는 심리적인 문제가 아니라 종교적인 문제이다. 42세나 45세 정도가 되면 네 번째 마음을 찾기 시작한다. 그것을 발견하지 못하면 그는 포악해진다. 배고픔이 있지만 양식이 없다. 그러나 그것을 찾을 수 있다면 더 없는 기쁨, 거대한 축복이 일어난다.

그것은 14세 즈음에 성적으로 성숙해지는 것과 거의 같다. 그때 그대는 짝을 찾기 시작한다. 사랑의 대상을 원한다. 약 14세 즈음이다. 그와 아주 똑같이 42세가 되면 그대 내면에서 다른 것이 무르익는다. 그리고 그대는 삼매마음이 고요해진 수행의 이상적인 상태.를 찾기 시작하고, 명상을 찾기 시작하고, 사랑보다 더 높은 차원의 것, 섹스보다 더 높은 차원의 것, 더 영원하고 더 전체적인 오르가즘으로 인도해줄 수 있는 뭔가를 찾기 시작한다. 만일 그것을 발견할 수 있다면 인생은 평탄해진다. 그러나 그 문을 발견하지 못한다면 – 배는 고픈데 양식이 없다면 – 그대가 무엇을 하게 될 것인가? 그대는 좌절하기 시작한다. 그대를 지탱하고 있는 구조 전체가 흔들린다. 사람이 무너질 때, 그는 항상 첫 번째 층으로 떨어진다. 가장 낮은 층으로 떨어진다.

네 번째 단계를 나는 '우주적인 마음'이라고 부른다. 여기에서 에고는 해체될 수 있다. 이미 성숙했기 때문이다. 기억하라. 반복한다. 에고는 성숙해졌을 때만 해체될 수 있다. 나는 에고를 반대하지 않는다. 나는 에고를 전적으로 지지한다. 그러나 내 자신을 에고에 가두어 놓지는 않는다. 그것을 넘어서야만 한다.

며칠 전에 프랭클Viktor E. Frankl, 1905~1997, 오스트리아 심리학자의 책을 읽었다. 그는 말한다. "우리는 인격을 미련 없이 버려야 한다." 왜 우리는 인격을 미련 없이 버려야 하는가? 그리고 우리가 인격을 성장시키지 않았다면 어떻게 인격을 버릴 수 있겠는가? 우리는 오직 완전히 무르익은 것만을 버릴 수 있다.

인격이란 무엇인가? 인격은 페르소나persona, 가면이다. 그것은 필요한 것이다. 아이는 가면이 없다. 아이가 동물처럼 보이는 이유가 그것이다. 집단적인 마음은 가면이 있다. 그러나 외부로부터 덧씌워졌다. 내적으로는 그것이 무엇인지에 대한, 내면 존재에 대한 정의가 없다. 이기주의자, 개별적인 마음은 어떤 내면의 정의가 있다. 그는 자기가 누구인지 안다. 그는 일종의 통합성을 갖고 있다. 물론 그 통합성은 최종적인 것이 아니며 버려야 할 것이다. 그러나 그것은 성취되었을 때만 버릴 수 있다.

'우리는 미련 없이 인격을 버려야 한다. 신은 인간을 차별하지 않는다.' 사실이다. 신은 개인들individuals을 사랑하고 인간들persons을 사랑하지 않는다. 그 차이는 어마어마하다. 인간은 에고의 정의가 있는 사람이다. 개인은 자신의 에고를 버린 사람, 그리고 자기가 누구인지 아는 사람이다. 인간은 한 중심이 있는 원이며 개인은 중심이 없는 원이다. 그저 순수한 공간만 있을 뿐이다. '인격은 가면일 뿐이다. 그것은 연극을 위해 창조된 것이다. 그저 무대용 소품일 뿐이다.' 자유, 구원, 또는 열반에 대한 열망은 소위 인격이라고 불리는 것과 인격이 만들어내는 감옥으로부터 놓여나고 싶다는 바람을 의미할 뿐이다.

'자아의 문제점은 그것이 다른 사람들로부터 온다는 점이다.' 그대의 에고 역시 다른 사람에게서 왔다. 그대는 에고를 다른 사람들에게 의존한다. 그대가 히말라야로 가서 동굴 속에 앉아 있으면 어떻게 에고가 있을 수 있겠는가? 차츰차츰 그 에고는 사라질 것이다. 에고는 지지가 필요하다. 그것을 평가해주는 누군가가 필요하다. 그대가 아름답다고 말해줄 누군가가 필요하다. 그것을 계속 먹여주는 누군가가 필요하다. 에고는 사회 안에서만 존재할 수 있다. 에고가 사회를 없애버리려고 할지라도 미묘하게, 무의식적으로는 사회에 의존한 상태를 유지한다.

'자아의 문제점은 그것이 다른 사람들로부터 온다는 점이다. 에고는 다른 사람들의 기대치에 따라 살려는 의도 속에서 만들어졌다. 다른 사람들이 우리의 가슴속에 자리를 잡게 되었다. 그리고 우리는 그들을 우리 자신이라고 부른다.'

자아는 그대가 아니다. 그것은 그대 주위에 있는 다른 사람들에게 속해있다. 그대 안에 존재하지만 다른 사람들이 소유하고 있다. 이기적인 사람을 다루기가 그렇게 쉬운 이유가 거기에 있다. 바로 그것이 아첨이다. 아첨은 이기적인 사람을 다루는 속임수다. 그에게 가서 그가 이 세상에서 가장 위대한 사람이라고 말해보라. 그는 그대의 발에 기꺼이 입을 맞출 것이다. 그대는 그를 교묘히 조종하는 것이다. 이것은 그저 허위라는 것을 그가 알고, 그대가 알고, 모든 사람이 알고 있다. 그는 자기가 세상에서 가장 위대한 사람이 아니라는 것을 알고 있다. 하지만 그는 그것을 믿는다. 그것을 믿고 싶어 한다. 그리고 그대가 원하는 것은 무엇이든지 다 해주고 싶어 한다. 적어도 이 세상에서 한 사람은 자기가 가장 위대한 사람이라는 것을 믿고 있다. 그는 그대를 놓칠 수가 없다.

에고는 그대 안에 존재하지만 다른 사람들이 소유하고 있다. 에고는 성직자들과 정치가들이 만들어낸 가장 미묘한 노예다. 그것은 마치 델가도Delgado, 스페인 태생의 의학박사. 전기 신호를 이용해 뇌 속의 반응을 연구의 전극이 그대의 머릿속에 장치되어 원격으로 조종되는 것과 같다.

사회는 매우 영리하다. 먼저, 사회는 그대를 두 번째 단계에 묶어두려고 노력한다. 그리고 그대가 그것을 넘어서면 아첨으로 그대를 조종하기 시작한다.

인도에서는 혁명이 한 번도 일어난 적이 없었다는 사실에 그대들은 놀랄 것이다. 그 이유가 무엇일까? 이유는 지적인 사람들, 브라민이 오랜 세월 동안 너무도 많은 아첨을 받아와서 사회에 반란을 일으킬 만큼 분노가 일어난 적이 없었기 때문이다. 오직 지식계층의 사람들만이 반란을 일으킨다. 왜냐하면 그들은 가장 이기적인 사람들이기 때문이다. 그들은 가장 독립적인 사람들이다. 인텔리겐차다. 그리고 인도에서 브라민은 가장 높은 계급이다. 그들보다 더 높은 사람은 아무도 없다. 왕조차도 브라민보다 낮은 위치에 있다. 거지 브라민이 제왕보다 더 높다. 그리고 제왕이 브라민의 발을 만지곤 한다. 거기에서 혁명이 일어날 가능성은 없었다. 누가 혁명을 일으키겠는가? 문제를 일으킬 수 있는 사람들이 이 지식인들인데, 이들이 최고로 존경을 받고 아첨을 받고 있다. 그러니 혁명은 존재할 수 없었다. 그것은 불가능한 일이었다.

소련에서도 마찬가지였다. 50년 동안 소련에서는 지식계급이 가장 많이 추앙받아왔다. 학자, 작가, 시인, 교수들, 이들이 가장 존경받는 사람들이다. 그런데 누가 혁명을 일으키겠는가? 혁명은 불가능하다. 혁명주의자들이 전통적인 사회에, 사회의 관습에 많은 투자를 해왔기 때문이다.

인도에서는 혁명이 일어나지 않았고, 러시아에서는 혁명이 일어날 수 없다. 혁명은 오직 이기주의자들을 통해서만 가능하다. 그런데 이기주의자들은 아주 쉽게 조종될 수 있다. 그에게 노벨상을 주라. 그에게 박사학위를 주라. 그러면 그는 무슨 일이든 할 준비가 된다.

마음의 세 번째 단계가 지금 온 세상에 만연해있다. 그 마음이 만족하면 그대는 그 안에 매달리게 된다. 그리고 만족하지 못하면 밑으로 떨어져 미쳐버린다. 둘 다가 건전한 현상이 아니다.

그것을 뛰어넘어야 한다. 그리고 네 번째 단계, 우주적인 마음이 만들어져야 한다. 우주와 분리되는 일은 더 이상 없어야 한다. 그대는 전체와 하나가 되어야 한다. 사실 그대는 우주와 하나다. 단지 그대가 그렇지 않다고 생각하고 있을 뿐이다. 그 생각의 장벽을 부숴야 한다. 그러면 휴식과 평화와 비폭력이 일어난다. 인도에는 이런 말이 있다. '사띠얌, 쉬밤, 순데람Satyam, shivam, sunderam 진, 선, 미' 그때 거기에 진리가 있고, 선이 있으며, 아름다움이 있다. 우주적인 마음과 함께 이 세 가지가 꽃을 피운다. 사띠얌 – 진, 쉬밤 – 선, 순데람 – 미. 우주적인 마음과 함께 이 세 가지가 꽃을 피운다. 그리고 거기에 거대한 기쁨이 있다. 그대는 사라지고 에고 속에 말려들었던 에너지가 풀려나 그 에너지가 아름다움이 되고, 선이 되고, 진리가 된다.

이것이 모계사회의 상태다. 집단적인 마음은 가부장제이고, 개별적인 마음은 형제애이며, 우주적인 마음은 모계사회이다. 어머니의 사랑은 아무 것도 요구하지 않는다. 우주가 그대에게 쏟는 사랑 또한 마찬가지다. 아무 것도 요구하지 않는다. 무조건적이다. 그저 그대에게 쏟아 부을 뿐이다. 그것을 취하고 취하지 않고는 그대에게 달려있다. 그러나 그것은 계속해서 그대에게 쏟아져 내리고 있다. 그대에게 에고가 있다면 문은 닫히게 되고 그대는 그것을 취하지 않는다. 그러나 에고가 사라진다면, 우주의 사랑은 계속해서 그대에게 쏟아져 내리며 그대에게 양분을 주고 그대를 채워준다.

첫 번째 단계는 혼돈이었고, 두 번째 단계는 지식적intellectual이었으며, 세 번째 단계는 지성intelligent이었다. 그리고 네 번째 단계는 감성적이다. 그것은 사랑과 가슴의 단계이다. 세 번째 단계에서 지성은 최고점에 이르고, 네 번째 단계에서 사랑이 흘러나오기 시작한다.

이 단계는 '어머니로서의 신' 이라고 불릴 수 있다. 아버지로서의 신이 죽었을 때, 어머니로서의 신이 일어나야 한다. 이것이 더 높은 종교의 단계이다. 아버지가 중요한 위치일 때, 그 종교는 제도적이고 형식적이다. 아버지 자신이 형식적이고 제도적이기 때문이다. 어머니는 더 자연스럽고, 더 본성적이며, 더 본질적이다. 아버지는 외적이고 어머니는 내적이다.

우주적인 마음은 어머니 중심적이다. 어머니가 더 중요해진다. 신은 더 이상 남성이 아니라 여성이다. 그리고 삶을 논리가 아닌 사랑으로 다루게 된다.

시인 쉴러Johann Christoph Friedrich von Schiller, 1759~1805, 독일 철학자는 그것을 '우주적인 키스'라고 불렀다. 그대가 준비되면, 우주의 어머니는 그대에게 키스하고, 그대를 안아주고, 다시 그대를 자궁 속으로 받아들일 수 있다. '예'가 다시 나타난다. 그러나 그것은 더 이상 외부로부터 부과된 것이 아니라 그대의 가장 깊은 내면으로부터 나온다. 이것이 신뢰다. 집단적인 마음은 신앙 속에서 살고, 개별적인 마음은 의심 속에서 살며, 우주적인 마음은 슈라다shraddha, 신뢰 속에서 산다. 그것은 믿음이 아니다. 누군가 그대에게 믿으라고 강요한 것이 아닌 그대 자신의 관점이며, 그대 자신의 경험이다.

이것이 진정한 종교다. 그대가 신과 삼매와 기도를 증언할 수 있을 때, 그대 자신이 증인이 될 때, 빌려온 것을 취한 것이 아닐 때, 그것은 더 이상 지식이 아니고, 믿음이 아니다. 그것은 그대 자신의 존재적인 경험이다. 결속이 다시 시작된다. 그러나 그 결속은 존재 자체와의 결속이다. 사회와의 결속이 아니다. 창조성이 다시 들어온다. 그러나 그것은 더 이상 이기적인 창조성이 아니다. 그대는 행위자가 아니다. 그대는 도구이며 신이 행위자다. 그때 신은 그대를 통해서 흐른다. 그대는 훌륭한 시를 창조할 수도 있다. 사실 그전에는 그렇게 훌륭한 시를 창조할 수 없다. 에고는 그림자를 만들 것이다. 에고는 결코 투명할 수 없기 때문이다. 진정한 창조성은 우주와 함께 할 때만 가능하다.

그렇다. 우주적인 마음에 도달할 때, 거대한 창조성이 탄생한다.

그때 그대가 만지는 것마다 모두 창조적이 된다.

불교 경전에 이런 이야기가 있다.

어떤 부자가 많은 부를 축적했다. 너무도 많은 금을 모아들여 더 이상 저장할 공간이 없을 정도였다. 그런데 갑자기 이상한 일이 일어났다. 어느 날 아침 일어나보니 그동안 모아두었던 금들이 모두 먼지로 변해있었다. 그대들도 그가 미쳐버리게 되었다는 것은 가히 짐작할 수 있을 것이다.

어떤 사람이 그를 붓다에게로 데려왔다. 마침 붓다가 그 마을에 머물고 있었다. 붓다가 말했다. "이렇게 해보라. 그대의 금을 모두 시장에 가져가서 만일 누군가 그것을 금으로 알아본다면 그 사람을 내게 데려오라."

그래서 그는 이미 먼지가 되어버린 금을 수천 대의 마차에 실어 시장에 가져갔다. 시장은 그의 마차로 가득 채워졌다. 사람들이 그것을 보고 모여들어 이렇게 물었다. "이게 무슨 일이오? 왜 이 많은 잿더미를 시장에 가져온 것이오?"

그러나 부자는 아무 말도 하지 않고 침묵만 지켰다. 그러자 어떤 여인이 왔다. 그녀의 이름은 키사가우타미Kisagautami였다. 그녀가 부자에게 말했다. "이렇게 금이 많다니, 이 많은 금을 어디서 구했나요?"

부자가 여인에게 물었다. "이것이 금으로 보입니까?"

그녀가 말했다. "그럼요. 이 수없이 많은 마차에 실린 것들이 다 금 아닙니까?"

그는 여인을 붙잡고 그녀가 어떤 비밀을 갖고 있는지 물었다. "어떻게 그것을 볼 수 있지요? 아무도, 나조차도 금이 보이지 않는데, 모두

다 잿더미뿐인데?"

부자는 그 여인을 붓다에게 데려갔다. 붓다가 말했다. "바로 이 여인이다. 그녀가 그대에게 가르쳐줄 것이다. 문제는 보는 데에 달려있다. 이 세상은 그대가 보는 대로 존재한다. 세상은 지옥이 될 수도 있고 천국이 될 수도 있다. 금이 먼지가 될 수도 있고, 먼지가 금이 될 수도 있다. 단지 그대가 어떻게 바라보느냐에 따라 달라질 뿐이다. 이 여인이 바로 그 여인이다. 그대는 키사가우타미의 제자가 되어라. 그녀가 가르쳐줄 것이다. 올바로 보는 방법을 알게 되는 날, 온 세상이 금으로 변할 것이다. 그것이 연금술의 비밀이다."

키사가우타미는 그 당시 매우 보기 드문 여인이었다. 부자는 그녀에게서 세상을 금으로 변화시키는 기술을 배웠다.

우주적인 마음속으로 들어갈 때, 그대는 창조를 할 수 있다. 그것은 그대로서가 아닌 신으로서 하는 창조이다. 그대는 텅 빈 대나무가 되고 신의 노래가 그대를 통해서 내려오기 시작한다. 신이 그대를 플루트로 변화시킨다.

세 번째 단계에서 네 번째 단계로 넘어가지 못할 때, 그대는 미치게 될 것이다. 니체는 오직 세 가지의 마음만을 이야기한다. '사자', '낙타', '아이' 그는 사자로부터 아이로 떨어졌다. 그래서 미친 것이다.

세 번째 단계에는 또 다른 문이 있다. 그것이 우주적인 마음이다. 그것은 정말로 유아기로 되돌아가는 것이다. 유아기이지만 제2의 유아기이다. 그것은 첫 번째와 같지 않다. 혼돈이 아니다. 거기에는 자기 수양이 있고 내적인 조화, 내적인 질서가 있다. 첫 번째 단계처럼 무책임하지도 않고, 두 번째 단계처럼 책임지지도 않는다. 새로운 책임이다. 어떤 가치나 사회를 향한 책임이 아니다. 다른 종류의 가치가 일어난다. 왜냐하면 무엇이 옳은지 볼 수 있기 때문이다 – 어떻게 달리 할 수 있겠는가? 그대는 옳은 것을 보고 있고, 그 옳은 것은 행해져야 한다. 여기서는 지식이 덕이 된다. 그대는 자각에 따라 행동하고 그대의 삶은 변형된다. 거기에 순진함이 있고, 지성이 있고, 사랑이 있다. 이 모든 것이 그대의 가장 깊은 중심에서 나오고 있다. 그대 내면의 샘이 흘러나오는 것이다.

그리고 그 우주적인 단계마저도 넘어설 때, 다섯 번째, 마지막 단계에 이른다. 어떤 것이 우주적인 마음이라고 생각하는 것 또한 생각하는 것이다. 개인과 우주라는 개념이 아직도 어딘가에 매달려 있다. 그대가 전체와 하나라는 것을 아직도 의식하고 있다. 그렇게 그대가 존재하고, 전체와 하나라고 의식하는 합일은 아직 전체적이지 않다. 아직 완전하지 않다. 아직 궁극적이지 않다. 그 합일이 정말로 궁극적일 때, 거기에 개인이 없고, 우주가 없다. 이것이 다섯 번째의 마음이다. 그리스도의 마음이고, 붓다의 마음이다.

이제 세 가지의 다른 특징이 나타난다. 바로 삿찌뜨아난다 satchitananda이다. 삿뜨sat는 존재를 뜻하고, 찟뜨chit는 의식을 뜻하며, 아난다anada는 환희를 뜻한다. 이제 이 세 가지 특징이 나타난다. 그 세 가지의 새로운 꽃이 그대 존재 속에서 피어난다. 이제 그대는 처음으로 존재being가 된다. 되어감becoming은 더 이상 없다. 인간이 그 자신을 넘어섰다. 다리는 더 이상 존재하지 않는다. 그대는 집에 도착했다. 그대는 존재, 즉 삿뜨이다. 그리고 그대는 완전히 깨어있다. 더 이상 어둠이 남아있지 않다. 이것이 찟뜨이다. 그리고 그대는 환희, 아난다이다. 거기에 아무런 걱정도 긴장도 슬픔도 없기 때문이다. 모든 것이 사라졌다. 악몽은 지나갔다. 그대는 완전히 깨어있다. 바로 그 깨어있음에 불성이 있고, 그리스도성Christhood이 있다.

이상이 마음의 다섯 단계이다. 기억하라. 세 번째 단계가 중간이다. 둘은 그 아래에 있고 둘은 그 위에 있다. 위로 가지 못하면 밑으로 떨어진다. 그리고 세 번째 단계를 거치지 않고는 그 위로 올라가지 못한다. 기억하라. 이것이 문제다. 세 번째 단계를 피하려고 한다면 두 번째 단계에 묶이게 될 것이고 그것이 우주적인 마음이라고 생각할 것이다. 그러나 그것은 우주적인 마음이 아니다. 단지 집단적인 마음일 뿐이다. 세 번째 단계를 피하려고 한다면 첫 번째에 머물 수도 있다. 그것은 바보 같은 마음이다. 그리고 때때로 그 바보 같음이 성자 같아 보이기도 한다.

힌디어에서는 한 어원에서 두 개의 서로 다른 단계를 나타내는 말이 나온다. 그 뿌리는 부드budh이다. 다섯 번째 단계를 우리는 붓다Buddha라고 부른다. 궁극적인 단계다. 그리고 첫 번째 단계를 우리는 붓두buddhu라고 부른다. 바보 같은 단계다. 때때로 바보는 성자처럼 보인다. 거기에는 어떤 유사성이 있다. 그리고 때때로 성자는 바보처럼 보인다. 그러나 그들은 너무도 멀리 떨어져 있다. 존재 안에서 가장 멀리 떨어져 있다. 예수는 때때로 바보처럼 보인다. 그리고 예수처럼 보였던 바보들이 많이 있었다. 이들의 닮은 점은 둘 다 마음이 없다는 것이다. 바보는 마음 아래에 있고 그리스도는 마음 위에 있다. 그러나 둘 다 마음을 초월해 있다. 그것이 닮은 점이다. 하지만 거기까지다. 그 이상으로는 아무 것도 닮은 것이 없다.

기억하라. 첫 번째 단계가 목적지가 아니다. 그것은 시작일 뿐이다. 두 번째는 매우 편안하다. 하지만 편안함이 핵심은 아니다. 창조성이 핵심이다. 세 번째 단계는 창조적이지만 매우 불편하고, 걱정되고 긴장된다. 그렇게 긴장이 많은데 얼마나 오래 창조적으로 남을 수 있겠는가? 그 긴장을 버려야 한다. 그러므로 네 번째 단계가 있다. 네 번째 단계에서 모든 것이 고요하다. 에고의 마지막 매달림만이 있다. '나는 전체와 하나다.' 라는 느낌이 있다.

임제의 제자가 스승을 찾아와 말했다. "저는 전체와 하나가 되었습니다. 이제 다음은 무엇입니까?"

그러자 스승이 그를 내쫓으며 말했다. "이제 그대가 전체와 하나가 되었다는 바로 그 생각, 그 생각을 버려라. 그것이 마지막 장벽이다."

다른 제자가 임제에게 말했다. "저는 무에 도달했습니다."

그러자 임제가 말했다. "그것을 버려라. 그것 또한 버려라!"

네 번째 단계에는 아주 얇은 벽이 있다. 거의 투명하며 볼 수는 없지만 아직 남아있다. 그것 또한 버려야 한다. 그때 다섯 번째 단계가 나타난다.

예수의 이 말들은 다섯 번째를 위한 말들이다.

* 또 너희가 기도할 때에 외식하는 자와 같이 되지 말라. 저희는 사람에게 보이려고 회당과 큰 거리 어귀에 서서 기도하기를 좋아하느니라. 내가 진실로 너희에게 이르노니 저희는 자기 상을 이미 받았느니라.

예수는 말한다. : 위선자가 되지 말라. 다른 사람들에게 보이기 위한 기도를 하지 말라. 그런 기도는 집단적인 마음을 만들어낸다. 그대들은 항상 다른 사람들이 그대를 어떻게 생각하는지를 살펴보고 있다. 존경받기를 구하고 있다.

위선자는 존경받기 위해 사는 사람이다. 존경만 받을 수 있다면 무슨 일이든지 한다. 자기가 그것을 하고 싶은지 그렇지 않은지는 중요하지 않다. 어쩌면 그것과 반대되는 것을 하고 싶을 수도 있다. 그러나 그는 단지 존경을 얻기 위해 타인의 욕구를 충족시킨다.

* 또 너희가 기도할 때에 외식하는 자와 같이 되지 말라.

적어도 기도할 때만이라도 사회를 잊어라. 집단적인 마음을 잊어라. 기도할 때만이라도 형식을 잊어라. 오직 신을 위해 기도하라. 다른 사람을 위해 기도하지 말라.

* 내가 진실로 너희에게 이르노니 저희는 자기 상을 이미 받았느니라.

그대가 기도를 훌륭하게 하는 사람이라는 것을 보여주기 위해서 기도한다면, 그것이 그대가 받는 상이다. 그대가 받을 존경이 그대가 얻는 모든 것이다. 그것은 아무런 가치도 없다.

* 너는 기도할 때에 네 골방에 들어가 문을 닫고 은밀한 중에 계신 네 아버지께 기도하라.

예수는 말한다. : 은밀한 중에 기도하라. 사적으로 기도하라. 집단적인 마음에서 벗어나 기도하라. 사회와 교회와 사람들을 잊어라. 모든 것을 잊어라. 모든 것을 잊을 때만 신을 기억할 수 있다. 그렇지 않으면 신을 기억할 수 없다. 은밀한 중에, 사적으로 기도하라.

* 또 기도할 때에 이방인과 같이 중언부언하지 말라. 저희는 말을 많이 하여야 들으실 줄 생각하느니라.

그리고 예수는 말한다. : 어떤 형식적인 기도를 되풀이한다고 될 일이 아니다. 진정한 문제는 가슴에 있다. 그대가 무엇을 말하느냐가 아니라 무엇을 의미하느냐에 달려있다. 기도는 형식적이어서는 안 된다. 형식적인 것은 죽은 것이다. 그것은 살아있어야 하며, 진정이어야 하고 맥동치는 것이어야 한다. 기도는 그대의 가슴을 보여주어야 한다. 그대가 있는 바로 이 순간을 보여주어야 한다. 그것은 진정이어야 하고 사실이어야 한다. 그리고 예수는 신에게 많은 것을 말해야 하지 않을까 걱정하지 말라고 말한다. 그에게 말하는 유일한 방법은 침묵을 지키는 일이다.

* 그러므로 저희를 본받지 말라. 구하기 전에 너희에게 있어야 할 것을 하나님 너희 아버지께서 아시느니라.

아무 것도 말할 필요가 없다. 그저 침묵 속에서 자신을 낮추면 된다. 그저 완전히 침묵하면 된다. 침묵이 곧 기도의 언어다. 그러나 바로 침묵 속으로 들어가는 것은 어려울지도 모른다. 왜냐하면 우리가 알고 있는 것은 언어뿐이기 때문이다.

그러므로 예수는 이렇게 말한다.

* 그러므로 너희는 이렇게 기도하라.

침묵을 지키는 것, 완전한 침묵을 지키는 것이 매우 어렵다면, 이렇게 하라. 기억하라. 예수는 말한다. '이런 방식을 따라' '이것과 똑같이' 라고 하지 않았다. 그대 자신의 방법을 찾아라. 그대 자신의 기도를 만들어라. 아무 것도 만들어낼 수 없다면 적어도 그대 자신만의 기도라도 만들어라.

* 그러므로 너희는 이렇게 기도하라. 하늘에 계신 우리 아버지여 ! 이름이 거룩히 여김을 받으시오며
나라이 임하옵시며 뜻이 하늘에서 이룬 것같이 땅에서도 이루어지이다.
오늘날 우리에게 일용할 양식을 주옵시고
우리가 우리에게 죄 지은 자를 사하여 준 것 같이 우리 죄를 사하여 주옵시고
우리를 시험에 들게 하지 마옵시고 다만 악에서 구하옵소서. (나라와 권세와 영광이 아버지께 영원히 있사옵나이다 아멘)

예수는 '이런 방식을 따라' 라고 말한다. 그는 단지 하나의 예를 들어주고 있다. 그대에게 어떤 기도를 주는 것이 아니다. 기억하라! 예수는 그대에게 방법 하나를 보여주기 위해 '이런 식으로' 라고 말하고 있다. 그렇다면 그대는 자신의 기도를 만들어내야 한다.

핵심은 그대가 모든 것을 버려야 한다는 것, 감사와 찬양으로 가득 차 있어야 한다는 것, 열린 마음으로 받을 준비가 되어있어야 한다는 것, 침묵해야 한다는 것, 은밀한 중에 개인이어야 한다는 것이다. 그대의 사랑을 그의 발에 쏟아 부어야 한다. '이런 방식을 따라' 그대

자신의 기도를 찾아내라. 그대 자신의 기도를 만들어내라. 그것이 그대의 것이 되게 하라. 빌려온 기도는 거짓된 기도다.

* 거룩한 것을 개에게 주지 말며 너희 진주를 돼지 앞에 던지지 말라. 저희가 그것을 발로 밟고 돌이켜 너희를 찢어 상할까 염려하라.

예수는 말한다. : 시장에서 기도할 필요는 없다. 그대가 기도하고 있다고 다른 사람들에게 보여주기 위해 기도할 필요는 없다. 그것은 잘못된 것이다. 그것은 거룩한 것을 개에게 주는 것과 같다. 기도가 무엇인지 이해하지 못하는 사람들이 있는 곳에서 기도한다면 오해받을 것이다.

* 너희 진주를 돼지 앞에 던지지 말라.

그대 가슴속의 진주들을 돼지 앞에 던져서는 안 된다.

* 저희가 그것을 발로 밟고 돌이켜 너희를 찢어 상할까 염려하라.

단지 신만을 구하라. 그대의 기도가 신을 위한 것이 되게 하라. 완전히 신을 위한 것이 되게 하라.

* 구하라 그러면 너희에게 주실 것이요, 찾으라 그러면 찾을 것이요, 문을 두드리라 그러면 너희에게 열릴 것이니
구하는 이마다 얻을 것이요, 찾는 이가 찾을 것이요, 두드리는 이에게 열릴

것이니라.

신은 항상 준비되어 있다. 그대가 신을 찾고 있는 것만이 아니다. 신 또한 그대를 찾고 있는 중이다. '문을 두드려라, 그러면 너희에게 열릴 것이니' 신은 오랫동안 거기에서 그대를 기다리고 있었다. 그대의 추구는 일방적인 것이 아니다. 그 맞은편에서 그대를 만나려고 하는 열망이 그대의 열망만큼 존재한다. 그것이 이 메시지의 의미다.

* 그러므로 무엇이든지 남에게 대접을 받고자 하는 대로 너희도 남을 대접하라. 이것이 율법이요 선지자니라.

은밀한 중에 기도하라. 기도는 그대와 신 사이의 대화가 되어야 한다. 그러기 위해선 그대의 태도가 되어있어야 한다. 예수는 종교적인 삶의 모든 구상을 완성했다.

사람들에게 그들이 그대에게 해주었으면 하고 바라는 것을 해주어라. 그것이 전부다! 간단히 말해서 율법과 선지자들의 메시지는 이것이다. '그들에게 그들이 그대에게 해주기를 바라는 것을 하라.' 그것이 그대의 행동양식이 되어야 한다. 그리고 그것으로 기도를 위한 준비는 충분하다. 그런 뒤 문을 닫고 은밀한 중에 신에게 기도하라.

다른 사람에게 아무런 잘못을 저지르지 않았다면, 그대의 길을 방해할 것은 아무 것도 없다. 아무도 그대에게 화를 내지 않고, 아무도 그대를 반대하지 않고, 그대가 누구에게도 상처를 주지 않았다면, 그대는 준비된 것이다. 그대의 기도는 들어질 것이다. 그때 그대의 기도가 그대 자신의 것이 되게 하고 진실하며 비형식적인 것이 되게 하라.

* 좁은 문으로 들어가라. 멸망으로 인도하는 문은 크고 그 길이 넓어 그리로 들어가는 자가 많고
생명으로 인도하는 문은 좁고 길이 협착하여 찾는 이가 적음이니라

예수는 말한다. : 두 개의 문이 있다. 하나는 대중들, 집단적인 마음을 위한 문이고, 다른 하나는 우주적인 마음을 위한 문이다. 그 둘은 한편으로는 유사하다. 둘 다 문이라는 점이다. 그 차이는

* 멸망으로 인도하는 문은 크고 그 길이 넓어

무리들이 모이는 곳은 자연스럽게 그 문이 크고 길이 넓다. 대중들이 그곳으로 모인다. 하지만 진정한 문은 좁다. 오직 한 사람만이 들어갈 수 있다. 그 둘은 모두 문이다. 집단적인 마음과 우주적인 마음은 서로 비슷해 보인다. 그러나 집단적인 마음 안에서 그대는 단지 군중의 일부일 뿐이며, 우주적인 마음 안에서 그대는 군중의 일부가 아니다. 우주적인 마음 안에서 그대는 어떤 자유, 에고, 개성, 주체성을 얻었다. 그대는 홀로 움직인다.

* 생명으로 인도하는 문은 좁고 길이 협착하여 찾는 이가 적음이니라

이것을 기억해야 한다. : 그대는 완전히 혼자일 때 신에게로 들어갈 수 있다. 친구를 데리고 들어갈 수도 없고, 연인을 데리고 들어갈 수도 없다. 혼자 가야 한다. 문은 매우 좁다. 힌두교인으로서 갈 수도 없고, 힌두교인을 데리고 들어갈 수도 없다. 기독교인으로서 들어갈

수도 없고, 기독교 무리의 일부로서 들어갈 수도 없다. 개인으로서 가야 한다. 그리고 개성을 갖기 위해서는 세 번째 마음을 발전시켜야 한다. 세 번째 단계로부터 그대는 네 번째 단계로 들어갈 수 있다. 그리고 네 번째 단계로부터 서서히 서서히 다섯 번째 단계가 스스로 찾아온다. 그것은 연꽃처럼 스스로 자라나와 열리는 것이다.

이것이 마음의 다섯 가지 단계이다. 지켜보라. 잘 관찰해보라. 첫 번째 단계는 모든 사람들에게 존재한다. 두 번째 단계 역시 99%의 사람들에게 존재한다. 세 번째 단계는 매우 드물다. 3%, 4%, 기껏해야 5% 정도다. 네 번째 단계는 1%도 되지 않는다. 그리고 다섯 번째는 아주아주 보기 드물다.

그리스도나 붓다는 오직 한번밖에 태어나지 않는다. 다섯 번째 단계가 목표다. 이 목표를 계속 주시하라. 그리고 계속 움직여라. 서서히 첫 번째 단계에서 두 번째 단계로, 두 번째 단계에서 세 번째 단계로, 세 번째 단계에서 네 번째 단계로.

인간은 하나의 되어감becoming이다. 다섯 번째 마음이 일어나면서, 그리스도의 마음이 일어나면서, 인간은 하나의 존재가 된다. 그때 인간은 더 이상 인간이 아니다. 인간은 더 이상 마음이 아니기 때문이다. 그때 인간은 신이다. 그리고 오직 그것만이 그대를 충족시켜줄 수 있다. 다른 것은 아니다. 그리고 조금이라도 모자란 것으로는 절대로 충족될 수 없다.

마/태/복/음 7장

21. 나더러 주여 ! 주여 ! 하는 자마다 천국에 다 들어갈 것이 아니요, 다만 하늘
에 계신 내 아버지의 뜻대로 행하는 자라야 들어가리라.
22. 그 날에 많은 사람이 나더러 이르되 주여, 주여 우리가 주의 이름으로 선지
자 노릇하며, 주의 이름으로 귀신을 쫓아내며, 주의 이름으로 많은 권능을
행치 아니하였나이까 하리니
23. 그 때에 내가 저희에게 밝히 말하되, 내가 너희를 도무지 알지 못하니 불법
을 행하는 자들아 내게서 떠나가라 하리라.
24. 그러므로 누구든지 나의 이 말을 듣고 행하는 자는 그 집을 반석위에 지은
지혜로운 사람 같으리니
25. 비가 내리고 창수가 나고 바람이 불어 그 집에 부딪히되 무너지지 아니하나
니 이는 주초를 반석 위에 놓은 연고요,
26. 나의 이 말을 듣고 행치 아니하는 자는 그 집을 모래 위에 지은 어리석은 사
람 같으리니,
27. 비가 내리고 창수가 나고 바람이 불어 그 집에 부딪히매 무너져 그 무너짐이
심하니라.

4장

그대가 옳다고 느끼고 생각하는 것을 행할 때에 변화가 생긴다

인간은 의미가 아니라 하나의 기회다. 의미는 가능하지만 주어지는 것이 아니다. 의미는 창조될 수 있으나 이미 거기에 있는 것이 아니다. 그것은 선물이 아니라 일종의 과업이다. 삶은 하나의 선물이지만 열려 있는 기회이다. 의미는 선물이 아니다. 의미는 찾는 것이다. 찾는 자는 반드시 찾을 것이지만 기다리기만 하는 자는 계속해서 놓칠 것이다. 의미, 로고스는 인간에 의해서 창조되어야 한다. 인간은 그 자신을 의미로 변형시켜야 한다. 그것은 인간 밖에 있는 것일 수 없으며 내면에 있는 것일 수밖에 없다.

인간의 내면에 있는 존재가 밝혀져야 한다.

이 경전에 들어가기 전에 인간에 대해 몇 가지를 이해하는 것이 도움이 될 것이다. 그리고 그래야만 이 강론이 가능해진다.

이해할 첫 번째는 존재 전체가 그러하듯이, 인간은 4차원적인 시공간의 연속체라는 점이다. 공간은 삼차원이며 그 위에 시간이라는 한 차원이 더 있다. 그들은 서로 분리되어 있지 않다. 시간의 차원은 공간의 네 번째 차원일 뿐이다. 공간의 삼차원은 정적이다. 그리고 시간의 네 번째 차원은 움직임이며, 그것이 삶을 하나의 과정으로 만든다. 그때 존재는 사물이 아니며 하나의 사건이 된다.

인간도 마찬가지다. 인간은 우주의 축소판이다. 인간을 전체적으로 이해할 수 있다면 존재 전체를 이해할 수 있다. 인간은 씨앗 속에 모든 것을 담고 있다. 압축된 우주이다. 바로 이것이 인간의 네 가지 차원이다.

첫 번째 차원은 파탄잘리가 수숩띠sushupti라고 부르는 것으로 꿈도 존재하지 않는 깊은 잠이다. 그것은 완전히 고요하다. 단 하나의 생각도 흔들리지 않으며, 바람도 불지 않는다. 모든 것이 부재不在이다. 깊은 잠속에 있는 그 부재가 첫 번째 차원이다. 우리는 거기서부터 출발한다. 우리는 잠을 이해해야 한다. 그래야만 변형을 통과할 수 있다. 그래야만 바위 위에 집을 지을 수 있다. 그렇지 않고는 불가능하다. 하지만 잠을 이해하는 사람은 아주 드물다.

그대는 매일 잠을 잔다. 인생의 3분의 1을 깊은 잠속에서 보낸다. 그러면서도 그것이 무엇인지 이해하지 못한다. 그대는 매일 밤 잠에 들고 잠으로부터 많은 것을 얻는다. 하지만 모두 무의식적이다. 잠이 그대를 어디로 이끌고 가는지 정확히 알지 못한다. 잠은 그대를 삶의 가장 단순한 차원, 1차원으로 인도한다. 그것은 아주 단순하다. 왜냐하면 거기에는 이중성이 없기 때문이다. 너무도 단순하다. 거기에는 오직 하나 밖에 없다. 아직 에고가 일어나지 않았다. 그대는 아직 분리되지 않았다. 통합체의 상태이다. 하지만 무의식적이다.

이 통합체가 깨어날 때, 그대는 수쉽띠가 아닌 삼매에 이르게 된다. 이 통합체가 깨어나 밝혀지면 그대는 신에게 도달하게 된다. 그렇기 때문에 파탄잘리는 이렇게 말한다. : 깊은 잠과 삼매의식의 궁극적인 상태는 아주 유사하다. 왜냐하면 그 둘은 단순하기 때문이다. 그 둘에게는 이중성이 없기 때문이다. 그 둘에게는 에고가 존재하지 않기 때문이다.

첫 번째 단계에서, 에고는 아직 일어나지 않았다. 두 번째 단계에서, 에고는 해체되었다. 그러나 거기에는 큰 차이가 있다. 그 차이는 삼매 속에서 그대는 잠이 무엇인지 안다는 점이다. 잠을 자고 있는 동안에도 그대의 의식이 거기에 있다. 자각이 거기에 있다. 자각이 그대 안에서 작은 등불처럼 계속 타오르고 있다.

어떤 선사가 질문을 받았다. 선에서는 매우 유명한 이야기다.

우리가 선을 공부하기 전에는 산은 산이고 강은 강이라고 배운다. 그런데 선을 공부하는 중에는 산은 더 이상 산이 아니고 강은 더 이상 강이 아니다. 그런데 선 공부를 마치고 나면 산은 다시 산이고 강은 다시 강이다.

한 제자가 스승에게 물었다. "이 말이 무슨 뜻입니까?"

스승이 설명해주었다. : 그것은 단지 첫 번째 상태와 마지막 상태가 서로 같다는 뜻이다. 오직 그 중간에만 혼란이 있을 뿐이다. 처음에도 산은 산이고 마지막에도 산은 다시 산이다. 그러나 그 중간에서는 산은 더 이상 산이 아니고 강은 더 이상 강이 아니다. 모든 것이 뒤엉키고 혼란스럽고 구름에 가려져 있다. 그 혼돈과 혼란은 오직 중간에만 존재한다. 수쉽띠에서 모든 것은 있어야 하는 그대로 있으며 삼매에서도 또다시 모든 것이 있어야 하는 그대로 있다. 그 둘 사이에 문제가 있고, 세상이 있으며, 마음이 있고, 에고가 있고, 모든 복잡한 불행이 있고, 지옥이 있다.

스승이 이렇게 설명을 해주자 제자가 감탄하며 말했다. "글쎄요, 만일 그것이 사실이라면 평범한 사람과 깨달은 사람 사이에는 아무런 차이도 없겠습니다."

스승이 대답했다. "맞다. 사실 아무런 차이도 없다. 한 가지 차이가 있다면 깨달은 사람은 땅에서 여섯 치 떨어져 있다는 것이다."

그러나 그 여섯 치가 모든 차이를 만든다. 왜 깨달은 사람은 땅에서 여섯 치 떨어져 있을까? 그는 세상 속에 살고 있지만 또한 세상 속에 살고 있지 않다. 그는 먹지만 또한 먹지 않는다. 그는 주시자로 남는다. 그는 병에 걸려 아픔의 고통을 알지만 사실 고통 속에 있지 않다. 바로 그 차이가 여섯 치다. 그는 죽는다. 죽음이 일어나고 있음을 안다. 하지만 그는 죽는 것이 아니다. 바로 그 차이가 여섯 치이다. 그는 잠을 자지만 잠을 자고 있는 것이 아니다. 잠을 자는 동안에도 그는 깨어있다.

첫 번째 단계가 수쉽띠다. 우리는 그것을 첫 번째 차원이라고 부르도록 하자. 그것은 꿈이 없는 상태, 구분되지 않은 상태, 무의식적인 통합체이다. 그것은 무지이지만 아주 환희롭다. 그러나 그 환희 역시 무의식적이다. 아침에 깨어난 후 그대는 밤사이 깊은 잠을 잤다는, 어떤 머나먼 땅에 다녀왔다는, 생기가 되살아난다는, 개운하고 다시 젊어지고 살아난 느낌을 느끼기 시작한다. 하지만 아침이 되어서야 그렇다. 잠을 자는 동안이 아니다. 오직 잠을 자고 난 다음에야 그렇게 느낀다. 추억 속에 어떤 향기가 남아있는 것처럼 그것은 그대가 어떤 내면 깊은 곳에 다녀왔다는 것을 상기해준다. 하지만 어디로? 무엇을? 그대는 그것을 생각해내지 못한다. 아무런 설명도 할 수가 없다. 그저 희미한 기억뿐이다. 어딘가 좋은 곳에 다녀왔다는 희미한 기억만이 있다. 거기에 아직 에고가 없다. 따라서 슬픔도 있을 수 없다. 슬픔은 에고 없이는 가능하지 않기 때문이다.

바위와 산과 강과 나무가 바로 이 상태로 존재한다. 나무들이 그렇게 아름다워 보이는 이유가 거기에 있다. 어떤 무의식적인 환희가 그들을 둘러싸고 있다. 산들이 그렇게 고요해 보이는 이유가 그것이다. 그들은 수쉽띠의 상태에 있다. 그들은 깊은 잠속에 있다. 계속해서 깊은 잠에 빠져있다. 히말라야에 가면 영원한 침묵, 태고의 침묵이 느껴지는 이유가 그 때문이다. 아무도 그것을 어지럽힐 수 없다. 그저 산을 생각만 해보라. 갑자기 고요해지는 것을 느낄 수 있을 것이다. 나무를 생각해보라. 생명이 흘러들어오는 것을 느낄 것이다. 자연 전체가 첫 번째 상태에 존재한다. 그것이 자연이 그렇게 단순한 이유이다.

두 번째 차원은 꿈의 차원이다. 파탄잘리는 그것을 스와브나swabna라고 부른다. 잠속에서 처음으로 일어나는 혼란이 꿈이다. 이제 그대는 더 이상 하나가 아니다. 두 번째 차원이 일어났다. 이미지가 그대 안에서 떠다니기 시작한다. 그것이 세상의 시작이다. 이제 그대는 둘이다. 꿈꾸는 자와 꿈꾸어지는 대상. 이제 그대는 꿈을 보고 있으면서 그대가 꿈이기도 하다. 이제 그대는 나뉘어졌다. 깊은 잠의 침묵은 더 이상 없다. 분리가 들어오면서 혼란이 들어왔다.

분리, 이중성, 혼란. 이것이 꿈의 의미다. 이중성이 아직은 무의식적이긴 하지만 거기에 있다. 하지만 확실하게 의식되지 않는다. 그대는 그것이 무엇인지 알지 못한다. 소용돌이가 일어나며 세상이 탄생한다. 하지만 아직도 확실하게 규명되지 않는다. 연기 속에서 나오는 상태다. 사물이 형태를 갖추고 있지만 모양이 아직 확실하지 않다. 형태는 아직 구체적이지 않다. 하지만 이중성 때문에, 비록 그것이 무의식적이긴 하지만, 불행이 들어온다. 악몽은 멀리 떨어져있지 않다. 이 꿈이 곧 악몽이 될 것이다.

동물들과 새들이 이 상태에 있다. 그들 또한 아름답다. 수숩띠에 아주 가깝기 때문이다. 나무 위에 앉아있는 새들은 잠 위에 앉아있는 꿈과 같다. 나무 위에 둥지를 짓고 있는 새들은 잠속에서 둥지를 짓고 있는 꿈과 같다. 새와 나무 사이에는 어떤 유사성이 있다. 나무가 사라지면 새들도 사라진다. 새들이 사라지면 나무들도 더 이상 아름답지 않게 된다. 거기에 깊은 연관이 있다. 그들은 한 가족이다. 앵무새들이 나무 주위를 날면서 지저귀는 것을 보면 마치 나무의 이파리들이 날개를 단 것처럼 보인다. 그들은 서로 분리되어 있지 않다. 아주 가깝다. 새들과 동물들은 인간보다 더 조용하고 더 행복하다. 새들은 미치지 않는다. 그들은 정신과 의사가 필요하지 않다. 프로이트Sigmund Freud, 1856~1939, 오스트리아 정신분석학자나 융Carl Gustav Jung, 1875~1961, 스위스 정신의학자이나 아들러Alfred Adler, 1870~1937, 오스트리아 정신의학자도 필요하지 않다. 그들은 완벽하게 건강하다.

숲 속에 들어가 동물들을 보면 놀라게 될 것이다. 그들은 모두 다 똑같다! 그리고 모두 건강하다. 자연스런 상태에서 비만인 동물은 단 한 마리도 발견하지 못할 것이다. 동물원을 이야기하는 것이 아니다. 동물원은 많은 것이 잘못되어 있다. 더 이상 자연스럽지 않다. 동물원의 동물들은 사람을 따라간다. 그들은 미치기도 하고 자살하기도 한다. 동물원의 동물들은 동성애가 되기도 한다. 동물원은 자연스럽지 않다. 그것은 인간이 창조해낸 것이다. 자연에서 동물들은 매우 조용하고 행복하고 건강하다. 하지만 그 건강 또한 무의식적이다. 그들도 무슨 일이 일어나는지 모르고 있다.

꿈을 꾸고 있을 때가 두 번째 단계이다. 이것이 두 번째 차원이다. 첫 번째 단계는 꿈이 없는 잠, 수숩띠. 단순한 일차원이다. 거기에 다른 것은 없다. 두 번째 단계는 꿈, 스와브나. 거기에는 두 개의 구분이 있다. 꿈꾸는 자와 꿈꾸는 대상, 내용과 의식이 있다. 구분이 일어났다. 보는 자와 보여지는 것, 관찰자와 관찰되는 것. 이중성이 들어왔다. 이것이 두 번째 차원이다.

첫 번째 차원에서는 오직 현재밖에 없다. 잠은 과거도 모르고 미래도 모른다. 과거도 모르고 미래도 모르기 때문에, 현재 또한 알지 못한다. 왜냐하면 현재는 오직 중간에만 존재하기 때문이다. 과거와 미래를 자각해야만, 오직 현재를 자각할 수 있다. 따라서 과거와 미래가 없기 때문에 잠은 오직 현재에서만 존재한다. 그것은 순수한 현재이다. 하지만 무의식적이다.

꿈과 함께 분리가 들어온다. 꿈과 함께 과거는 매우 중요해진다. 꿈은 과거지향적이다. 모든 꿈은 과거로부터 나온다. 꿈은 마음속에 떠다니는 과거의 단편들이다. 아직 가라앉지 않은 과거의 먼지다.

어느 날 남편이 잠을 자고 있었다. 갑자기 아내는 그가 얼굴에 미소를 띠는 것을 발견했다. 그녀는 생각했다. '저이가 또 꿈을 꾸고 있구나!' 그녀는 먹고 있던 감자 칩과 맥주잔을 내려놓고 그를 깨웠다.

그가 말했다. "제기랄! 왜 깨우고 그래? 깨우지 말지. 아주 멋진 꿈을 꾸고 있었다고. 사람들이 입을 파는 경매장에 있었어. 작은 장미꽃 봉우리 같은 입은 1파운드, 약간 오므린 입은 2파운드, 약간 미소를 짓고 있는 입은 5파운드였어."

그녀가 말했다. "그래요? 내 입만 한 사이즈도 있었어요?"

"물론이지, 바로 당신 입 속에서 경매를 하고 있었거든."

그대가 꾼 꿈은 그것이 무엇이든 간에 그대의 과거와 관련된 무언가를 말해준다. 그대는 경매장을 보고 있을지도 모른다. 작은 장미꽃 봉우리 같은 입술이 팔리고 있다. 그런데 그 경매가 그대 아내의 입속에서 벌어지고 있다. 어쩌면 아내에게 "닥쳐, 그 대문짝만한 입을 다물고 있으란 말이야!"라고는 말하지 않았을 수도 있다. 그 말을 그렇게 분명하게 말하지 않았을 것이다. 그러나 그대는 그런 생각을 너무도 많이 하고 있었다. 그것은 마음속에서 계속 머물러 있다. 그것이 마음속에 있다. 어쩌면 깨어있는 상태에서는 잠을 잘 때만큼 진실해 본 적이 없었을 것이다. 그러나 그대는 그렇게 진실해질 수 있다. 진실을 감당할 수 있다. 모든 꿈들은 과거로부터 떠올라온다. 꿈과 함께 과거는 실존적이다. 그러므로 거기에 현재가 있고, 과거가 있다.

세 번째 차원, 깨어있는 상태에서 - 파탄잘리는 그것을 자그루트 jagrut라고 부른다. - 다양성이 들어온다. 첫 번째는 통합체이고, 두 번째는 이중성이며, 세 번째는 다양성이다. 이 세상 전체가 태어난다. 잠속에서 그대는 내면 깊은 곳에 있다. 꿈속에서 그대는 더 이상 그 깊은 내면에 있지 않다. 그러면서 아직도 밖에 나온 것도 아니다. 바로 중간에, 분기점에 있다. 깨인 의식과 함께 그대는 밖으로 나온다. 세상 속으로 들어가는 것이다.

성경에서 아담이 추방된 이야기는 이 세 가지 차원으로 이해할 수 있다. 아담이 에덴동산에 있으면서 아직 선악과지식나무의 열매를 먹지 않았을 때, 그것은 깊은 잠, 무의식이었다. 그것은 무의식적인 환희였다. 거기에 아무런 방해물도 없었고 모든 것은 그저 아름답기만 했다. 그는 슬픔도 몰랐다. 그런 뒤 그는 선악과를 따먹었다. 지식이 일어나기 시작하고 이미지가 떠다니기 시작하며 꿈이 작동하기 시작했다. 그는 더 이상 과거의 그가 아니었다. 그는 아직도 에덴동산에 있지만 더 이상 에덴동산에 속해있지 않았다. 이방인이 된 것이다. 그는 아직 추방되지 않았지만 은연중에 더 이상 그곳에 중심을 두지 못했다. 뿌리가 뽑힌 것이다. 이것이 꿈의 상태다. 처음으로 지식의 맛을 본 상태, 처음으로 이중성을 맛본 상태이다. 관찰자와 관찰되어지는 대상의 구분이 있다. 그런 뒤 그는 에덴동산에서 추방당한다. 그것이 세 번째 단계, 깨어있는 상태이다. 이제 그는 그곳으로 돌아갈 수 없다. 돌아갈 길이 없다. 그는 자신에게 내면이 있었다는 사실도 잊어버렸다.

깊은 잠속에서 그대는 내면에 있다. 그리고 깨어있는 상태에서 그대는 밖에 있다. 꿈속에서는 단지 그 중간에서 어디로 가야 할지 모른 채 미정인 채로 확신도 없고 의아해 하는 상태로 있다. 그리고 깨어남과 동시에 에고가 들어온다. 꿈속에서는 아직 미숙한 에고의 단편들이 일어날 뿐이다. 그러다가 세 번째 단계에 이르러서 정착한다. 에고는 가장 구체적이고 단단하고 결정적인 현상이 된다. 그때는 그대가 무엇을 하든 에고가 하는 일이다.

세 번째 상태에도 약간의 의식이 있다. 겨우 1% 정도일 뿐이다. 일시적인 의식, 가물가물한 의식이 있을 뿐이다. 첫 번째 단계는 완전히 무의식적이었고, 두 번째 단계는 혼란스런 무의식이었고, 세 번째 단계는 처음으로 의식을 일별한다. 일시적인 의식의 일별 때문에 1%의 의식이 에고를 창조한다. 이제 미래가 들어온다.

처음에는 오직 무의식적인 현재밖에 없었다. 그런 다음 무의식적인 과거가 있었고, 이제는 미래가 있다. 과거와 현재와 미래, 그리고 시간의 모든 복잡한 양상이 그대 주위를 맴돈다. 여기가 사람들이 묶여있는 곳이다. 그대가 여기에 묶여있고 모든 사람들이 여기에 묶여있다. 만일 그대가 이 세 가지의 차원 속에서 계속 집을 짓는다면 그것은 모래 위에 집을 짓는 것이다. 그대의 모든 노력이 무의식의 상태에서 이뤄지기 때문이다.

무의식의 상태에서 뭔가를 한다는 것은 부질없는 일이다. 어둠 속에서 목표가 어디인줄도 모르고 화살을 쏘는 것과 마찬가지다. 그런 것이 결과가 좋을 리가 없다. 먼저 빛이 필요하다. 그런 다음 목표를 찾아야 한다. 목표를 향해 움직일 수 있으려면 충분한 빛이 필요하다. 그것은 네 번째 차원이 작동할 때만 가능하다. 그런 일은 아주 드물게 일어난다. 하지만 그것이 일어나기만 한다면 진정한 의미가 탄생한다. 로고스가 탄생하는 것이다.

이 세 가지 차원만으로 살아간다면 그 삶은 의미 없는 삶이 될 것이다. 그대 자신을 창조할 수 없기 때문이다. 자각하지 못한 상태에서 어떻게 창조를 할 수 있겠는가?

네 번째 차원은 자각의 차원, 관조의 차원이다. 그것을 파탄잘리는 뚜리야turiya, 네 번째라고 부른다. 그리고 예수는 복음서에서 반복해서 이렇게 말한다. "깨어있어라! 자각하라! 지켜보라!" 이 모든 말이 뚜리야를 가리킨다. 그리고 기독교가 이 메시지를 세상에 명확하게 가져오지 못했다는 것은 인류 역사상 가장 큰 불행이다. 기독교는 완전히 실패했다.

기독교처럼 완벽하게 실패한 종교도 드물다. 예수는 아주 운이 좋지 않았다. 그가 찾아낸 제자들이 아주 평범한 인간으로 변모했고, 기독교는 거의 정치적인 조직이 되었기 때문이다. 교회는 예수의 추종자가 된 것이 아니라 깊은 내면에서는 예수에 반대하게 되었다. 교회는 예수의 이름으로 예수에 반대되는 일을 해온 것이다.

붓다는 예수보다는 운이 좋았다. 그의 추종자들은 교회가 되지 않았다. 그들은 그렇게 정치적으로 조직된 일이 없었으며 그렇게 세속적이 되지도 않았다. 그들은 붓다 메시지의 일부를 오랫동안 지켜왔다.

네 번째 차원을 되도록 깊이 이해해야 한다. 이것이 목적지이기 때문이다. 이것은 순수한 의식이다. 다시 단순함으로 돌아가는 것이다. 첫 번째도 단순했지만 그것은 무의식적이었다. 네 번째 차원은 단순하지만 깨어있다. 다시 통합체가 되고 다시 환희로 돌아오지만 거기에는 한 가지 차이가 있다. 이제 모든 것은 깨어있다. 내면의 빛이 밝게 타오르고 있다. 그대는 온전히 깨어있다. 그대 내면은 어두운 밤이 아니다. 보름달이 뜬 밤이다. 그것이 깨달음의 의미이다. 내면에 빛이 비치는 것이다.

다시 하나의 시간이 남아있다. 현재다. 그러나 이제 그것은 깨어있는 현재다. 과거는 더 이상 주변을 어슬렁거리지 않는다. 깨어있는 사람은 과거 속에서 움직일 수 없다. 왜냐하면 과거는 더 이상 존재하지 않기 때문이다. 깨어있는 사람은 미래 속에서 움직일 수 없다. 미래는 아직 존재하지 않기 때문이다. 깨어있는 사람은 현재 속에서, 지금 여기에서 살고 있다. 여기가 그의 유일한 공간이고 지금이 그의 유일한 시간이다. 그리고 그는 오직 지금 여기일 뿐이기 때문에 시간 같은 것은 사라져버린다. 영원이 탄생한다. 무한이 탄생한다. 그리고 완전히 깨어있을 때, 에고는 존재할 수 없다.

에고는 무의식속에 던져진 그림자다. 그리고 모든 것이 빛일 때, 에고는 존재할 수 없다. 그대는 에고의 거짓됨을 볼 수 있다. 그리고 그렇게 바라보는 것만으로도 에고는 사라진다.

이것이 인간 의식의 네 가지 차원이다. 사람들은 처음 세 가지 차원에서만 살고 있다. 그러나 의미는 네 번째 차원이 가져온다. 따라서 세 가지 차원에서만 사는 사람은 의미 없는 삶을 살고 있는 것이다. 사람들은 그것을 알고 있다. 그대 또한 그것을 알고 있다. 그대의 삶을 돌이켜보면 거기에 아무런 의미도 없다는 것을, 그저 우연의 연속이었을 뿐임을 발견할 것이다. 어느 하나를 뒤따라서 다른 것이 일어난다. 거기에는 어떤 특별한 일관성이 없다. 어떤 특별한 관계성이 없다. 그저 우연히 어느 하나를 뒤이어 다른 일이 일어날 뿐이다.

그래서 장 폴 사르트르는 "인간은 아무 쓸모없는 열정이다."라고 말했다. 인간은 우연적이다. 세 가지 차원에 대한 의미로 그가 한 말은 옳다. 그런데 그는 네 번째 차원에 대해서는 아무 것도 말하지 못한다. 그것을 경험해보지 못했기 때문이다. 오직 그리스도나 붓다만이 네 번째 차원에 대해서 말할 수 있다.

그리스도 의식이 네 번째 차원이다. 붓다 의식이 네 번째 차원이다. 세 가지의 차원에 한정되는 것은 곧 세상 속에 있는 것이다. 네 번째 차원으로 들어가는 것은 열반, 또는 신의 왕국, 천국으로 들어가는 것이다. 이 말들은 같은 것을 다르게 표현한 것에 불과하다.

몇 가지를 더 이야기해보자. 두 번째 차원은 첫 번째 차원의 그림자이다. 잠과 꿈. 꿈은 잠 없이는 존재할 수 없다. 잠이 반드시 있어야 한다. 잠은 꿈이 없이도 존재할 수 있다. 따라서 잠이 우선이고 꿈은 부차적이다. 그림자와 같다. 세 번째와 네 번째 차원의 경우도 마찬가지다. 세 번째 차원은 네 번째 차원의 그림자이다. 세 번째 차원은 약간의 의식이 있어야만 존재할 수 있기 때문이다. 세 번째 차원은 그 안에 약간의 의식, 한 줄기의 빛이 없으면 존재하지 못한다. 그것은 많은 빛이 아니다. 그저 한 줄기의 빛만 있으면 된다. 네 번째 차원은 세 번째 차원이 없이도 존재할 수 있다. 그러나 세 번째 차원은 네 번째 차원이 없으면 존재하지 못한다. 네 번째 차원은 자각이다. 완전한 자각이다. 그리고 세 번째 차원은 단지 어두운 밤에 비치는 작은 한 줄기 빛일 뿐이다. 만일 그 한 줄기의 빛이 사라진다면, 그것은 더 이상 세 번째 차원이 아니라 두 번째 차원이 될 것이다.

그대들의 삶은 그림자 같은 삶처럼 보인다. 세 번째 차원에서 살고 있기 때문이다. 그 세 번째 차원은 네 번째 차원의 그림자이다. 오직 네 번째 차원에서만 그대는 집으로 돌아갈 수 있다. 오직 그때에만 그대는 존재 속에 뿌리를 내리게 된다.

첫 번째 차원은 완전한 암흑이고, 네 번째 차원은 완전한 빛이다. 이 둘 사이에 두 개의 그림자가 있다. 그 두 그림자는 우리들에게 너무도 중요하게 되어 우리는 그것이 우리의 삶 전체라고 생각한다. 그래서 힌두교에서는 세상을 마야maya, 환상이라고 부른다. 두 개의 차원, 곧 두 번째와 세 번째 차원이 대세가 되었기 때문이다. 우리는 첫 번째 차원을 잃었고 아직 네 번째 차원을 찾지 못하고 있다.

그리고 한 가지 더, 네 번째 차원을 발견할 때, 그대는 첫 번째 차원도 발견할 것이다. 네 번째 차원을 발견한 사람만이 첫 번째 차원을 알 수 있다. 네 번째 차원에 도달하면 잠을 자면서도 깨어있을 수 있기 때문이다. 크리슈나Krishna, 힌두교 비슈누 신의 8번째 화신는 기타바가바드기타Bhagavadgita, 인도 서사시에서 요기요가 수행자를 '잠을 자는 동안에도 깨어있는 사람' 이라고 정의하고 있다. 그것이 요기의 정의다. '잠을 자는 동안 깨어있는 사람' – 놀라운 정의다.

그리고 그 정반대가 그대들의 상황이다. 그대들은 깨어있는 동안에도 잠을 자고 있다. '깨어있는 동안에도 잠을 자는 것' 이것이 '요기가 아닌 사람들' 의 정의이다. 그대는 깨어있는 것처럼 보이지만 그렇지 않다.

그대들이 깨어있다고 하는 것은 단지 개념일 뿐이다. 99%는 잠으로 되어있고 오직 1%만이 깨어있는 상태다. 그리고 그 1%마저도 계속 변하고 있다. 어떤 때는 존재하다가 어떤 때는 전혀 존재하지 않는다. 거기에 있다가도 누군가 그대를 모욕하면 그대의 자각은 거기에 존재하지 않는다. 그대는 화를 낸다. 그 조금밖에 없는 자각마저도 잃어버린다. 누군가 그대의 발을 밟는다. 그러면 자각은 사라진다. 매우 예민하다. 누구라도 그것을 가져갈 수 있고, 파괴할 수 있다. 그것도 아주 쉽게 말이다. 그대는 완벽하게 잘 지내고 있었다. 그때 어떤 편지가 날아온다. 그리고 편지의 내용에 갑자기 그대는 흔들린다. 모든 것이 혼란스러워진다. 단 한 마디의 말이 그런 혼란을 만들어낼 수 있다! 따라서 그대의 자각은 그리 많은 것이 아니다.

그리고 그대는 매우 드문 순간에만 깨어있다. 위험에 처했을 때, 그대는 깨어난다. 위험 속에서는 깨어있어야만 하기 때문이다. 그러나 그 위험이 사라지면 그대는 다시 코를 골기 시작한다. 그대는 사람들이 길을 걸어가면서 코를 고는 것을 들을 수 있다. 그들은 그들 자신의 무의식속에 갇혀있다.

술에 취한 사람이 정지 표지판에 부딪혔다. 현기증을 느끼면서 방향감각을 잃어버리고는 뒤로 물러나 다시 똑같은 방향으로 전진했다. 또다시 그는 표지판에 부딪혔다. 그는 몇 걸음 뒤로 물러서서 잠시 기다리더니 또다시 앞으로 나아갔다. 표지판에 다시 충돌하자 그는 표지판을 끌어안고는 절망한 듯이 말했다. "아무 소용없어. 나는 벽에 갇혔어. 사방이 다 막혀버렸어."

그는 다른 방향으로는 움직이지도 않았다. 그는 계속 똑같은 방향으로 움직였을 뿐이다. 그리고는 계속 부딪히자 당연히 사방이 막힌 벽 속에 갇혔다고 결론을 내렸다.

이것이 평범한 사람들의 의식 상태이다. 그대는 계속 같은 방향으로 무의식적으로 움직이고 있다. 그리고 계속해서 부딪히면서 이렇게 생각한다. '왜 나는 이렇게 불행할까? 왜 신은 처음부터 이렇게 불행한 세상을 창조했을까? 신은 새디스트sadist, 가학성변태성욕자인가? 신은 사람들을 고문하고 싶어 하나? 왜 신은 아무 자유도 없는 감옥 같은 삶을 창조했을까?'

삶은 완벽하게 자유롭다. 그러나 그 자유를 보려면 먼저 그대의 의식을 자유롭게 해야 한다. 이것을 하나의 판단 기준으로 삼아라. : 더 많이 깨어있을수록 더 많이 자유로워지고, 덜 깨어있을수록 덜 자유로워진다. 더 많이 깨어있을수록 더 많은 환희를 느끼고, 덜 깨어있을수록 환희는 더 사라진다. 이 모든 것은 그대가 얼마나 깨어있느냐에 달려있다.

더 자유로워지고, 더 환희에 차고, 진리에 도달하는 방법을 찾기 위해 계속 경전을 들여다보는 사람들이 있다. 그것은 도움이 되지 않을 것이다. 왜냐하면 그것은 경전의 문제가 아니기 때문이다. 그대가 깨어있지 않으면서 계속해서 성경과 코란과 베다와 기타를 읽는다면, 그것은 아무런 도움이 되지 않는다. 그대의 무의식은 연구하는 것으로 변화될 수 없기 때문이다. 사실 경전은 그대의 의식을 변화시키지 못하지만 그대의 무의식은 경전을 변화시킬 것이다. 경전의 의미를 왜곡할 것이다. 거기에서 그대는 자신의 의미를 찾을 것이다. 그런 식으로 해석함으로써 성경과 베다와 코란은 속박으로 작용할 것이다. 기독교인들과 힌두교인들, 이슬람교인들이 바로 그런 상태에 있다. 모두 감옥에 갇혀있다.

이런 이야기를 들은 적이 있다.

자칭 복음 전도사라고 하는 사람이 어떤 큰 호텔에 투숙하게 되었다. 그는 방에서 한두 시간 정도 성경을 읽다가는 아래층에 있는 바bar로 내려갔다. 몇 잔을 들이킨 다음 그는 빨간 머리의 여종업원과 이야기를 나누었다. 그는 바를 닫는 시간까지 기다리다가 그 여자가 다 치우고 나자 함께 자기 방으로 올라왔다.

그가 그녀의 옷을 벗기려고 하자, 그 여자는 생각이 달라진 듯 이렇게 물었다. "이렇게 하는 것이 옳다고 확신하세요? 그래도 당신은 신성한 사람이잖아요?"

그가 대답했다. "내 사랑, 이건 성경에 쓰여 있는 일이에요."

그녀는 그의 말을 믿고 함께 아주 즐거운 밤을 지냈다. 다음 날 아침, 그녀가 방을 나설 준비를 하면서 말했다. "있잖아요, 당신이 어젯밤에 말한 성경 구절이 어떤 건지 기억나지 않아요?"

복음 전도사는 기드온 성경을 침대 옆 테이블에서 꺼내어 표지를 펼치고, 표지 안쪽 여백에 쓰인 글을 보여 주었다. '빨간 머리를 한 여종업원이 섹스를 하다.'

한 시간 동안 성경을 읽으면서 발견한 것이 그것이다. 누군가 표지 안쪽 여백에 쓴 것이었다.

그대가 성경을 읽을 때, 그대가 읽는다. 기억하라! 그리고 거기에 부여하는 의미는 그대의 것이다. 해석은 그대의 것이다. 성경이 그대를 도울 수는 없다. 왜냐하면 성경은 그대로부터도 자신을 보호하지 못하기 때문이다. 그러니 어떻게 성경이 그대를 도울 수 있겠는가? 삶에 변화를 가져올 수 있는 유일한 방법은 의식을 바꾸는 것이다. 그리고 의식을 바꾸기 위해서는 성경이나 베다를 파헤치는 것이 아니라, 그대의 내면으로 들어가야 할 것이다. 명상으로 들어가야 할 것이다. 학식은 도움이 되지 않는다.

앞을 보지 못하는 맹인이 어느 파티에 초대되어 그곳에서 아주 맛있는 푸딩을 먹었다. 그는 그 맛에 너무도 매료되어 옆에 앉은 사람에게 그것이 어떻게 생겼는지 물었다.

옆 사람이 말했다. "하얗습니다."

맹인이 물었다. "하얗다는 것이 어떤 것입니까?"

그가 대답했다. "하얀 거요? 오리 같은 거지요."

맹인이 또 물었다. "오리는 어떻게 생겼나요?"

옆 사람은 잠시 당황하다가 결국 이렇게 말했다. "여기 이것을 느껴 보세요." 그리고는 맹인의 손을 잡아 자기 팔과 손목을 구부려 오리 모양을 만들어 그것을 만지게 했다.

그러자 맹인이 이렇게 외쳤다. "아하, 푸딩은 굽어져 있구나!"

바로 이런 일이 일어난다. 그대는 맹인에게 하얀 색이 어떤 것인지, 또는 색깔이 무엇인지, 또는 빛이 무엇인지 알려줄 수 없다. 그대가 도우려고 하는 모든 노력은 그에게 잘못된 것을 알려줄 것이다. 맹인에게 어떤 정의나 설명, 이론이나 교리 혹은 경전으로 도울 수 있는 길은 없다. 그를 도울 수 있는 유일한 방법은 그의 눈을 고쳐주는 일이다.

붓다는 이렇게 말했다. "나는 의사다. 나는 그대들에게 빛이 무엇인지 정의를 주지 않는다. 나는 단지 그대들의 눈을 고쳐줄 뿐이다." 바로 이것이 예수가 한 일이다. 성경에 기록된 모든 기적들은 기적이 아니라 단지 비유일 뿐이다. 맹인이 예수에게 오자 예수가 그의 눈을 만져 맹인이 고침을 받고 즉시 볼 수 있었다는 말. 만일 그것이 육체적인 눈에 관한 일이라면 그리 큰 일이 아니다. 그렇다면 예수는 이미 구식이다. 의학이 그렇게 고칠 수 있기 때문이다. 조만간 예수는 완전히 잊혀야 할 것이다. 만일 그가 단지 신체의 눈을 고쳤다면, 그것은 미래의 세계에서는 그리 큰 의미를 갖지 못할 것이다. 그것은 과학으로 할 수 있는 일이다. 그리고 과학이 할 수 있는 일은 과학이 해야 한다. 종교가 거기에 개입해서는 안 된다. 그럴 필요가 없다. 종교는 종교가 해야 할 더 높은 차원의 일이 있다.

그러므로 나는 계속해서 주장한다. 그 이야기들은 기적이 아니라 단지 비유일 뿐이다. 사람들이 눈이 멀어있다. 그리고 예수의 손길은 기적의 손길이다. 그는 사람들이 볼 수 있도록, 자각할 수 있도록 도와준다. 그들이 더 깨어있도록 도와준다. 네 번째 차원을 가져온 것이다.

네 번째 차원으로 가기 위해서는 작업work이 필요하다. 구제프가 사용한 의미에서의 작업이다. 작업이란 그대의 존재를 변형하기 위한 거대한 노력을 의미한다. 그대의 존재에 중심을 세우는 거대한 노력, 어둠을 만드는 모든 것을 버리고 약간의 빛이 들어오도록 도와줄 수 있는 노력을 의미한다. 문이 열려야 한다면 문을 열고 빛이 들어오게 하라. 벽을 부숴야 한다면 벽을 부수고 빛이 들어오게 하라. 작업이란 네 번째 차원으로, 빛으로, 자각으로 탐구해 들어가기 위한 의식적인 노력을 의미한다. 그리고 그대를 무의식에 머물게 하는 모든 것, 그대를 기계적으로 머물게 하는 모든 것을 버리는 의식적인 노력을 의미한다.

어떤 사람이 농장과 암퇘지를 샀다. 그는 아내에게 암퇘지가 풀을 먹기 시작하면 짝짓기를 할 준비가 되었다는 뜻이라며 암퇘지를 잘 지켜보라고 했다. 며칠 후에 아내가 남편에게 돼지가 풀을 먹기 시작했다고 말했다. 농부는 암퇘지를 수레에 싣고 옆 농장으로 데려가서 교미를 시켰다. 그리고 다시 돌아와서는 아내에게 다시 그 암퇘지를 잘 감시하라고 말했다. "만일 저 암퇘지가 또 풀을 먹는다면 아직 교미가 되지 않았다는 뜻이요."

며칠 후에 아내는 암퇘지가 다시 풀을 먹는다고 말했다. 그래서 농부는 다시 수레에 싣고 옆 농장으로 가서 교미를 시켰다. 그리고는 다시 돌아와서는 아내에게 주의 깊게 지켜보라고 당부했다. 이틀 뒤에 그는 아내에게 암퇘지가 다시 풀을 먹는지 물었다.

그녀가 말했다. "아니요, 이젠 손수레 위에 앉아있는 걸요."

기계적인 마음이다. 본능적인 마음, 되풀이하는 마음이다. 그것을 부수고 버려야 한다. 작업이란 연금술적인 변화를 의미한다. 거대한 노력이 필요하다. 그 길은 힘들고 고되다. 그것은 오르막길을 오르는 일이다.

이제 경전을 보도록 하자.

* 나더러 주여 ! 주여 ! 하는 자마다 천국에 다 들어갈 것이 아니요, 다만 하늘에 계신 내 아버지의 뜻대로 행하는 자라야 들어가리라.

기도는 필요하다. 하지만 그것만으로는 충분하지 않다. '작업' 을 해야 한다.

* 나더러 주여 ! 주여 ! 하는 자마다 천국에 다 들어갈 것이 아니요,

예수는 말한다. : 나를 찬양하는 것만으로는 천국에 들어가지 못할 것이다. 신을 찬양하는 것만으로는 안 된다. 아첨은 도움이 되지 않는다. 그런데 사람들은 아첨이 하늘나라에서도 먹힐 것이라는 희망에 신에게 계속 아첨을 하고 있다. 오직 '작업' 만이, 오직 의식적인

노력, 힘든 노력만이 도움이 될 것이다. 그 외의 것은 도움이 될 수 없다. 기도는 좋다. 기도는 길을 준비해준다. 그러나 그 다음에는 그 위를 걸어야 한다!

그리고 아주 이상한 표현이 나온다.

* 다만 하늘에 계신 내 아버지의 뜻대로 행하는 자라야 들어가리라.

두 가지를 이해해야 한다. 이 문장은 매우 이상하게 들린다. '다만 하늘에 계신 내 아버지의 뜻대로 행하는 자라야 들어가리라.' 천국이란 알려지지 않은 것을 의미한다. 그대가 아직 들어가 보지 않은 곳을 의미한다. 그대가 아직 경험해보지 않은 것을 의미한다. 신앙으로 받아들일 수는 있다. 예수를 신뢰할 수는 있다. 그를 사랑한다면 그를 신뢰할 것이다. 그러나 예수의 신은 보이지 않는다. 그대는 예수의 신을 볼 수 없다. 예수는 신을 본다. 그것은 그의 경험이다. 그러나 그대에게는 그것이 단지 믿음일 뿐이다. 예수는 말한다. '다만 하늘에 계신 내 아버지의 뜻대로 행하는 자라야'

먼저, 신은 그대에게 알려지지 않았다. 그가 어디에 있는지조차도 알려져 있지 않다. 천국이란 알려져 있지 않고, 설명할 수도 없는 신비한 것을 의미한다. 신이 어디에 있는지 알려져 있지 않다. 그대는 신을 만나본 적이 없다. 그리고 예수가 요구하는 것은 이것이다. '그대가 그대의 의지를 신의 의지에 바친다면, 오직 그때만이'

이 놀라운 말에는 두 가지 의미가 있다. 그대는 그대의 의지를 내려놓고 신의 의지를 따라야 한다. 먼저, '내려놓음surrender, 포기, 항복' 은 그대에게 의지가 있을 때만 가능하다. 일반적으로 사람들은 의지가 있는 사람은 내려놓지 못할 것이라고 생각한다. 사람들은 약한 사람들, 즉 의지가 강하지 않은 사람이 내려놓을 수 있다고 생각한다. 틀린 말이다. 오직 아주 의지가 강한 사람들만이 내려놓을 수 있다. 내려놓음이란 의지력의 최정상이기 때문이다. 그것이 마지막이다. 그보다 더 높은 것은 없다. 내려놓기 위해서는 엄청난 의지가 필요하다. 그대의 모든 의지력을 그 안에 쏟아 부어야 한다. 그래야만 내려놓음이 일어난다. 내가 이 말을 놀라운 말이라고 하는 이유가 거기에 있다. 이 말은 매우 모순적이다. 하지만 삶이 그렇다. 삶은 역설적이다. 그리고 이것이 가장 근본적인 역설 중의 하나이다. 의지와 내려놓음의 역설.

내려놓음은 엄청난 의지가 있을 때만 일어난다. 그런데 내려놓음이 일어날 때, 의지는 사라진다. 흔적도 없이 사라진다. 내려놓음은 의지가 자살하는 것이다. 그대의 의지가 자살할 때, 신의 의지가 그대 안으로 들어온다. 두 개의 상반되는 것이 서로 만난다. 그대의 내려놓음과 신의 의지.

내려놓음은 수용성을 의미한다. 그대가 수용적일 때, 완전히 수용적이 될 때, 신은 그대 안으로 내려올 수 있다. 그대는 이렇게 말할 수 없다. "먼저 신을 만나야 한다. 그래야만 내려놓을 것이다." 그대가 그를 만날 수는 없다. 그럴 방법이 없다. 그를 만날 유일한 방법은 내려놓는 것이다. 그대가 내려놓을 때 그가 오기 때문이다. 내려놓은 후에만 그를 알 수 있다. 그 전에는 안 된다.

이것은 불가능을 요구하는 것이다. 하지만 종교는 불가능을 요구한다. 그리고 그 불가능한 것을 할 수 있었던 사람은 몇 사람 밖에 없었다. 그 불가능을 행한 사람들은 불가능한 것을 얻었다. 이런 식이다.

그 외에 다른 방법은 없다. 샘플로 신을 경험한 뒤에 그것을 구입할지 말지를 결정할 수 있는 것이 아니다. 신의 존재를 잠깐 볼 수도 없다. 그는 윈도우 쇼핑으로 볼 수 있는 것이 아니다. 먼저 그대가 내려놓아야 한다. 캄캄한 암흑 속에서 내려놓아야 한다. 완전한 무지 속에서 내려놓아야 한다. 어떤 증거도 없다. 어떤 논쟁도 도움을 줄 수 없다. 엄청난 용기가 필요하다. 무모한 용기가 필요하다. 내가 종교적인 사람을 세상에서 가장 용감한 사람이라고 말하는 이유가 그 때문이다. 달 위를 걷는 사람들은 아무 것도 아니다. 그들은 엄청난 모험을 한다. 그러나 그것은 종교에 비하면 아무 것도 아니다. 왜냐하면 종교가 요구하는 것, 바로 그 요구가 불가능한 것이기 때문이다.

먼저 내려놓아야 한다. 그러면 알게 된다. 그런데 어떻게 먼저 내려놓는다는 말인가? 어떻게 신의 의지가 무엇인지 알 수 있다는 말인가? 신의 의지를 알 수 있는 유일한 방법은 그대의 의지를 내려놓는 것이다. 그대 자신을 지워버려야 한다. 그대가 어디에도 있지 않아야 한다. 그저 그대가 사라져야 한다. 그대의 사라짐 속에서 신이 나타난다. 그대의 부재가 그의 존재가 된다. 그대의 자아가 비워질 때, 그대는 신의 존재로 가득 차게 될 것이다. 신은 그대가 존재하지 않을 때, 오직 그때만 나타난다.

그리고 거대한 변형이 일어난다. 물방울 하나가 대양과 만나는 것이다. 부분이 전체와 만나는 것이다. 거기에 거대한 기쁨이 있다.

예수는 제자들에게 반복해서 말한다. "기뻐하라!" 그는 무엇을 말하는 것일까? 왜 그는 계속 기뻐하라고, 찬양하라고, 즐거워하라고 할까? 그는 제자들이 자신을 내려놓고 신이 그 자리를 차지하는 그 궁극적인 혁명에 점점 더 가까이 데려가려고 하는 것이다. 한걸음 한걸음이 기쁨이고 찬양이다. 신을 향한 각각의 발걸음이 성취를 향한 걸음이기 때문이다. 그대는 오직 신이 그대 안에 거하게 되었을 때만 충족할 수 있다. 그렇지 않으면 텅 빈 상태로 지푸라기 같은 것들로만 채워질 뿐이다. 신이 올 때만이 그대의 성전은 신성해진다. 신은 그대의 존재 속에서 주인이 됨으로써 그대를 채워줄 수 있다.

* 그 날에 많은 사람이 나더러 이르되 주여, 주여 우리가 주의 이름으로 선지자 노릇하며, 주의 이름으로 귀신을 쫓아내며, 주의 이름으로 많은 권능을 행치 아니하였나이까 하리니

그 때에 내가 저희에게 밝히 말하되, 내가 너희를 도무지 알지 못하니 불법을 행하는 자들아 내게서 떠나가라 하리라.

예수는 말한다. : 바로 그 순간, 그 장소에서 많은 사람들이 나에게 이렇게 말하고 싶어 한다. "제가 당신의 이름으로 기적을 행하고 있습니다."

세상에는 그리스도의 이름으로 병을 고치고, 그리스도의 이름으로 봉사하고, 그리스도의 이름으로 사람들을 개종하고, 그리스도의 이름으로 이런저런 수많은 일을 하는 사람들이 많이 있다. 그러나 깊은 내면을 바라보면 그리스도의 이름은 단지 꼬리표에 불과하다. 그들의 깊은 내면에는 '에고'가 있다.

한 여인이 예수에게 와서 그의 옷자락을 만져 병이 낫게 되었다. 그 여인은 매우 고마워하여 예수의 발에 엎드려 가슴에서 우러나오는 진

정한 감사를 했다. 그러자 예수가 말했다. "나에게 감사하지 말라. 나는 아무 것도 하지 않았다. 그대를 고친 것은 그대의 믿음이다. 그리고 감사하고 싶다면 신에게 감사하라. 나는 아무도 아니다. 나는 단지 통로일 뿐이다. 도구일 뿐이다. 나에 대해서는 잊어버려라! 그대를 고친 것은 그대의 믿음과 신의 현존이다. 만일 내가 거기에 있었다면, 나는 단지 하나의 연결고리, 하나의 다리였을 뿐이다."

강을 건널 때 그대는 다리에게 감사하지 않는다. 다리를 기억조차 하지 않는다. 다리를 쳐다보지도 않는다. 그러나 예수는 말한다. "나는 단지 다리일 뿐이다. 매개체일 뿐이다."

* 그 날에 많은 사람이 나더러 이르되 주여, 주여 우리가 주의 이름으로 선지자 노릇하며, 주의 이름으로 귀신을 쫓아내며, 주의 이름으로 많은 권능을 행치 아니하였나이까 하리니

그들의 행위 뒤에는 에고가 있다. 그들은 주장하고 있다. 그 주장은 에고로부터 나온다. 주장하는 자는 항상 에고다. 만일 그대가 거기에 있지 않다면, 만일 거기에 에고가 없다면, 그대는 주장할 수 없다. 그 순간 그대는 침묵할 것이다. '내가 이 일을 했다. 내가 저 일을 했다.' 하고 자랑하지 않을 것이다.

* 그 때에 내가 저희에게 밝히 말하되, 내가 너희를 도무지 알지 못하니

예수는 완벽하게 침묵을 지키는 자, 아무런 주장도 하지 않는 자만

을 안다. 완전히 사라진 자, 그저 신의 매개체가 된 자만을 안다. 그들은 주장하지 못한다. 왜냐하면 그들은 존재하지 않기 때문이다.

＊ 불법을 행하는 자들아 내게서 떠나가라 하리라.

예수는 '불법' 이라는 단어를 사용한다. 그것은 정의롭지 않음, 사악함, 불의를 의미한다. 그대를 통해서 일하는 주체는 항상 신이다. 그리고 그대가 주장을 할 때, 그것은 엄청난 불의다.

이것에 대해서 지켜보고, 관찰하고 명상하라. 어떤 사람이 강물 속에 빠지는 것을 그대가 보았다고 하자. 그대는 달려가 강물에 뛰어들어 그 사람을 구한다. 그리고는 자랑하기 시작한다. "내가 이 사람을 구했다." 자, 이것이 사실인가? 그 사람이 물에 빠질 때 그대는 강둑에 있었다. 그때 그대가 이런 식으로 생각했을까? '저 사람이 빠지고 있다. 내가 그를 구해야 한다. 내가 구하지 않는다면 누가 구하겠는가? 구하는 것은 좋은 일이다. 의롭고 도덕적이다.' 이랬을까? 아니다. 그 순간 그대는 신에게 사로잡혔다. 거기에 아무런 생각도 없었다. 그대는 그저 강물에 뛰어든 것뿐이다. 그대가 한 것이 아니었다. 신이 그대를 통해서 한 것이었다. 그런데 강둑으로 돌아와서 그대는 이렇게 자랑한다. "내가 이 사람을 구했다."

이것이 불의다. 이것이 엄청난 부정이다. 예수는 그것이 불의라고 말한다. 신이 그대를 통해서 뭔가를 행했다. 그런데 그대는 그것을 그대 에고의 영광이라고 주장하는가? 에고의 장식품으로 그것을 주장하는가?

기억하라! 어떤 좋은 일이 일어날 때, 그것은 신을 통해서 일어나는 것이다. 좋은 일이란 신을 통해서 일어나는 일이다! 그리고 나쁜 일이란 그대를 통해서 일어나는 일이다. 이것이 종교적인 이해이다.

종교적인 사람은 어떤 선행도 주장할 수 없다. 그는 자신이 저지른 모든 죄를 회개할 수는 있지만 어떤 선행도 주장할 수 없다. 그는 눈물을 흘리며 이렇게 말할 것이다. "저는 이런 잘못도 저지르고 저런 잘못도 저질렀습니다!" 그러나 단 한 순간도 그에게 이런 생각은 떠오르지 않는다. "자, 보십시오. 제가 이런 선행도 했습니다." 종교적인 사람에게는 불가능한 일이다. 종교적인 마음은 어떤 잘못된 일이 일어날 때마다 '내가 신과 나 사이에 끼어들었음이 틀림없다. 뭔가가 잘못되어간다면, 그것은 틀림없이 내가 그것을 잘못 해석한 것이다. 내가 그 에너지를 오용했다. 내가 그것을 왜곡했다. 뭔가가 잘되어간다면 그것은 내가 왜곡하지 않았다는 것을 보여줄 뿐이다. 그게 전부다.' 하고 받아들인다.

거울 앞에 섰을 때 거울이 완벽하게 비춰준다면, 그것은 특별난 것이 아니다. 그것은 당연히 그래야 할 것뿐이다. 그런데 만일 그대의 얼굴이 왜곡되어 비춰진다면, 그것은 거울에 문제가 있는 것이다. 그것은 그렇게 되어야 하는 대로 된 것이 아니다. 선은 신을 통해 일어나는 것이고 악은 에고를 통해 일어나는 것이다. 따라서 에고가 선을 주장한다면, 그 선이 악이 되어버리고 그 주장은 잘못된 것이다.

붓다가 깨달음을 얻고 12년 만에 집에 돌아왔다. 당연히 그의 아버지는 무척 화가 났다. 이해할 만한 일이다. 아버지는 나이가 들었는데 붓다는 독자였고 그 독자가 출가를 했다. 아버지는 늙고 병든 상태로 왕국의 모든 짐과 책임을 져야만 했다. 그리고 아들이 대를 이어주기를 기대하고 있었을 때, 그 아들이 사라졌다. 아무 말도 없이 어느 날 밤 갑자기 사라져버린 것이다. 아버지는 매우 화가 났다.

그 아들과 아버지가 마을의 성문에서 만나게 되었다. 아버지가 말했다. "아들아, 내가 비록 화가 나 있지만 너를 용서해주겠다. 집으로 돌아와라. 이 쓸데없는 짓을 다 잊어버려라."

붓다가 말했다. "대왕이시어, 저를 아무 편견도 없이 봐주시겠습니까? 저는 궁전을 도망쳐 나올 때의 제가 아닙니다. 저는 당신의 아들이 아닙니다!"

아버지가 웃음을 터뜨리고는 이렇게 말했다. "네가 지금 농담을 하느냐? 네가 내 아들이 아니라니? 내가 너를 못 알아보겠느냐? 내가 내 혈육을 몰라볼 것 같으냐? 내가 너를 낳았다! 그런데 네가 옛날의 네가 아니라고 말하는 것이냐?"

붓다가 말했다. "대왕이시어, 기분 나빠하지 마십시오. 저는 비록 당신을 통해서 나왔지만 당신이 저를 낳은 것은 아닙니다."

예수가 말하고자 하는 것이 바로 이것이다. 그는 뭔가가 그대를 통해서 나온다고 하더라도 그대가 그 근원은 아니라고 말하고 있다. 선이 그대를 통해서 나온다면 신이 그 선의 근원이다.

절대로 그대 자식의 삶을 그대의 것이라고 주장하지 마라. 생명은 신의 것이다. 그대는 생명을 만들어낼 수 없다. 그대는 단지 도구였을 뿐이다. 그대의 여인과 사랑행위를 하고 있었을 때, 그대는 정확히 무엇을 하고 있었는가? 그대는 단지 도구였을 뿐이다. 사실, 사랑도 저절로 일어난 일이었다! 그대 쪽에서 한 일이 아니었다. 사랑이 일어났고 그대는 여인과 사랑행위를 하였다. 뭔가가 일어난 것이다.

그대는 정확히 뭐가 뭔지를 모른다. 신비는 신비로 남을 뿐이다. 여인은 임신을 하고 아이가 탄생한다. 그리고 그대는 이렇게 주장한다. '이 아이가 나의 아이다.'

나는 라이푸르Raipur에서 일 년간 살았던 적이 있다. 어느 날 나는 이웃 사람이 어린 자식을 때리는 것을 보았다. 나는 그의 집에 뛰어들어가 말했다. "무슨 짓을 하는 거요? 경찰을 부르겠소!"

그가 말했다. "무슨 소리요? 이 아이는 내 아이요! 나는 내 아이에게 하고 싶은 것은 뭐든지 할 수 있소! 당신이 뭔데 참견이요?"

내가 말했다. "이 아이는 당신의 아이가 아니요. 신의 아이요. 그리고 나는 당신이 주장할 수 있는 만큼 주장할 수 있소."

그는 내가 하는 말을 이해하지 못했다. 그가 말했다. "이 아이는 내 아이요. 당신은 일 년 동안이나 이웃에 살고 있었으면서 그것도 모른단 말이요?"

그는 이해할 수 없었다. '이 아이는 내 아이다. 그리고 나는 내가 하고 싶은 대로 뭐든지 할 수 있다.' 바로 이 생각 때문이다. 아주 오랜 동안 부모들은 만일 자기들이 원한다면 자기 자식을 죽이는 것도 허용되었다. '아이를 낳았다'는 바로 그 생각 때문이었다. 하지만 그대가 어떻게 아이를 낳을 수 있겠는가? 그대는 그저 도구였을 뿐이다. 주장하지 마라. 어떤 아이도 그대의 것이 아니다. 모든 아이들은 신에게 속해있다. 그들은 신에게서 나왔다. 그대는 기껏해야 보호자일 뿐이다. 좋은 것은 모두 신에게서 나온다. 만일 뭔가가 잘못되어 간다면, 틀림없이 그대가 그것을 왜곡했을 것이다. 만일 악이 탄생한다면, 그것은 그대를 통해서 탄생한 것이다.

예수가 다음과 같이 말할 때의 의미가 바로 그것이다.

* 그 때에 내가 저희에게 밝히 말하되, 내가 너희를 도무지 알지 못하니 불법을 행하는 자들아 내게서 떠나가라 하리라.

그대는 그대가 기적을 일으켰다고, 그대가 이런저런 일을 했다고 주장하는가? 바로 그런 주장이 그대를 비종교적으로 만든다. 예수는 말한다. : 나는 너희를 전혀 모른다고 말해야 할 것이다.

* 그러므로 누구든지 나의 이 말을 듣고 행하는 자는 그 집을 반석위에 지은 지혜로운 사람 같으리니

행위를 통해서이다. 그저 기도를 통해서가 아니다.

기도는 싸구려다. 아무나 할 수 있다. 왜냐하면 아무런 위험도 없기 때문이다. 그래서 사람들이 교회출석자가 되었다. 그들은 모스크이슬람교의 예배당에 가고 구루드와라gurudwara, 시크교 사원에 가고 사원에 간다. 그것은 아주 쉽고 값이 싸다. 일요일 종교다. 한 시간 동안 교회에 가 있는 것. 이것은 누구든지 할 수 있는 일종의 사회적인 형식이다. 그러면서 그대는 삶을 완성했다고, 명상을 완성했다고, 신에 대한 내면의 열정을 충족했다고 생각하는가?

* 그러므로 누구든지 나의 이 말을 듣고 행하는 자는 그 집을 반석위에 지은 지혜로운 사람 같으리니

오직 그대가 행할 때, 열심히 노력할 때, 그대 자신을 변형시키려고 할 때이다. 그러는 동안 수없이 실패할 수도 있다. 그러나 계속 끊임

없이 그렇게 한다면 성공이 찾아온다. 확실히 찾아온다. 왜냐하면 그것이 예수에게 찾아왔고, 붓다에게 찾아왔기 때문이다. 그것은 누구에게나 찾아올 수 있다! 그것은 모든 사람의 타고난 권리이다. 그대는 그것을 가질 수 있다. 그러나 싼 값에 가질 수는 없다. 그에 대한 대가를 치러야 한다. 그대의 모든 삶을 다 바쳐야 할 것이다. 그 이하라면 얻지 못할 것이다.

구제프가 말한 '작업'의 의미가 바로 그것이다.

* 비가 내리고 창수가 나고 바람이 불어 그 집에 부딪히되 무너지지 아니하나니 이는 주초를 반석 위에 놓은 연고요,

나의 이 말을 듣고 행치 아니하는 자는 그 집을 모래 위에 지은 어리석은 사람 같으리니,
비가 내리고 창수가 나고 바람이 불어 그 집에 부딪히매 무너져 그 무너짐이 심하니라.

나는 의식의 네 가지 차원에 대해서 말했다. 만일 의식 없이 집을 짓는다면, 그것은 모래 위에 집을 짓는 것과 같다. 만일 시간 속에서 집을 짓는다면, 그것은 모래 위에 집을 짓는 것과 같다. 시간이 곧 모래다. 만일 영원 속에서, 시간이 없는 곳에서, 네 번째 차원에서, 뚜리야에서, 자각 속에서, 주시 속에서 집을 짓는다면, 그대는 반석 위에 집을 짓는 것이다. 그리고 만일 반석 위에 집을 지었다면 그 어느 것도 그것을 부술 수 없다. 그것은 불멸이며 불사이다. 만일 모래 위에 집을 지었다면, 그때는 어느 것이라도, 그것이 바람이든 비든 그

집을 부술 것이다. 그리고 그대는 그 밑에 완전히 깔리고 만다. 그 집에서 그대가 살고 있기 때문이다.

사람들은 돈과 권력과 권위의 모래성을 쌓고 있다. 의식하지 못한 채, 잠을 자면서, 코를 골면서 집을 짓고 있다. 자기들이 무엇을 하는지도 모른 채 하고 있다. 그들은 그 밑에 깔리고 말 것이다.

* 무너져 그 무너짐이 심하니라.

반석 위에 집을 지어라. 의식보다 더 한 반석은 없다. 예수는 제자 중의 한 사람을 '베드로' 라고 불렀다. '베드로' 는 바위를 의미한다. 예수가 그 제자를 베드로라고 부른 이유는 그가 제자들 중에서 가장 깨어있었기 때문이다. 예수는 제자들에게 베드로가 교회의 반석이 될 것이라고 말했다.

이는 상징적인 표현이다. 베드로는 그들 중에서 의식이 가장 깨어 있었다. 그는 바위와 같았다. 예수는 말했다 : 나의 교회는 베드로 위에 세워질 것이다. 베드로는 교회의 초석으로서 역할을 할 것이다.

그러나 예수가 말한 그 교회는 만들어지지 않았다. 교회는 베드로를 초석으로 삼지 않았다. 교회는 바울을 기초로 삼았고 바울은 전혀 그리스도적이지 않은 사람이다. 바울은 위험한 사람이다.

처음에 바울은 예수에 반대했고 예수의 메시지에 반대했다. 그는 기독교인들을 박해하기 위해 예루살렘으로 가고 있었다. 그런데 가는 길에 어떤 일이 일어났다.

그런 일은 때때로 일어난다. 바로 전향conversion이다. 그것은 매우 심리적인 변화이다. 그는 어떻게 하면 예수의 메시지를 파괴할까 끊임없이 생각하고 있었다. 너무도 그 생각에 몰두하여 예수에 대한 꿈을 꾸기도 했다. 하루 24시간 동안 그는 예수에 집착하고 있었다. 어느 날 밤 혼자서 예루살렘으로 가는 도중에 그는 예수가 외치는 듯한 소리를 들었다. "왜 그대는 나를 박해하는가? 도대체 왜?" 그것은 어쩌면 그의 무의식에서 나온 소리였을 수도 있다. 그가 너무도 예수에 몰두하는 바람에 그의 무의식 전체가 그런 느낌을 가졌을지도 모른다. 그의 의식은 예수를 반대했지만 무의식은 언제나 의식의 반대 방향으로 간다. 무의식은 단지 의식의 맞은편에 있는 극단일 뿐이다. 의식이 너무 예수를 반대하게 되자 무의식이 서서히 예수에 대해서 흥미를 갖기 시작했음이 틀림없다. 그 소리는 틀림없이 그의 내면 중심에서 나왔을 것이다. "왜? 왜 그대는 나를 박해하는가?"

이 소리를 듣자 그는 땅바닥에 엎드렸다. 그는 너무도 놀랐다. 그것은 예수가 얼마나 강력했는지를 보여주었다. 그는 거기에서 변화되었다. 그의 원래 이름은 사울이었다. 그러나 심경의 변화가 있은 뒤에 그의 이름은 바울이 되었다. 처음에는 예수의 제자들을 박해했었다. -그는 예수와 동시대의 사람이 아니다. 예수는 이미 세상을 떠났다. - 이제 바울은 자신의 모든 에너지를 변화시켰다. 처음에는 기독인들을 박해했지만 이제 그는 사람들을 기독교로 개종시키기 시작했다. 바로 이 바울이 바티칸 교회의 기초가 되었다. 바울은 예수를 안 적이 없었다. 그는 스승과 함께 걸은 적이 없었다. 그는 동시대 사람이 아니었다. 바울은 위험한 사람이었다. 집착이 심하고, 분노하고, 폭력적이고, 공격적이었다. 그런데 그가 세상을 기독교로 개종시켰다. 그가 기초가 된 것이다.

베드로는 사라졌다. 베드로는 예수가 선택한 반석이었다. 예수는 왜 베드로를 선택했을까? 그리고 왜 그를 '반석' 이라고 불렀을까? 그것은 그가 가장 깨어있었기 때문이다.

예수의 메시지는 '의식' 의 메시지이다. 하지만 거대한 '작업' 이 필요하다. 그래야만 삶을 반석 위에 지을 수 있다. 그렇지 않으면 모래 위에 짓게 될 것이다.

* 나의 이 말을 듣고 행하는 자는

행위가 핵심이다. 오직 행함을 통해서만 존재에 이를 수 있기 때문이다. 말하는 것이나 생각하는 것으로는 안 된다. 행한다는 것은 그대가 옳다고 느끼는 것을 행하는 것을 의미한다.

어젯밤에 한 젊은 여인이 와서 이렇게 말했다. "저는 이미 산야신입니다. 그리고 당신은 제 가슴에 있습니다. 그런데 아직 산야스를 행할 수 없습니다." 내가 그대의 가슴 안에 있고, 그대가 이미 산야신이라면, 왜 산야스를 행하지 못하는가? 왜 그 속에 참여하지 못하는가? 내가 그대 가슴속에 있다고 말하는 것은 쉽다. 아주 쉽다. "나는 가슴속에서는 이미 산야신입니다."라고 말하는 것은 아주 쉽다. 그러나 산야스를 행하는 것, 세상에 자신을 산야신이라고 밝히는 것은 어려운 일이다. 더 많은 용기와 배짱이 필요하다.

예수는 말한다. : 그대가 옳다고 생각하는 것을 행하지 않는 한, 아무 것도 일어나지 않을 것이다. 계속해서 생각은 할 수 있지만 생각은 결코 누구를 변형시키지 않는다. 생각은 힘이 없다. 오직 행위만이 힘이 있다. 오직 행함만이 궁극적으로 그대의 존재가 된다.

* 그 집을 반석위에 지은 지혜로운 사람 같으리니

비가 내리고 창수가 나고 바람이 불어 그 집에 부딪히되 무너지지 아니하나니 이는 주초를 반석 위에 놓은 연고요,

앞으로 불어올 바람도 많고, 내려올 비와 홍수도 많다. 그것들이 그대의 집을 산산이 부수려고 할 것이다. 삶은 하나의 도전이다. 그대가 얻으려는 것은 도전을 받아 시련을 겪어야 한다. 그대가 더 높이 성장할수록, 닥쳐올 도전은 더 커진다.

* 비가 내리고 창수가 나고 바람이 불어 그 집에 부딪히되 무너지지 아니하나니 이는 주초를 반석 위에 놓은 연고요,

그대가 아무 것도 갖고 있지 않다면 아무런 도전도 없을 것이다. 이것을 이해해야 한다. 사랑하지 않으면 거기엔 도전도 없을 것이다. 사랑한다면 그대 삶에는 엄청난 도전이 있을 것이다. 명상하지 않는다면 아무런 도전도 없을 것이다. 그러나 명상을 한다면 마음 전체가 그대에게 대항하여 반기를 들 것이다. 적대적일 것이고, 그대의 명상을 망치려고 할 것이다. 이것이 삶의 기본 법칙이다. 뭔가 더 높이 있는 것을 얻으려고 하면 시련을 받아야 한다. 많은 시험을 통과해야 한다. 그리고 그 시련들은 바람처럼 그대를 세게 칠 것이다. 그러나 그것들은 좋은 것이다. 오직 그런 것들만이 그대를 강하고 굳세게 만들기 때문이다. 그리고 오직 그런 것들만이 그대가 반석 위에 집을 지었는지 아니면 모래 위에 집을 지었는지 보여줄 것이다.

기억하라! 그대가 옳다고 느끼고 생각하는 것을 행할 때만 어떤 변화가 있다. 그렇지 않으면 변화는 없다. 지혜로운 사람이 되라. 바보가 되지 마라. 시간이 없는 세계에서 뭔가를 만들어라. 죽음이 파괴하지 못하도록 깨어있는 의식으로부터 뭔가를 만들어라. 죽지 않는 뭔가가 있다. 그것을 얻지 못하는 한, 그대는 고통과 고뇌와 두려움 속에서 살게 될 것이다. 일단 그것을 얻으면 모든 고뇌와 슬픔과 지옥이 사라진다. 그리고 거기에 아름다움이 있다. 축복이 일어난다.

요/한/복/음 4장

5. 사마리아에 있는 수가라 하는 동네에 이르시니, 야곱이 그 아들 요셉에게 준 땅이 가깝고
6. 거기 또 야곱의 우물이 있더라. 예수께서 행로에 곤하여 우물 곁에 그대로 앉으시니, 때가 제 육시쯤 되었더라.
7. 사마리아 여자 하나가 물을 길러 왔으매, 예수께서 물을 좀 달라 하시니
8. 이는 제자들이 먹을 것을 사러 동네에 들어갔음이러라.
9. 사마리아 여자가 가로되, 당신은 유대인으로서 어찌하여 사마리아 여자 나에게 물을 달라 하나이까 하니, 이는 유대인이 사마리아인과 상종치 아니함이러라.
10. 예수께서 대답하여 가라사대, 네가 만일 하나님의 선물과 또 네게 물좀 달라 하는 이가 누구인줄 알았더면, 네가 그에게 구하였을 것이요, 그가 생수를 네게 주었으리라.
11. 여자가 가로되 주여, 물길을 그릇도 없고 이 우물은 깊은데 어디서 이 생수를 얻겠삽나이까
12. 우리 조상 야곱이 이 우물을 우리에게 주었고, 또 여기서 자기와 자기 아들들과 짐승이 다 먹었으니, 당신이 야곱보다 더 크니이까
13. 예수께서 대답하여 가라사대, 이 물을 먹는 자마다 다시 목마르려니와
14. 내가 주는 물을 먹는 자는 영원히 목마르지 아니하리니, 나의 주는 물은 그 속에서 영생하도록 솟아나는 샘물이 되리라.

5장

주고 싶다면
먼저
받을 준비가 되어라

◆

인간의 의식은 빙산의 일각에 불과하다. 그 나머지 존재는 어둠 속에, 무의식 속에 잠겨있다. 그리고 인간이 보여주는 약간의 의식은 매우 약하고 우연적이며 잠깐 나타났다가 사라진다. 그것은 주변 환경의 압박으로부터 일어난다. 안에서 끊임없이 흘러나오는 샘물이 아니다. 어떤 위험이 있으면 약간 더 깨어있다가 그 위험이 사라지면 다시 무의식으로 돌아간다.

무의식은 매우 깊고, 의식은 매우 얕다. 그리고 의식과 무의식 사이에 어떤 충돌이 있을 때마다 무의식이 이긴다. 의식은 무의식의 종으로서만 이길 수 있다. 이것이 인간의 불행이다. 그리고 인간이 깨어 있고 주의하고 자각하는 척하는 모든 것은 그저 가식일 뿐이다. 이 자각은 살갗만큼의 깊이도 되지 않는다. 인간을 살짝 긁어보라. 그 안에 어둠의 대륙이 있음을 발견할 것이다. 그대 자신을 살짝 긁어보라. 영혼의 어두운 밤을 발견할 것이다. 인간이 내면으로 들어가지 않는 것은 이 어둠에 대한 두려움 때문이다.

스승들은 계속해서 "너 자신을 알라." 하고 말한다. 그들은 계속해서 "그대 자신의 존재 속으로 들어가라. 안으로 들어가라." 하고 격려하고 자극을 준다. 사람들은 그 말을 듣지만 절대로 따르지 않는다. 바로 내면의 어둠에 대한 두려움 때문이다. 내면을 들여다볼 때마다 거기에는 어둠 밖에 없어 보인다. 밖에는 약간이라도 빛이 있지만 안에는 아무런 빛도 없는 것처럼 보인다.

눈을 감고 조용히 앉아 내면을 들여다본 적이 있는가? 바깥 세계로부터 진정으로 단절되는 순간 그대는 깊은 어둠 속으로, 잠속으로 빠져들어 간다. 그 어둠의 샘은 정말로 깊다. 표면에만 약간의 의식이 있을 뿐이다. 그것도 지속적인 것이 아니다. 의식은 존재할 때도 있고, 존재하지 않을 때도 있다. 그리고 아주 드물게 존재한다. 있을 때보다 없을 때가 더 많다. 그것은 예민하고 깨지기 쉽다.

그렇기 때문에 나는 "그것을 기도로 붙잡으라."고 말한다. 그것은 매우 약해 깨지기 쉽다. 의식 속으로 깊이 들어가지 않는 한, 그대는 진리에 대해, 자유에 대해, 신에 대해, 환희에 대해 결코 아무 것도 알지 못할 것이다. 그 말들은 그저 말로만 남을 것이다. 결코 그대 안에서 살아 움직이지 않을 것이다. 절대로 그대 안에서 꽃을 피우지 않을 것이다. 그것을 결코 경험하지 못할 것이다. 그것이 무엇을 의미하는지 절대로 경험하지 못할 것이다. 그대가 깨어있지 않는 한, 신이란 단어는 그저 비어있는 단어일 뿐이다. 깨어있지 않으면 그리스도라는 단어는 그저 비어있는 단어일 뿐이다. 붓다는 그저 하나의 신화가 될 것이다. 초의식, 열반, 삼매, 신의 왕국, 이런 모든 단어들이 단지 비유로만 남을 뿐이다. 이런 단어들은 많은 것을 의미하지 않을 것이다. 그러지 못할 것이다. 왜냐하면 의미는 그대의 깨어있는 의식을 통해서 들어와야 하기 때문이다. 그 말들은 내용이 없을 것이다. 그대가 그 안에 내용을 집어넣어야 한다. 그래야만 생명으로 고동치기 시작할 것이다. 오직 그때만이 생명으로 춤추고 움직이기 시작할 것이다. 오직 그때만이 꽃이 피고 향기가 퍼질 것이다.

인간은 오직 부분적으로만 깨어있다는 것. 이것이 인간에 대해 이해해야 할 가장 기본적인 사실 중의 하나이다. 그리고 그 의식은 그대가 아니라 외부의 환경에 따라 달라진다. 그것은 그대의 의식이라고 말할 수도 없다. 그대 안에 뿌리를 내리고 있지 않다. 그대 안에 중심이 잡혀있지 않다. 그대로부터 나오는 것이 아니다.

이것이 종교가 직면해야 하는 문제 전체이다. 그리고 종교의 과학은 다름 아닌 연금술이다. 어둠을 빛으로 변형하는 기술이다. 우파니샤드의 선지자들은 오랜 세월동안 이렇게 기도해왔다. : 저를 어둠에서 빛으로 인도하여 주십시오. 저를 죽음에서 불사로 인도하여 주십시오.

어둠 속에 죽음이 있다. 어둠 속에서 그대는 이미 죽어있다. 어둠 속에서 그대는 살아있지 않다. 살 수가 없다. 오직 빛 속에서만 생명이 있다. 영원한 생명, 풍요로운 생명이 있다.

이 작은 우화에 들어가기 전에 무의식의 현상에 대해 좀 더 초점을 맞춰보자.

경주용 자동차 선수가 조용한 시골 길에서 운전을 하는 중에 차가 고장이 났다. 그는 엔진 덮개를 열고 안을 살펴보았다.

"배터리가 문제로군." 하는 소리가 뒤에서 들려왔다.

그가 뒤를 돌아보자 보이는 것은 들판에서 그를 지켜보고 있는 말 한 마리뿐이었다. 그는 기겁을 하면서 달리기 시작했다.

10분쯤 달리다 보니 자동차 수리점이 나타났다. 수리점 주인에게 자초지정을 이야기하자 그가 말했다. "거기에 말 이외에는 아무도 없었다는 거지요?"

"맞아요."

"그 말이 혹시 머리에 검은 점이 있는 하얀 말이던가요?"

"네 맞아요, 그래요."

"그렇다면 전혀 신경 쓰지 마세요. 그 말은 차에 대해서는 아무 것도 모르거든요."

무의식적인 사람은 어떤 것에도 절대로 놀라지 않는다. 그는 삶을 당연하게 받아들인다. 그는 놀라움에 대해서는 아무 것도 모른다. 경탄에 대해서 아무 것도 모른다. 신비스러움, 기적에 대해서 아무 것도 모른다. 기적은 온 사방에 있다. 신비가 그대를 둘러싸고 있다. 그러나 그대가 깨어있지 않기 때문에, 이 신비스런 세계를 졸면서, 무감각하게, 죽은 듯이 움직이는 것이다. 그 어느 것에도 놀라지 않는다. 만일 그대가 살아있고 깨어있다면 이 모든 하나하나가 그대를 놀라게 할 것이다! 아침 햇살을 맞는 풀잎! 그대는 경배하고픈 느낌이

들 것이다. 달빛 속의 장미꽃! 무릎을 꿇고 기도 속으로 빠지고 싶은 느낌이 들 것이다. 별, 사람들, 아이들, 짐승과 새들, 이 모든 것들이 그대를 놀라게 할 것이다. 이 모든 것들이 그대를 자극할 것이다.

삶이 하나의 신비일 때만이 그대는 종교적이 된다.

그런데 왜 사람들에게는 삶이 신비가 아닐까? 그 이유는 사람들이 너무 무감각하기 때문이다. 너무도 많은 먼지가 의식 위에 덮여있어 사람들은 계속 기계적으로 움직이기만 한다. 그대는 삶을 살고 있지 않다. 단지 이리저리 질질 끌려다니고 있을 뿐이다. 무언가가 그대를 다른 것으로 인도하고, 무언가가 그대를 다른 것을 향해 밀어붙이고 있다. 그대는 죽을 때까지 계속 비틀거린다. 보통 사람들의 삶을 출생에서 죽음까지 지켜보면, 그것은 단지 한 사건에서 다른 사건으로 비틀거리면서 나아가는 것뿐임을 알게 된다. 계속 비틀거리면서 결국은 그렇게 무덤 속으로 들어간다.

이것은 삶이 아니다. 예수가 정의하고 싶어 했던 삶이 아니다. 삶은 깨어있음으로부터 시작한다. 깨어있기 시작한다면 그 어느 것도 당연하게 받아들이지 않을 것이다. 그대의 아내를 당연하게 받아들이지 않을 것이고, 남편을 당연하게 받아들이지 않을 것이다. 그리고 작은 일들이 자신들의 신비를 그대에게 드러낼 것이다. 새가 그대에게 날아와 창틀에 앉아 노래를 부르기 시작할 것이다. 그 모습에 그대는 전율하고 흥분하고 환희를 느낄 것이다. 그런데 지금은 아무 것도 그대를 전율하게 만들지 않는다. 아무 것도 그대에게 흥분을 주지 않는다. 아무 것도 그대에게 황홀한 기쁨을 주지 않는다. 그대는 무감각하다. 그 무감각함은 항상 그대의 무의식에서 나온다. 그리고 예리함은 오직 의식과 더불어서 나온다.

어느 어두운 날 밤, 노상주차장에 주차된 차의 뒷좌석에서 한 커플의 열기가 뜨거웠다. 그때 밖에서 이런 소리가 들렸다. "여보세요, 여기서 뭐하시는 겁니까?" 경찰이었다. 경찰은 차 문을 열고 전등을 비추고는 그 남녀에게 2분 동안 그 지방의 법에 대해 설명하였다. 그리고 상부에 보고하겠다고 말했다.

그러자 차 안의 남자가 말했다. "하지만 경관님, 이 여자는 제 아내입니다. 이 길을 따라 차를 몰고 가는데 그녀가 비옷을 머리까지 뒤집어쓰고 비를 맞으면서 걸어가는 것을 보았습니다. 그래서 차를 세우고 안에 태웠어요. 그리고 잠시 동안 여기서 쉬고 있었습니다."

"그러면 왜 진즉에 아내라고 말하지 않았어요? 공연히 2분 동안 강의만 했잖아요?" 경찰관이 투덜거렸다.

"그러게 말이죠, 저도 전등을 비추기 전까지는 아내인 줄 몰랐거든요."

인간은 정말로 무의식적이다. 삶은 계속 흘러가고 그대는 그렇게 살아가고 있다. 그러나 그런 삶은 너무도 미지근해서 사실은 아무 것도 일어나지 않는 것이나 다름이 없다. 그 안에 열정이 없다. 그 안에 강렬함이 없다. 그 안에 불꽃이 없다. 의식은 불이다. 의식이 있을 때, 그 불 속에서 그대가 타버린다. 그 불 속에서 에고가 타버린다. 그리고 그대가 존재하지 않을 때, 거기에는 오직 순수한 의식만이 남을 뿐이다. 그것이 바로 신이다. 그것이 바로 열반이다.

오랜 세월 동안 깨달은 스승들이 해오던 노력은 오직 하나였다. 어떻게 하면 그대를 조금 더 깨어있게 도울 것인지, 어떻게 하면 그대가 좀 더 감각적이고 좀 더 자각하도록 도울 것인지 하는 것이었다. 조금만 더 주의를 기울이면 모든 것이 변하기 시작한다. 그대가 새로운 차원으로 움직여 들어가기 시작한다.

무의식적으로 사는 것, 아니면 의식적으로 사는 것. 이것이 존재하는 두 개의 차원이다. 무의식적으로 사는 것은 엄청난 기회를 놓치는 것이다. 그대가 존재한다는 것 자체가 무한히 가치 있는 일이다. 신이 그대에게 선물을 내려주었다는 것이 무한히 가치 있는 일이다. 그것은 엄청난 기회다. 절대로 놓쳐서는 안 된다. 그것은 더 커다란 기회로 변형될 수 있다. 영원한 생명이 될 수도 있다.

예수는 반복해서 말한다. : 나에게 오면 내가 그대에게 풍요로운 삶을 주겠다. 전혀 다함이 없는 삶을 주겠다. 죽음도 모르는 영원한 삶을 주겠다. 그러나 먼저 무의식으로부터 조금만이라도 빠져나와야 한다. 그대의 무의식은 매우 오래되었다. 그대는 수많은 삶 동안 무의식적인 상태였다. 물론, 겉으로는 깨어있는 것처럼 보인다. 시장에 가고, 직장에 나가고, 공장에 나간다. 무슨 일인가를 한다. 그러나 그것은 모두 습관적이고 기계적일 뿐이다. 그렇게 하는 법을 배웠고 이제는 그것을 계속 반복하고 있다. 그런 일에는 의식이 필요 없다. 그대는 자동화 기계가 되었다.

구제프는 제자들에게 이렇게 말하곤 했다. : 내가 하는 모든 노력은 어떻게 하면 그대를 비자동화하고 어떻게 다시 비기계적인 삶을 가져다주느냐에 있다. 그대가 어떻게 반응하는지 지켜보라. 그대는 그런 방식을 수없이 반복해왔다. 이제는 고정된 습관이 되었다. 이제 그 일을 하는 데에는 '그대'가 필요치 않다. 그것은 그대의 뇌 속에 프로그램이 되어있다. 그대는 계속 잠을 잘 수도 있다. 그러면 머리가 알아서 반응해줄 것이다. 누군가 그대를 모욕한다. 그때 그대가 무엇을 하는지 지켜보라. 누군가 그대를 칭찬한다. 그때 그대가 무엇을 말하는지 지켜보라. 그대가 진정으로 그것을 말하고 있는가? 그것을 말하는 동안 그대가 거기에 있는가? 아니면 그대는 전혀 필요 없는 존재인가? 그것이 마음속에 프로그램 되어있고 마음이 그것을 반복하고 있지 않는가?

자동차 회사에서 완벽하게 새로운 미래의 자동차를 만들어 6개월 동안 시운전할 기사를 모집한다는 공고를 냈다.

최종 합격한 지원자가 운전석에 앉고 디자이너는 그 옆 조수석에 앉았다.

디자이너가 말했다. "이 차는 당신이 지금까지 몰아보았던 차와는 완전히 다르다는 것을 알게 될 것입니다. 이 차에는 엔진도 없고, 배터리도 없고, 기어도 없고, 액셀러레이터도 없고, 브레이크도 없습니다. 말하자면 잘못될 만한 것은 아무 것도 없습니다. 유일한 기계장치는 성냥갑보다 작은 블랙박스인데 운전석 밑에 달려있습니다. 그것은 운전자의 목소리에서 나오는 음파에 반응하는 전자 장치입니다. 이 장치의 장점은 운전자의 선택에 따라서 암호만을 받아들이도록 설정할 수 있어서 어느 누구도 이 차를 훔치지 못한다는 점입니다. 이제 차를 움직이게 하려면 '찰칵' 이라고만 말하면 됩니다. 공장에서 그렇게 설정을 해놓았습니다."

그래서 운전자는 "찰칵"이라고 말했다. 그러자 차가 앞으로 움직이기 시작했다. "그러면 어떻게 멈추게 하지요?" 그가 물었다. "똑같은 원리로 '호커스 포커스' 라고 말하면 됩니다." 디자이너가 대답했다. 그래서 운전자가 "호커스 포커스"라고 하자 차가 멈추었다. 열 번이나 넘게 그 방법을 시험해보는 동안 단 한 번도 실패하지 않았다. '찰칵' 하면 차가 움직이고 '호커스 포커스' 하면 차가 멈추었다.

몇 주 동안 차를 몰고 다닌 후, 그는 여자 친구를 차에 태워 해변으로 갔다. 그녀는 매우 감명 받았다. 날이 어두워지자 그녀가 로맨틱한 목소리고 그에게 속삭였다. "저기 절벽 끝에서 멈춰요. 경관이 아주 아름다운 곳이에요."

절벽에 다다르자 운전자가 말했다. "호커스 포커스" 그런데 아무 일도 일어나지 않았다. "호커스 포커스!" 그가 소리쳤다. 하지만 차는 계속 앞으로 움직여 절벽 끝으로 가고 있었다. "호커스 포커스!" 그가 비명을 지르듯이 외쳤다. 그러자 차가 절벽 바로 끝에서 멈추었다. 안도의 한숨을 쉬면서 운전자가 말했다. "찰칵!"

이것이 그대들의 마음이 작용하는 방식이다. 완전히 무의식적이다. 그것은 일상적인 일을 완벽하게 해낼 수 있다. 시장에서, 매일매일의 삶에서는 더할 나위 없이 좋다. 그러나 만일 그대가 성장하고 싶다면, 존재 속으로 더 깊이 들어가고 싶다면, 신성의 무한한 자유 속으로 날아가고 싶다면, 그것은 충분하지 않다. 그것은 일상적인 세상에 적합하도록 완벽하게 프로그램 되어있다. 하지만 일상생활 이외에 다른 실재의 세계에서는 전혀 힘을 발휘하지 못한다. 그리고 그 다른 실재가 진정한 실재이다. 그대가 말하는 실재는 그저 그런 것에 지나지 않는다. 그것은 눈을 뜨고 보는 일종의 꿈이다.

그대는 길을 잃었다. 모두가 길을 잃었다. 그런 생각을 해본 적이 있는가? 그대가 길을 잃었다는 생각. 그대가 어디에서 왔는지 모른다는 생각. 왜 처음부터 여기에 오게 되었는지 모른다는 생각. 그대가 어디에 있고, 왜 거기에 있는지 모른다는 생각. 어디로 가고 있고 무엇 때문에 가고 있는지 모른다는 생각 말이다.

수레바퀴 돌듯이 그대는 움직이고 있다. 또다시 똑같은 일을 반복한다. 똑같이 반복되는 경험을 또다시 하고 있다. 당연히 피곤할 수밖에 없다. 당연히 지루할 수밖에 없다. 사람들의 눈에 피곤함이 너무도 짙게 묻어있다.

내가 사람들의 눈을 바라보면 보이는 것은 오직 지루함의 구름들뿐이다. 당연한 일이다. 어떻게 반복적이고 기계적인 삶이 그대에게 기쁨을 줄 수 있겠는가? 더 이상 아무 것도 일어나지 않을 것임을 그대는 알고 있다. 그리고 일어난 일은 모두 아무런 가치도 없다는 것을 알고 있다.

때로는 조용히 앉아 뒤를 돌아보라. 그대가 진정으로 기뻐한 순간이 있는지 기억할 수 있겠는가? 정말로, 가식이 아니라, 스스로 위로하는 것이 아니라, 진정으로 기뻐했던 적이 있었는가? 그것이 축복이었고 은혜였다고 온 가슴으로 말할 수 있었던 순간을 단 한 번이라도 경험해본 적이 있는가? 아니다. 그대는 단지 그런 날이 언젠가는 올 것이라고, 언젠가는 그런 순간이 올 것이라고 기대만 하고 있었을 뿐이다. 그러나 그것은 모두 기대일 뿐이다.

그대가 움직이는 방식으로는 그런 것이 올 수 없다. 그런 순간은 진정으로 깨어있는 사람, 깊이 깨어있는 사람에게만 오기 때문이다. 의식 없이는 어떤 축복도 없기 때문이다.

런던에 사는 사람이 아무 사고도 없이 미들랜드Midlands까지 차를 몰고 왔다. 그런데 버밍햄 지역에 도착하자, M1과 M5, M6 고속도로의 교차점과 연결된 지하도와 고가도로, 우회도로가 복잡하게 얽혀있어 어디로 가야할지 알 수가 없었다. 결국 그는 옆에 서 있는 차와 나란히 차를 세웠다. 그 차 안에는 어떤 남자가 부인과 두 아이와 함께 타고 있었다.

런던 사람이 물었다. "좀 도와주세요. 제가 울버햄프톤로 Wolverhampton Road로 가려고 하는데 벌써 두 시간 동안이나 찾아 헤맸거든요, 가다보면 항상 이 자리로 돌아오지 뭡니까?"

그 사람이 말했다. "사람을 잘못 골랐어요. 나는 신혼여행에서 돌아오는 길인데 아직도 집을 찾아가지 못하고 있답니다."

아이가 벌써 둘이나 있다!

그런데 이것이 현실이다. 그대는 항상 같은 장소에 도착해있다. 그대는 아주 오랜 동안, 수백 수천 년 동안 집에 가보지도 못했다. 그리고 서서히 길을 잃고 너무 오래 방황하다가 이 방황이 그대의 삶이라고, 삶에는 이것 밖에 없다고 생각하기 시작한다.

차 안에서 계속 이런 식으로 있다 보면 몇 년 후에는 더 많은 아이를 갖게 될 것이다. 집은 찾지도 못하고 말이다. 서서히 그는 집을 찾아간다는 생각 자체를 잊을 것이다. 그가 집을 찾고 있었다는 사실도 잊을 것이다. 그리고 이 차가 자기 집이라고 생각할 것이다. 그는 항상 그 안에 있었다! 그러면 그 안에서 태어난 아이들은 말해 무엇 하겠는가? 그들은 그 안에서 자랄 것이고, 그 안에서 사랑에 빠질 것이고, 거기서 결혼을 할 것이고, 그것이 그들의 집이 될 것이다. 그것이 그들의 삶이 될 것이다.

이것이 현실이다. 그대의 부모들은 길을 잃었다. 그대의 부모의 부모도 길을 잃었다. 아담 시절부터 항상 그래왔다. 아담 때부터 그대들은 집에 있어본 적이 없다. 그런데 집은 멀리 있는 것이 아니다. 바로 그대 안에 있다. 그렇게 가까이 있는데 계속 밖에서 찾아다니고 있다. 그대가 잃은 것은 단 하나뿐이다. 그리고 그것이 그대 내면의 중심이다. 그대는 바깥의 어느 한쪽에서 다른 쪽으로 질주한다. 때로는 돈을 추구하고, 때로는 권력을 추구하고, 때로는 종교를 추구하고 신을 찾기도 한다. 그러나 아직도 바깥에 있다. 하늘을 올려다보며 신에게 기도할 때, 그대는 여전히 바깥을 바라보고 있는 것이다.

유일하게 진정한 기도는 안을 바라보는 것이다. 진정한 기도는 바깥으로 향한 눈을 완전히 감고 안으로 들어가, 완전히 깨어있는 채로 그대 자신의 존재 속으로 가라앉을 때, 그대 자신의 존재 속으로 빠져들 때에만 가능하다. 그대는 자면서 내면의 존재 속으로 빠져들어 간다. 그러나 무의식적이다. 명상하는 동안, 기도를 하는 동안에도 그대는 존재 속으로 빠져들어 간다. 그러나 그때는 깨어있는 채로 들어간다. 각성된 상태로는 잠에 빠지지 않는다.

깨어있는 상태에서 내면의 중심에 도달할 수 있다면, 그대는 도착한 것이다. 그때 그대는 모든 어처구니없는 일에, 집이 안에 있었다는 사실에, 신이 안에 있었다는 사실에 웃음을 터뜨릴 것이다. 그것이 예수의 메시지다. 예수가 끊임없이 반복하는 메시지이다. '천국은 그대 내면에 있다.'

이제 이 짧은 이야기를 보자.

* 사마리아에 있는 수가라 하는 동네에 이르시니 야곱이 그 아들 요셉에게 준 땅이 가깝고

거기 또 야곱의 우물이 있더라. 예수께서 행로에 곤하여 우물곁에 그대로 앉으시니, 때가 제 육시쯤 되었더라.

사마리아 여자 하나가 물을 길러 왔으매, 예수께서 물을 좀 달라 하시니

이는 제자들이 먹을 것을 사러 동네에 들어갔음이러라.

사마리아 여자가 가로되, 당신은 유대인으로서 어찌하여 사마리아 여자 나에게 물을 달라 하나이까 하니, 이는 유대인이 사마리아인과 상종치 아니함이러라.

예수께서 대답하여 가라사대, 네가 만일 하나님의 선물과 또 네게 물좀 달라 하는 이가 누구인줄 알았더면, 네가 그에게 구하였을 것이요, 그가 생수를 네게 주었으리라.

여자가 가로되 주여, 물 길을 그릇도 없고 이 우물은 깊은데 어디서 이 생수를 얻겠삽나이까.

우리 조상 야곱이 이 우물을 우리에게 주었고, 또 여기서 자기와 자기 아들들과 짐승이 다 먹었으니, 당신이 야곱보다 더 크니이까.

예수께서 대답하여 가라사대, 이 물을 먹는 자마다 다시 목마르려니와
내가 주는 물을 먹는 자는 영원히 목마르지 아니하리니, 나의 주는 물은 그

속에서 영생하도록 솟아나는 샘물이 되리라.

아름다운 이야기다. 천천히, 명상을 하면서, 단어 하나하나를 음미하면서 들어가 보자.

* 사마리아에 있는 수가라 하는 동네에 이르시니

예수는 방랑자였다. 여기저기를 떠도는 사람이었다. 그의 삶은 짧았다. 죽임을 당했을 때 그의 나이는 서른셋에 불과했다. 매우 젊었다. 그리고 그가 살았던 그 짧은 세월 동안 그는 자신의 내면을 찾는 일에 몰두했다. 삼십 년의 세월을 그 자신의 내면을 찾는 일에 쏟아부었다. 그는 이집트에도 있었고, 카시미르에도 있었으며 비하르Bihar에도 있었다. 심지어 티베트에도 있었다는 이야기가 있다. 그 삼십 년 동안 그는 틀림없이 방랑자였을 것이다. 그는 세상에 알려진 거의 모든 곳을 돌아다녔다. 스승을 찾아다니고, 가르침을 찾아다니고, 도구를 찾아다녔다. 신비학교가 있는 곳이면 어디든 찾아갔다. 이집트가 그런 곳 중의 하나였다. 가장 오래된 전통이 거기에 있었다. 그들은 많은 비밀을 알고 있었다. 거기에서 예수는 이집트의 신비학교에 입문했다. 그러나 그것만으로는 부족했다. 뭔가가 빠져있었다. 그는 동쪽으로 가야만 했다.

카시미르에서 예수는 틀림없이 불교도들을 만났을 것이다. 거기에서 그는 조금 더 배웠다. 그는 붓다의 명상 기법을 조금 더 깨우치게 되었다. 이집트 스승을 통해서 배웠지만 그 방법은 간접적인 편이었다. 그들은 모두 명상을 향해 있었지만 간접적이었다. 카시미르에서 그는 틀림없이 불교의 가르침, 불교 스승들을 접했을 것이다. 그는 더 직접적인 방법을 배웠다. 그런 다음 붓다의 철학에 아주 많은 관심을 갖게 되어 불교의 심장부, 나란다Naranda까지 찾아갔다. 예수는 거기에서 적어도 2년은 머물렀다는 말이 있다. 거기에서 그는 명상의 완벽한 스승이 되었다. 붓다의 학파에서 가르치는 것보다 더 과학적인 명상법을 가르치는 학교는 없었다. 그것은 완전히 지성에 기반을 두었다.

그러나 아직도 예수는 뭔가 빠졌다고 느꼈다. 사랑이 빠진 것이었다. 그는 자각의 모든 방법을 배웠지만 그것은 약간 건조해보였다. 나무가 자라지 않는 사막 같아 보였다. 사막은 아름답다. 사막 또한 자신의 아름다움을 갖고 있다. 사막의 침묵, 그 광활함, 확 트임, 그 모든 것이 아름답지만 건조하고 단조롭다. 그래서 붓다의 길은 건조하고 단조롭다. 아주 직접적으로 도달할 수 있지만 그 안에는 사랑의 주스가 흘러나오지 않는다.

예수는 티베트로 갔다. 그 당시에 티베트는 아직 불교도들이 지배적이지 않았고 고대의 종교가 여전히 살아있었기 때문이다. 그것은 사랑의 종교였다. 그 후로 그 사랑의 종교는 사라졌다. 붓다의 종교가 지배적이 되었기 때문이다. 예수는 사랑의 길을 배우기 위해 티베트로 갔다. 결국 그 둘을 모두 배우고 난 후, 예수는 두 길을 모두 걸은 가장 앞선 스승이 되었다.

삼십 년은 오로지 찾아다니는 일 뿐이었고 오직 삼 년만이 봉사를 위한 시간으로 주어졌다. 그는 단 삼 년만 스승으로서 역할을 했다. 그렇기 때문에 기독교에는 예수의 젊은 시절에 대한 이야기가 없다. 삼십 년 동안 그는 은밀하게 신비학교에서 시간을 보냈다. 그리고 그

삼십 년은 기독교와는 아무런 관련이 없다. 기독교에는 그 삼십 년에 대한 이야기가 없다. 마치 예수가 그 시절에 존재하지 않았던 것처럼 말이다. 그런데 바로 그 시절이 가장 강력한, 가장 중요한 시기였다. 예수가 나중에 말한 것은 무엇이든 바로 그 삼십 년 동안 배운 것이기 때문이다.

기독교에는 예수에 대한 이야기가 오직 삼 년밖에 없다. 삼 년 동안 그는 다시 방랑자였다. 먼저 그는 진리를 찾으러 다녔고, 이제는 구도자들을 찾으러 다녔다. 이제는 그가 얻은 것을 전달해줄 사람들을 찾아다니게 되었다. 처음에는 그가 얻을 수 있는 것을 가진 사람들을 찾으러 다녔지만 나중에는 그가 줄 수 있는 사람들을 찾으러 다녔다.

＊ 사마리아에 있는 수가라 하는 동네에 이르시니, 야곱이 그 아들 요셉에게 준 땅이 가깝고

거기 또 야곱의 우물이 있더라. 예수께서 행로에 곤하여 우물곁에 그대로 앉으시니, 때가 제 육시쯤 되었더라.

자, 이 야곱의 우물은 틀림없이 사마리아에 있는 매우 오래된 곳, 아주 유명한 곳이었을 것이다. 야곱이라고 하는 오래 전의 사람이 이 우물을 만들었다. 그것은 틀림없이 그 주변에 있는 모든 사람들에게 물을 공급하는 근원이었을 것이다. 그리고 사람들은 아직도 야곱에게 큰 존경심을 갖고 있었다. 그 우물을 발견한 사람이 야곱이었기 때문이다. 이것이 하나의 차원이다.

또 다른 차원에서의 의미는 이렇다. 예수는 이렇게 말하고 있다 :

옛날부터 오는 전통의 우물은 오직 거기까지만 도움이 될 수 있다. 전통, 경전, 지식의 우물, 그대에게 계속 전승되어온 그 우물은 오직 거기까지만 그대를 도울 수 있다. 잠시 동안은 갈증을 축여줄 수 있지만 갈증은 다시 찾아온다. 그대 자신의 존재 속에 있는 우물을 찾지 않는 한, 바깥에 있는 우물은 아무 것도 도움이 되지 않을 것이다.

그대들은 베다를 본다. 그것이 야곱의 우물이다. 그대들은 구약성서를 본다. 그것이 야곱의 우물이다. 그리고 이제 그대들은 신약성서를 본다. 그것이 야곱의 우물이다. 모든 우물이 결국에는 야곱의 우물이다. 경전을 들여다보라. 살아있는 진리가 전통이 아닌 그대 안에 있음에도 불구하고 그대는 전통을 통해서 뭔가를 찾으려고 한다. 오직 살아있는 진리만이 그대를 만족하게 할 수 있다. 영원히 만족하게 할 수 있다.

야곱의 우물을 잘 알아두라. 그것들을 이용하라. 그것은 그 자체로서 완벽하게 좋은 것이다. 그러나 그것에 영원히 의존하지는 말라. 그리고 그것이 그대를 궁극으로 인도할 것이라고 생각하지 말라. 경전은 진리가 아니라 갈증을 줄 뿐이다. 지식은 더 나은 방법을 찾는 데에는 도움이 되지만 그것이 진리의 대체물이 되지는 못한다. 다른 사람에게서 모아온 모든 것을 잘 알아두라. 그러나 그것에 너무 집착하지 말라. 그것과 동일시하지 말라. 그렇지 않으면 내면의 근원으로 결코 들어가지 못할 것이다. 내면의 근원, 그곳이 바로 신이 거하는 곳이다.

* 사마리아 여자 하나가 물을 길러 왔으매

한편으로는 단순한 이야기다. 어떤 여자가 온다. 그리고 그곳이 야곱의 우물이다. 나는 이 이야기를 다른 차원에서 느껴보고 싶다. 나는 야곱의 우물은 대대로 물려받은 전통의 우물이라는 뜻이라고 말한다. 그대는 태어나면서부터 기독교인이거나 힌두교인이거나 이슬람교인이다. 그대가 야곱의 우물에 앉아있는 것이다.

그때 사마리아 여인이 온다. 자 이것도 두 번째 차원에서, 더 높은 차원에서 이해해야 한다. 왜 여인인가? 왜 남자가 아닌가?

여자는 남자보다 더 과거지향적이다. 교회나 사원이 여자들로 가득 차 있는 이유가 거기에 있다. 남자는 미래를 바라본다. 더 미래지향적이다. 여자는 과거를 바라본다. 더 과거지향적이다. 왜 여자는 항상 과거를 바라볼까? 왜냐하면 과거에는 더 많은 안전, 더 많은 확실성이 있기 때문이다. 과거는 분명하다. 모든 일이 이미 일어났고, 이미 끝이 났다. 새로운 것, 불확실한 것에 대한 두려움이 없다. 그런데 미래는 앞으로 일어날 일이다. 그것이 그대가 원하는 대로 일어날 것인지, 그렇지 않을 것인지 아무도 확신할 수 없다. 아무런 보증이 없다. 그것은 어둠 속을 더듬는 것과 같다. 알려지지 않은 미지의 세계로 움직이는 것이다.

여자는 항상 안정과 안전을 선택한다. 그것이 여성적인 마음이다. 그것은 어떤 생리적인 이유 때문이다. 여자는 엄마가 되어야 한다. 따라서 안정성, 안전을 추구해야 한다. 어떤 여자가 그대에게 관심을 갖게 되었다면, 그녀는 결혼을 원한다. 여자는 결혼에 아주 많은 관심을 갖는다. 그것은 생리적으로 필요한 일이다.

여자는 두려워한다. 임신을 하면 어떻게 될까? 누가 아이를 돌봐줄까? 그리고 여러 달 동안 그녀는 아무 것도 할 수 없다. 또한 아이가 태어나면 여러 해 동안 아이를 돌보아주어야 한다. 그리고 누군가가 그녀 자신도 돌봐주어야 한다. 그렇지 않으면 삶은 불필요하게 어려워질 것이다. 악몽이 될 것이다. 여자는 안전을 원한다. 그녀의 모성이 어떤 안전성을 필요로 하는 것이다.

이런 생리적인 현상이 그녀의 마음속에 어떤 특정한 패턴을 만들었다. 어떤 특정한 구조를 만들었다. 여자가 모험가가 된다는 것은 매우 드문 일이다. 여자는 그런 일에 관심이 없다. 여자가 미지의 세계로 간다는 것은 매우 드문 일이다. 때로는 그럴 준비가 되어있을지라도, 그 세계로 움직여가는 것은 어려운 일이다. 미지의 세계에 대한 두려움, 미지의 세계에 대한 불확실성을 모성은 따라가지 않는다.

따라서 여성적인 마음은 전통을 따르길 좋아한다. 그리고 그것은 다른 측면에서 본다면 중요하고 필요한 일이다. 만일 새로운 것만 추구하고 아무도 전통을 돌보지 않는다면, 전통은 잃어버리게 될 것이다. 따라서 해야 할 일에는 일정한 구분이 있어야 한다. 남자는 새로운 것을 찾아 나서야 하고, 여자는 남자가 가져온 것을 지키는 파수꾼이 되어야 한다. 그것을 지키는 사람도 필요하다. 그렇지 않으면 찾아다니는 일이 아무 소용이 없게 된다. 단지 찾아다니는 것이 그 의미가 될 수는 없다. 그대가 보물을 찾았다고 하자. 일단 그것을 찾게 되면 남자는, 남성적인 마음은 그것에 더 이상 관심을 갖지 않는다. 그의 관심은 정복하는 데에 있다. 이미 보물을 획득했다. 이제 그는 더 이상 그것에 관심을 갖지 않는다. 그는 어디 멀리에 있는 땅에 관심을 갖는다. 달에 가고 싶어 한다. 그리고 일단 거기에 도달하면 더 이상은 달에 관심을 갖지도 않는다. 이제는 화성에 가고 싶어 한다.

남자는 계속 찾아다닌다. 그가 발견하고 획득한 것을 관리할 누군가가 필요하다. 누군가가 그것을 보호하고 유지해야 한다. 여자는 보호하고 돕고, 이미 일어난 일을 돌봐주는 모성의 본능을 갖고 있다.

그러므로 두 번째 차원에서 이 이야기는 의미가 깊다. 사마리아의 여인이 물을 길러 왔다. 그 여인은 전통, 과거, 전에 일어난 모든 일을 수호하는 사람이다. 그녀는 계속 야곱의 우물을 찾아온다. 그녀는 교회에 나가고 사원에 나간다. 성경을 읽고 기타를 읽는다. 아이들을 가르친다. 그녀는 가족을 위해서, 미래를 위해서, 앞으로 자라날 아이들을 위해서 야곱의 우물에서 물을 길어온다.

어머니는 모든 종교의 요람이다. 종교가 그대에게 오는 것은 어머니를 통해서다. 그대가 종교라고 불리는 것에 접하게 되는 것은 그녀의 종교성을 통해서다. 남자는 허용만 된다면 과학을 창조하지 종교를 창조하지는 않는다. 그리고 종교를 창조한다고 해도 남자는 그것을 지키지 못한다. 남자는 그것을 오랜 세월 동안 보호하지 못한다. 그에게는 그런 본능이 없다.

한 여인이 물을 길러 온다.

* 예수께서 물을 좀 달라 하시니

이제, 아주 중요한 것을 이해해야 한다.

내가 관찰한 바로는 이렇다. 사람들이 사랑을 하는 것은 어려운 일이다. 그러나 사랑하는 것보다 더 어려운 것이 있는데 그것은 사랑을 받는 것이다. 사랑을 하는 것은 어렵지만 사랑을 받는 것은 거의 불가능하다. 왜 그럴까? 왜냐하면 사랑하는 것은 어떤 면에서는 단순하다. 누구나 할 수 있다. 그것이 에고에 반대되지 않기 때문이다. 누군가를 사랑할 때, 그대는 뭔가를 준다. 그리고 에고는 높이 올라가는 느낌을 받는다. 그대는 주는 사람이고, 상대방은 받는 사람이다. 그대는 매우 기분이 좋아진다. 에고가 한껏 올라간 느낌이다. 그런데 사랑을 받을 때는 그대가 위에 서지 않는다. 받으면서 그대의 에고가 상처를 입는다. 사랑을 받는 것은 사랑을 주는 것보다 더 어려운 일이다. 그리고 사람은 주는 것과 받는 것 둘 다를 배워야 한다.

받는 것은 주는 것보다 더 많이 그대를 변형시킨다. 왜냐하면 사랑을 받으면서 그대의 에고가 사라지기 때문이다.

그대에게 이런 일이 있었는지 살펴본 적이 있는가? 아니라면 한 번 관찰해보라. 누군가 그대에게 사랑을 줄 때, 그대는 약간 저항하고 방어하게 된다. 어떤 미묘한 벽을 만든다. 그대가 마치 큰 관심이 없다는 듯이 행동한다. 그대는 사실 관심을 갖고 있다. 누가 사랑에 관심을 갖지 않겠는가? 사랑은 아주 훌륭한 영양분이다. 그런데 그대가 그것을 필요로 한다는 것을 보여주고 싶지가 않다. 그대는 이렇게 가장한다. "좋아요. 준다면 받아들이지요. 그렇지만 꼭 필요한 것은 아닙니다. 나는 나 혼자만으로도 충분합니다." 이렇게 말하지 않을 수도 있다. 그러나 이런 식으로 가장한다. 이것이 그대의 눈이 보여주고 그대의 얼굴이 보여주는 모습이다. 그대는 약간 저항하면서 움츠러든다.

이런 일이 커플들에게 항상 일어난다. 여자가 사랑에 적극적이면 남자는 움츠러들기 시작한다. 남자가 사랑에 적극적이면 여자가 움츠러들기 시작한다. 커플들이 거의 매일 나를 찾아온다. 누군가 사랑에 너무 빠지면, 상대는 도망치기 시작한다. 이것이 가장 기본적인 문제 중의 하나다. 도대체 무슨 일인가? 남녀가 함께 사랑할 때 어느

편도 움츠러들지 않는 경우는 아주 드물다. 그런 일은 절대로 일어나지 않는다. 너무도 드문 일이다.

왜 그런 일이 일어날 수 없는가? 거기엔 어떤 근본적인 이유가 있다. 여자가 너무 사랑에 적극적이면 남자는 두려워진다. '이제 저 여자가 우세하다.' 그때 남자가 사랑을 표현하면 그는 노예가 된다. 여자는 모성을 발휘하여 사방에서 그를 둘러싼다. 이제 그녀는 남자에게 감옥이 될 것이고 남자는 도망칠 구멍을 찾지 못할 것이다. 그는 너무 늦기 전에 도망치려 한다. 어떻게 하면 빠져나올 수 있을지, 아니면 적어도 약간의 거리, 약간의 공간을 유지하면서 때가 되면 도망쳐 나올 수 있도록 안간 힘을 쓴다. 그와 똑같은 일이 여자에게도 일어난다. 남자가 너무 사랑에 적극적이어 사방에서 그녀를 둘러싸면, 그녀는 질식할 것처럼 느낀다. 뭔가 잘못 되어간다고, 더 이상 자유는 없다고 느끼기 시작한다.

남녀 모두가 사랑을 원하고 사랑을 필요로 한다. 그러나 에고는 받아들이는 것을 허락하지 않는다. 그리고 받아들이지 못하게 되면, 주지도 못하게 된다. 논리적으로 당연한 결과다. 받아들이지 못하면, 누군가가 사랑에 너무 적극적이어서 두려워진다면, 자연스런 결과로 그대는 주는 것을 두려워할 것이다. 이제 그대는 누군가가 사랑을 줄 때 사람들이 어떻게 두려워하게 되는지 알기 때문이다. 누군가 그대에게 사랑을 줄 때, 그대는 두려워진다. 이제 너무 많은 사랑을 주면 상대방이 두려워할 것이라는 것을 안다. 그래서 너무 많은 것을 주지 않는다. 구두쇠가 되는 것이다. 불구자가 되는 것이다.

이 이야기는 아름답다. 예수가 마실 것을 달라고 부탁하는 것으로 이 이야기는 시작된다. 예수가 마실 것을 달라고 부탁하는 것, 이것이 사랑의 시작이다. 이제 이 이야기가 어떻게 전개되고 어떤 은밀한 메시지를 가져다주는지 보자.

* 사마리아 여자가 가로되, 당신은 유대인으로서 어찌하여 사마리아 여자 나에게 물을 달라 하나이까 하니, 이는 유대인이 사마리아인과 상종치 아니함이러라.

그리스도 의식에는 차별이 없고, 구분이 없다. 카스트의 차별, 신념의 차별이 없다. 그리스도 의식이란 경계선이 없는 하늘을 뜻한다. 이제 거기에는 아무도 유대인이 아니며 아무도 사마리아인이 아니다. 이제 거기에는 국적이나 사람을 구분하는 색깔, 신념, 전통 같은 것들이 문제가 되지 않는다. 그리스도 의식 안에서 차별은 존재하지 않는다. 그것은 통합의 의식이다. 그리스도에게는 존재 전체가 하나다.

그러나 여인이 말한다.

* 당신은 유대인으로서 어찌하여 나에게 물을 달라 하나이까 하니

먼저, 유대인들은 자기들이 가장 고귀한 사람, 신에게서 선택받은 사람들이라고 생각했다. 사마리아인들은 가난한 사람들이었고 선택받은 사람들이 아니었다. 유대인들은 사마리아인들을 대할 때 인도에서 브라민들이 수드라, 불가촉천민을 대하는 것처럼 대했다. 브라민이 수드라 여인에게 가서 물을 달라고 부탁하는 것은 불가능한 일이다. 그것은 있을 수 없는 일이다. 그 여인은 건드리는 것조차 허용

되지 않는다. 인도에서는 그 어리석음이 논리의 극치에까지 갔다. 남부 인도에서는 수드라를 만지지 못할 뿐만 아니라 그의 그림자도 건드리지 못하게 되어있다. 수드라의 그림자가 몸에 닿았다면, 곧바로 목욕을 해야 한다. 그림자까지도 말이다. 수드라가 마을을 통과할 때는 이렇게 외쳐야만 한다. "제가 여기를 지나가고 있습니다. 브라민이 혹시 주변에 계시면 비켜서주세요. 제 그림자를 피하세요." 수드라가 그대를 만지지는 않을 것이다. 그것은 있을 수 없는 일이다. 그러나 때로는 사람들이 모인 가운데, 시장에서 그의 그림자가 그대에게 닿을 수도 있는 일이다. 그런데 그것만으로도 충분히 범죄가 된다. 어리석음이 이렇게 극단에까지 가 있다.

이런 사람들이 서양으로 가서 가르친다. 이 브라민들, 이 브라민 산야신들, 이 힌두교인들이 말이다. 그들은 전 세계로 나간다. 그들은 자기들이 세상에서 가장 종교적이라고 생각한다. 그리고 신이 자기들을 통해서 온 세상을 변형시킬 거라고 생각한다.

이런 이야기를 들은 일이 있다. 한때 인도의 대통령을 지냈던 사르베팔리 라다크리슈난Dr. Sarvepalli Radhakrishnan, 1888~1975, 인도 철학자, 대통령이 순회강연을 위해 미국에 갔다. 그는 여러 곳에서 강의를 했다. 어느 대학에서 그는 힌두교인들이 말하는 식으로 인도인들이 세상에서 가장 고귀한 사람들이며 세상에 봉사를 하고, 온 세상을 변형시키기 위해 존재한다고 말했다.

한 젊은이가 일어서서 물었다. "선생님, 힌두교인들이 그렇게 위대하고 온 세상을 다 도울 수 있다면, 왜 그들은 자신들을 돕지 않습니까?"

이 질문에 대해 라다크리슈난이 얼마나 바보 같은 대답을 했는지 아는가? 그는 아주 교만한 태도로 이렇게 말했다. "위대한 그리스도는 자신을 돕기 위해서가 아니라 다른 사람들을 돕기 위해 태어났습니다. 인도 또한 자신을 돕기 위해서가 아니라 다른 사람들을 돕기 위해 태어난 것입니다."

매우 자기중심적인 생각이다. 유대인들의 태도 또한 마찬가지였다.

유대교인들과 힌두교인들은 아주아주 비슷하다. 이 사실을 알면 놀랄 것이다. 세상에서 개종을 허용하지 않는 유일한 두 종교가 바로 이들이다. 유대교인은 태어날 때부터 유대교인이고, 힌두교인은 태어날 때부터 힌두교인이다. 다른 방법은 없다. 태어나면서부터 유대교인이거나 태어나면서부터 힌두교인인 것, 그것만이 유대교인이 되고 힌두교인이 되는 유일한 방법이다. 힌두교와 유대교는 개종을 허용하지 않는다. 왜 그런가? 아무도 개종할 만한 자격이 없기 때문이다. 그대가 어떻게 힌두교인으로 개종할 수 있겠는가? 그대의 피와 뼈와 골수와 피부가 힌두교인이 아니다. 어떤 제의 절차를 통과함으로써 그대가 힌두교인이 될 수 있겠는가? 그대의 피는 바뀔 수 없다. 그대의 뼈는 바뀔 수 없다. 그러므로 힌두교인은 모태 힌두교인만이 될 수 있다. 그러므로 유대인은 모태 유대인만이 될 수 있다.

두 종교 모두가 매우 자기중심적이다. 그래서 두 종교가 모두 고통을 받아온 그것이다. 그 고통은 에고에서 나온다. 에고가 만들어낸 것이다.

이 여인, 이 불쌍한 사마리아 여인은 예수, 즉 유대인이 사마리아인에게 물을 달라고 하는 것을 보고 틀림없이 놀랐을 것이다. 그것은 생각조차 할 수 없는 일이었다.

그러나 그리스도에게는 차별이 없다. 종교적인 사람에게는 차별이 있을 수 없다. 종교적인 사람은 힌두교인이 될 수 없고, 유대교인이 될 수 없으며, 기독교인이 될 수 없다. 종교적인 사람은 그저 종교적인 사람일 수 있을 뿐이다. 그거면 충분하다. 그의 삶에는 힌두교인, 유대교인, 기독교인 같은 형용사가 있을 수 없다. 종교적이 되는 것만으로 충분하다. 만일 그것만으로 충분하지 않다면 그대는 기독교인이나 유대교인이나 힌두교인이 될 필요가 있을 것이고, 그러면 종교가 무엇인지 모르게 될 것이다.

* 예수께서 대답하여 가라사대, 네가 만일 하나님의 선물과 또 네게 물좀 달라 하는 이가 누구인줄 알았더면, 네가 그에게 구하였을 것이요, 그가 생수를 네게 주었으리라.

이제 그대는 알 것이다. 예수는 여인에게 뭔가를 주기 위해 마실 것을 달라고 한다. 무언가를 주고 싶다면 먼저 받을 준비가 되어야 한다. 특히 사랑의 경우에는 더욱 그렇다. 먼저 받는 자가 되어라. 그래야만 줄 수 있다. 왜냐하면 주는 데에는 에고가 없기 때문이다. 오직 에고가 없을 때만이 사랑을 줄 수 있다. 그렇지 않으면 에고는 사랑의 순수함, 사랑의 아름다움조차도 파괴할 수 있다. 그것을 추하게 만들 수 있다.

* 네가 만일 하나님의 선물을 알았더면

예수는 말한다. "나를 보라. 내가 그대 앞에 서 있다. 나를 보지 못하는가?" 이 말은 내가 사람들이 무의식 속에서 살고 있다고 말할 때의 바로 그 뜻이다. 예수가 그대의 집을 방문하여 문을 두드린다 하여도 그대는 그를 알아보지 못할 것이다. 누가 찾아왔는지 알지 못할 것이다. 왜냐하면 그대는 자신조차도 알아본 적이 없기 때문이다. 그런데 어떻게 다른 사람을 알아볼 수 있겠는가? 그대는 그대 자신의 존재를 본 적이 없다. 그런데 어떻게 그대 앞에 있는 이 신성한 존재를 알아볼 수 있겠는가?

이 여인은 틀림없이 그대와 같은 여자, 그저 다른 모든 사람들과 다를 바가 없는 평범한 사람이었을 것이다. 예수가 물을 달라고 하는데 그녀는 거기에 서 있는 사람이 누군지 알지 못한다. 그녀는 그를 느끼지 못한다. 그리고 생각한다. '이 사람은 유대인이다.' 그녀에게도 판단의 기준이 있다. 그녀의 마음은 선입견으로 가득 차 있다. 그리고 빛 하나가 그녀 앞에 서 있다. 생명 그 자체가 그녀 앞에 서 있다! 그러나 그 순간을 놓치고 있다.

* 네가 만일 하나님의 선물을 알았더면

'신의 선물' 이란 무엇일까? 신의 선물은 오직 두 가지 뿐이다. '사랑' 과 '자각' 이다. 사랑을 한다면 예수를 알아볼 것이다. 자각한다면 예수를 알아볼 것이다. 이 둘이 신의 선물이다. 그것은 이미 그대 안에 있다. 그러나 그대는 그것을 사용해본 적이 없다. 그것은 여러 생 동안 사용된 적이 없었기 때문에 기능을 잃어버렸다. 사랑하는 능력이 마비되었다. 자각하는 능력이 마비되었다. 사용하지 않았기 때문이다.

눈을 3년 동안 사용하지 말아보라. 지하 감옥에 들어가 어둠 속에서 3년 동안 있어보라. 3년 후에 밖으로 나오면 그대는 장님이 되어있을 것이다. 3년 동안 말을 하지 말아보라. 그런 다음 말을 하려고 하면 말이 나오지 않을 것이다. 그 기능을 잃어버릴 것이다. ABC부터 다시 배워야 할 것이다. 몇 년 동안 걷지 말아보라. 그러면 걷지 못하게 될 것이다. 수천수만 번의 생 동안에 그대는 사랑을 하지 않았고, 깨어있지 않았다. 우리가 그런 기능을 잃어버린 것도 알고 보면 놀랄 일이 아니다.

그리스도는 오직 사랑을 통해서나 자각을 통해서 알아볼 수 있다.

사마리아 여인이 무지했다고 생각하지 마라. 그 불쌍한 여인이 자기 앞에 누가 서 있는지도 모른다고 나무라지 마라. 그대 역시 마찬가지다. 그대 또한 그리스도를 지나쳤을지 모른다. 붓다를 지나쳤을지 모른다. 여러 생 동안 그대가 깨달은 스승을 지나친 일이 결코 없었다는 것은 불가능한 일이다. 그대는 틀림없이 어떤 스승을 여러 번이나 만났을 것이다. 그대는 여기에 있었기 때문이다. 붓다가 여기에 있었을 때, 그대도 여기에 있었다. 크리슈나가 여기에 있었을 때, 그대도 여기에 있었다. 짜라투스트라가 여기에 있었을 때, 그대도 여기에 있었다. 틀림없이 그들을 만났을 것이다. 그러나 알아보지 못했다. 볼 수가 없었다. 그대는 장님이다. 보는 것처럼 보일 뿐, 그대는 장님이다.

그대 또한 이 여인을 장님이라고 부르지 않을 텐가? 이 여인이 죽은 것이나 다름없다고 말하지 않을 텐가?

* 예수께서 대답하여 가라사대 네가 만일 하나님의 선물과

예수는 말한다. : 너에게 나는 신의 선물이다! 나는 선물로서 왔다. 나를 받아들인다면, 그대 가슴에 조금만이라도 공간을 허용한다면, 그것은 변형이 될 수 있다. 이 작은 불꽃이 그대 안에 커다란 불을 가져다 줄 수 있다. 그대가 신으로 불타오르도록 할 수 있다. 이것이 신의 선물이다. 그러나 그 여인은 그가 유대인이라는 생각만 하고 있다. 사람들은 오직 몸만을 본다. 자연스런 일이다. 그들은 자신들이 몸이라고 생각하기 때문이다. 사람들은 자기들이 몸을 넘어선 어떤 다른 것이라는 생각을 해본 적이 없다. 예수는 거기에 몸으로, 그리고 영혼으로 서 있다. 그런데 그대가 영혼을 어떻게 알아보겠는가? 바로 그것이 '신의 선물'이다. 예수의 몸은 다른 사람들과 마찬가지로 사람의 몸이다. 인간의 몸과 똑같이 한계를 가진 몸이다. 그러나 그 주위에 맴돌고 있는 것, 마치 아우라처럼 있는 것, 그것은 볼 수 있는 눈이 있어야 한다.

* 또 네게 물좀 달라 하는 이가 누구인줄 알았더면

신이 물을 달라고 하고 있다. 그리고 신이 달라고 하는 것은 그대에게 뭔가를 주기 위해서다! 신이 먼저 받은 다음 그대에게 주면 그대 또한 그것을 받을 수 있다. 그렇지 않으면 어려워진다. 저항이 일어난다.

이것이 스승들이 겪는 고질적인 문제이다. 그들은 그대에게 주고 싶어 한다. 그들에게는 나누어주고 싶은 무한한 기쁨이 있다. 그런데

만일 그들이 그저 주기만하고 그대가 그들에게 주는 것을 허용하지 않는다면 그대는 받지 못할 것이다. 그것이 문제다. 스승은 그대가 스승에게 주는 것 또한 무한하게 소중한 것이라고 느낄 수 있도록 어떤 장치를 만들어내야 한다. 그것은 일방적인 것이 아니라 소통이고 대화이다. 스승은 그대가 중요하다고 느끼도록 만들 수 있는, 그대가 필요한 존재임을 스스로 느낄 수 있도록 상황을 만들어야 한다. 그래서 그가 그의 존재를 그대 안에 쏟아 붓기 시작할 때, 그대가 그것을 받을 수 있게 해야 한다. 그대는 그대 또한 스승에게 뭔가를 줄 수 있다는 것을 알게 된다. 그래서 스승으로부터 받는 것에 아무런 문제도 없게 된다. 그렇지 않다면 그대는 너무 많은 부담을 받게 될 것이다. 그래서 스승은 그대로부터 뭔가를 받을 수 있는 사소한 방법을 찾아야 한다. 그것이 대단한 것이 아닐 수도 있다. 예수는 그저 물 조금만을 부탁했다.

그는 말한다. : 목이 마르다. 마실 물을 조금 달라.

* 또 네게 물좀 달라 하는 이가 누구인줄 알았더면

만일 그대가 그대에게 전달될 준비가 되어있는 선물을 알았더라면……. 그러나 그 여인은 보지 못한다. 모든 사람들이 보지 못하는 것처럼.

* 네가 그에게 구하였을 것이요,

예수는 말한다. : 나를 바라보았다면, 내가 누구인지 조금이라도,

잠깐이라도 보았다면, 그대는 나에게 간구했을 것이다. "당신의 우물에서 뭔가를 주십시오. 제가 다시는 목이 마르지 않도록 마실 것을 주십시오."

예수가 거기에 있었다. 그 아름다운 눈이 거기에 있었다. 그 파동이 거기에 있었다. 그것은 여인을 변형시킬 수 있었다. 그 여인을 평범한 실재의 세계에서 다른 실재의 세계로, 이쪽 강변에서 저쪽 강변으로 옮겨 놓을 수 있었다. 그러나 이 여인의 관심은 물과 유대인과 사마리아인에만, 중요하지 않은 것에만 쏠려 있었다.

* 여자가 가로되 주여, 물 길을 그릇도 없고 이 우물은 깊은데 어디서 이 생수를 얻겠삽나이까

모든 다른 사람들이 그러하듯이 여인은 매우 논리적으로 보인다. 논리는 어리석음과 완벽하게 잘 어울린다. 논리와 어리석음 사이에는 충돌이 없다. 논리와 무지 사이에는 충돌이 없다. 그들은 완벽하게 잘 어울린다. 손에 손을 잡고, 그들은 대단한 연인 사이다. 논리와 무지. 그들은 서로 결혼한 사이이다.

이 여인은 논리적이다. 그녀의 논리는 완벽하게 옳다. 과학자들이 그렇다. 교수들이 그렇고 학자들이 그렇다. 그 여인은 예상 밖의 상황에 잘 대처하고 있다. 그녀는 말한다. "보세요, 선생님. 무슨 말씀을 하고 계십니까? 무슨 되지도 않는 말씀을 하시는 거예요? 당신은 물을 길을 그릇도 없는데 저에게 물을 주시겠다고요? 이 우물은 아주 깊습니다."

그렇다. 이 여인은 아주 과학적이고, 논리적이고, 합리적이다.

* 어디서 이 생수를 얻겠삽나이까

"무슨 말씀을 하고 계십니까? 무슨 생수를 말씀하세요? 도대체 어디서요? 당신은 피곤해 보이는군요. 혼자서 먼지를 뒤집어쓰고 지쳐 있군요. 당신 눈에 그렇게 쓰여 있어요. 그리고 그 가식을 보세요. 당신이 저에게 물을 줄 수 있다고 말씀하시다니, 도대체 어떻게요?"

* 당신이 야곱보다 더 크니이까

이런 질문이 계속해서 반복되어 나온다.

새로운 존재가 그리스도 의식으로 태어날 때마다, 새로운 존재가 붓다가 될 때마다, 이런 질문이 계속 반복되어 나온다. 유대인들이 그리스도에게 물었던 것이 바로 그것이다. "당신이 아브라함보다 더 큽니까? 당신이 모세보다 더 위대합니까? 당신이 우리 선지자들보다 더 큽니까? 당신이 우리의 과거보다 더 위대합니까?" 붓다가 계속 반복해서 받은 질문이 바로 그것이다 "당신이 베다와 우파니샤드, 그리고 옛 리시rish, 성현, 천상의 시인들보다 더 위대합니까? 당신이 그들을 한데 모아 놓은 것보다 더 큽니까?"

항상 이런 질문들이 있었다. 그대들이 아는 것은 과거뿐이기 때문이다. 붓다가 나올 때, 그리스도가 나올 때, 그는 너무도 새롭고 신선하다. 그대는 그에 대해서 아무 것도 모른다. 그대들은 과거만을 안다. 따라서 그가 사기꾼으로 보인다. 그가 마치 그대를 옆길로 끌어내는 것처럼 보인다. 그는 이렇게 말하기 때문이다. "내가 너희에게 이르노니," 만일 모세가 그렇게 말했다면 상관이 없을 것이다. 하지만 예수가 말한다. "나는 더 높은 지혜를 가져왔다. 나는 신으로부터 새로운 메시지를 가져왔다. 만일 모세가 '네 적을 미워하라.' 고 말한다면, 나는 그대들에게 이르노니 네 적을 사랑하라. 만일 모세가 '죄인을 벌하는 것이 공정한 일이다.' 라고 말한다면, 나는 그대에게 이르노니 그를 용서하라. 그를 정죄하지 말라. 어느 누구도 정죄하지 말라. 모든 정죄, 모든 판단을 내려놓아라. 오직 신만이 판관이 되게 하라. 거기에 개입하지 말라."

당연히 유대인들은 이렇게 말했을 것이다. "무슨 말을 하는 거요? 당신이 아브라함이나 모세보다 디 크다는 것이오?"

여인이 말한다.

＊ 당신이 야곱보다 더 크니이까

그는 이 우물을 만들었습니다. 우리에게 이 우물을 주었습니다.

＊ 또 여기서 자기와 자기 아들들과 짐승이 다 먹었으니 당신이 야곱보다 더 크니이까

그리고 당신의 우물은 어디에 있습니까? 무슨 말씀을 하시는 겁니까? 당신은 물을 길을 아무 것도 없지 않습니까? 그리고 우물도 보이지 않습니다.

그녀는 논리적이다. 기억하라! 논리적으로 될 때, 그대는 예수를 놓칠 것이다. 붓다를 놓칠 것이고, 크리슈나를 놓칠 것이다. 그들은 논리로 이해될 수 없기 때문이다. 그들은 오직 직관을 통해서만 이해될

수 있다. 그대의 이성을 옆으로 제쳐놓아야 한다. 그렇지 않으면 그들의 말이 비논리적으로 보일 것이다. 그대가 이성을 옆으로 제쳐놓으면, 오직 그때만이 그들이 하는 말의 진실을 볼 수 있을 것이다. 그들의 말은 논쟁이 아니다. 그들은 단지 진리를 선언하고 있을 뿐이다.

* 예수께서 대답하여 가라사대, 이 물을 먹는 자마다 다시 목마르려니와

그대는 계속해서 전통의 물을 마실 수 있다. 야곱과 그 밖의 다른 전통의 우물을 마실 수 있다. 그러나 다시 목이 마를 것이다. 그것은 그대를 진실로 만족시켜주지 못할 것이다. 왜냐하면 그대가 알지 않는 한, 그대는 모를 것이기 때문이다. 그대가 깨닫지 않는 한, 아무것도 변화하지 않을 것이다. 오직 신이 그대 자신의 경험이 될 때라야 그 갈증이 사라질 것이다. 그렇지 않으면 갈증은 다시, 또다시 계속 찾아올 것이다. 며칠간 지연시킬 수는 있다. 하지만 그뿐이다. 며칠간 미룰 수는 있다. 하지만 그뿐이다. 그 갈증은 결코 사라지지 않는다. 다시 찾아올 것이다. 그것도 앙심을 품고 찾아올 것이다.

* 내가 주는 물을 먹는 자는 영원히 목마르지 아니하리니

하지만 보라. 예수는 여인에게 이렇게 말한다. : 여기에 내가 있다. 너에게 뭔가를 부어줄 준비가 되어있다. 영원한 어떤 것, 시간이 없는 어떤 것, 한 번만 맛을 보면 영원히 충족되는 어떤 것을 줄 준비가 되어있다.

* 나의 주는 물은 그 속에서 영생하도록 솟아나는 샘물이 되리라.

그리스도 의식이 한번 그대를 건드리게 되면, 그 불꽃이 그대 안으로 들어와 그대의 불이 타오르기 시작한다. 그때 그것은 빛과 생명의 영원한 근원이 될 것이다. 그때 거기에는 끝이 없을 것이다.

문제는 오직 첫 번째 불꽃이다. 그대는 거대한 잠재력을 갖고 있다. 하지만 그것을 촉발할 불꽃이 필요하다. 그 불꽃은 스승으로부터 제자에게 뛰어 옮겨 붙는다. 불꽃은 오직 깊은 친밀감 속에서만 뛰어오를 수 있다. 둘 사이에 아무런 벽이 없을 때, 그들의 가슴이 서로에게 열려있을 때, 거대한 신뢰가 있을 때만 뛰어오를 수 있다. 그때, 어떤 특정한 순간, 어떤 친밀감 속에서, 어떤 조율이 이뤄질 때 불꽃은 제자에게 옮겨 붙는다. 일단 불꽃이 옮겨 붙으면, 스승은 더 이상 필요하지 않다. 제자 스스로도 충분하다. 이제 그 자신이 그리스도가 되는 것이다.

내가 항상 "그대가 그리스도가 되지 않는 한, 그대는 그리스도를 이해하지 못한다."라고 하는 말의 의미가 바로 그것이다. 기독교인이 됨으로써 이해할 수 있는 것이 아니다. 기독교인이 되는 것은 빈약한 대체물일 뿐이다. 붓다가 되라. 불교도가 아니다. 그리스도가 되라. 기독교인이 아니다. 그리고 그대는 그리스도가 될 수 있다. 그대는 뚜리야, 의식의 네 번째 단계, 그리스도 의식의 잠재력을 간직하고 있기 때문이다. 그것은 항상 거기에 있다. 단지 자극만이 필요할 뿐이다. 그대의 의식 속으로 가져오기만 하면 된다. 또는 그대의 의식이 그곳에 닿기만 하면 된다. 거기에 보물이 있고, 그대가 있다. 그러나 둘 사이를 잇는 다리가 없다.

스승은 그대에게 길을 보여줄 수만 있다. 일단 길이 보이면, 아무런 문제가 없다. 그대가 움직이기 시작한다. 그때는 다른 것을 할 수가 없다. 움직여야만 한다. 보물이 그대 안에 있는 것을 보게 될 때, 모든 기쁨 중의 기쁨, 영원한 샘물, 영생에 이를 수 있는 우물을 보게 될 때, 그대는 그것을 향해 움직이기 시작할 것이다. 사실 그대는 그것을 찾고 있는 중이었다. 그러나 잘못된 방향으로 찾고 있었다. 이제는 올바른 방향으로 찾을 것이다. 그 올바른 방향은 스승으로부터 온다. 그것이 불꽃이다.

예수는 내면의 경험에 대해서 말하고 있다. 그 여인은 밖에 있는 우물만 생각하고 있다. 여인은 밖에 있는 물만을 생각하지만 예수는 생명의 물, 살아있는 물에 대해서 말하고 있다.

* 예수께서 대답하여 가라사대, 이 물을 먹는 자마다 다시 목마르려니와

내가 주는 물을 먹는 자는 영원히 목마르지 아니하리니, 나의 주는 물은 그 속에서 영생하도록 솟아나는 샘물이 되리라.

이 이야기가 그대 안에 통찰이 되게 하라. 이 이야기를 명상하라. 나 또한 그대들에게 영원의 어떤 것을 주려고 여기에 있다. 그것을 알아본다면, 오직 그때만이 그것은 전달될 수 있다. 만일 계속해서 한정된 논리 속에서 살아간다면 그것을 놓치게 될 것이다. 그리고 책임은 오직 그대에게 있다. 다른 사람에게 있는 것이 아니다. 불꽃은 그대에게 옮겨 붙기 위해 여기에 준비되어 있다. 망설이지 마라. 위험을 감수하라. 조금 더 모험적이 되어라.

그 물이 그대 앞에 놓여 있다. 그것을 마시면 갈증은 영원히 사라질 것이다. 그러나 사마리아 여인같이 하지 마라. 그런데 사실 모두가 사마리아 여인같이 한다.

이 이야기를 깊이 명상해보면 엄청난 의미가 있음을 알게 된다. 이 일이 역사 속의 어느 한 시대에 일어났던 것이라고 생각하지 마라. 그것이 항상 일어나는 일이라고 생각하라. 스승이 나타날 때마다, 이런 사건들이 계속 일어난다. 이 사건들이 과거의 일이라고 생각하지 마라. 그것을 과거의 일이라고 생각한다면 그 의미를 놓칠 것이다.

어쩌면 그 일이 지금 그대에게 일어나고 있는 중인지도 모른다. 그대가 야곱의 우물에 있었던 바로 그 여인이고, 그리스도가 그대 앞에 서 있는데 그대가 자신의 논리에 너무 사로잡혀 있는지도 모른다. 명심하라. 그 여인의 논리는 완벽하다. 논리에 관한 한, 거기에 아무런 잘못도 없다. 그녀는 완벽하게 옳다. 그녀는 아주 현실적이고 실용적이며 경험적이다. 그녀는 말한다. "우물이 어디에 있습니까? 누구를 놀리려고 하십니까? 그리고 당신이 이 우물에서 물을 길을 도구가 어디에 있습니까? 그리고 이 우물은 깊단 말입니다!" 그리고 덧붙여 다음과 같이 말했다면 훨씬 더 논리적으로 보였을 것이다. –하지만 그녀는 이렇게 말하지 않았다. 어쩌면 예의상 말하지 않았을지도 모른다. – "저에게 물을 줄 수 있다면, 왜 저에게 물을 달라 하십니까? 갈증을 영원히 채워줄 물을 갖고 계시다면, 왜 당신은 그렇게 피곤하고 목이 말라보입니까? 그렇다면 왜 처음부터 저에게 물을 달라고 하십니까?"

자연스럽다. 논리적이다. 그러나 계속 놓치고 있다. 예수는 단지 그가 그대에게 뭔가를 줄 수 있도록 자기에게 뭔가를 달라고 말하고 있다. 그는 단지 뭔가를 줄 수 있는 기반을 준비하고 있다.

내가 여기에서 그런 일을 하고 있다. 내가 누군가를 정원에 데려가 이렇게 말한다. "그대는 여기 정원에서 일하라." 그리고 누군가를 사무실에 데려가 이렇게 말한다. "그대는 여기 사무실에서 일하라." 그리고 누군가를 부엌에 데려가 이렇게 말한다. "그대는 여기 부엌에서 일하라." 나는 단지 이렇게 말하고 있는 것이다. "내가 그대에게 뭔가를 줄 수 있도록 나에게 뭔가를 달라." 오직 그대가 줄 수 있을 때만이 받을 준비가 되기 때문이다. 그대가 나에게 뭔가를 준다면, 문이 열리고, 바로 그 순간 내가 그대 안으로 들어갈 수 있다. 나에게 뭔가를 주고 싶다면 나에게 주기 위해 그대의 문을 열어야 할 것이다. 문이 열리는 바로 그 순간에 내가 그대 안으로 스며들 수 있다.

예수가 '나에게 물을 달라.' 고 한 말의 뜻이 바로 그것이다. 그 여인이 예수의 손에 물을 부어줄 때, 바로 그 순간 예수는 그녀 안으로 들어갈 수 있다. 그리고 그 순간 불꽃이 그녀에게로 옮겨 붙는다. 그리고 나는 이것을 상기해주고 싶다. 오직 여인만이 그 불꽃을 받아들일 수 있다는 것이다.

'여인' 이라고 말할 때, 나는 생리학적인 의미의 여인을 뜻하는 것이 아니다. 그것은 수용성을 의미한다. 남자도 가능하다. 하지만 남자는 여성성의 상태에 있어야 한다. 그래야만 받아들일 수 있다. 받아들임은 그대가 수용적이어야만 가능하기 때문이다. 야곱의 우물에 있던 여인은 매우 상징적이다. 오직 여성만이 받아들일 수 있기 때문이다. 오직 여성적인 마음만이 받아들일 수 있다. 공격적이지 않기 때문이다. 오직 여성만이 깊은 신뢰와 친밀감 속으로 들어올 수 있다. 남자는 두려워한다. 기억하라! 나는 남자들이 받아들이지 못할 것이라고 말하는 것이 아니다. 남자들도 받아들일 수 있다. 그들이 여성적이 되기만 한다면 얼마든지 가능하다.

제자는 여성적이어야 한다. 제자가 남자이든 여자이든 그것은 문제가 아니다. 제자는 여성적이 되어야 한다. 왜냐하면 제자는 불꽃을 받아들여야 하기 때문이다. 그 불꽃을 품어야 하기 때문이다. 우물에 있던 여자가 선택된 이유가 바로 그것이다. 그 일이 실제이든 허구이든 그것은 중요한 것이 아니다. 하지만 그런 일이 항상 일어나고 있었다. 붓다에게도 일어났고, 짜라투스트라에게도 일어났고, 노자에게도 일어났고, 그리스도에게도 일어났다. 그것은 지금 바로 여기에서도 일어나고 있다.

요/한/복/음 8장

1. 예수는 감람산으로 가시다.
2. 아침에 다시 성전으로 들어오시니 백성이 다 나오는 지라 앉으사 저희를 가르치시더니
3. 서기관들과 바리새인들이 간음 중에 잡힌 여자를 끌고 와서 가운데 세우고
4. 예수께 말하되 선생이여, 이 여자가 간음하다가 현장에서 잡혔나이다.
5. 모세는 율법에 이러한 여자를 돌로 치라 명하였거니와 선생은 어떻게 말하겠나이까?
6. 저희가 이렇게 말함은 고소할 조건을 얻고자 하여 예수를 시험함이러라. 예수께서 몸을 굽히사 손가락으로 땅에 쓰시니
7. 저희가 묻기를 마지 아니하는지라. 이에 일어나 가라사대 너희 중에 죄 없는 자가 먼저 돌로 치라 하시고
8. 다시 몸을 굽히사 손가락으로 땅에 쓰시니
9. 저희가 이 말씀을 듣고 양심의 가책을 받아 어른으로 시작하여 젊은이까지 하나씩 하나씩 나가고 오직 예수와 그 가운데 섰는 여자만 남았더라.
10. 예수께서 일어나사 여자 외에 아무도 없는 것을 보시고 이르시되 여자여, 너를 고소하던 그들이 어디 있느냐 너를 정죄한 자가 없느냐
11. 대답하되 주여 없나이다. 예수께서 가라사대 나도 너를 정죄하지 아니하노니 가서 다시는 죄를 범치 말라 하시니라

6장

도덕은 종교의
자연스러운 향기이다

종교는 항상 도덕으로 타락해간다. 도덕은 죽은 종교이다. 그리고 종교는 살아있는 도덕이다. 그 둘은 결코 서로 만나지 않는다. 만날 수가 없다. 삶과 죽음이 서로 만나지 못하고, 어둠과 빛이 서로 만나지 못하는 것과 같다. 그런데 문제는 그 둘이 서로 너무 비슷하게 보인다는 점이다. 시체는 살아있는 사람과 아주 비슷해 보인다. 모든 것이 그 사람이 살아있었을 때와 아주 똑같다. 똑같은 얼굴, 똑같은 눈, 똑같은 코, 똑같은 머리카락, 그리고 똑같은 몸. 오직 한 가지만 빠져있다. 그 한 가지는 바로 눈에 보이지 않는 것이다.

바로 삶이 빠져 있다. 그러나 삶은 만질 수도 없고 보이지도 않는다. 그래서 사람이 죽었을 때, 그는 마치 아직도 살아있는 것처럼 보인다. 그런데 도덕과 관련해서는 문제가 더 복잡해진다.

도덕은 종교와 정확하게 똑같아 보인다. 하지만 도덕은 종교가 아니다. 도덕은 시체다. 죽은 시체 냄새가 코를 찌른다. 반면에 종교는 젊음이다. 종교는 신선함이다. 꽃의 신선함, 아침 이슬의 신선함이다. 종교는 찬란한 빛이다. 별의 찬란함, 생명과 존재 그 자체의 찬란함이다. 종교가 있을 때 거기에 도덕은 결코 존재하지 않지만 그 사람은 도덕적이다. 그러나 도덕은 없다. 도덕이라는 개념 자체가 없다. 도덕은 그저 자연스러운 일이다. 그림자가 따라다니듯이 도덕이 그대를 따라다닌다. 그대가 그림자를 지고 다닐 필요는 없다. 그림자를 생각할 필요도 없다. 그림자가 잘 따라오고 있는지 계속 뒤를 돌아보며 확인할 필요가 없다. 그림자는 그냥 따라온다.

그와 똑같이 도덕은 종교적인 사람을 따라다닌다. 그러나 그는 도덕을 전혀 고려하지 않는다. 전혀 애써서 생각하지 않는다. 그것은 그의 자연스런 향기이다. 하지만 종교가 죽었을 때, 생명이 사라졌을 때, 사람은 계속해서 도덕을 생각한다. 의식consciousness은 사라졌고 양심conscience이 유일한 피난처가 된다.

양심은 거짓된 현상이다. 의식은 그대의 것이지만 양심은 빌려온 것이다. 양심은 사회의 집단화된 마음에서 나온다. 그대의 존재로부터 나오지 않는다. 깨어있는 사람은 올바로 행동한다. 그의 행동이 깨어있고, 깨어있는 행동은 결코 잘못될 수 없기 때문이다. 빛이 있는 상태에서 눈을 뜨고 있을 때 그대는 벽이 아니라 문을 통해서 출입한다. 그러나 빛이 없으면 눈 또한 제대로 작동하지 못하고 어둠 속을 더듬게 된다. 머릿속으로는 문이 어디에 있는지 수도 없이 생각해야 한다. '왼쪽인가? 오른쪽인가? 내가 지금 제대로 가고 있는가?' 그러면서 가구에 걸리기도 하고 벽을 뚫고 나가려고도 한다.

종교적인 사람은 볼 수 있는 눈을 가진, 자각이 있는 사람이다. 그 자각 속에서 행동은 자연스럽게 선이 된다. 다시 말한다. 자연스럽게 선이 된다. 그대가 선이 되게 만들려고 애쓰는 것이 아니다. 애써 만든 선은 전혀 선이 아니다. 그것은 거짓이고, 허위이고, 위선이다. 선이 자연스럽고 자발적일 때, 나무가 푸르고 하늘이 파란 것이 자연스러운 것처럼, 종교적인 사람은 자신의 도덕성을 전혀 의식하지 못하면서도 자연스럽게 도덕적이다. 그는 스스로를 자각하지만 자신의 도덕성은 의식하지 않는다. 그는 자기가 도덕적이라는 생각, 자기가 선하다는 생각, 자기가 하고 있는 일이 옳다는 생각이 없다. 자신의 자각으로부터 순수함이 나오고, 자신의 자각으로부터 올바른 행동이 나온다. 저절로 나온다. 그것은 누구에게서 가져와야 할 것도 아니고, 계발하거나 훈련해야 할 것도 아니다. 그때 그 도덕성에는 아름다움이 있지만 그것은 더 이상 도덕이 아니다. 단지 도덕적일 뿐이다. 사실 그것이야말로 종교적으로 사는 방식이다.

그러나 종교가 사라졌을 때, 그때는 도덕을 애써 만들어야 한다. 무엇이 옳고 무엇이 그른지 계속 생각해야 한다. 그러면 무엇이 옳고 무엇이 그른지 어떻게 결정할 것인가? 그대는 볼 수 있는 눈이 없고 느낄 수 있는 가슴이 없다. 그대는 무감각하고 죽어있다. 그대는 일을 처리할 자신만의 지성도 없다. 그러면 결국 그대를 둘러싸고 있는 집단적인 마음에 의존해야 한다.

종교는 오직 한 가지 향기만 있다. 그대가 기독교인이든, 힌두교인이든, 이슬람교인이든 아무런 차이가 없다. 종교적인 사람은 단순하게 종교적일 뿐이다. 그는 힌두교인도 아니고, 이슬람교인도 아니고, 기독교인도 아니다. 그런데 도덕적인 사람은 단순하게 도덕적인 것이 아니다. 그는 힌두교인이거나 기독교인이거나 이슬람교인이거나 불교도인이다. 왜냐하면 도덕성은 밖에서부터 배워야 하는 것이기 때문이다. 불교도들의 나라, 불교도들의 사회에서 태어난다면 불교의 도덕을 배울 것이고, 기독교 세상에서 태어난다면 기독교의 도덕을 배울 것이다. 다른 사람들로부터 배울 것이다. 그리고 다른 사람들로부터 배워야 한다. 왜냐하면 그대는 자신만의 통찰이 없기 때문이다. 따라서 도덕은 빌려온 것이다. 도덕은 사회이며 군중이다. 그것은 집단으로부터 오는 것이다.

그렇다면 그것은 어디에서 군중들에게로 오는 것일까? 바로 전통이다. 군중들은 무엇이 옳고 무엇이 그른지 배웠고 오랜 세월 동안 계승해왔다. 그것은 세대에서 세대로 전해오고 있다. 그것이 죽은 시체인지 아닌지는 아무도 상관하지 않는다. 심장이 아직 뛰고 있는지 아닌지 아무도 상관하지 않는다. 그저 계속해서 한 세대에서 다음 세대로 전해져 내려온다. 그것은 무감각하고 죽어있다. 무겁다. 그것은 즐거움의 숨통을 끊어버린다. 그것은 즐거움을 죽인다. 찬양을 죽이고, 웃음을 죽인다. 사람들을 추하게 만들고 무겁게 만들고 단조롭고 지루하게 만든다. 하지만 오랜 전통이 있다.

기억해야 할 또 다른 사실은, 종교는 항상 새로 태어난다는 것이다. 예수로 인해 종교가 다시 태어났다. 그것은 모세의 종교와 같은 종교가 아니다. 그것은 모세로부터 온 것이 아니었다. 과거와는 아무런 연결점이 없다. 과거와 완전히 단절된 것이다.

종교는 장미 숲에서 꽃이 피어나듯이 생겨나고 또 생겨난다. 그것은 이전에 장미 숲에서 피었던 꽃들과는 아무런 관계도 없다. 그것은 비연속적이다. 스스로 생겨난다. 과거도 없고 역사도 없으며 자서전도 없다. 잠시 동안 거기에 존재한다. 잠시 동안 너무도 아름답게, 너무도 진실하게 존재한다. 잠시 동안 그것은 너무도 강력하고, 너무도 활기차지만 한편으로는 너무도 덧없다. 아침 햇살에 그것은 너무도 생생했다. 그런데 저녁에는 사라져버린다. 꽃잎은 땅에 떨어지기 시작한다. 처음에 뚫고 나왔던 땅으로 떨어진다. 그리고는 아무런 흔적도 남기지 않는다. 다음 날 가보면 그것은 더 이상 거기에 존재하지 않는다. 아무런 흔적도 없다. 그저 사라져버린 것이다. 무에서 나왔던 것처럼 무로, 원래의 근원으로 되돌아가는 것이다.

바로 그와 같은 것이 종교다. 종교가 붓다에게서 일어났을 때, 그것은 젊고 신선했다. 마치 장미꽃 같았다. 그런 뒤 그것은 사라진다. 아무런 흔적도 남기지 않는다. 붓다는 이렇게 말했다. "종교는 하늘을 나는 새와 같다. 아무런 족적도 남기지 않는다." 그런 뒤 그것은 모세에게 일어난다. 그때 그것은 다시 젊고 신선하다. 그런 뒤 예수에게 일어난다. 거기에서도 그 종교는 다시 젊고 신선하다. 그리고 종교가 그대에게 일어날 때, 그것은 아무런 연속성이 없을 것이다. 그것은 누군가로부터 나온 것이 아니다. 그것은 그대 안에서 일어날 것이다. 그대 안에서 꽃피울 것이다. 그것은 그대 존재가 꽃피는 것이 될 것이다. 그리고 사라진다. 그것은 누구에게 줄 수 있는 것이 아니다. 이전이 불가능하다. 줄 수도 없고 빌릴 수도 없다. 그것은 물건이 아니다.

누군가 배우고 싶어 한다면, 배울 수는 있다. 누군가 마시고 싶다면 마실 수는 있다. 제자가 스승 곁에서 배울 때, 스승의 진동을 흡수할 때, 그때 역시 그것은 제자의 내면에서 일어난다. 제자는 어쩌면 밖에서부터 자극을 받을 수는 있다. 하지만 일어나는 것은 그 안에서 일어난다. 완전히 그 안에서 일어난다. 결코 밖에서 일어나는 것이 아니다.

그대는 자신이 노래할 수 있다는 것을 알지 못하고 있었다. 노래를 해보려고 한 적도 없었고, 그런 가능성에 대해서 전혀 생각해본 적도 없었다. 그런데 어느 날 노래하는 사람을 본다. 그때 갑자기 그의 노래가 그대 주변에서 울리기 시작하고, 어느 순간 그대 또한 목이 있고 가슴이 있다는 것을 깨닫는다. 이제, 그대는 갑자기 처음으로 그대 안에 노래가 숨어있었다는 것을 알고, 그 노래를 풀어놓는다. 그 노래는 그대의 내면 중심에서 일어난다. 그대의 존재에서부터 일어난다. 자극은 밖에서 왔을 수 있지만 노래는 밖에서 온 것이 아니다.

그렇기 때문에 스승은 촉매다. 그의 존재가 그대 안에 뭔가를 자극한다. 그의 존재가 원인으로 작용하는 것이 아니다.

C. G. 융은 서양 세계에 새로운 개념을 가져왔다. 그 개념은 동양에서는 오래전부터 있어왔다. 바로 동시성의 개념이다. 원인과 결과로서 일어나는 일이 있고, 원인과 결과가 아니라, 단지 동시성에 의해 일어나는 일이 있다. 이 개념을 이해해야 한다. 이 개념은 도덕과 종교의 차이를 이해하는데 도움이 될 것이다.

도덕은 인과다. 아버지와 어머니가 그대에게 뭔가를 가르쳤다. 그들이 원인으로 작용하고 그 결과가 그대 안에서 지속된다. 그런 뒤 그대가 그대의 아이들에게 가르친다. 이제 그대가 원인이 되고, 결과는 아이들 속에서 계속된다. 그런데 가수의 노래를 들으면서, 갑자기 그대는 음을 따라 흥얼거리기 시작한다. 거기에는 어떤 인과관계가 없다. 가수가 원인이 된 것이 아니며, 그대가 그 결과가 된 것도 아니다. 그대는 스스로 결과의 원인이 되었다. 그대가 원인이면서 결과인 것이다. 가수는 단지 하나의 촉매제로 역할 했을 뿐이다.

나는 내게 일어났던 것을 그대에게 줄 수 없다. 그대에게 주고 싶지 않다는 뜻이 아니다. 단지 그것은 줄 수 있는 것이 아니기 때문이다. 그것의 본성 자체가 누구에게 줄 수 있는 것이 아니다. 그러나 나는 그것을 그대에게 보여줄 수는 있다. 그대에게 열어 보일 수 있다. 그것이 가능하다는 것을 보면서, 그것이 다른 사람에게 일어난 것을 보면서, '왜 나는 안 되겠는가?' 갑자기 그대 안에서 뭔가 꿈틀거린다. 그대는 가능성에 주의하게 되고, 그대 안에 있지만 한 번도 살펴보지 못한, 그리고 완전히 잊어버렸던 문에 주의하게 된다. 그리고 뭔가 그대 안에서 싹트기 시작한다.

나는 원인으로서가 아니라 촉매로서의 역할을 한다. 동시성의 개념이란 어느 하나가 원인이 되지 않으면서 다른 것을 움직이게 할 수 있다는 것을 말한다. 어떤 사람이 방에서 시타sitar, 인도의 전통 악기. 기타와 비슷함를 연주하는데 그 방 한구석에는 다른 시타가 놓여있다. 만일 연주자가 정말로 명인이라면 구석에 놓여있는 시타가 울리기 시작할 것이다. 그저 같은 방에서 연주되는 다른 시타의 진동 때문에 말이다. 구석에 놓여있는 시타는 아무도 연주하고 있지 않다. 아무도 건드리고 있지 않다. 그런데 그 시타의 줄이 진동하기 시작한다. 속삭이기 시작한다. 숨어있던 뭔가가 표면으로 나오고 있다. 드러나지 않은 뭔가가 모습을 드러내고 있다.

종교는 동시성이고 도덕은 인과적이다. 도덕은 밖에서부터 생겨나고 종교는 그대 안에서 일어난다. 종교가 사라질 때, 오직 도덕만이 남는다. 그리고 그 도덕은 매우 위험하다.

먼저 그대는 무엇이 옳은지 스스로 알지 못한다. 그렇지만 그대는 아는 척하기 시작한다. 위선이 만들어지는 것이다. 그대는 가식을 시작한다. 그대가 하고 있는 일은 무엇이든 옳다는 것을 보여주기 시작한다. 그러나 그대는 무엇이 옳은지 모른다. 그리고 모르기 때문에 아는 체할 수밖에 없다. 뒷문에서도 똑같은 일을 한다. 뒷문의 삶이 따로 있고 앞문의 삶이 따로 있다. 앞문에서는 미소를 짓고 있을지 모르지만 뒷문에서는 눈물을 흘리며 울지도 모른다. 앞문에서는 성자인 척하지만 뒷문에서는 다른 사람들처럼 죄인일 수도 있다. 그대의 삶은 쪼개질 것이다. 바로 이런 삶이 인간의 의식에 정신분열을 만들어내고 있다. 그대는 둘이 되기도 하고 그 이상이 되기도 한다.

그대가 둘일 때, 당연히 거기에는 끊임없는 갈등이 있다. 그대가 여럿일 때, 당연히 거기에는 군중이 있고 소음으로 시끄럽다. 그리고 그대는 결코 조용히 안정될 수가 없다. 조용히 쉴 수가 없다. 침묵은 그대가 하나일 때만 가능하다. 그대 안에 다른 사람이 없을 때만 가능하다. 조각조각 쪼개지지 않고 하나일 때만 가능하다.

도덕은 정신분열증, 분열된 인격을 낳는다. 도덕적인 사람은 하나의 개인이individual 아니다. 나뉘어져divided 있기 때문이다. 오직 종교적인 사람만이 개인이다. 도덕적인 사람은 인격은 있지만 개별성은 없다. 인격은 페르소나persona, 곧 가면을 의미한다. 그는 많은 인격을 갖고 있다. 하나만 있는 것이 아니다. 자기 주위에 많은 인격을 갖고 있어야 하기 때문이다. 서로 다른 상황에서 서로 다른 인격이 필요하다. 각각의 다른 사람들과 함께 있으면서 각각의 다른 인격이 필요하다. 어떤 사람에게는 이 얼굴을 보여주고, 다른 사람에게는 다른 얼굴을 보여준다. 계속해서 얼굴을 바꾼다.

지켜보라. 그대가 매 순간마다 어떻게 얼굴을 바꾸고 있는지 보게 될 것이다. 혼자 있을 때는 얼굴이 하나다. 욕실에서는 얼굴이 하나다. 그런데 사무실에서는 다른 얼굴을 하고 있다. 욕실에 있을 때 더 어린아이처럼 된다는 사실을 관찰해본 적이 있는가? 때로는 거울을 보면서 혀를 내밀기도 하고, 이런저런 얼굴 표정을 지어보기도 한다. 아니면 흥얼거리거나 노래를 부르기도 한다. 아니면 욕실에서 춤을 추기도 한다. 그렇게 욕실에서 거울을 보며 혀를 내밀거나 춤을 추다가 그대의 아이가 열쇠구멍을 통해 엿보고 있다는 것을 알게 되면, 그 즉시 바뀐다. 이전의 얼굴로 돌아온다. 아버지의 인격이 돌아오는 것이다. '아이 앞에서는 이러면 안 되지.' 그렇지 않으면 아이가 뭐라고 생각하겠는가? 아버지도 어린아이와 똑같다고 생각하지 않겠는가? 그러면 아이에게 항상 보여주었던 근엄함이 어찌 되겠는가? 그대는 즉시 다른 얼굴로 바꾼다. 근엄해지는 것이다. 노래가 사라지고, 춤이 사라지고, 내밀었던 혀가 사라진다. 소위 앞문의 인격으로 돌아가는 것이다.

도덕은 그대 안에서 갈등을 조장한다. 많은 얼굴을 만들어내기 때문이다. 그리고 문제는 그대가 많은 얼굴을 가질 때, 무엇이 원래의 얼굴이었는지 잊어버린다는 점이다. 그렇게 많은 얼굴 속에서 어떤 것이 원래의 얼굴인지 어떻게 기억할 수 있겠는가?

선사들은 구도자가 처음으로 해야 할 일은 자신의 원래 얼굴을 아는 것이라고 말한다. 그래야만 뭔가를 시작할 수 있기 때문이다. 오직 원래의 얼굴만이 성장할 수 있다. 가면은 성장할 수 없다. 거짓된 얼굴은 성장할 수 없다. 성장은 오직 원래의 얼굴에게만 가능한 일이다. 오직 원래의 것만이 생명이 있기 때문이다.

그러므로 가장 먼저 해야 할 일은 '나의 원래 얼굴이 무엇인가?'를 아는 일이다. 그것은 힘들다. 거짓된 얼굴이 긴 줄을 지어 서 있고 그대는 그 거짓 얼굴들 속에서 길을 잃었기 때문이다. 때로는 어느 하나가 원래의 얼굴이라고 생각하지만 그 속으로 깊이 들어가 보면 그것 또한 거짓된 얼굴임을 발견한다. 어쩌면 그것은 다른 것보다는 더 오래된 것일 수도 있다. 그래서 원래의 것처럼 보일 수도 있다.

선사들은 말한다. : 진정으로 자신의 원래 얼굴을 보고 싶다면, 태어나기 이전으로 돌아가야 한다. 그대가 태어나기 이전에 그대의 얼굴이 무엇인지, 또는 그대가 죽을 때 어떤 얼굴을 하게 될지를 알아야 한다.

탄생과 죽음 사이에 온갖 종류의 거짓된 얼굴이 있다. 어린아이조차도 속임수를 배운다. 어쩌면 태어난 지 하루밖에 되지 않았을 수도 있다. 자궁에서 바로 나온 아이일 수도 있다. 그런 어린아이가 배우기 시작한다. 미소를 지으면 엄마가 아주 좋아하는 것을 본다. 미소를 지으면 엄마가 즉시 젖을 물려준다. 미소를 지으면 엄마가 다가와 안아주고 쓰다듬어준다. 아이는 속임수를 배운다. 만일 엄마가 다가와주기를 원하면, 안기고 키스 받고, 엄마의 목소리를 듣고 싶으면, 미소를 지어야 한다. 이제 외교관이 탄생한다. 정치가가 탄생한다. 엄마가 다가와 안아주기를 원할 때마다, 아이는 엄마를 부를 수 없다. 말을 할 수도 없다. 하지만 엄마가 자기를 바라봐줄 때까지 기다릴 수는 있다. 그리고 엄마가 자기를 바라봐줄 때, 아이는 미소를 지을 수 있다. 그가 미소를 짓는 순간 엄마가 달려온다. 이제 아이는 어떤 순간에 미소를 짓고 싶든 그렇지 않든 그것이 중요한 것이 아니다.

그는 엄마를 원한다. 엄마를 조종하고 싶어 한다. 이제 아이는 속임수, 전략, 기술을 배웠다. 미소다. 미소를 지으면 엄마가 온다. 아이는 계속 미소를 짓는다. 누군가가 가까이 와주기를 바랄 때마다 아이는 미소를 짓는다. 이 얼굴은 아이의 진정한 얼굴이 아니다.

그대들의 미소는 진실이 아니다. 그대들의 눈물 또한 진실이 아니다. 그대의 모든 인격이 인공적이다. 도덕적인 사람, 소위 도덕주의자는 여러 개의 인격을 갖고 있지만 개성은 없다. 그리고 종교적인 사람은 개성은 있으나 인격은 없다. 그는 하나다. 그의 맛은 항상 하나다.

붓다가 이렇게 말했다고 한다. : 어디에서든 나를 맛보아라. 그러면 바닷물을 맛보는 것처럼 항상 같은 맛을 보게 될 것이다. 이쪽에서 맛보고, 저쪽에서 맛보고, 이쪽 해변에서 맛보고, 저쪽 해변에서 맛보아도 바닷물은 어디에서나 짠 맛이다. 붓다는 말한다. : 나의 맛도 마찬가지다. 내가 자는 동안 나를 맛보라. 내가 깨어있는 동안 나를 맛보라. 누가 나에게 모욕을 줄 때 나를 맛보라. 누군가 나를 칭찬할 때 나를 맛보라. 항상 같은 맛을 보게 될 것이다. 붓다의 맛을 보게 될 것이다.

종교적인 사람은 하나의 개인이다.

두 번째로 기억해야 할 것은, 도덕주의자는 항상 자신의 도덕률을 다른 사람에게 강요한다는 것이다. 거기엔 여러 가지 이유가 있다. 먼저 그는 자신을 조종하기 위해 자신의 도덕률을 이용한다. 당연히 다른 사람에게도 같은 일을 한다. 다른 사람을 조종하기 위해 자신의 도덕률을 이용하는 것이다. 그는 자신의 전략, 자신의 외교를 위해 도덕률을 이용한다. 자연스럽게 그는 속임수를 배운다. 자신의 도덕률을 다른 사람에게 강요할 수 있다면, 모든 것이 더 쉬어진다는 것을 배운다.

예를 들어보자. 도덕주의자가 진실을 말할 때, 그 진실은 그리 깊지 않다. 그리고 깊은 속 안에서는 오직 거짓말밖에 없다. 그러나 적어도 사회에서는 진실을 말하는 척한다. 그리고 자신의 진실을 다른 사람에게 강요하려고 한다. 그는 다른 사람들이 진실을 말해주기를 바란다. 누군가 거짓말을 하고 자기를 속이는 것을 두려워하기 때문이다. 자신은 교묘한 말로 사람들에게 거짓말을 하고 속이고 있지만 표면적으로는 계속 진실을 말하는 것처럼 속인다. 그리고 계속 외친다. "모든 사람들이 진실해져야 한다!" 그는 매우 두려워하고 있다. 자신이 다른 사람들을 속이는 것처럼 다른 사람들이 자기를 속일지도 모른다는 것을 알고 있다.

버트런드 러셀Bertrand Russell이 이런 말을 했다. "도둑은 항상 도둑질을 반대한다." 도둑은 도둑질을 반대해야 한다. 그렇지 않으면 누군가가 그의 물건을 훔칠 것이다. 그리고 그는 다른 사람들로부터 물건을 훔치는 데에 너무도 많은 노력을 기울여왔기 때문에 만일 다른 사람들이 그의 물건을 훔친다면 어떻게 되겠는가? 그가 도둑질을 해봐야 무슨 소용이겠는가? 따라서 도둑은 항상 이렇게 외친다. "도둑질은 나쁜 짓이다! 절대로 도둑질을 하지 말라! 그렇지 않으면 지옥에 던져질 것이다!" 이제 아무도 도둑질을 하지 않는다. 그러면 도둑은 마음 놓고 도둑질을 한다.

아무도 거짓을 말하지 않는다면, 그때 그대는 거짓을 말하고 사람들을 쉽게 이용해 먹을 수 있다. 만일 모든 사람들이 거짓을 말한다면, 어떻게 다른 사람들을 이용해 먹을 수 있겠는가? 생각해보라. 모든 사람들이 거짓을 말하는 사회가 있다. 모든 사람이 거짓말을 하는 것이 인정되는 사회가 있다. 그때 그대는 어찌할 바를 모를 것이다. 사람들을 속여먹지 못할 것이다. 그대가 무엇을 말하든 사람들은 그대가 거짓말을 한다고 생각할 것이다. '여기서는 모든 사람들이 거짓말을 한다.' 그러면 아무도 속을 수가 없다. 따라서 자신의 이익을 위해 거짓말쟁이는 계속해서 도덕을 설교해야만 한다. "진실을 말하라. 절대로 도둑질을 하지 말라. 이것을 하고 저것을 하라." 그리고는 뒷문으로는 계속해서 그 반대되는 것을 한다. 이것을 이해해야 한다.

어떤 사람이 지금 소매치기를 당했다고 하자. 그러면 거기에 있던 많은 사람들이 소리칠 것이다. "도둑이야, 도둑 잡아라! 거기 누구 없어요?" 많은 사람들이 소리칠 것이다. 명심하라. 소리를 지르는 사람들은 오직 한 가지 사실, 즉 그들 또한 도둑이라는 것을 보여주는 것이다. 소리를 지름으로써 그들은 많은 것을 보여주고 있다. '기억하라. 나는 도둑이 아니다. 나는 도둑질이라면 아주 질색하기 때문이다. 아무도 나를 도둑이라고 의심해서는 안 된다. 나는 그런 일을 반대한다. 나는 도덕적인 사람이다.' 소매치기들은 더 큰 소리로 외칠 것이다. 그리고 만일 진짜 소매치기가 붙잡힌다면, 다른 소매치기들은 그를 때릴 것이다. 모든 사람들에게 자기들은 도둑질을 반대한다는 것을 보여주기 위해서이다.

아주아주 복잡한 현상이다. 그러나 종교적인 사람은 완전히 다른 사람이다. 그는 용서할 수 있다. 이해할 수 있다. 그는 인간의 한계를 볼 수 있고 인간의 문제점을 볼 수 있다. 그는 그렇게 심하거나 잔인하지 않다. 그럴 수가 없다. 그의 자비심은 무한하기 때문이다.

이 경전에 들어가기에 앞서 몇 가지를 이해해야만 한다.

먼저 죄의 개념, 비도덕적 행위의 개념이다. 무엇이 부도덕인가? 우리가 어떻게 부도덕을 정의해야 하는가? 기준이 무엇인가? 인도에서는 이런 것이 부도덕이고 중국에서는 저런 것이 부도덕이다. 인도에서 부도덕인 것이 이란에서는 도덕일 수 있고, 러시아에서 도덕인 것이 인도에서는 부도덕일 수 있다. 수많은 도덕주의자들이 있는데 어떻게 결정할 것인가? 이제 이 세상은 지구촌이 되었고 세상에는 많은 혼란이 있다. 무엇이 옳은 것인가?

고기를 먹는 것이 옳은 일인가? 그것이 도덕적인가 아니면 비도덕적인가? 채식주의자들은 그것을 비도덕적이라고 말한다. 많은 자이나교불교와 닮은 점이 많고 고행을 더 강조하는 특징이 있다.인들이 나를 찾아와 이렇게 말한다. "예수가 고기를 먹은 것에 대해서 어떻게 생각하십니까? 당신은 그가 깨달았다고 말하는데 어떻게 예수가 깨달은 사람일 수 있습니까? 그는 고기를 먹지 않습니까?" 자이나교인들은 예수를 깨달은 사람으로 인정하는 것이 불가능하다. 그가 고기를 먹기 때문이다. 자이나교인들은 또 이렇게 말한다. "어떻게 라마크리슈나Ramakrishna Paramahamsa, 1834~1886, 인도 종교개혁자가 깨달을 수 있습니까? 그는 물고기를 먹습니다. 그는 깨달은 사람일 수 없습니다." 그들은 아주 확실한 기준이 있다. 채식주의다.

한 자이나교 승려가 나에게 말했다. "저는 예수나 라마크리슈나가 깨달았다는 것을 믿지 못하겠습니다. 그들은 고기를 먹습니다."

그래서 내가 말했다. "세상에는 우유를 마시는 것이 고기를 먹는 것과 거의 똑같다고 생각하는 사람들이 있다는 것을 아는가? 우유는 동물성 음식이기 때문이다. 우유는 동물성 음식이다. 그것은 피와 다를 바가 없다. 왜냐하면 어미의 피에서 나오기 때문이다. 그것은 또한 살아있는 박테리아로 가득 차 있다. 세상에는 모든 것을 극단적으로 생각하는 광적인 사람들이 있다. 그들은 우유와 치즈와 버터가 모두 동물성 음식이라고 말한다. 그래서 피해야 한다고 말한다."

그리고 나는 그 승려에게 물었다. "마하비라Mahavira, 인도의 자이나교 창시자, 붓다와 동시대인는 우유를 마셨다. 그대는 뭐라고 말하겠는가? 그가 동물성 음식을 마셨다. 그는 깨달은 자인가 아닌가? 이제 인도의 경전에서는 우유가 가장 순수한 음식이라고 말한다. 가장 순수한 음식이 우유라고 말한다. 그러나 그렇지 않다. 그것은 동물성 음식이다!"

우유가 동물성 음식이라는 말을 듣자 그 자이나교 승려는 땀을 흘리기 시작했다. 그가 말했다. "무슨 말씀을 하시는 겁니까? 우유는 가장 순수한 음식입니다!"

내가 말했다. "이것은 과학적인 분석이다. 그것이 잘못되었다고 증명해보라. 우유를 너무 많이 마시면 얼굴이 붉어지기 시작한다. 우유는 피를 만들어낸다. 그대 안의 피가 된다. 우유가 그렇게 활력을 주는 이유가 그것이다. 그리고 우유는 완전 음식이다. 그래서 아이들이 젖으로만 살 수 있다. 그것은 모든 것을 공급한다. 피가 되고 살이 되고, 살갗이 되고 뼈와 골수가 된다. 모든 것이 된다. 그것은 순수한 동물성 음식이다. 이제 누가 옳은지 어떻게 결정하겠는가?"

세상에는 수도 없이 많은 도덕주의자들이 있다. 계속해서 결정을 내린다면 그대는 어려움에 빠지게 될 것이다. 불가능해질 것이다. 그대는 미쳐버릴 것이다. 먹지도 못하고, 잠도 못자고, 아무 것도 하지 못할 것이다!

자이나교 교파 중에는 숨 쉬는 것을 두려워하는 교파가 있다. 숨을 쉬는 것은 비도덕적이다. 왜냐하면 호흡을 할 때마다 공기 중에 있는 많은 살아있는 세포들이 죽기 때문이다. 그들이 맞다. 의사가 마스크를 쓰는 이유도 그 때문이다. 그는 공기 중에 있는 것들을 들이마시지 않기 위해서, 감염을 막기 위해서 마스크를 쓴다. 그 자이나교 교파는 그래서 호흡을 두려워한다. 호흡이 비도덕적이 된 것이다.

걸어 다니는 것도 비도덕적이다. 자이나교인 중에는 밤에 나다니지 않는 사람들이 있다. 어둠 속에서 개미나 기타 등등의 많은 생물들을 죽일지도 모르기 때문이다. 마하비라는 밤중에는 절대로 밖에 나가지 않았다. 비가 오는 우기에도 마찬가지였다. 우기에는 더 많은 곤충들이 나오기 때문이다. 움직이는 것이 어렵게 되었다. 호흡하는 것이 어렵게 되었다. 그 모든 도덕률을 하나하나 살피다보면 그저 미쳐버리고 말 것이다. 아니면 자살을 해야 할 것이다. 하지만 자살도 비도덕적이다!

논리적으로 보이는 그 모든 도덕률을 듣다보면 자살하는 수밖에 없다. 자살이 그나마 가장 최소한으로 비도덕적인 것처럼 보인다. 단 한 번의 행위로 그대는 끝이 난다. 그러면 거기에는 비도덕적인 일이 없을 것이다. 하지만 그것 역시 비도덕적이다. 그리고 자살을 할 때, 죽는 것은 그대만이 아니다. 명심하라. 그것은 한 사람을 죽이는 것이 아니다. 그대의 몸속에는 살아있는 수없이 많은 세포들, 그대 안에 있는 수없이 많은 살아있는 존재들 또한 그대와 함께 죽을 것이다. 따라서 그대는 수없이 많은 사람들을 죽인 것이다. 단식을 하는 것은 도덕적인가 아니면 비도덕적인가?

단식하는 것이 도덕적이라고 말하는 사람들이 있고, 비도덕적이라고 말하는 사람들도 있다. 왜 그런가? 왜냐하면 단식을 할 때, 몸속에 있는 수없이 많은 세포들이 굶어서 죽기 때문이다. 단식을 하면 하루에 1kg씩 몸무게가 빠진다. 그대는 그대 안에 있는 많은 것들을 죽이고 있다. 매일 1kg씩 사라진다. 한 달 안에 그대는 뼈만 남게 된다. 그대 안에서 살고 있었던 그 많은 사람들, 그 작은 사람들이 모두 죽었다. 그대가 그들 모두를 죽인 것이다.

어떤 사람들은 단식하는 것이 고기를 먹는 것과 같다고 말한다. 참으로 이상한 일이다. 그리고 그것도 맞는 말이다. 거기에 어떤 논리가 있다. 1kg의 무게가 사라질 때, 그것이 어디로 간 것일까? 그대가 먹었다! 몸은 그런 종류의 음식을 매일 필요로 한다. 그것을 바깥의 음식으로 매일 채우고 있다. 그런데 만일 바깥의 음식으로 채우지 않는다면 어떻게 될까? 몸은 계속해서 먹고 있다. 필요하기 때문이다. 하루 24시간 동안, 몸은 살아야 한다. 어떤 연료가 필요하다. 그러면 몸은 자신의 살을 먹기 시작한다. 단식하는 것은 곧 식인종이 되는 것이다.

이런 도덕률들이 그대를 미치게 만들 수 있다! 선택할 길이 없다. 그렇다면 나에게는 무엇이 도덕적일까? 자각하는 것이 도덕적이다. 그대가 무엇을 하는지는 중요하지 않다. 완전한 자각 속에서 하고 있다면, 그것이 무엇이든, 그것이 어떤 것이든 상관없이, 완전한 자각 속에서 하고 있다면, 그것이 도덕적이다. 그리고 만일 자각하지 않은 상태에서, 무의식적으로 하고 있다면, 그것이 비도덕적이다.

나에게 있어서 도덕률은 자각을 의미한다.

양심conscience과 의식consciousness이라는 말을 한 단어로 사용하는 언어는 프랑스어가 유일한 것으로 보인다. 아주 아름다운 일이다. 의식이 양심이다. 일반적으로는 의식과 양심은 다르다. 의식은 본래 그대의 것이고, 양심은 다른 사람들이 준 것이다. 그것은 하나의 조건화이다.

의식에 따라 살아보라. 더욱더 깨어있어라. 그러면 더욱더 도덕적이 될 것이다. 도덕주의자가 된다는 것이 아니다. 도덕적이 되지만 도덕주의자가 되는 것은 아니다. 도덕주의자는 추잡한 현상일 뿐이다.

이제 경전을 보자.

* 예수는 감람산으로 가시다.

그는 자신의 의식이 흐릿해져가는 것을 느낄 때, 그의 거울이 먼지로 뒤덮여졌다고 느낄 때마다 산에 올라가곤 했다. 자신의 존재를 씻어내기 위해서, 자신의 의식을 씻어내기 위해서 홀로 산으로 가곤 했다. 그것은 마치 목욕을 하는 것과 같다. 목욕을 하고 나면 신선하고 젊어지는 것을 느낀다.

명상은 내면을 목욕하는 것이다. 매일 잠시 동안이라도 홀로 있는 것은 반드시 필요하다. 그렇게 하지 않으면 너무 많은 먼지가 끼게 될 것이다. 그리고 그 먼지 때문에 그대의 거울은 더 이상 비추지 못할 것이다. 아니면 올바로 비추지 못할 것이다. 어쩌면 비춰지는 것을 왜곡할 수도 있다.

이런 것을 지켜본 적은 없는가? 먼지 하나가 눈에 들어가면 시야가 일그러진다. 내면의 시야도 마찬가지다. 너무 많은 먼지들이 계속 축적된다. 그 먼지는 관계로부터 온다. 먼지가 많은 길을 가다보면 먼지를 뒤집어쓰게 된다. 마찬가지로 먼지가 낀 사람들과 함께 있으면 그대도 먼지가 끼게 된다. 그들은 온 사방에 자기들의 먼지를 뿌리고 있다. 잘못된 파동을 퍼뜨리고 있다. 그들도 어쩔 수가 없다. 그들을 비난하라는 말이 아니다. 그들이 무엇을 할 수 있겠는가?

병원에 가보면 모든 사람들이 환자다. 그들은 자신들의 병균을 사방에 뿌리고 있다. 그들도 어쩔 수가 없다. 그들이 숨을 쉴 때마다 병균이 밖으로 나온다. 누군가를 문병하려고 병원에 갈 때 이런 것을 경험해본 적이 있는가? 병원에서 한 시간만 있어도 어딘가 아픈 것 같은 느낌이 들기 시작한다. 병원에 가기 전까지만 하더라도 완벽하게 건강했었는데 단지 병원 냄새만으로, 의사와 간호사의 얼굴만으로, 의료 기구들, 그 특이한 병원 냄새만으로 그렇게 된다. 그리고 아픈 사람들, 질병과 죽음의 파동이 항상 거기에 있다. 누군가 항상 죽어가고 있다. 단 한 시간만 거기에 있어도 기분이 축 처지는 것을 느낀다. 일종의 구토가 일어난다.

그러다가 병원에서 나서면 안도감을 느낀다. 이 세상도 마찬가지다. 그대는 세상에 살고 있기 때문에 모른다. 병원에서 계속 일하는 간호사나 의사들은 무감각해져야 한다. 그렇지 않으면 죽게 된다. 병원에서 살 수 없게 된다. 그들은 무감각해진다. 의사들을 보면 아주 무감각해 보인다. 그것이 그들의 방어 전략이다. 환자들이 계속해서 여기가 아프고 저기가 아프다고 호소한다. 그러나 의사들은 거기에 있으면서도 귓등으로 듣는다. 환자 보호자들이 수시로 의사를 찾아와 환자에게 뭐가 잘못되어 가고 있는지 말한다. 그러면 의사는 말한다. "모든 게 다 잘 될 겁니다. 내일 아침에 오겠습니다. 내일 회진하면서 보지요." 그대는 너무 걱정이 되는데, 그는 전혀 관심이 없어 보인다. 의사가 그렇게 하는 것은 단지 자신을 보호하기 위해서이다.

그가 너무 예민하면 살아남을 수가 없다. 그는 무정해져야 한다. 어떤 냉정한 분위기를 풍겨야 한다. 그 냉정함이 그를 보호한다. 병원과 환자와 그 병든 분위기로부터 자신을 보호한다. 그래서 의사와 간호사들은 무정하고 무감각하다.

똑같은 일이 세상 속에서 전반적으로 일어나고 있다. 세상은 일종의 커다란 병원이다. 모든 사람들이 병들어 있고, 모든 사람들이 임종을 앞두고 있기 때문이다. 모든 사람들이 분노와 폭력과 질투와 소유욕으로 가득 차 있다. 그리고 모든 사람들이 거짓되고 모든 사람들이 위선자다. 이것이 세상이다. 그 속에 있는 그대는 그것을 느끼지 못한다. 그러나 예수가 그대들 사이를 지나갈 때, 그는 그것을 느낀다. 그는 저 높은 곳에서 왔기 때문이다. 그는 산에서 내려왔다.

며칠 간 청명한 히말라야에서 지내다가 다시 마을로 내려오면, 마을의 파동이 얼마나 더럽고 추하고 무거운지 느끼게 된다. 그 차이를 알게 된다. 그대는 히말라야의 맑은 물, 끝없이 흘러 내려오는 그 신선한 샘물, 그 수정 같이 맑은 물을 마셔보았다. 그리고는 도시의 수돗물을 맛본다. 그때 그 차이를 알게 된다. 오직 명상가만이 세상이 병들어있다는 것을 안다. 오직 명상가만이 모든 것이 잘못되어 가고 있다는 것을 안다. 그리고 명상가가 그대들 사이를 지나갈 때, 당연히 그는 그대가 느끼는 것보다 훨씬 더 많은 먼지가 느껴진다. 그대는 이미 모든 감각을 잃었다.

그대는 자신이 하나의 거울이라는 것을 잊어버렸다! 그대는 자신이 단지 먼지 수집가일 뿐임을 알고 있다. 오직 명상가만이 자신이 거울임을 알 수 있다.

그래서 예수는 계속 반복해서 산으로 올라간다.

* 예수는 감람산으로 가시다.

아침에 다시 성전으로 들어오시니 백성이 다 나오는 지라 앉으사 저희를 가르치시더니

그대가 산에 다녀왔을 때 – 이 말은 그대가 정말로 산에 가야 한다는 뜻이 아니다. 이것은 어떤 외적인 현상이 아니다. 산은 그대 안에 있다. 그대가 홀로 있을 수 있다면, 잠시 동안 세상일을 모두 잊어버릴 수 있다면, 신신함을 다시 찾을 것이다. – 오직 그때만이 그대는 성전에 갈 수 있다. 오직 그때만이 그대가 곧 성전이기 때문이다. 그리고 그때 성전 안에 있는 그대의 현존이 진정한 현존일 것이다. 그리고 성전과 그대 사이에 조화가 있을 것이다. 기억하라! 그대 자신의 성전을 성전으로 가져오지 않는 한, 거기에는 아무런 성전도 없다. 그대 내면에 성전을 간직하지 못한 채 성전에 간다면, 그 성전은 그저 하나의 건물일 뿐이다.

예수가 어느 집으로 들어가면, 그 집이 곧 성전이 된다. 그대가 성전으로 들어가면, 그 성전이 곧 집이 된다. 우리는 우리 자신만의 성전을 내면에 간직하고 있다. 예수가 가는 곳은 어디나 성전이다. 그의 현존이 성스러움을 만들어낸다. 그대가 성전과 산의 신선함, 산의 순결함을 가져올 때, 오직 그때만이 가르침을 베풀 수 있다. 오직 그때뿐이다. 그대가 그것을 갖고 있을 때뿐이다.

* 서기관들과 바리새인들이 간음 중에 잡힌 여자를 끌고 와서 가운데 세우고

예수께 말하되 선생이여, 이 여자가 간음하다가 현장에서 잡혔나이다.

모세는 율법에 이러한 여자를 돌로 치라 명하였거니와 선생은 어떻게 말하겠나이까?

이것은 예수의 삶에서 가장 중요한 사건 중의 하나이다. 천천히, 조심스럽게 살펴보자.

* 서기관들과 바리새인들이

이 글을 '도덕주의자들과 청교도주의자들'로 읽어도 좋다. 그 당시에는 학자들, 즉 서기관들과 바리새인들이 도덕주의자들이었다. 바리새인들은 매우 존경받는 사람들이었다. 그들의 겉모습은 매우 도덕적이었고, 거대한 에고로 가식적이었다. '우리는 도덕적이고 다른 사람들은 비도덕적이다.' 그들은 항상 사람들의 잘못을 찾아냈다. 그들의 삶에 있어서 최대의 관심거리는 어떻게 하면 자신들을 높이고 어떻게 하면 다른 사람들을 낮추느냐하는 것이었다.

* 청교도주의자들, 도덕주의자들이 간음 중에 잡힌 여자를 끌고 와서

예수와 같은 사람에게 올 때는 겸손하게 와야 한다. 뭔가를 배우기 위해 와야 한다. 예수에게서 뭔가를 받아들이기 위해 와야 한다. 그것은 아주 드문 기회다. 그런데 지금 여기에 이 바보들이 한 여인을 데리고 온다. 그들은 평범한 마음, 일상적인 마음, 어리석음을 가지

고 온다.

* 서기관들과 바리새인들이 간음 중에 잡힌 여자를 끌고 와서

그들은 예수나 붓다와 같은 사람에게 갈 때는 그의 의식에 동참하기 위해, 그와 친밀해지기 위해 가야 한다는 이 단순한 교훈도 몰랐다. 거기에는 삶의 평범한 문제를 가져와서는 안 된다. 그런 문제는 적절하지 않은 것이다. 그것은 엄청난 기회를 허비하는 일이며 예수의 시간을 허비하는 일이다. 이미 말했듯이 예수에게는 시간이 많지 않았다. 오직 3년뿐이었다. 그런데 이 바보들은 이런 식으로 시간을 허비하였다. 그런데 거기에는 어떤 전략이 있었다. 그것은 하나의 함정이었다.

사실 그들은 그 여인의 일에는 관심이 없었다. 그들은 예수에게 어떤 올가미를 던지는 중이었다. 아주 권모술수적인 행동이었다.

* 서기관들과 바리새인들이 간음 중에 잡힌 여자를 끌고 와서 가운데 세우고

예수께 말하되 선생이여, 이 여자가 간음하다가 현장에서 잡혔나이다.

간음이란 무엇인가?

깨어있는 마음은 이렇게 말할 것이다. 만일 그대가 어떤 남자를 사랑하지 않으면서 – 어쩌면 그 남자는 그대의 남편일 수도 있다 – 그 사람과 잠자리를 한다면, 그것이 간음이다. 만일 그대가 어떤 여인을

사랑하지 않으면서 – 어쩌면 그녀는 그대의 아내일 수도 있다 – 그 여인과 잠을 잔다면, 그것이 간음이다. 그대는 그녀를 착취하는 것이고, 그녀를 속이는 것이다.

그러나 이것은 바리새인들, 청교도주의자들, 서기관과 학자들이 생각하는 간음의 정의가 아니다. 그들이 내리는 정의는 합법적이다. 그러나 그들의 정의는 깨어있는 의식이나 사랑으로부터 나온 것이 아니다. 그들의 정의는 법정에서 나온 것이다. 그 여인이 그대의 아내가 아닌데 그녀와 함께 잠을 자는 것이 발각된다면, 그것이 간음이다. 그것은 단지 법적인 문제다. 기술적인 문제다. 거기에 가슴은 고려되지 않는다. 오로지 법뿐이다. 그대는 그 남자나 그 여인을 깊이 사랑하고 있을 수도 있다. 하지만 그것은 고려되어야 할 일이 아니다. 무의식적인 마음은 높은 차원의 일을 고려하지 못한다. 오직 가장 낮은 차원의 일만을 다룰 수 있다.

그의 문제는 항상 법적인 일이다. 그녀가 그대의 여자인가? 그대의 아내인가? 그녀와 법적으로 혼인관계인가? 그렇다면 좋은 일이다. 그렇다면 그것은 더 이상 죄가 아니다. 그런데 만일 그녀가 그대의 여자가 아니라면, 그대와 법적으로 혼인관계가 아니라면? 그대는 깊은 사랑에 빠져있을지도 모른다. 그 여인을 무한히 존경하고 있을지도 모른다. 어쩌면 그 여인을 경배하고 있을지도 모른다. 그러나 그것은 죄다. 그것은 간음이다.

이런 삶들이 그 여인을 예수에게 데려왔다. 그리고

* 예수께 말하되 선생이여, 이 여자가 간음하다가 현장에서 잡혔나이다.

얼마 전에 나는 20세기 초에 일본에 있었던 영국 기독교 선교사의 회고록을 읽은 일이 있다. 그가 동경에 갔을 때의 일이다. 그를 초대한 사람이 그를 데리고 시내구경을 시켜주었다. 어떤 공중목욕탕에 들렀을 때, 거기에는 남자와 여자들이 혼욕을 하고 있었다. 그 선교사는 엄청나게 큰 충격을 받았다.

그는 거기에 서서 5분 동안 모든 것을 지켜보고는 안내하던 사람에게 말했다. "공중 장소에서 여자와 남자가 벌거벗고 목욕을 하는 것이 부도덕한 일이 아닙니까?"

안내자가 말했다. "선생님, 이것은 우리나라에서는 부도덕한 일이 아닙니다. 그런데 여기 서서 지켜보는 것은 부도덕한 일입니다. 말씀드리기 죄송합니다만, 저는 선생님 옆에 서 있는 것이 무척 죄스럽게 느껴집니다. 저 사람들이 혼욕을 하고 싶어 하든 말든 그것은 저 사람들의 일입니다. 그것은 저들의 자유입니다. 그런데 선생님은 왜 여기에 서 계시는 겁니까? 이것은 잘못된 일입니다. 비도덕적입니다."

선교사의 입장은 매우 평범한 것이고 안내자의 입장은 매우 이례적인 것이다.

이 사람들이 말한다.

* 선생이여, 이 여자가 간음하다가 현장에서 잡혔나이다.

그런데 그들은 거기에서 무엇을 하고 있었는가?

그들은 훔쳐보고 있었는가? 아니면 도대체 어떤 사람들인가? 그들은 거기서 무엇을 하고 있었는가? 왜 그들이 상관해야 하는가?

이 여인의 삶은 그녀의 것이다. 그녀가 자신의 삶을 어떻게 보내기를 원하는가는 그녀가 상관할 일이다. 그것에 참견하는 그들은 누가 인가? 그러나 청교도주의자, 도덕주의자들은 항상 다른 사람의 삶을 참견한다. 그들은 민주적이 아니다. 매우 독재적이다. 그들은 사람들을 조종하고 비난하고 싶어 한다.

그리고 그들이 말한다.

* 선생이여, 이 여자가 간음하다가 현장에서 잡혔나이다.

그들은 그녀가 사랑행위를 하고 있는 동안 그 여인을 잡았다.

한 가지 더, 남자는 어디에 있는가? 그녀가 혼자서 간음하고 있었는가? 이 사건에 대해서 이런 질문을 하는 사람은 아직까지 아무도 없었다. 나는 기독교 서적들을 많이 읽어보았지만오쇼는 깨닫고 난 후에도 십만 권의 책을 읽었다고 함 아무도 이런 질문을 하는 사람은 없었다. '남자는 어디에 있는가?'

이 사회는 남자들의 사회다. 잘못한 사람은 항상 남자가 아니라 여자다. 남자는 완전히 자유롭게 활보할 것이다. 그는 어쩌면 그 바리새인일지도 모른다. 그는 어쩌면 존경받는 사람일지도 모른다. 그러나 여인은 비난받아야 한다. 이런 생각을 해본 적이 있는가? 창녀들은 비난받는다. 그런데 창녀들과 같이 잠을 잔 사람들은 어디에 있는가? 그 사람들은 어디에 있는가? 그들은 어쩌면 비난하고 있는 바로 그 사람일지도 모른다.

이제 모라르지 데사이Morarji Desai가 이 나라에 금주령을 내리고 싶어 한다. 그런데 그의 내각에 있는 17명의 장관 중에서 12명이 주정뱅이들이다. 12명이다! 데사이는 술을 마시지 않는다. 그건 사실이다.

그런데 그는 자신의 소변을 마신다. 그것은 훨씬 더 나쁘다! 그런 그가 이 나라에 금주령을 내리고 싶어 한다. 강제로 집행하고 싶어 한다. 어쩌면 자기가 술을 마시지 못하니까 다른 사람들에게 복수하고 싶은 것인지도 모른다.

청교도주의자들은 항상 추한 사람들이다. 그들은 자신의 삶을 살지 않는다. 그러면서 다른 사람들도 삶을 살지 못하게 한다. 그들의 유일한 즐거움은 어떻게 하면 다른 사람들의 즐거움을 파괴하느냐이다. 어떻게 하면 다른 사람들의 축제를 망쳐놓느냐이다.

자, 이 사람들은 거기에서 무엇을 하고 있었는가? 그들은 다른 할 일이 없었는가? 그들에게는 사랑할 여인이 없었는가? 이들은 도대체 어떤 종류의 사람들인가? 그들은 틀림없이 누가 간음을 저지르는지 찾으러 다니는 약간 변태적인 성향이 있는 사람들이었을 것이다. 그리고 남자는 어디에 있는가? 항상 여자만 비난 받는다.

왜 그 여자가 비난받아야 하는가? 여자는 여자일 뿐이고, 남자는 지배자이기 때문이다. 그리고 모든 법률이 남자들에 의해 만들어졌기 때문이다. 그 법률들은 아주 편파적이다. 모든 법정에서는 여자가 간음한 것이 발각되었을 때 그 여인에게 어떤 벌을 내릴지에 대해서만 말하고 남자에게 어떤 벌을 내릴지에 대해서는 아무런 말도 하지 않는다. 아니, 그들은 이렇게 말한다. "남자애들은 남자애들이다. 그리고 남자애들은 커서도 남자애들이다." 문제는 항상 여자에게 있다.

남자가 여자를 강간한다고 해도 여자가 비난을 받는다. 강간한 남자가 아니라 강간을 당한 여자의 위신이 추락한다.

아주 추한 현상이다. 이것은 종교적이라고 불릴 수 없다. 그것은 매우 정치적이다. 근본적으로 남자에게 유리하고 여자에게 불리하다.

그리고 그대들의 소위 도덕주의자들은 모두 그런 식으로 해왔다.

인도에서는 남편이 죽으면 아내도 그와 함께 화장되어야 한다. 그래야만 그 여자는 도덕적이라고 여겨진다. 그녀는 사띠Sati : 시바신의 아내, 남편 시바가 아버지 다크사에게 부당한 대우를 받는 것에 절망하여 남편의 명예를 지키기 위해 훨훨 타오르는 불 속으로 몸을 던져 죽음으로써 힌두교에서 가장 이상적인 아내상으로 받아들여짐. 그녀의 행위를 본받아 남편이 먼저 죽으면 아내가 따라 죽는 관습이 생겨남. 이 관습도 sati라고 함가 되어야 한다. 남편과 함께 죽어야 한다. 만일 여자가 따라 죽지 않으면, 그것은 그 여자가 부도덕하다는 것을 의미한다. 그것은 그녀가 남편 없이 살기를 원했거나, 아니면 남편이 죽기를 원했고, 이제는 자유를 얻어 다른 사람과 사랑에 빠지고 싶어 한다는 것을 의미한다.

인도에서는 일단 남편이 죽으면 여자에게는 더 이상 삶이 없다고 생각한다. 남편이 그녀의 삶 전체다. 남편이 가면 그녀도 따라가야 한다. 그런데 아내가 죽을 때 남편이 어떻게 해야 한다는 말은 없다. 아내를 따라 죽어야 한다는 등의 말이 없다. 아니, 그런 것은 문제가 아니다. 여자가 죽으면 즉시로 – 인도에서는 그런 일이 매일 일어난다. – 아내를 화장하고 난 뒤에 집에 돌아와서 새장가를 생각한다. 어디서 새 아내를 찾을지, 어떻게 찾을지, 단 하루도 주저하지 않는다.

남자에게 요구되는 도덕률이 다르고, 여자에게 요구되는 도덕률이 다르다. 그렇다면 그것은 매우 의식 없는 도덕률이다. 그리고 매우 비도덕적인 도덕률이다.

내가 정의하는 도덕률은 자각이다. 자각은 남자도 아니고 여자도 아니다. 자각은 그저 자각일 뿐이다. 자각한 가운데 결정된 것은 계급이 없고, 육체와 카스트와 신앙의 구분을 초월한다. 그리고 오직 그때만이 도덕적이다.

* 모세는 율법에 이러한 여자를 돌로 치라 명하였거니와 선생은 어떻게 말하겠나이까?

저희가 이렇게 말함은 고소할 조건을 얻고자 하여 예수를 시험함이러라. 예수께서 몸을 굽히사 손가락으로 땅에 쓰시니

이것은 함정이었다. 그들은 예수에게 올가미를 씌우고 싶었다. 그런 여자는 돌에 맞아야 한다고 모세가 말했기 때문이다. 남자에 대해서는 아무 것도 말하지 않았다. 모세는 이렇게 말했다. : 그런 여자는 돌로 쳐서 죽여야 한다. 이제 그들은 예수를 곤경에 빠뜨리고 있다. 만일 예수가 "좋다. 모세가 말한 대로 하라."라고 말한다면 그들은 그를 고소할 수 있다. 예수는 항상 사랑과 자비와 친절과 용서를 말하였기 때문이다. 그러면 그들은 이렇게 말할 수 있다. "당신이 말하는 사랑은 어디로 갔습니까? 당신이 말하는 용서는 어디로 갔습니까? 이 여인을 돌로 쳐서 죽이라고요? 그것은 잔인하고 가혹합니다."

약은 사람들이다.

그리고 만일 예수가 "이것은 옳지 않다. 모세는 옳지 않다."라고 말한다면 그들은 이렇게 말할 수 있다. "그렇다면 당신은 모세를 파괴하러 온 것입니까? 그렇다면 당신은 우리의 종교를 파괴하고 뒤엎으려고 온 것입니까? 당신은 사람들에게 이렇게 말하고 있었습니다. '나는 파괴하러 온 것이 아니라 완성시키기 위해 왔다.' 그러면 그 말

은 어떻게 된 것입니까? 만일 당신이 완성시키러 왔다면 모세의 율법을 따라야 하지 않습니까?" 그들은 딜레마를 만들어내고 있다. 이것이 함정이다. 그들은 그 여인에 대해서는 관심이 없다. 그들의 진짜 목표는 예수다. 이 여인은 단지 구실일 뿐이다. 그래서 이런 문제를 가져왔다. 그들이 '현장에서' 라고 말한 이유가 바로 거기에 있다. 따라서 이것은 그 여인이 정말로 간음을 했는지 안 했는지를 결정하는 문제가 아니다. 그렇지 않다면, 예수는 빠져나갈 구실을 만들 수 있다. 그는 말할 것이다. "먼저, 그 일이 정말로 일어난 일인지 확인하라. 증인을 데려와라. 먼저 그것부터 확인하라." 그러면 그 일은 몇 년이나 끌 수도 있는 문제이다. 그래서 그들은 이렇게 말했다. "바로 현장에서! 간음을 하고 있는 중에 잡아 왔습니다. 우리 모두가 증인입니다. 따라서 다른 것을 결정할 것은 없습니다. 율법은 명백합니다. 모세는 그런 사람을 돌로 치라고 했습니다."

* 선생은 어떻게 말하겠나이까?

"당신은 모세의 말에 동의합니까? 동의한다면, 당신이 말하는 사랑이나 자비는 무엇입니까? 그것이 당신의 메시지 전체인데, 그것은 어떻게 되는 겁니까? 만일 동의하지 않는다면, 완성하러 왔다는 말은 무슨 뜻입니까? 당신은 모세의 율법을 파괴하러 왔습니까? 그러면 당신이 모세보다 더 높다고 생각하는 것입니까? 당신이 모세보다 더 많이 안다고 생각하십니까?"

* 저희가 이렇게 말함은 고소할 조건을 얻고자 하여 예수를 시험함이러

라. 예수께서 몸을 굽히사 손가락으로 땅에 쓰시니

그런데 왜? 어째서 예수는 몸을 굽혔을까? 왜 땅바닥에다가 쓰기 시작했을까?

그들은 강둑에 있었다. 예수는 모래사장에 앉아있었다. 왜 그는 모래 위에 쓰기 시작했을까? 무슨 일이 일어난 것인가?

이해해야 할 것이 하나 있다. 그것은 항상 예민한 문제다. 예를 들어보자. 만일 내가 붓다가 한 말 중에서 잘못된 것을 발견한다면, 그가 잘못되었다고 말하기 위해서는 상당히 주저해야 한다. 그가 잘못될 수는 없다. 그가 잘못된 것이 아니라 틀림없이 전통이 그를 잘못 해석했을 것이다. 뭔가가 틀림없이 왜곡되었을 것이다. 붓다는 잘못될 수가 없다. 그러나 이제 와서 그것이 잘못되었다고 번복할 방법은 없다. 경전에는 그것이 명백하게 기록되어 있기 때문이다.

예수는 망설인다. 예수는 걱정이 된다. 그는 모세를 반대해서는 단 한 마디도 말하고 싶지 않다. 그러나 말해야 한다. 따라서 망설인다. 그는 모세를 반대해서 말하고 싶지 않다. 왜냐하면 모세가 그런 식으로 말할 리가 없기 때문이다. 그는 모세가 그렇게 말할 리가 없다고 속으로 느끼고 있다. 그러나 마음속의 느낌으로 결정을 내릴 수는 없다. 그러면 사람들은 이렇게 말할 것이다. "당신은 누구입니까? 우리가 왜 당신의 느낌 같은 것에 신경을 써야 합니까? 우리에게는 조상들로부터 물려받은, 글로 적힌 법전이 있습니다. 거기에 명백하게 적혀 있습니다!"

예수는 모세에 반대해서는 아무 것도 말하고 싶지 않았다. 왜냐하면 예수는 정말로 모세를 완성하기 위해 왔기 때문이다. 깨달은 사람은 항상 그보다 먼저 있었던 모든 깨달은 사람들을 완성시킨다. 때로는 그들에 반대해서 말한다고 할지라도 그것 또한 그들을 완성시키는 것이다.

그들에 반대해서는 아무 것도 말할 수가 없기 때문이다. 그리고 그가 그들에 반대되는 것을 말한다고 느껴진다면, 그것은 그가 전통과 경전에 반대되는 것을 말하는 것이다. 그런데 그것이 모세에 반대되는 것을 말하는 것처럼, 붓다에 반대되는 것을 말하는 것처럼, 아브라함에 반대되는 것을 말하는 것처럼 보인다. 그래서 그는 몸을 굽힌다. 모래를 바라보면서 뭔가를 쓰기 시작한다. 그는 어떻게 해야 할지 곤경에 처해있다. 빠져나올 길을 찾아야 한다.

그는 모세에 반대하지 않으면서도 율법 전체를 뒤흔들어 놓을 방법을 찾아야만 한다. 그리고 그는 정말로 아주아주 기적적인 대답, 마술과 같은 대답을 찾아낸다.

* 저희가 묻기를 마지 아니하는지라. 이에 일어나 가라사대 너희 중에 죄 없는 자가 먼저 돌로 치라 하시고

정말로, 믿을 수 없을 정도로 멋진 말이다. 그것이 그가 머뭇거리며 숙고한 결과였다. 그는 중도를 발견했다. 그는 단 한 마디도 모세에 반대하는 말을 하지 않았고 모세를 긍정하지도 않았다. 이것이 이해해야 할 민감한 부분이다.

예수는 정말로 완벽하게 지성적이었다. 교육을 제대로 받지 않았지만 완벽하게 지성적이다. 무한한 자각을 소유한 사람이다. 그렇지 않았다면 빠져나올 방법을 찾지 못했을 것이다.

그는 말한다.

* 너희 중에 죄 없는 자가

그는 말한다. "완벽하게 옳다." 모세가 옳다고 직접적으로 말하는 것이 아니다. 그는 말한다. "완벽하게 옳다. 모세가 그렇게 말한다면 그래야 한다. 그런데 누가 먼저 이 여인에게 돌을 던져야 하겠는가?"

* 너희 중에 죄 없는 자가 먼저 돌로 치라 하시고

'자, 시작하자. 그런데 죄가 없는 자만,'
이것이 예수가 가져온 새로운 가르침이다. 그대는 그대가 죄가 없을 때만 정죄할 수 있다. 그대가 죄가 없을 때만 벌을 내릴 수 있다. 만일 그대도 똑같은 죄인이라면, 이 문제의 핵심이 무엇인가? 그러면 누가 누구를 벌하겠는가?

* 다시 몸을 굽히사 손가락으로 땅에 쓰시니

왜 그는 다시 몸을 굽혔는가? 그는 틀림없이 두려웠을 것이다. 어디서나 바보들은 있게 마련이다. 그는 모든 사람들이 한두 번, 또는 그 이상의 죄를 저질렀다는 것을 알고 있다. 만일 죄를 짓지 않았다면, 생각으로는 죄를 짓고 있다는 것을 알고 있다. 생각으로 범하는 죄도 똑같은 죄이다.

생각하거나 행동으로 옮기거나, 그 둘에는 차이가 없다. 명심하라.

이것이 죄sin와 범죄crime의 차이점이다. 범죄는 행동으로 나온 것이다. 행동으로 나와야만 범죄가 된다. 생각으로는 얼마든지 할 수 있다. 그러나 그것을 행동으로 옮기지 않으면 어떤 법정에서도 그대를 벌할 수 없다. 그것은 범죄가 되지 않기 때문이다. 법정에서는 오직 범죄만을 다룬다. 죄를 다루는 것이 아니다. 그렇다면 죄는 무엇인가? 만일 그대가 어떤 사람을 살해하고 싶다고 생각한다면, 어떤 법정에서도 그것에 대해 벌을 내릴 수 없다. 그대는 이렇게 말할 수 있다. "그렇다. 나는 평생 동안 그런 생각을 하고 있었다." 하지만 생각은 법정이 관할하는 범위를 넘어서 있다. 그대는 무엇이든 생각할 수 있다. 누군가를 죽이는 꿈을 꾸고 있다는 이유로 벌을 내릴 수는 없다. 그런 꿈은 매일 꿀 수도 있다. 계속해서 원하는 만큼 많은 사람들을 죽일 수도 있다. 그러나 그것이 현실로 옮겨지지 않는 한, 법정에서는 그대를 체포할 수 없다. 만일 그것이 그대로부터 나와 행동으로 옮겨져 사회에 악영향을 주게 된다면, 그때 그것은 범죄가 된다. 생각만으로 머물러 있는 것, 그것은 죄다. 신은 계속해서 그대의 생각을 읽는다. 신은 그대의 행동을 읽을 필요도 없다. 하지만 판사는 행동을 읽는다. 생각을 읽을 수는 없다. 그는 독심술사가 아니다.

그런데 신에게는 그 둘에 차이가 없다. 생각만 하건 아니면 행동으로 옮기건 그 둘은 같은 것이다. 생각하는 순간, 그것은 행한 것이다.

그러므로 예수는 말한다. : 너희들 중에 죄sin 없는 자가 – '범죄crime가 없는' 이 아니다. – 먼저 돌로 치라.

생각하면 이미 죄를 지은 것이라는 말은 아주 오래 전부터 알려진 것이다.

* 다시 몸을 굽히사

왜 이 때 몸을 다시 굽혔을까? 만일 그가 사람들을 계속 쳐다보고 있으면 그것이 그들을 자극할 수도 있기 때문이다. 만일 그가 사람들을 계속 쳐다보고 있으면, 누군가 예수의 시선에 모욕을 느껴 불쌍한 여인에게 돌을 던질 수도 있었다. 예수는 사람들을 자극하고 싶지 않았다. 그래서 물러섰다. 그저 몸을 굽히고 모래 위에 쓰기 시작했다. 마치 거기에 없는 사람처럼. 그는 거기에 존재하지 않는 것처럼 되었다. 그의 존재 자체가 상황을 위험하게 만들 수 있었기 때문이다. 그들은 예수에게 올가미를 씌우려고 왔다. 그런 그들이 예수의 존재를 느끼게 되면 그들 자신의 양심, 그들 자신의 의식을 느끼는 것이 어려울 수 있다. 따라서 예수는 물러나서 사람들이 생각할 수 있는 자유를 주었다. 그는 개입하지 않았다. 그의 존재가 간섭하는 것처럼 될 수도 있었다. 만일 예수가 그들을 계속 바라보고 있었다면 그것이 그들의 에고를 모욕하게 될 것이고, 그러면 그들이 거기서 도망치는 것이 어렵게 될 것이다. 만일 누군가가 거기에 있던 마을의 촌장 앞에 서서 지켜보고 있다면 어떻게 그 존경받는 촌장이 도망칠 수 있겠는가? 그리고 만일 그가 여인에게 돌을 던지지 않고 도망을 친다면, 그것은 자기가 죄인임을 증명하는 것이 될 것이다.

그는 다시 몸을 굽혀 모래 위에 쓰기 시작한다. 그들에게 기회를 주는 것이다. 도망치고 싶다면 도망칠 수 있도록.

* 저희가 이 말씀을 듣고 양심의 가책을 받아

예수는 그들을 그대로 내버려두었다. 바로 이것이 예수의 아름다움이다. 그의 존재가 그들에게 간섭일 수도 있기에, 그는 더 이상 거기에 있지 않았다. 그러자 그들의 양심이 찔리기 시작했다. 그들도 알고 있었다. 어쩌면 그들은 이 여인을 여러 번이나 탐냈을지도 모른다. 그리고 어쩌면 그들 자신이 과거에 그 여인을 품었을지도 모른다. 어쩌면 이 여인은 창녀이고 존경받는 사람들 모두가 돌아가면서 그녀와 사랑을 했을지도 모른다. 한 여자가 몸을 판다는 것은 그 마을 거의 전체가 연루되어 있음을 의미하기 때문이다.

옛날 인도에서는 창녀를 나가르바두nagarvadhu, 곧 '마을의 아내'라고 불렀다. 꼭 맞는 이름이다.

그러므로 이 모든 사람들이 어떤 식으로든 이 여인과, 또는 다른 여인과 연루되었음이 틀림없다. 행동으로가 아니면 생각으로라도 말이다.

내 느낌으로는 그때가 저녁 해질 무렵이었음에 틀림없다. 날이 점점 어두워지고 예수는 몸을 굽혀 모래 위에 쓰고 있다. 서서히 사람들이 어둠 속으로 사라지기 시작한다.

* 어른으로 시작하여 젊은이까지 하나씩 하나씩 나가고 오직 예수와 그 가운데 섰는 여자만 남았더라.

먼저 가장 나이가 많은 사람이 가버렸다. 물론 오래 살았기 때문에 죄도 그만큼 많이 졌기 때문이다. 젊은 사람은 그렇게 큰 죄인은 아닐 수도 있다. 그들은 아직 충분한 시간이 없었다. 그러나 가장 나이가 많은 사람이 먼저 가버렸다. 맨 앞에 서 있었던 사람들, 그들은 천천히 뒤로 물러났다. 그리고는 도망쳤다. 예수가 정말로 큰 문제를 일으켰기 때문이다. 그는 그 상황을 완전히 바꿔놓았다. 그들은 예수를 함정에 빠뜨리려고 왔지만 도리어 그들이 함정에 빠졌다.

예수나 붓다를 함정에 빠뜨릴 수는 없다. 불가능한 일이다. 도리어 그대가 함정에 빠질 것이다. 그대는 낮은 차원에 존재한다. 그런 그대가 어떻게 높은 차원의 그들을 함정에 빠뜨릴 수 있겠는가? 그저 어리석을 뿐이다. 높은 차원에 있는 사람은 그대를 즉시 함정에 빠뜨릴 수 있다. 높은 곳에서는 그대의 존재 전체가 다 보이기 때문이다.

예수는 거기에 모여 있던 사람들의 양심을 꿰뚫어보았음이 틀림없다. 그에게는 그것이 가능했다. 그는 사람들이 저지른 온갖 종류의 죄가 머리를 치켜드는 것을 보았다. 사실, 그들은 거기에 서 있으면서도 그 여인을 어떻게 하면 차지할 수 있을까를 생각하고 있었다. 어쩌면 그들은 다른 누군가가 죄를 저질렀고 자기들에게는 기회가 주어지지 않았다는 것에 화가 나 있었을지도 모른다. 어쩌면 그들은 단지 질투하고 있었을지도 모른다. 아니면 그 여자와 간통한 남자 대신에 자기들이 거기에 있었으면 하는 바람을 갖고 있었을지도 모른다. 예수는 위에서 그들의 가슴속을 내려다보았음이 틀림없다. 그래서 이번에는 예수가 그들에게 올가미를 던졌다. 그들은 자기들이 파놓은 함정을 완전히 잊어버렸다. 그들은 모세나 율법에 대해 아무 것도 기억해낼 수 없었다. 사실, 그들은 모세나 율법에 대해서는 신경도 쓰지 않았다. 이것을 이해해야 한다.

그들은 이 여인에게 돌을 던지는 일에, 그런 폭력과 살인을 즐기는 데에 더 관심을 갖고 있었다. 죄를 지은 자를 벌하는 일에 관심을 갖고 있었던 것이 아니었다. 그것은 단지 구실에 지나지 않았다. 그들은 이 여인을 살해하는 기회를 놓칠 수가 없었다. 그래서 모세를 이용한 것이었다.

모세는 수없이 많은 말을 남겼다. 그들은 모세의 다른 수많은 말에는 관심이 없었다. 그들은 오직 한 가지에만 관심을 가졌다. 간음하는 여자를 잡으면 그녀에게 돌을 던질 수 있다고 한 말. 그들은 이 살인과 폭력의 아주 좋은 기회를 놓칠 수 없었다. 율법에 따라서 폭력을 저지를 수 있다는데 누가 그 기회를 놓치겠는가? 그들은 폭력을 즐기는 것뿐만 아니라 자기들이 모세를 추종하는 도덕적인 사람, 매우 율법적인 사람이라는 사실을 즐길 것이다. 그런데 한 순간에 그 모든 것을 다 잊어버렸다. 예수의 작은 반격에 그들은 모세에 대해서는 완전히 잊어버렸다. 예수가 상황 전체를 바꿔놓았다. 그는 그들의 마음을 여인에게서 자신들에게로 돌려놓았다. 그는 그들을 변형시켰다. 그들을 180도로 돌려놓았다. 그들은 그 여인과 모세와 예수에 대해서 생각하고 있었다. 그런데 예수는 그들의 태도를 완전히 바꿔놓았다. 그 사람들 자신이 곧 목표가 되도록 만들었다. 그들의 의식을 돌려놓은 것이다.

이제 예수는 말한다. "그대의 내면을 들여다보라. 만일 그대가 죄를 지은 일이 없다면, 그때는 이 여자를 죽여도 좋다."

* 예수께서 일어나사

예수는 모두가 가버린 것을 보았다.

* 하나씩 하나씩 나가고 오직 예수와 그 가운데 섰는 여자만 남았더라.

예수께서 일어나사 여자 외에 아무도 없는 것을 보시고 이르시되 여자여, 너를 고소하던 그들이 어디 있느냐 너를 정죄한 자가 없느냐

이제 그는 이렇게 말하고 있는 것이 아니다. "내가 너를 고소한다."

* 여자여, 너를 고소하던 그들이 어디 있느냐

그는 단 한 순간도 그 일에 끼어들지 않았다. 그는 죄를 판결하지도 비난하지도 않았다. 그런 말을 여인에게 한 마디도 하지 않았다. 그는 단지 이렇게 말한다.

* 여자여, 너를 고소하던 그들이 어디 있느냐 너를 정죄한 자가 없느냐

그들이 모두 가버렸는가? 그대에게 돌을 던진 사람이 아무도 없는가?

* 대답하되 주여 없나이다.

그녀는 틀림없이 예수에게 깊은 존경심을 느꼈을 것이다. 예수는 그녀를 구해주었을 뿐만 아니라 어떤 식으로도 그녀를 비난하지도 않았다. 그는 그녀를 영적으로도 구해주었다. 틀림없이 그녀는 사랑과 자비 외에는 아무 것도 없는 예수의 눈을 바라보았을 것이다.

이런 사람이 종교적인 사람이다. 도덕주의자는 항상 비난하고 죄를 고소하지만, 종교적인 사람은 항상 받아들이고 용서한다.

* 예수께서 가라사대 나도 너를 정죄하지 아니하노니 가서 다시는 죄를 범치 말라 하시니라

예수는 말한다. "지나간 일은 걱정할 필요가 없다. 과거는 과거다. 지나간 일은 지나간 일일 뿐이다. 다 잊어버려라. 그러나 이 일로 인해 배울 것은 배워라. 이번 일이 잘못된 일이었다고 생각되거든 앞으로는 같은 실수를 저지르지 마라. 나는 그대를 정죄하지 않는다."

* 나도 너를 정죄하지 아니하노니

'그런데 만일 그대가 잘못을 저질렀다고 스스로 느낀다면, 앞으로는 그대가 할 탓이다. 다시는 그렇게 하지 마라. 지나간 일은 잊어버리되, 같은 일을 반복하지는 마라.'

이것이 바로 모든 붓다들, 모든 그리스도들, 그리고 모든 크리슈나들이 남긴 메시지의 전체다. : 과거는 잊어버려라. 그리고 만일 그것이 잘못임을 이해한다면, 다시는 그렇게 하지 마라. 그것으로 충분하다. 거기에 어떤 벌도, 어떤 정죄도 없다. 그대가 어떤 일을 저질렀다면, 그대도 어쩔 수가 없는 일이었다. 그대는 깨어있지 않은 상태이고 한계가 있다. 그대에게는 욕망이 있다. 충족되지 못한 욕망이 있다. 그대가 무엇을 하였든 그것은 그대가 할 수 있었던 유일한 일이었다. 그러니 그대를 고소하고 비난할 일이 뭐가 있겠는가? 할 수 있는 것은 딱 한 가지다. 그대의 의식을 더 높이 고양하는 것이다.

그 여인은 틀림없이 높은 의식 속으로 들어갔을 것이다. 그녀는 자기가 죽임을 당할까봐 두려웠을 것이다. 그런데 이 사람이, 단 한 마

디 말로 그녀를 죽음으로부터 구했다. 그뿐만 아니라 자기를 비난하던 사람들이 모두 사라졌다. 이 사람이 기적을 행한 것이다! 그들은 그녀를 죽이지도 않았고, 그들 스스로가 부끄러움을 느껴 어둠 속으로 마치 도둑처럼 도망쳤다. 이 사람은 마술사다.

그리고 이제 그가 이렇게 말한다. "나는 그대를 비난하지 않는다. 그대가 뭔가 잘못을 저질렀다고 느낀다면, 다시는 그렇게 하지 마라. 그걸로 충분하다." 그가 그녀를 변형시켰다.

이것이 소위 마약하는 사람들이 말하는 '감염도취마약 도취자와 접하거나 냄새만 맡아도 취하는 것'이다. 예수는 정상에 올라있다. 그런데 그대가 그에게 가까이 다가가면 그대 또한 높이 올라가기 시작한다. 이것이 동시성이다. 인과가 아니다. 그 여인은 스스로를 비난하면서, 스스로 부끄러워하면서, 자살까지 생각하면서 그곳에 끌려왔을 것이다. 그런데 예수가 그녀를 올려주었다. 그녀를 변형시킨 것이다.

* 대답하되 주여 없나이다.

예수는 그녀에게 주님이 되었다. 신이 되었다. 그녀는 이전에는 그와 같이 신처럼 보이는 사람을 본 적이 없었다. 비난하지 않자 그가 신이 되었다. 정죄하지 않자 그가 신이 되었다. 단지 그의 존재만으로, 그리고 그가 말한 단 한 마디로, 그 모든 사람들이 사라지고 그녀는 구원받았다. 몸만 구해진 것이 아니라 영혼도 구원받았다. 예수는 전혀 개입하지 않았다. 비난하지 않았고 정죄의 말은 단 한 마디도 하지 않았다. 그는 단지 이렇게 말했을 뿐이다. "과거를 반복하지 마라." 그 이상 덧붙이지 않았다. "과거는 과거일 뿐이다. 지난 일은 지난 일일 뿐이다. 새롭게 되어라. 모든 것이 좋다. 그대는 용서받았다."

예수는 용서로 많은 사람들을 변형시켰다. 그런데 그것이, 그가 사람들을 용서하는 것이 사람들이 그를 고소할 조건이 되었다. 그가 누구이기에 용서를 하는가? 누군가 죄를 지었다면 사회가 그에게 벌을 주어야 한다! 그리고 만일 사회가 벌을 주지 못하고 그 사람이 도망친다면, 사회는 신을 통해서 벌을 준비했다. 지옥으로 떨어져야 한다는 것이다.

힌두교인들도 예수가 그대를 용서할 수 있다는 것에 대해서 매우 반대한다. 그리스도의 이념은 무한하고 아주 위대하며 강력하다. 그런데 힌두교인들은 과거의 까르마Karma, 업에 대해서 그대가 고통을 겪어야 한다고 말한다. 그대가 무엇을 하였든 그것을 원상태로 되돌려놓아야 한다. 악한 일을 했다면 선한 일을 해야 한다. 악한 행위에 대한 결과는 오게 되어있다. 그대는 그 결과를 고통으로 겪어야 한다. 힌두교인들은 예수의 생각에 동의하지 않을 것이다. 불교도도 그렇고, 자아니교도도 그렇고, 유대인들도 동의하지 않을 것이다. 어떻게 그가 용서를 할 수 있단 말인가?

그러나 나는 말한다. 그런 깨달음에 이른 사람은 용서할 수 있다. 그가 용서함으로써 그대가 용서받는 것이 아니다. 그러나 만일 그 자각이, 그 위대한 자각이 그대에게 이런 느낌을 줄 때 – '아무 것도 잘못된 것이 없다. 걱정하지 마라. 그대는 먼지를 털어내듯이 과거를 털어낼 수 있다. 과거로부터 벗어나라.' – 바로 그것이 그대에게 엄청난 용기를 주고, 엄청난 열정을 주고, 새로운 가능성과 새로운 문을 열어줄 것이다. 그리고 그대는 그것으로부터 자유를 얻고 즉각 그것을 뛰어넘는다.

여기에서 고해confession라는 개념이 나왔다. 그런데 지금의 고해는 그런 식으로 행해져야 할 것이 아니다. 왜냐하면 고해를 받는 사람이 그대와 똑같이 평범한 사람이기 때문이다. 고해를 할 때 신부는 그대를 진정으로 용서하는 것이 아니다. 그는 어쩌면 마음 속 깊은 곳에서는 비난하고 있을지도 모른다. 그의 용서는 그저 보여주는 것일 뿐이다. 그는 평범한 사람이다. 그대 보다 더 높은 의식이 있는 것이 아니다. 용서는 오직 높은 곳으로부터 흘러내릴 수 있다. 오직 높은 산에서부터 물은 평지로 흘러내릴 수 있다. 오직 예수나 붓다 같은 사람들로부터 용서는 흘러나올 수 있다. 그리고 예수나 붓다와 같은 사람이 있을 때, 단지 그가 만지는 것만으로, 단지 그가 바라보는 것만으로 그대의 모든 과거와 모든 까르마가 용서 받기에 충분하다.

나는 전적으로 예수에 동감한다. 그는 인류에게 새로운 시각을 가져다준다. 자유를 얻는 것. 힌두교와 자이나교, 그리고 불교의 개념은 매우 평범하고 수학적이다. 거기엔 아무런 마술이 없다. 매우 논리적이지만 그 안에 사랑이 없다. 그러나 예수는 세상에 사랑을 가져온다.

마/가/복/음 9장

33. 가버나움에 이르러 집에 계실새, 제자들에게 물으시되, 너희가 노중에서 서로 토론한 것이 무엇이냐 하시되
34. 저희가 잠잠하니, 이는 노중에서 서로 누가 크냐 하고 쟁론하였음이라
35. 예수께서 앉으사 열 두 제자를 불러서 이르시되, 아무든지 첫째가 되고자 하면 뭇사람의 끝이 되며, 뭇사람을 섬기는 자가 되어야 하리라 하시고
36. 어린아이 하나를 데려다가 그들 가운데 세우시고 안으시며 제자들에게 이르시되
37. 누구든지 내 이름으로 이런 어린아이 하나를 영접하면 곧 나를 영접함이요, 누구든지 나를 영접하면 나를 영접함이 아니요 나를 보내신 이를 영접함이니라.

요/한/복/음 8장

52. 유대인들이 가로되
53. 너는 이미 죽은 우리 조상 아브라함보다 크냐. 또 선지자들도 죽었거늘 너는 너를 누구라 하느냐
54. 예수께서 대답하시되
56. 너희 조상 아브라함은 나의 때 볼 것을 즐거워하다가 보고 기뻐하였느니라.
57. 유대인들이 가로되 네가 아직 오십도 못되었는데 아브라함을 보았느냐
58. 예수께서 가라사대 진실로 진실로 너희에게 이르노니, 아브라함이 나기 전부터 내가 있느니라.

7장

꼴찌가 되는 즐거움 속에 이미 그대는 첫째이다

에고는 미묘하다. 그 방식이 미묘하다. 그 작용이 매우 복잡하다. 그것은 하나의 수수께끼다. 풀리지 않는 수수께끼다. 탐구해 볼 수는 있지만 풀리지는 않는다. 해답은 없다. 왜냐하면 수수께끼는 에고에게 우연한 것이 아니기 때문이다. 에고 자체가 수수께끼다. 만일 그것이 우연한 것이라면 거기에는 해답이 있을 것이다. 에고 자체가 수수께끼고 그것이 에고의 본성이다. 그러므로 그것을 풀려고 하는 모든 노력은 그것을 더 복잡하고 더 어렵게 만든다.

에고와 싸우는 것은 그대 자신과 싸우는 것이다. 그런 싸움에서는 절대로 승리가 있을 수 없다. 에고는 싸움으로 패배시킬 수 있는 것이 아니다. 싸움은 그대 자신을 둘로 갈라놓을 것이다. 공격하는 자와 공격당하는 자. 어디서 싸울 것인가? 그것은 에고가 둘로 나누어지는 것이 될 뿐이다. 때로는 어느 한 쪽이 이긴 것처럼 할 수 있고 때로는 상대편이 이긴 것처럼 할 수도 있다. 그러나 아무도 이기지 못한다. 그 싸움은 끝없이 계속되고 그러는 동안 에너지는 소진된다. 그러는 동안 삶은 허비된다. 기억하라! 그대는 에고와 싸울 수 없다.

그렇다면 에고를 억누를 수는 있을까? 사람들은 그것도 해보았지만 도움이 되지 않았다. 에고를 억누르면, 에고는 그대 속으로 더 깊이 들어간다. 제거되기는커녕, 그대는 더욱더 그것에 독살 당한다. 에고를 억압할 때, 그대는 무엇을 하게 되나? 무의식 속으로 억지로 밀어 넣을 것이다. 그러면 에고는 밑으로 들어가기 시작한다. 그러나 무의식은 의식보다 훨씬 더 강력하다. 의식 속에 있는 에고는 힘이 그다지 세지 않다. 하지만 일단 에고가 무의식 속으로 들어가면 그것은 전보다 아홉 배나 더 강해진다. 에고가 제거되는 것이 아니라, 오히려 그대가 에고의 통제 속으로 더 들어간다. 그리고 한 가지 더, 에고가 무의식이 되면 그대는 그것에 대해서는 아무 것도 알지 못한다. 그것은 그대의 뒤로 가버렸다. 이제는 에고를 볼 수조차도 없다. 이제 그대는 완전히 희생양이다. 그것에 저항해서 자신을 보호할 수 없다. 그대 자신을 그것으로부터 보호하기 위해 어떤 조치를 취할 수도 없다. 에고는 뒤에서 끈을 당긴다. 그대는 꼭두각시가 될 것이다. 에고의 손아귀에 놓일 것이다. 그런데 그대는 그것을 눌러버렸다고 생각한다. 싸움은 도움이 되지 않는다. 억압은 도움이 되지 않는다.

오랫동안 시도되었던 세 번째의 방법이 승화昇華다. 에고를 승화시켜라. 더 높은 차원의 목표와 동일시하라. 그러면 그것은 화려하게 장식된다. 왕관이 씌워진다. 그러면 자연스럽게 그것은 또다시 아주 강력해진다. 그것을 교회와 동일한 것으로 인정하라. 그것을 국가와 동일한 것으로 인정하라. 그것을 그대의 인종 색깔과 동일한 것으로 인정하라. 그것을 그대의 이념 - 사회주의, 공산주의, 파시즘, 기독교, 힌두교 - 과 동일한 것으로 받아들여라. 그것을 어떤 높은 가치, 어떤 유토피아적인 가치와 동일한 것으로 인정하라. 아니면 그것을 신으로 인정할 수도 있다. 그러면 그것은 신의 이름으로 우리를 지배한다. 신은 단지 구실에 지나지 않는다. 진정한 지배권은 에고에게 있다. 이것들이 에고를 다루는 세 가지의 방법이다. 싸우거나 억압하거나 아니면 승화시키는 것. 그러나 어느 것도 도움이 되지 않는다. 아무 것도 도움이 될 수 없다. 에고의 본성 자체가 해답이 없는 것이기 때문이다.

이런 이야기를 들었다.

어떤 어머니가 장난감 가게에서 이렇게 말했다. "이건 어린아이가 갖고 놀기에는 좀 복잡하지 않나요?"

장난감 판매사원이 말했다. "부인, 이 장난감은 교육용 장난감입니다. 아이들이 요즘 세상에 적응하며 살 수 있도록 특별히 고안된 장난감이지요. 어디에다 맞추어놓아도 항상 잘못되게 되어있습니다."

에고가 이런 식이다. 어떤 길도 그대를 그곳에서 나가지 못하게 할 것이다. 거기에는 처방이 없다. 그것을 보는 것만이 올바른 길이다. 에고의 그 복잡함, 그 수수께끼 같은 본질을 보는 것, 그것을 전체적으로 이해하는 것, 바로 그것이 지혜의 시작이다. 그렇게 하지 않으면 에고는 더 미묘한 형태로 올 것이고, 그러면 그대는 훨씬 더 깊게 속을 것이다.

소위 종교적이라고 불리는 사람들이 에고에 속는다. 왜냐하면 에고는 종교라는 커튼 뒤에 숨어서 오기 때문이다. 때로는 겸손함이 되어 나타나고, 때로는 에고가 없는 것처럼 가장하기도 한다. 그것은 이렇게 말할 수도 있다. "나는 완전히 에고가 없다." 그러나 에고는 거기에 있다. 이제는 자신을 완벽하게 가렸다. 이제는 그것의 존재를 의심하지도 못하게 될 것이다. 소위 종교적이라는 사람들을 지켜보라. 거대한 에고의 게임을 보게 될 것이다. 에고가 거기에 있다. 이제는 경건한 모습을 하고 있다. 그러나 에고가 경건해질 때, 그것은 더 위험해진다. 그것은 경건한 독이다. 그대를 아주 깊이 오염시킨다.

평범하고 거친 에고는 그렇게 큰 문제가 아니다. 그것은 누구나 볼 수 있다. 거기에 있는 것이 보인다. 에고의 희생양이 된 사람조차도 그것이 거기에 있다는 것을 알고 있다. 병이 알려진 것이다. 그러나 그것이 경건해지면, 종교의 옷을 입으면, 그때는 희생양도 그 존재를 알지 못한다. 에고의 감옥에서 살고 있으면서 자신이 자유롭다고 생각한다.

처방을 찾으려 하면 더욱더 곤경에 빠진다. 왜 그럴까? 대부분의 처방은 밖에서 주어지기 때문이다. 대부분이라고 할 것도 아니다. 모든 처방이 밖에서 주어진다. 그대는 바깥 어디선가 처방을 발견한다. 다른 누군가로부터 실마리를 찾아낸다.

붓다를 보라. 그는 너무도 겸손하다. - 정말로 그는 그렇다. 겸손함이 거기에 있다. - 그의 얼굴, 그의 단순함, 그의 완전한 순수함을 보라. 거기에서 실마리가 발견된다. 어쩌면 그것이 에고를 제거하는 방법일지도 모른다. 그러나 그것은 방법이 아니다! 그것은 결과이다. 그를 에고 없이 만든, 그의 내면에서 일어난 어떤 것이다. 그의 행동을 본뜬다고 해서 에고가 없어지는 것이 아니다. 행동을 본뜨는 것은 그대를 복사본으로 만들 뿐이다. 에고는 사라지지 않는다. 그대는 붓다가 먹는 음식을 먹고, 붓다가 걸은 길을 걸을 수도 있다. 그를 완벽하게 모방할 수도 있다. 아주 능숙하게 모방할 수도 있다. 그러나 아직도 에고는 거기에 있다. 왜냐하면 붓다의 내면 중심에서 무엇이 일어났는지 볼 수 있는 길이 없기 때문이다. 그대가 볼 수 있는 것은 단지 행위뿐이다.

심리학의 한 학파인 행동주의자들이 인간 안에 영혼이 없다고 말하는 이유가 거기에 있다. 인간은 오직 행위만 있을 뿐이다. 그들은 어떤 특정한 논리를 따른다. 그 논리란 오직 행위만 관찰될 수 있다는 것이다. 영혼은 결코 관찰되지 않았다. 아무도 그것을 본 적이 없다! 그런데 어떻게 영혼이 존재한다고 받아들이겠는가? 존재하는 것은 무엇이나 보여야 한다. 보이는 것만이 존재한다. 그대는 다른 사람의 영혼을 본 적이 있는가? 그대가 보는 것은 모두가 그의 행위이다. 그리고 그대는 알고 있다. 그대의 행위가 그대가 아니라는 것을.

그것은 내면의 일이다. 내면에서 그대는 '나의 행위가 나인 것은 아니다.' 라는 것을 알고 있다. 행위가 밖으로 보이지만, 그대는 그 행위와 완전히 다르기 때문이다. 어떤 사람이 그대 집을 방문한다. 그대는 미소를 짓는다. 그러나 그대는 자신이 미소를 짓고 있지 않다는 것을 안다. 그 미소는 거짓이다. 그저 예의상 하는 일이다. 미소를 지어야 하기 때문에 미소를 짓는다. 그러나 내면 깊은 곳에서는 미소가 없다. 겉으로는 미소를 짓는다. 그것이 그대의 행위다. 행위주의자들은 거기에서 끝난다. 그러나 내면에서는 전혀 미소를 짓고 있지 않다. 그것이 그대의 영혼이다. 그것이 그대다. 더 진정한 그대다. 그저 보여주는 쇼가 아니라 진정한 그대다. 겉으로는 수많은 행위를 하고 있지만 내면에서는 다를 수도 있다. 어쩌면 훨씬 더 다를 수도 있다. 어쩌면 행동의 정반대일 수도 있다.

그러나 그것은 내면을 바라보는 것이다. 객관적인 관찰이 될 수 없다.

그대는 붓다를 바라보고 그의 행위를 지켜본다. 그리고 그의 행위에서 어떤 단서를 잡는다. 또는 예수를 바라보고 그의 행위를 지켜본다. 그리고 마음속에 적기 시작한다. 이런 식으로 앉고, 이런 식으로 선다. 이런 식으로 걷고, 이런 식으로 잠을 잔다. 이런 식으로 음식을 먹고, 이런 것들을 먹는다. 예수는 이런 식으로 무릎을 꿇고 기도를 한다. 그래서 그대도 무릎을 꿇는다. 예수는 기도를 할 때 이런 말을 한다. 하늘을 바라보며 말한다. "아버지, 아바Abba, 당신의 나라가 임하옵시며 당신의 뜻이 이루어지게 하소서!" 그대는 이렇게 말한다. "이제 나는 기도를 안다." 그대는 무릎을 꿇는다. 온 세상의 수많은 사람들이 매일 아침 매일 밤 무릎을 꿇고 예수가 한 말과 똑같은 말을 반복한다. "아바, 우리에게 일용할 양식을 주소서." 그들은 계속 반복한다. 그런데 아무 일도 일어나지 않는다. 기도하는 수없이 많은 사람들이 시간을 낭비하고 있다. 왜냐하면 그것은 기도가 아니라 가식이기 때문이다. 그들은 행위를 배웠지만 그 기도에는 영혼이 없다. 핵심은 어떻게 기도하느냐가 아니라 무엇을 기도하느냐에 있다.

어젯밤에 그람야Gramya가 말했다. 그녀는 산야신sannynsins, 구도를 위해 출가한 수행자이 된 이후로 자기가 누구에게 기도하는지 모르지만 기도가 나온다는 것이다. 이제 그녀는 조금 당황스러워하고 있다. 그녀가 물었다. "제가 신에게 기도하는 건가요? 아니면 당신에게 기도하는 건가요? 그게 아니면 누구에게 하는 건가요? 저는 지금 신에 대해서는 아무 것도 모릅니다." 내가 말했다. "그것이 훨씬 더 좋은 기도다. 모호하고 흐릿하지만 더 살아있다."

그 기도는 어느 특정한 누구를 향한 것이 아니다. 신을 향한 것도 아니다. 그러니 어떻게 그것이 기독교의 신을 향한 것이겠는가? 그 기도는 대상이 없다. 그것은 단지 기쁨과 감사가 넘쳐흐르는 것일 뿐이다. 전체에 대한 감사일뿐이다. 기도는 일종의 감사다. 이제는 그대가 무슨 말을 하든, 또는 아무 말도 하지 않든, 그것은 문제가 되지 않는다. 침묵도 기도가 될 것이고, 때로는 아무 말이나 나오는 대로 하는 것도 기도가 될 것이다. 기독교인들이 말하는 방언도 기도가 될 것이다. 그것이 훨씬 더 나을 것이다. 때로는 어린아이들이 기쁨에 겨워 뜻 모를 소리를 내는 것도 기도가 될 것이다.

핵심은 기도하는 자세, 기도의 내적인 질, 그대가 내려놓았으며, 그대가 더 이상 전체와 분리되어 있지 않는다는 데에 있다. 이 기도라는 처방은 밖에서부터 부과될 수 없다. 만일 밖에서부터 부과된다면 그대는 단지 속이 텅 빈 자세만을 하는 것이다. 그것은 밖에서 보면 완벽해 보이지만 내면에서는 전혀 숨 쉬고 있지 않은 것, 살아있지 않은 것이다.

기도는 하나의 상태다. 어떤 의식儀式이 아니다. 기도는 내면의 침묵, 겸손함, 사랑, 감사, 내려놓음의 상태다. 그것은 바깥의 형식과는 아무런 관계도 없다. 그러나 모든 처방들은 바깥에서 온다. 그리고 사람들은 계속해서 처방을 바꾼다. 하나가 실패하면 즉시 다른 처방으로 갈아탄다. 그것 또한 실패하면 계속 이 구루Guru, 정신적인 스승에서 저 구루로, 이 처방에서 저 처방으로, 이 경전에서 다른 경전으로, 이 사원에서 다른 사원으로, 계속 옮겨 다닌다. 그리고 진정한 사실을 보지 않는다. 어떤 처방도 안 된다는 것, 어떤 처방도 존재하지 않는다는 것, 처방을 찾아다니는 것은 헛수고가 된다는 사실을 말이다. 왜 그런가? 그 처방들은 외부에서부터, 그것이 다른 사람으로 부터든 아니면 그대 자신으로 부터든 밖에서부터 주어지기 때문이다. 밖에서 주어지는 것은 그것이 무엇이든 그대의 본질적인 존재에 침입하는 것이고 간섭하는 것이다. 그대 본래의 자아에 대한 침입이다. 그것은 속임수다. 그것은 전에는 오직 하나의 자아밖에 없던 곳에 세 개의 자아를 만들어낸다. 전에는 에고가 오직 하나밖에 없었다. 어떤 처방을 쓰게 되면, 거기에는 세 개의 자아가 생긴다. 그것은 문제를 더 크게 만든 것이고, 더 어렵게 만든 것이다. 이제는 그곳에서 빠져나오기가 훨씬 더 불가능해진다. 거기에 또 다른 처방을 가져오면, 세 개가 아니라 아홉 개의 에고가 만들어진다. 각각의 처방이 에고를 세 개씩 가져오는 것이다.

사람들은 많은 처방을 이용했고 따라서 많은 에고를 갖게 되었다. 마하비라는 이런 상황에 대해 적합한 용어를 사용했다. 그는 그런 사람을 바후칫타반bahuchittavan, 다중심리라고 부른다. 마음이 하나가 아니라 여러 개인 것이다. 현대의 정신분석학자들, 정신과 의사들, 심리학자들도 그것을 말한다. 인간은 다중심리적이다. 그대 안에 에고가 하나만 있는 것이 아니라 여러 개가 있다. 에고 위에 또 에고가 있다. 길게 연이어 서 있다. 사방에서 그대를 둘러싸고 있다. 마치 군중과 같다. 그대는 그 군중 속에서 자신을 잃었다. 자기가 누구인지 모른다. "이것이 너다. 내가 너다. 어디를 보고 있는가? 내가 너의 자아다." 하고 말하는 가짜들이 그대 주변에 너무도 많기 때문이다. 각각의 욕망, 각각의 마음 조각들이 주인이라고 주장한다. 바로 그런 식으로 그대는 노예가 되었다.

각각의 처방이 그대 존재 속으로 하나가 아닌 세 개의 에고를 가져온다. 어떻게 이런 일이 일어나는가? 하나의 처방을 받아들임으로써 그대는 원래의 그대, 원래의 그대가 아닌 다른 것이 되도록 도와주는 그대, 그대가 되고 싶어 하는 그대, 이렇게 셋으로 나뉜다. 과거의 그대, 이제는 에고 없는 상태가 되고 싶어 하는 그 목표, 그리고 그대를 목표로 끌고 가기 위해 사용하는 처방, 이렇게 셋으로 나눠진다. 그리고 이런 분리는 도움이 되지 않는다. 그대에게 혼란만을 줄 뿐이다. 그대를 더욱더 둔하고 무감각하고 신경질적이고 정신분열적으로 만든다.

그 처방은 질병 자체보다 훨씬 더 위험하다.

따라서 제일 먼저 이해해야 할 것은, 진정한 자아를 찾고 있는 사람이 마주쳐야 하는 근본적인 문제가 에고라는 사실이다. 그것은 밖에 있는 어떤 것으로 대체될 수 있는 것이 아니다. 어떤 처방도 도움이 되지 않는다. 어떤 약도 도움이 되지 않는다. 어떤 기법도 도움이 되지 않는다. 그렇다면 거기에서 빠져나올 방법이 없는 것인가?

방법이 있다. 그러나 그것은 밖에서 부과될 수 없다. 그리고 그 방법은 처방 같은 것이 아니다. 그 방법은 통찰이다. 에고가 어떻게 작용하는지 지켜보는 것, 그 미묘한 게임을 명료하게 꿰뚫어보고 또 꿰뚫어보는 것이다. 에고는 앞문으로 내던지면 이미 뒷문으로 돌아와 있다. 한 쪽에서 내던지면 다른 쪽에서 끼어들기 시작한다. 제거했다고 생각하면 갑자기 안에 들어와 앉아있는 것이 보인다. 따라서 어떤 비난도 없이, 그대가 그것을 버리고 싶다는 생각조차 없이 계속 들여다보고 또 들여다봐야 한다. 끝났다고 결론을 내리는 것, 그것이 방해가 된다. 그런 결론은 그대가 안을 들여다보기 전에 결정을 했다는 것을 의미한다. 그러므로 아무런 결론도 내리지 말고, 무엇을 하고 싶다는 생각도 없이, 그저 단 한 가지 생각만으로 – 그대가 이 에고가 무엇인지, 그 신비를 이해하고 싶다는 생각만으로 – 에고 속으로 들어가라. 모든 종교가 에고를 장애물이라고 말한다. 모든 위대한 스승들이 에고를 제거해야 한다고 말한다. 모든 신비가들이 에고 외에는 그대의 길을 막는 것은 아무 것도 없다고 말한다. 그러나 그대는 이 에고가 무엇인지 모른다.

그러므로 맨 처음으로 해야 할 것은, 그 속으로 어린아이처럼 순진하게 들어가는 것이다. 그저 에고가 움직이는 방법을 지켜보라. 그 방법은 매우 기계적이다. 처음으로 마주치게 될 것이 바로 그 기계적인 성질이다. 에고는 유기적인 전체가 아니다. 그것은 기계적이다. 왜냐하면 그것은 죽은 과거로 이루어졌기 때문이다. 그대의 에고는 그대의 과거로 이루어졌다. 그리고 때때로 에고가 미래를 생각한다면, 그것 또한 과거의 투사에 불과하다. 어쩌면 약간은 변형되고, 장식으로 꾸며지고, 정교해졌을지도 모르지만 똑같다. 그대는 과거에 경험했던 똑같은 쾌락을 욕망한다. 물론 그 즐거움을 조금 더 좋게 만들고 싶어 한다. 그대의 과거는 자신을 미래 속으로 계속 투사하고 있다. 그러나 과거는 죽은 것이다. 단지 기억일 뿐이다. 기억. 바로 그것이 에고를 구성하는 모든 것이다.

아무런 결론 없이 에고 속으로 들어간다면 맨 처음으로 경험할 것은 에고는 기계적이고, 그대는 하나의 유기체라는 사실을 알게 된다는 것이다. 그대는 살아있는 현상이며 에고는 죽은 것이다. 그런데 그 죽은 것이 살아있는 것을 지배하고 있다. 사람들이 그렇게 짓눌려 있고 지쳐 보이는 이유가 그 때문이다. 사람들의 삶은 지루함과 단조로움의 긴 이야기처럼 보인다. 그것은 삶의 속성이 아니다. 지루함은 삶의 속성이 아니다. 그런데 삶이 지루해졌다. 죽음으로 너무 무거운 짐을 지고 있기 때문이다. 죽은 것으로 너무 무거운 짐을 지고 있기 때문이다. 그리고 무덤은 계속해서 더 커져가고 삶은 온 사방에서 잠식당하고 있다.

첫 번째 경험, 그것은 거대한 폭로성 경험이다. 그것은 에고가 그대의 현재가 아니라 과거라는 것을 보는 것이다. 에고는 현재 속에서는 결코 발견되지 않는다. 그 속으로 들어가 보면 놀라게 될 것이다. 바로 이 순간, 그대 자신 속으로 들어가 보면, 어떤 에고도 발견하지 못할 것이다. 만일 발견한다면 그것은 현재의식 속에서 떠다니고 있는 과거의 조각들에 불과하다. 현재의식은 항상 '에고 없음' 이다. 그리고 그것이 그대의 실재다. 과거의식은 죽었다. 사실 그것은 의식이 아니라 기억이다. 바로 그 기억으로 그대의 에고는 구성되어 있다. 그대의 국가, 그대의 가족, 그대의 교육, 그대의 경험, 그대의 자격증, 이 모든 것들이 더 이상 거기에 존재하지 않는다. 그것은 사라져 버렸다. 존재하지 않는다. 그러면서 계속해서 그대의 마음에 영향을 준다. 그리고 그대의 삶 전체를 파괴할 수 있다.

미래 소설을 읽은 적이 있다.

남자 로봇 : 어이, 164259번.

여자 로봇 : 괜찮다면 164번이라고 불러요. 조금 늦어서 미안해요. 나는 새로운 얼굴에 나사를 조이고 있었어요.

남자 로봇 : 괜찮아요. 나도 조금 늦었어요. 난 톱니바퀴가 날아갔어요.

여자 로봇 : 참 골치 아프겠군요!

남자 로봇 : 더 나빠질 수도 있었어요. 내 크랭크 핀이 빠진 것 같아요. 내 잘못이에요. 어젯밤에 나가서 기름칠을 했어요.

여자 로봇 : 그래도 정비 센터에 가서 확인해 봐요. 점화 플러그가 더러워졌을지도 몰라요. 나도 그런 문제가 있었어요. 내 고용주는 나를 임금을 계산하도록 프로그램 했는데 경마 결과를 발표하는 일을 하게 되었어요. 지금은 새로운 기사가 맡고 있어요.

남자 로봇 : 다른 사람은 해고됐나요?

여자 로봇 : 아니요, 은퇴했어요. 그런 일은 다시는 일어나지 않으면 좋겠어요.

남자 로봇 : 당신 스카프가 풀린 것 같군요. 당신 여동생은 어떻게 됐나요?

여자 로봇 : 동생 이야긴 하지 말아요. 기름펌프와 달아났어요.

남자 로봇 : 그건 아무 것도 아니군요. 그래도 내 동생만큼 나쁘진 않아요. 내 동생은 눈이 세 개 달린 로봇과 사랑에 빠졌어요. 우리는 그것이 교통 신호등이라고 말할 용기가 없었어요. 결국 그 로봇은 퓨즈가 끊어졌고, 그는 서야 할지 가야 할지 모르고 있었어요. 이제 우리밖에 없네

요. 당신에게 줄 선물이 있어요.

여자 로봇 : 멋지군요. 그게 뭐죠?

남자 로봇 : 가이거 카운터에서 샀어요.

여자 로봇 : 뭔지 궁금하네요?

남자 로봇 : 가이거 카운터에요. 가이거 사냥에 갈 때 쓰는 거예요. 여성용으로 만들었다고 하는군요. 여성용 가이거에요.

여자 로봇 : 당신 정말 멋져요. 너무 매력적이에요.

남자 로봇 : 당신이 나에게 매혹되었으니 그렇게 말하는군요. 우리 도망쳐서 결혼합시다.

여자 로봇 : 그런데 내 가슴이 전에 고장 난 적이 있어요. 보세요. 땜질한 게 보이죠?

남자 로봇 : 하지만 이번엔 다를 거예요.

여자 로봇 : 어떻게 알아요?

남자 로봇 : 내 트랜지스터로 느낄 수 있어요.

그래서 그들은 합체하여 오래오래 기계적으로 살았다.

미래의 이야기다. 그러나 과거도 그렇고 현재도 그렇다. 이것은 그대의 이야기다. 이것은 에고의 이야기, 그대를 압도하는 기계적이고 로봇 같은 에고의 이야기다. 그대는 활기가 없다. 미지근하게 그저 그렇게 겨우 살아있다. 그대가 활기차도록 에고가 허용하지 않기 때문이다. 에고는 계속해서 그대를 과거로 끌어당긴다.

그리고 기억하라. 과거는 매일매일 점점 더 커진다. 지나가는 순간이 모두 과거가 되기 때문이다. 따라서 에고는 점점 더 커지고 또 커진다. 어린아이에게는 작은 에고가 있고 노인에게는 더 큰 에고가 있다. 어린아이와 노인의 차이는 그것뿐이다. 어린아이는 신에게 더 가까이 있고 노인은 아주 멀리 떨어져있다. 신에게 가까이 가고 싶다면, 노인은 다시 어린아이가 되어야 한다.

왜 예수는 계속해서 "그대들이 아이와 같지 않으면, 하늘나라에 들어가지 못할 것이다."라고 말하는가? 왜 그런가?

'아이'란 과거가 없는 사람을 의미한다. '노인'은 과거밖에 없는 사람을 의미한다. 나이가 들면 들수록, 과거는 점점 더 커지고 미래는 사라진다. 아이에게는 미래가 있고 노인에게는 과거가 있다. 아이는 미래를 생각하고 노인은 그저 과거만을 되돌아보고 과거의 향수속에 빠진다. 그는 항상 좋았던 옛 시절에 어떠했는지를 회상한다. 그리고 그의 과거가 엄청나게 아름다웠다는 환상을 만들어낸다. 그것은 거의 상상이고 위안이다.

나이가 들어갈수록 그대는 더욱더 과거의 짐에 짓눌려 죽음이 일어나기도 전에 벌써 죽어있다. 깨달은 사람들은 말하기를 사람들이 대략 서른이 되면 죽고 일흔이 되면 땅에 묻힌다고 한다. 사십년 동안 그들은 죽은 삶을 사는 것이다. 히피들이 '서른이 넘은 사람을 믿지 말라.'고 하는 말은 옳은 말이다. 그 안에 어떤 진리가 있다. 서른이 넘은 사람은 활기가 점점 더 떨어지기 때문이다. 그는 죽은 과거에 더 많은 투자를 한다. 그는 더 이상 반항하지 않고 더 이상 자유롭지 않다. 그는 더 이상 현재에 반응하지 않는다. 자발성은 사라졌다. 모든 것이 굳어졌다. 그는 더 지식적이 되었다. 자기가 아는 지식을 계속 반복한다. 그리고 지금과는 맞지 않는, 지금과는 어울리지 않는 옛날의 낡은 방식으로 행동한다. 계속 그런 식이다. 그리고 그의 삶 속에서는 아무 것도 움직이지 않는다. 아무 것도 움직일 수 없기 때문이다.

매 순간 삶은 새롭고 그대는 내면의 새로움으로부터 감응해야 한다. 새로움으로서 새로운 것에 열려있어야 한다. 지식으로부터가 아니라 현재의 자각으로부터 감응해야 한다. 그래야만 삶은 움직인다. 그렇지 않으면 삶은 움직이기를 멈춘다. 그대의 삶이 움직이지 않는다면, 기억하라! 그것을 방해하고 있는 것이 에고이다. 기계적인 것이 유기적인 것을 잠식해 들어왔다. 기계적인 것으로부터 자유로워지는 것은 신 안에 있는 것이다. 왜냐하면 신 안에 있는 것은 존재의 유기적인 통합체 안에 있는 것이기 때문이다.

그러면 무엇을 해야 하는가? 에고의 방식을 지켜보고 배워야 한다. 길을 걸으면서 에고가 어떻게 들어오는지 지켜보라. 누군가 그대를 모욕한다. 지켜보라. - 그 기회를 놓치지 마라. - 어떻게 에고가 머리를 쳐드는지, 어떻게 에고가 갑자기 부풀어 오르는지 지켜보라. 누군가 그대를 칭찬한다. 그대가 어떻게 풍선처럼 되는지, 그대가 어떻게 커지고 또 커지는지 지켜보라. 다른 상황 속에서, 다른 순간에 에고에게 무슨 일이 일어나는지 그저 지켜보기만 하라. 그리고 서둘러 결론내리지 마라. 그것은 복잡한 일이다. 가장 커다란 문제 중의 하나다. 사실 가장 커다란 문제이다. 만일 그것이 해결된다면, 신이 그 즉시로 나타나기 때문이다. 바로 그 순간 그대는 신 안에 있고 신이 그대 안에 있다.

그러므로 그것은 심각한 문제다. 그리고 서둘러서는 안 된다. 아무것도 놓치지 않도록 아주 천천히, 아주 조심스럽게 가야 한다. 단 몇 달 동안만이라도 에고를 지켜보라. 그러면 놀랄 것이다. 그대가 자각하지 않을 때만 에고가 그대를 조종할 수 있다는 것에 놀라게 될 것이다. 그대가 에고의 기능을 자각하는 순간, 그 기능은 사라진다. 단지 자각하는 것만으로 그 기능이 사라진다. 자각의 빛을 비추는 곳마다 에고는 사라진다. 그때 그대는 진정한 열쇠를 갖는다. 이제 계속해서 에고의 기능에 더 많은 빛을 비추어라. 그러면 어느 날 그것이 사방에서 다 사라졌음을 보게 될 것이다. 그대는 그것을 억누르지 않았다. 따라서 그것은 다시 끓어오르지 못한다. 그대는 그것과 싸우지 않았다. 따라서 에고에게 어떤 에너지도 주지 않았다. 싸움 속에서 그대는 에고에게 에너지를 준다. 그대는 에고를 승화시키지도 않았다. 어떤 신성한 에고를 만들고 있지 않았다. 에고와 아무 것도 하지 않았다. 그저 지켜보고만 있었다. 지켜보는 것은 행위가 아니다. 그리고 기적이란 무위無爲, 행함이 없음에 의해서 에고가 사라진다는 것이다.

사실 그것이 사라진다고 말하는 것은 옳은 표현이 아니다. 불완전한 언어를 사용하지 않을 수 없기에 나는 정확하지 않은 표현을 쓸 수밖에 없다. 그 외에는 다른 표현이 없기 때문이다. 내가 '사라진다' 고 말할 때, 그것은 에고가 발견되지 않는다는 뜻이다. 그것은 거기에 있은 적이 없었다. 그것은 만들어진 것이다. 그것은 단지 우리의 무지였다. 우리가 깨어있지 못했기 때문에 우리가 그것이 존재하도록 허용한 것이다.

이제 경전을 보자.

* 가버나움에 이르러 집에 계실새, 제자들에게 물으시되, 너희가 노중에서 서로 토론한 것이 무엇이냐 하시되

추한 이야기다. 예수의 제자들에 대한 추한 이야기다. 어쩌면 이 세

상에 존재하는 모든 제자들의 이야기일지도 모른다.

예수의 제자들이 그들 중에서 누가 제일 나은지, 누가 일등인지, 누가 예수와 가장 가까운지를 논쟁하고 있었다. 그뿐만이 아니다. 예수가 죽어 하늘나라로 갈 때, 물론 예수는 신의 오른 편에 서 있을 것이다. 그러면 예수의 오른 편에는 누가 서게 될까? '우리가 죽으면 누가 예수님과 가장 가까이에 서 있을까?'를 두고 열두 제자들이 계속 논쟁을 벌이고 있었다.

이것은 미묘한 에고의 게임이다. 예수와 같은 사람 주위에 있을 때조차도 그대들은 계속 자신의 에고에 대해서 생각한다. 그러니 어떻게 예수를 만나겠는가? 불가능하다. 그대의 에고가 철의 장막처럼 작용할 것이다.

이 제자들은 예수의 존재를 즐기고 있지 않다. 그들이 온통 관심을 갖는 것은 누가 그들 중의 첫 번째냐 하는 것이다. 똑같은 야망을 가진 마음, 에고의 똑같은 낡은 게임, 똑같이 낡은 정치다. 아무것도 변하지 않은 것으로 보인다. 그들은 똑같은 사람들이다. 만일 그들이 정치하는 사람들이었다면 이렇게 생각했을 것이다. '누가 이 나라의 대통령이 될 것인가?' 똑같이 낡은 게임이다. 이제 그들은 이렇게 생각하고 있다. '누가 첫 번째인가? 누가 예수와 가장 가까운가? 누가 수제자인가?' 똑같은 야망이다. 똑같이 살벌한 경쟁이다. 똑같은 싸움이다. 똑같은 폭력이다. 물론 이제는 종교의 이름으로, 제자의 이름으로, 영성의 이름으로 그렇게 한다. 아무 것도 바뀌지 않았다. 에고가 뒷문으로 들어온 것이다.

예수는 그들에게 수차례에 걸쳐 말했다. 그러나 그들은 듣지 않았다. 예수가 영원히 세상을 떠나기 바로 전 날, 그때는 그들이 예수를 볼 수 있는 마지막 날이었다. 내일 아침이면 십자가형을 받는다. 최후의 만찬이다. 그런데도 아직까지 그들은 말다툼을 하고 있었다. 그들은 이제 예수를 영영 잃게 된다. 앞으로 수백만 번의 생 동안 그런 사람을 만나보지 못할지도 모른다. 그런데도 그들은 그런 일에 걱정하지 않는다. 그들은 예수의 죽음은 걱정하지 않는다. 단지 천국에서 그들이 차지할 지위에 대해서만 걱정하고 있다. "예수님이 떠나가십니다. 이제 우리는 어떻게 되는 겁니까? 천국에서 우리의 지위는 어떻게 되는 겁니까?" 그들이 예수에게 물은 마지막 질문이 이런 것이었다! 그래서 내가 이 이야기를 추하다고 하는 것이다.

에고는 추하다. 에고는 괴물이다. 에고의 영향력 하에 들어가면 그대는 추해진다. 괴물이 된다.

이런 이야기를 들은 적이 있다.

어느 날 한 남자가 우주경찰서에 뛰어 들어와 창구에 몸을 던지면서 헐떡이며 말했다. "경찰관님! 경찰관님! 외계인으로부터 공격을 받았습니다!"

경찰관 : 자, 선생님. 무슨 일이 일어났는지 자세히 설명해주실 수 있겠습니까?

남자 : 글쎄, 그게 이렇게 된 겁니다. 장모님과 산책을 하고 있었는데, 그가, 그 외계인이 갑자기 우리 앞에 나타나서 저희 장모님을 붙잡았습니다.

경찰관 : 그 생김새를 말씀해주시겠습니까?

남자 : 음, 그러니까, 그게, 눈은 녹색에다 이글거렸고, 누런 송곳니가 두 개 삐져나왔고, 머리카락은 꼭 철사를 묶어놓은 것

같았고, 그리고 나무늘보 같은 몸매에, 살이 쪘고, 못생겼고, 걸음은 매우 느림보였습니다.

경찰관 : 끔찍하군요.

남자 : 그렇지요? 아직 안 끝났습니다. 이제 그 괴물에 대해서 말씀드리죠!

지금까지 그는 장모에 대해서 말하고 있었다.

괴물 같은 에고는 그대를 추하게 만들고 있다. 그 괴물 같은 에고는 사방에서 그대를 휘어잡고 있다. 그것 때문에 그대의 삶은 아름답지 않다. 그리고 그것은 계속 새로운 방식으로, 새로운 모습으로, 새로운 크기로 나아간다. 기억하라. 에고는 모든 사람의 요구조건에 따라서 모든 크기와 모든 형태로 나타난다. 그대가 어떤 사이즈이든 에고는 그대에게 딱 맞출 준비가 되어있다. 아주 적응력이 좋다. 그대가 겸손해지면 에고도 그대에게 맞추어 겸손해진다. 그대가 제자가 되면 에고도 그대에게 맞추어 제자가 된다. 아주 협조적이다. 아무런 문제를 만들어내지 않는다. 그대가 어디를 가든 에고는 그대를 따라간다. 소리도 내지 않는다. 아주 조용하다. 발자국 소리도 나지 않는다. 아주 조용하게 일을 한다. 그러면서 계속 그대를 독살한다.

이 제자들을 생각해보라.

* 가버나움에 이르러 집에 계실새, 제자들에게 물으시되

오는 길에 예수는 이렇게 생각했음이 틀림없다. '다른 사람들 앞에서 제자들에게 물어보는 것은 옳지 않다. 그것은 너무 추해 보인다.

내 제자들이 누가 제일 큰지, 누가 제일 앞서 있는지, 누가 진정한 제자이고, 누가 수제자인지, 누가 내 다음인지 생각하고 있다.' 그리고 기억하라! 예수 다음이 되고 싶은 사람, 만일 그가 예수 다음이 된다면, 그는 예수보다 더 중요해지려고 노력할 것이다. 그런 일이 실제로 일어났다.

유다가 제자들 중에서 가장 지식이 많았다. 유다는 예수의 제자 중에서 유일하게 교육을 받았고 세련된 제자였다. 다른 사람들은 아주 평범한 보통 사람들이었다. 오직 유다만이 있어보였다. 그래서 자연스럽게 그는 여러 번이나 예수의 언행을 고치려고 했다. 여러 번이나 그는 예수와 언쟁을 하면서 예수에게 조언을 했다. '이렇게 하십시오. 저렇게 하십시오.' 그는 깊은 내면에서는 경쟁자였다.

이런 일이 항상 일어났다. 붓다의 형제 중의 한명이 붓다에게 입문했다. 그의 이름은 데바다타Devadatta였다. 그는 붓다의 유다였다. 그는 교육을 많이 받았다. 붓다만큼 교육을 받았다. 그는 같은 가계에서, 왕족의 피를 받았다. 그는 붓다만큼 교육을 받았고 그만큼 교양이 있었고 세련되었고 철학적이었다. 어쩌면 붓다보다 더했을 수도 있다. 이제 그가 붓다의 2인자가 된다는 것은 매우 어려운 일이었다. 그는 갈라서서 자신만의 그룹을 만들기 시작했다. 그리고 사람들을 입문시켰다. 배신한 것이다.

그는 붓다의 공동체, 붓다의 제자들을 차지하기 위해서 붓다를 죽이려고 했다. 그는 지도자가 되고 싶었다. 한 번은 붓다에게 독을 먹인 적이 있었다. 한 번은 붓다가 산 밑에서 명상을 하고 있을 때 산 위에서 바위를 굴린 적도 있었다. 붓다는 간발의 차이로 살아났다. 한 번은 붓다에게 미친 코끼리를 보낸 적이 있었다. 그 코끼리는 단단히 미쳐서 이미 여러 명의 사람들을 죽인 적이 있었다. 그러나 코끼리조차도 데바다타나 유다보다 더 사랑이 많았고 더 자비로웠다. 코끼리가 이 침묵하는 사람, 붓다를 보았을 때, 그 안에서 뭔가가 일어났다. 그는 무릎을 굽히고 붓다의 발을 만졌다. 미친 코끼리조차도 미친 에고만큼 미치지는 않았던 것이다.

유다는 항상 자기가 우두머리가 될 수 있으리라고, 훨씬 더 좋은 우두머리가 될 수 있으리라고 생각했다. 그는 예수보다 더 많이 안다고 생각했다. 어쩌면 그 라이벌 의식이, 그 에고의 갈등이 마음속으로 예수를 파괴하고 싶은 욕망을 만들어냈을지도 모른다. 일단 예수가 제거되면 그는 일인자가 될 것이었다.

그러나 다른 제자들 또한 크게 다르지 않았다. 물론 그들은 이렇게 말하지 않는다. "우리가 예수보다 더 크다." 하지만 그들은 예수가 떠나기 전에 누가 그들 중에 가장 위대한지 말해주기를 바랐다.

이것이 우리 삶의 투쟁이다. 누가 가장 위대한가? 우리는 이런 투쟁 속에서 우리의 삶을 허비한다. 이것은 종교가 아니라 정치다. 에고가 있는 곳이면 어디에나 정치가 있다. 에고가 사라지면 정치도 존재하지 않는다. 그러면 그대는 자신을 다른 누구와 비교하지 않는다. 왜냐하면 각각의 개인은 비교될 수 없기 때문이다. 각각의 개인은 독특하다. 너무도 독특하여 비교가 불가능하다. 그대는 더 높지도 않고 더 낮지도 않다. 그저 다를 뿐이다. 그대 자신을 높은 곳에 놓거나, 낮은 곳에 놓거나 하는 문제가 없다. 그대는 그대이고 다른 사람은 다른 사람이다. 거기에 비교가 없다. 기억하라! 에고가 사라질 때, 비교도 사라진다. 그리고 비교가 사라질 때, 경쟁이 사라지고 거기에 거대한 평화가 일어난다.

그대들의 불안이란 어떤 것인가? 그대 안에서 갈등과 경쟁과 비교와 고뇌를 만들어내는 것은 무엇인가? 바로 최고가 되려는 노력, 첫째가 되려는 노력이다. 그런데 모든 사람들이 첫째가 되려고 한다. 따라서 전쟁 같은 분위기가 사회에 만연해있다. 모든 사람이 그대의 적이다! 친구라고 하는 사람들조차도 그대의 적이다. 그들 또한 그대처럼 첫째가 되려고 싸우고 있기 때문이다. 그런데 어떻게 그들과 우호적일 수가 있겠는가? 에고가 있을 때 우정은 있을 수 없다. 그때 우정은 단지 가면일 뿐이다. 삶은 정글과 같다. 큰 물고기가 작은 물고기를 먹는다. 친한 척해도 그것은 단지 보여주는 것일 뿐이다. 전략이고 외교전술일 뿐이다. 에고가 사라지지 않는 한, 여기에서 친구가 될 수 있는 사람은 아무도 없다. 일단 에고가 사라져야 우리 삶에 우정이 있고 사랑이 있을 수 있다. 그때는 모든 사람에게 그저 다정할 뿐이다. 문제를 일으킬 것이 아무 것도 없기 때문이다. 그대는 첫째가 되려고 애쓰지 않는다. 그러므로 더 이상 경쟁자가 없다. 이것이 진정한 낙오다.

그대는 학교에서, 대학에서 낙오할 수 있다. 그러나 그것은 도움이 되지 않는다. 낙오해서 히피가 된다고 해도 그 히피 공동체에서 첫째가 되려고 노력할 것이다. 히피 중의 히피가 되려는 것이다. 그러면 결국 같은 것이다. 다른 게 아무 것도 없다. 그대는 또 다른 사회를 창조한 것이다. 그리고 거기에서 똑같은 게임을 한다. 똑같은 비교, 똑같은 경쟁이다.

예수의 제자들을 보라. 그들이 예수와 그렇게 가까이서 살 수 있게 된 것은 너무도 큰 행운이었다. 그런데 아직도 그 낡은 마음이 계속된다. 그것이 바로 내가 에고를 아주 미묘하다고 말하는 이유이다.

* 가버나움에 이르러 집에 계실새, 제자들에게 물으시되

제자들이 노상에서 논쟁했던 내용들을 다시 언급한다는 것이 예수에게는 추하게 보였을 것이다. 제자들은 틀림없이 오는 길 내내 그 이야기를 하고 있었을 것이다. 그것이 그들의 근본적인 문제였다. 그들은 신의 왕국에 대해 관심이 없었다. 명상에 대해 관심이 없었다. 기도에 대해 관심이 없었다. 그리스도에 대해서도, 그리스도 의식에 대해서도 관심이 없었다. 그들의 관심은 온통 '내가 어디에 서게 되는가? 내가 첫째인가 아닌가?' 였다.

예수는 묻는다.

* 너희가 노중에서 서로 토론한 것이 무엇이냐 하시되

틀림없이 그는 이 질문을 전에도 여러 번 물었을 것이다. 복음서의 이야기는 축약된 이야기, 여러 이야기 중의 대표적인 이야기이다. 이런 일이 매일 일어났을 것이다. 붓다의 경우에도 그랬고, 마하비라의 경우에도 그랬다.

마하비라의 수제자가 배신했다. 그는 먼저 수제자가 되려고 애를 썼다. 그의 이름은 고살라Gosala였다. 일단 그가 수제자가 되자, 자기가 수석이라는 느낌을 받기 시작하자, 그 다음에는 어떻게 하면 마하비라를 쓰러뜨릴 수 있는가를 생각하였다. 이것이 에고가 가는 방식이다. 그러자 그는 마하비라에 맞서게 되었다. 에고는 위험하다. 마하비라와 같은 사람을 맞선다는 것은 생각조차 할 수 없는 일이다. 마하비라나 붓다, 예수 같은 사람과 같은 편에 있을 수 없다면, 그대는

어디로도 갈 수가 없다. 그러면 그대는 사랑할 수 없다.
예수가 물었다.

* 너희가 노중에서 서로 토론한 것이 무엇이냐 하시되

저희가 잠잠하니

그들은 아무 말도 못했다. 그들이 침묵했다는 뜻이 아니다. 어떻게 이기적인 마음이 침묵할 수 있겠는가? 그들의 마음은 소용돌이치기 시작했다. 마음속에 평화가 없었다. 마음이 조각조각pieces 나 있어 평화peace가 없었다. 그들의 마음은 흩어져있었다. 그런데 왜 침묵을 지켰는가? 왜냐하면 전에도 그런 일이 여러 번 있었고 매번 들켜 예수로부터 상처받는 말을 들었기 때문이다. 그런데도 계속 그들은 올가미에 걸려들었다. 에고가 아주 미묘하게 돌아온 것이다.

에고는 너무도 미묘해서 언제 오는지조차도 눈치 채지 못할 수 있다. 아주아주 주의해야 한다. 그래야만 알 수 있다. 에고는 소리치지 않는다. 마치 속삭이듯이 조용히 들어온다. 에고는 너무도 조용히 고개를 들어 올려 아무 것도 흔들리지 않는다. 일단 에고가 그대를 사로잡으면 매우 어렵다.

제자들은 틀림없이 매번 부끄러움을 느꼈을 것이다. 그러면서도 계속 같은 실수를 반복했다. 예수는 그들과 함께 길을 걸어가고 있었다. 아마도 예수가 약간 앞서 가고 제자들이 뒤에서 따라가고 있었을 것이다. 아니면 제자들이 앞서 가고 예수가 뒤따라가고 있었을 것이다. 어찌 되었든 그들 사이에 약간의 거리가 있었을 것이고 그렇기 때문에 그들은 자기들의 근본적인 문제를 또다시 토론할 수 있었다. '누가 가장 위대한가?' 예수는 그것을 보았을 것이다. 그들의 얼굴에서 그것을 읽었을 것이다. 그들이 침묵을 지키자, 그들이 아무 말을 하지 못하자, 예수가 말했다.

* 이는 노중에서 서로 누가 크냐 하고 쟁론하였음이라

예수는 그들이 무슨 말을 하고 있었는지 알고 있었다. 그들이 무엇을 논쟁하고 있었는지 예수가 들을 필요도 없었다. 그는 알고 있었다. 그것이 계속 그들의 근본적인 문제였다. 그리고 예수의 죽음이 더욱더 가까이 옴으로써 그들은 더욱더 초조해졌다. 예수가 가고 나면 누가 우두머리가 될 것인가? 마치 깊은 속마음으로는 그들 중의 누군가가 우두머리가 될 수 있도록 예수가 가버리기를 원했다.

마음은 매우 교활하다. 마음은 매우 난폭하다.

* 예수께서 앉으사 열 두 제자를 불러서 이르시되, 아무든지 첫째가 되고자 하면 뭇사람의 끝이 되며, 뭇사람을 섬기는 자가 되어야 하리라 하시고

이 말을 예수는 계속 되풀이했다. 그러나 누가 듣겠는가? 이 말을 예수는 매일 반복하고 있었다. 그러나 사람들은 귀가 먹었다. 그들은 예수가 끝이 되었기 때문에 첫째가 된 것을 보았다. 예수는 끝이 될 수 있었기 때문에 정상에 올랐다.

그는 반복해서 말하고 있다. "신의 왕국에서는 첫째가 끝이 될 것이고, 끝이 첫째가 될 것이다."

그러나 마음은 나름대로의 계산법이 있다. 마음은 어떤 때는 이렇게 말한다. "좋다. 신의 왕국에서 첫째가 끝이 되고, 끝이 첫째가 된다면, 나는 첫째가 되기 위해 끝이 되도록 노력하겠다." 그러나 똑같은 게임이다. 그대는 핵심을 놓쳤다. 논리적으로는 이해했지만 영적으로는 의미를 놓쳤다. 이제 사람들은 끝이 되는 것도 노력한다. 끝이 되기 위해 온갖 노력을 다 한다. 끝이 되려고 스스로를 고문한다. 단지 첫째가 되기 위해서다. 그러면 그는 끝이 아니다. 왜냐하면 그것은 똑같은 욕심이고 똑같은 야망이기 때문이다.

'끝이 된 자는 첫째가 되리라.' 예수가 이렇게 말할 때 그는 어떤 전략을 말하는 것이 아니다. 그는 첫째가 되는 기술을 알려주는 것이 아니다. 그는 단지 사실을 말하고 있을 뿐이다! 이것을 이해해야 한다.

때때로 사람들은 나에게 와서 명상에 들어가고 싶다고, 진정으로 명상에 들어가고 싶다고 말한다. 그러나 그들에게는 어떤 동기가 있다. 그들은 말한다. "명상에 들어가면 신을 보게 됩니까?" 그러면 나는 이렇게 말한다. "그런 동기가 있으면 명상은 일어나지 않을 것이다." 동기를 가진 마음은 절대로 명상에 들 수 없다. 동기는 욕망이고, 욕망은 마음의 동요다. 어떻게 동요하는 마음으로 명상을 할 수 있겠는가? 명상은 동기가 없을 때, 아무런 욕망이 없을 때만 가능하다. 욕망이 없을 때, 거기에 명상이 있다. 명상은 욕망이 없는 상태이다.

그들은 논리적으로는 이해한다. 그들은 말한다. "좋습니다. 그러면 동기를 버리겠습니다. 이제 우리가 동기를 버리면 신을 볼 수 있습니까?" 그들은 동기를 버릴 준비가 되어있지만, 아직도 거기에 동기가 있다. 그것은 무의식 깊은 곳으로 미끄러져 들어갔다. 그들은 말한다. "좋습니다. 그렇게 말씀하신다면, 그런 조건을 충족시켜야 한다면, 그렇게 하겠습니다. 그런데 우리가 신을 볼 수 있다는 것이 확실합니까?" 자, 그 동기가 어디로 갔는가? 동기는 아직도 거기에 있다. 땅 속으로 들어갔을 뿐이다.

예수는 반복해서 말하고 있다. "끝이 되는 자가 첫째가 되리라." 이것은 그저 단순한 문장이다. 어떤 인과관계에 대한 것이 아니다. 그는 그대가 첫째가 되고 싶으면 끝이 되라고 말하는 것이 아니다. 그는 이렇게 말하고 있다. "그대가 끝이라면 첫째가 될 것이다." 이 둘 사이에는 커다란 차이가 있다. 언어적으로 볼 때 그리 큰 차이가 아니다. 논리적으로 볼 때 그리 큰 차이가 아니다. 그대는 이렇게 말할 것이다. "이 말이나 저 말이나 무엇이 다르단 말입니까?" 그러나 존재적으로는 엄청난 차이가 있다.

끝이 되어라. 끝이 되는 것을 즐겨라. 끝이 됨으로써 첫째가 될 것이기 때문이 아니다. 끝이 되는 큰 즐거움 속에 이미 그대는 첫째이다! 이제 그것 말고 그대가 무엇이 될 수 있겠는가? 그 보다 더 높은 차원이 어떻게 더 있을 수 있겠는가? 끝이 됨을 즐기는 것. 끝은 아주 아름다운 곳이다. 아무도 경쟁하지 않는다. 아무도 싸우려 하지 않는다. 그대는 이미 끝이다.

노자는 이렇게 말하곤 했다. "나는 끝이다. 그래서 나는 가장 평화스럽다. 아무도 나와 싸우려하지 않기 때문이다." 누가 꼴찌와 싸우겠는가? 모든 사람들이 꼴찌에게 연민을 갖는다. 모든 사람들이 '불쌍한 사람' 이라고 여긴다. 그리고 누가 꼴찌가 되려는 야망을 갖겠는가? 아무도 그를 그 자리에서 밀어내려고 하지 않는다.

끝에 있는 사람은 항상 혼자 남겨진다. 아무도 그를 괴롭히지 않는다. 그때 그는 단순히 그 자신일 수 있다. 그리고 끝이 될 준비가 된 사람은 현재 속에 있을 수 있다. 끝이 아닌 사람은 절대로 현재 속에 있을 수 없다. 첫째가 되고 싶은 사람은 미래 속에 머물러 있어야 한다. 그는 항상 이렇게 생각해야 할 것이다. '어떻게 첫째가 되지? 어떻게 첫째에 올라가 있는 사람을 밀어내고 그 자리를 내가 차지하지? 어떻게 싸우지? 어떻게 해야 하지? 뭘 해야 하고 뭘 하지 말아야지?' 그는 미래 속에 있을 것이다. 첫째가 되려는 것은 곧 미래 속에 있는 것이다. 첫째가 되고 싶다면 미래를 투사하고 미래에 대해 걱정해야 한다. 그리고 어디에서 아이디어를 얻을 것인가? 과거에서다. 그대는 과거와 미래에 머물 것이다. 그리고 계속 현재를 놓칠 것이다.

현재만이 실제로 존재하는 유일한 것이다. 지금만이 진정으로 존재하는 시간이다.

첫째가 되기 위한 전략으로써가 아니라 경쟁한다는 것이 바보스럽고 어리석다는 것을 이해함으로써 끝에 설 준비가 되어있는 사람만이 첫째가 될 수 있다. 모든 것의 핵심이 무엇인가? 왜 삶을 즐기지 않는가? 그대는 한 가지만을 할 수 있다. 경쟁하든가 아니면 삶을 찬양하든가. 경쟁하면 삶을 찬양할 수 없고, 삶을 찬양하면 경쟁할 수 없다. 그 둘은 같은 에너지다. 즐기거나 아니면 싸우거나 둘 중의 하나다. 사랑하거나 싸우거나 그 둘 중의 하나다. 둘을 동시에 하는 것은 불가능하다.

그러므로 첫째가 될 욕심으로써가 아니라 첫째가 되는 것이 그저 마음의 어리석음이라는 것, 평범한 마음, 바보 같은 마음의 어리석음이라는 것을 이해함으로써 끝에 서는 사람은, 첫째가 되어 지옥에 있는 것 같은 사람을 보면서, 그 어리석음과 허망함을 보면서, 바로 그 이해를 통해서 그는 첫째가 된다. 이해하겠는가?

그것을 이해함으로써 첫째가 되는 것이다. 이것이 바로 예수가 하는 말의 의미이다.

＊ 예수께서 앉으사 열 두 제자를 불러서 이르시되, 아무든지 첫째가 되고자 하면 뭇사람의 끝이 되며

그런데 언어라는 것이 말썽을 일으키곤 한다. 그대는 예수의 이 말을 오해할 수도 있다.

＊ 아무든지 첫째가 되고자 하면 뭇사람의 끝이 되며

그러나 언어는 위험할 수 있다. 그는 '욕망'이라는 단어를 사용했다. '누구든지 첫째가 되기를 욕망하면' 그 열 두 제자 모두가 첫째가 되기를 바라고 있다. 그들은 이 말에서 다시 단서를 얻을 수 있다. 그들은 이렇게 말할 것이다. "좋다. 첫째가 되고 싶으니 끝이 되겠다. 예수가 말하고 있다. '첫째가 되고 싶은 자는' 그러니 이것이 첫째가 되는 방법이다. 나는 내가 할 수 있는 것을 하겠다. 나는 첫째가 될 수 있는 모든 것을 하겠다. 그것이 끝에 서는 거라면, 끝에 서겠다. 그런 고통은 감수하겠다. 그러나 나는 첫째가 되어야 한다." 이러면 메시지는 잘못 해석된 것이다.

끝이 된다는 것은 첫째가 되려는 욕망이 없다는 것이다. 끝이 된다는 것은 모든 비교를 버렸다는 것, 모든 경쟁을 버렸다는 것, 모든 교

만이나 공격성을 버렸다는 뜻이다. 그리고 이 순간을, 이 평화와 환희, 그 축복을 즐기기 시작한다. 이제 그는 순수한 즐거움 속에 있다. 숨을 쉴 수 있고, 꽃을 볼 수 있기 때문이다. 새를 볼 수 있고, 새들의 노랫소리를 들을 수 있기 때문이다. 지붕 위에 떨어지는 빗소리를 들을 수 있고 축축한 땅의 흙냄새를 맡을 수 있기 때문이다. 그 작은 것들을 느끼기 시작한 것이다.

예수는 말한다. "들판의 백합을 보라. 수고하지도 않고 내일을 생각하지도 않는다. 그러나 보라. 얼마나 아름다운가. 믿을 수 없을 정도로 아름답다. 귀한 옷을 차려입고 다이아몬드로 장식한 왕좌에 앉아있는 솔로몬도 그만큼 아름답지는 않았다. 그런데 들판에 홀로 서 있는 이 가냘픈 백합을 보라. 얼마나 아름다운가? 얼마나 고요하고, 얼마나 환희에 차 있는가? 거기에 명상이 있고 기도가 있다."

꽃의 아름다움이 무엇인가? 꽃은 경쟁하지 않는다. 별들의 아름다움은 무엇인가? 그들은 경쟁하지 않는다. 존재의 아름다움은 무엇인가? 존재는 경쟁하지 않는다. 어디로도 가지 않는다. 자기가 아닌 다른 어떤 것이 되려고 하지 않는다.

바로 여기에서 인간은 잘못된 길을 갔다. 비정상이 되었다. 에고와 함께 있는 것은 일종의 신경증적인 증상 속에 있는 것이다. 그것은 일종의 정신이상이다. 그것은 근원적인 타락이다. 에고 속에 있는 것은 곧 죄인이 되는 것이다. 그리고 에고 속에 있지 않는 것은 곧 성자가 되는 것이다.

그러나 다시 기억하라. 나는 성자가 되라고 말하는 것이 아니다. 만일 그렇다면 에고는 돌아와 이렇게 말한다. "보라. 나는 이렇게 위대한 성자다. 보라! 나는 내일을 생각하지 않는다. 보라! 나는 더 이상 어떤 경쟁을 걱정하지 않는다." 그러면 에고는 다시 머리를 든 것이다. 그러면 경쟁이 시작된다. 누군가 끝이 되려고 하면 그대는 그와 싸울 것이다. "무슨 짓이야? 내가 끝이야! 당신은 끝이 될 수 없어. 당신은 내 다음은 될 수 있지만 내 앞에 있을 수는 없어."

이런 이야기를 들은 적이 있다.

어떤 왕이 이른 아침에 회당에서 기도를 하고 있었다. 랍비가 그 왕을 수행하고 있었다. 아직 동이 트지 않아 어두웠다. 그때 거지가 들어왔다.

왕이 기도하면서 이렇게 말했다. "신이시여, 저는 아무도 아닙니다. 저는 단지 무無일뿐입니다."

랍비도 기도하면서 이렇게 말했다. "신이시여, 저는 아무도 아닙니다. 저는 단지 무일뿐입니다."

그런데 옆에 서 있던 거지도 기도하는 소리가 들렸다. 그도 기도하면서 이렇게 말했다. "신이시여, 저는 아무도 아닙니다. 저는 단지 무일뿐입니다."

그러자 왕이 랍비에게 말했다. "아무도 되지 않으려는 저자는 뭔가? 아무 것도 아닌 척 하는 저자가 누군가? 거지 아닌가? 어떻게 거지가 감히 왕 앞에서? 내가 아무도 아니고 무라고 말하고 있는데, 거지가 감히 자기도 아무도 아니라고 하다니? 괘씸하다!"

이런 일이 일어날 수 있다. 누가 끝인지 싸우기 시작할 수 있다. 그것은 똑같은 게임이다. 오직 이름만 바뀌었을 뿐이다. 붓다나 예수의 말을 들을 때는 매우 조심해야 한다. 그들은 그대들의 언어를 사용할 수밖에 없다. 그것은 일종의 필요악이다. 그러므로 그들을 오해하지 않도록 매우 주의해야 한다.

* 아무든지 첫째가 되고자 하면 뭇사람의 끝이 되며 뭇사람을 섬기는 자가 되어야 하리라

기독교인들은 이 말을 잘못 이해했다. 그들은 모든 사람들의 종이 되기 시작했다. 그래서 '봉사service' 라는 말이 그들에게는 매우 중요하게 되었다. 그리고 기독교 선교사들은 종servant이 되었다. 병원과 학교, 고아원을 운영하면서 사람들에게 봉사하고 있다. 그러나 그들의 눈을 보라. 그들의 코 위에 에고가 앉아 있다. "나는 사람들의 종이다. 아무도 내가 시중드는 것처럼 할 수 없다."

이런 이야기를 들은 적이 있다. 아주 아름다운 이야기다.

중국의 어느 마을에 큰 시장이 열렸다. 그런데 어떤 사람이 장에 가다가 우물에 빠지고 말았다. 우물에 돌 벽이 쳐져있지 않았기 때문이었다. 그는 우물 속에서 살려달라고 외쳤다.

그때 마침 수도승이 지나가고 있었다. 그가 내려다보니 어떤 남자가 울고 있었다. 그 남자가 말했다. "뭘 보고 있어요? 어떻게 좀 해보세요, 나는 지금 죽어가고 있다고요!"

그러자 수도승이 말했다. "내 말을 들어보세요. 붓다께서는 '태어나는 것도 고통이고, 사는 것도 고통이고, 죽는 것도 고통이다. 모든 것이 다 고통이다.' 하고 말씀하셨어요. 그러니 우물 속에서 고통 받는 것이나 다른 데서 고통 받는 것이나 다를 게 뭐가 있겠어요? 받아

들이세요. 붓다께서는 받아들이라고 말씀하셨어요. 받아들이는 가운데 얻는 것이 있습니다."

그 사람은 애원하면서 말했다. "당신 설교는 다음에 들을 테니 우선 나를 꺼내주세요. 그러면 당신이 원하는 만큼 다 드리겠어요. 지금은 당신의 그 훌륭한 철학을 들을 때가 아니라고요! 지금은 아니에요!"

그러나 수도승은 말했다. "붓다께서는 '다른 사람의 삶에 끼어들지 말라.' 고 말씀하셨습니다. 그러니 나는 끼어들 수 없어요. 당신은 전생의 까르마 때문에 고통 받는 것이에요. 우물에 돌 벽이 없어서 떨어진 것이 아니에요. 많은 사람들이 이곳을 지나다니지만 아무도 떨어지지 않았습니다. 그것은 당신의 까르마 때문이에요. 틀림없이 당신은 전생에서 누군가를 우물에 빠뜨렸을 겁니다. 그것 때문에 지금 고통을 받고 있어요. 그러니 나는 끼어들고 싶지 않습니다. 내가 만일 당신을 꺼내준다면 당신은 어디에선가 또 우물에 빠질 것입니다. 붓다께서는 말씀하셨어요. 절대로 다른 사람의 삶에 끼어들지 말라고요."

그리고는 아주 고요하게 가던 길을 떠났다. 수도승은 자신이 붓다의 메시지를 이해했다고 생각했다. 그리고 아주 올바르게 붓다의 말을 인용했다. 모든 말이 붓다의 말이었다. 붓다의 말이라고 하는 그것도 하나의 해석일 수 있다. 이것은 그저 지어낸 이야기가 아니다.

인도의 자이나교에는 테라푼트Terapunt라고 하는 파派가 있다. 그들은 이렇게 말한다. 길가에서 누군가 목이 말라 죽어가는 사람을 보거든, 가던 길을 계속 가라. 끼어들지 마라. 그가 목이 말라 죽어가고 있고, 그대의 물병에 그에게 줄만한 충분한 양의 물이 있다 해도 주지 마라. 왜냐하면 그는 전생의 까르마로 인해 고통을 받고 있기 때문이다. 그가 그 까르마를 끝내게 하라. 그가 겪어내게 하라. 그렇지 않으면 그는 또다시 그런 일을 겪어야 할 것이고 그것은 그대의 책임일 것이다. 그대가 그의 고통을 연장시키는 것이다.

그 논리를 보라. 그대가 그의 고통을 연장시키는 것이다. 이번에는 어쩌면 두 시간만 더 있으면 그 까르마를 끝낼지도 모른다. 그런데 그대가 그에게 물을 준다. 이제 그 두 시간은 남아있다. 그는 두 시간을 떠맡아야 할 것이다. 어떤 다른 날에, 어떤 다른 생에서 또다시 그는 길가에서 목이 말라 죽어갈 지도 모른다. 그대가 그의 삶의 패턴을 흔들어 놓았다. 그뿐만 아니라, 그대가 그의 삶의 패턴을 흔들어 놓음으로써 그대는 그대 자신의 잘못된 까르마를 쌓게 되었다. 언젠가는 그대도 그 까르마를 치러야 한다. 그러니 그대는 그를 도운 것이 아니다.

자이나교 승려들이 병원이나 학교를 운영하지 않는 이유가 그 때문이다. 그런 일은 불가능하다. '사람들은 자신들의 과거의 까르마 때문에 고통을 받고 있다. 그들은 그 고통을 겪어내야 한다. 그들이 그것을 받아들이도록 도와라.' 자이나교 승려는 말할 것이다. "조용히 명상하시오." 그는 물병에 물이 있고 물을 줄 수도 있겠지만 주지 않을 것이다.

그러니 이것은 그저 지어낸 이야기가 아니다. 동양에서는 실제로 그런 일이 일어났다.

그때 또 다른 사람이 나타났다. 유학자였다. 그가 우물 안을 들여다보자 안에 있던 사람이 말했다. "나를 좀 꺼내주세요! 나를 좀 꺼내주세요, 선생님. 안 그러면 죽게 될 겁니다. 이제 몇 분밖에 더 지탱할 힘이 없어요." 그는 이제 물의 냉기에 떨고 있었다.

유학자가 말했다. "걱정하지 마세요. 우리가 세상에 혁명이 일어나도록 할 겁니다. 백방으로 손을 쓸 거에요. 정부에 압력을 넣어 모든 우물 주위에 돌 벽을 쌓게 하겠습니다!"

그가 말했다. "하지만 그게 지금 나에게 무슨 소용이 있냐고요? 그렇게 하려면 몇 년이 걸릴 것이고, 그러면 나는 이미 죽어 있을 겁니다!"

유학자가 말했다. "당신만이 문제가 아니고 사회가 문제란 말입니다. 사람들은 왔다가 가지만 사회는 남아있어요. 사회 자체를 개혁하는 일이 필요합니다! 모든 우물에는 돌 벽이 있어야 한단 말입니다!"

이것은 공산주의자들이 하는 말이다. 공산주의자는 말한다. "당신이 죽어가고 있다면 걱정할 것이 아무 것도 없다. 당신이 가난하다면 걱정할 것이 아무 것도 없다. 기다려라. 혁명이 일어나 공산주의가 집권하면 모든 것이 잘 될 것이다."

그대는 말할 것이다. "그때가 되면 나는 죽을 것이오." 그것은 문제가 아니다. 그대는 문제가 되지 않는다. 문제는 사회다. 사회가 먼저 바뀌어야 한다. 사회가 바뀔 때, 오직 그때만이 경제 구조가 바뀌고, 국가와 법률이 바뀐다. 그때만이 사람들은 행복해질 것이다. 그대에 대해서는 아무 것도 할 수 있는 일이 없다.

유학자는 그 자리를 떠나 사람들을 모아놓고 높은 단상에 올라가 이렇게 말했다. "혁명이 필요합니다! 모든 우물에는 반드시 돌 벽을 쌓아야 합니다!" 그런데 이 사람은 지금 죽어가고 있다.

이제는 어떤 기독교 선교사가 왔다. 마치 우물에 빠진 사람을 찾고 있었다는 듯이 그는 이렇게 말했다. "오, 주여! 잘됐다! 내가 찾고 있던 사람을 만났다. 나는 누군가에게 봉사하고 싶었다. 당신 참 잘했

소!" 그는 등짐에서 밧줄을 꺼냈다. 그는 이미 모든 것을 준비하고 있었다. 예수가 모든 사람의 종이 되어야 한다고 말했기 때문이다. 그는 밧줄을 던져 그 사람을 꺼내주었다.

그 사람은 매우 기뻤다. 그는 선교사의 발을 만지고 이렇게 말했다. "당신이야말로 진정으로 종교적인 사람입니다. 불교 수도승이 왔다 갔는데 그는 설교만 했고, 유학자도 왔다 갔는데, 보세요! 그가 저기서 사람들을 모아 놓고 개혁에 대해서 이야기하고 사회와 법률을 바꾸는 것에 대해서 가르치고 있습니다. 당신만이 진정으로 종교적인 사람이에요. 당신이 오지 않았다면 나는 죽었을 겁니다. 그런데 한 가지 물어볼 것이 있는데 당신은 왜 밧줄을 가지고 다니세요? 좀 이상하군요."

선교사는 매우 기뻤다. 선행을 했기 때문이다. 그가 말했다. "나는 항상 밧줄을 가지고 다닙니다. 밧줄 말고도 많은 것을 갖고 다니지요. 나는 항상 모든 사람들의 종이 될 준비가 되어있으니까요."

그러자 그가 말했다. "어떻게 감사를 드려야할지 모르겠군요? 당신이 나를 구해주었으니 당신을 위해 뭔가를 하고 싶습니다."

선교사가 말했다. "한 가지만 해주시면 됩니다. 당신 자식들도 우물에 빠지라고 말해주시세요. 그래야 내가 하나님에게 갈 수 있거든요. 만일 사람들이 우물에 더 이상 빠지지 않고, 유학자가 성공하여 우물에 돌 벽이 세워진다면 사람들을 도울 기회가 더 이상 없게 됩니다. 또한 불교 수도승이 성공하여 사람들이 모든 것을 받아들이게 된다면 사람들을 도울 필요가 없어지게 됩니다. 사람들이 나의 봉사를 받아들이지 않을 거예요. 그러니 딱 한 가지만 해주세요. 계속 우물에 빠져 달라는 거예요. 아이들에게도 그렇게 가르쳐주시길 바랍니다."

놀랄 일이다. 이 이야기가 약간 과장된 것으로 보인다고 생각할 것이다. 그러나 그렇지 않다.

인도에는 카라프트라지 마하라지Karaptraji Maharaj라는 힌두교 성자Mahatma가 있다. 그는 공산주의에 반대하는 책을 썼다. 그리고 그가 제기한 가장 근본적인 문제는 이것이었다. 만일 아무도 가난하지 않다면 종교는 사라질 것이다. 가난한 사람들이 필요하다. 가난한 사람들이 있어야만 기부도 할 수 있고 병원도 운영할 수 있다. 만일 가난한 사람들이 모두 사라진다면, 만일 공산주의가 성공한다면, 종교에 무슨 일이 벌어지겠는가? 힌두교에서는 기부하는 것이 종교의 가장 훌륭한 일이고, 부를 나누어주는 것이 가장 훌륭한 일이라고 말하고 있다. 그런데 만일 모든 사람들이 부자가 된다면, 아무도 부를 나누어줄 수 없을 것이다. 그리고 만일 모두가 평등하다면 나누어줄 부가 없게 될 것이다. 만일 사회가 공산주의가 된다면, 종교는 사라질 것이다. 이 사람 카라프트라지 마하라지는 자신이 종교적인 사람이라고 생각한다.

이것은 억지소리가 아니다. 모든 사람들이 이런 식으로 이해하고 있다. 그는 베다와 기타와 우파니샤드에서 가난한 사람을 도와주는 것이 칭찬받는 일이라는 구절을 인용한다. 그것이 유일한 방법이기 때문이다. 가난한 사람을 섬기면 신을 섬기는 것이다. 그런데 만일 아무도 가난하지 않다면, 어떻게 가난한 사람을 섬길 수 있고, 어떻게 신을 섬길 수 있겠는가? 그러면 신에게로 가는 다리가 무너질 것이다. 따라서 논리적인 결론은 이것이다. 가난을 유지하라. 사람들이 굶게 하라. 그들이 필요하다. 그렇지 않다면 '마하트마mahatma' 들이 무엇을 할 것인가? 그들은 할 일이 아무 것도 없을 것이다.

오랜 세월 동안 붓다나 예수, 마하비라의 말이 오해되어 왔다. 그들은 그대들의 언어를 사용할 수밖에 없었기 때문이다. 그들이 그대들의 언어를 사용할 때, 그것은 항상 부적합하다. 그래도 다른 언어가 없다. 만일 다른 언어가 있다고 해도 그것을 말할 수가 없다. 왜냐하면 그대들이 이해하지 못할 것이기 때문이다.

* 아무든지 첫째가 되고자 하면 뭇사람의 끝이 되며 뭇사람을 섬기는 자가 되어야 하리라 하시고

예수는 단순하게 사실을 말하고 있다. 에고의 추함과 그 폭력성을 이해한 사람, 야망의 독성을 이해한 사람은 바로 그 이해를 통해서 경쟁하지 않을 것이고, 어디에 있든 행복할 것이다. 그리고 그 행복 속에서 그는 신이 어디에나 있는 것을 보게 될 것이다. 또한 신이 어디에나 있는 바로 그 경험 속에서 그는 종이 될 것이다.

그가 훈련을 해야 한다는 뜻이 아니다. 그가 어디에 가서 어떻게 봉사해야 할지 찾으러 다녀야 한다는 뜻이 아니다. 그가 어디에 있든, 모든 것이 신이다. 그리고 부분은 전체의 종이다. 봉사하려는 노력도 없다. 봉사는 그대가 침묵 속에 있을 때 온다. 봉사는 그대가 행복할 때 그대의 존재로부터 흘러나온다. 그대가 에너지로 가득 차 있고 어디서든 도움이 필요할 때, 그대는 그들을 돕는다.

개가 죽어가고 있을 때, 그대는 그 개를 돌보아준다. 나무가 죽어가고 있고 아무도 물을 주지 않을 때, 그대가 물을 준다. 그리고 그대가 봉사했다는 것을 내세우지 않는다. "보시오. 내가 얼마나 훌륭한 봉사자인지 보시오! 나는 이 나무를 도와 다시 푸르게 만들었소." 그것

이 아니다. 나무가 다시 푸른 잎을 피우도록 도움으로써 그대는 자신의 삶을 푸르게 만든 것이다. 이미 보상을 받은 것이다. 다른 보상은 없다. 죽어가는 개를 도움으로써 그대는 자신을 도왔다. 모든 것은 하나이기 때문이다.

그대가 누군가를 때릴 때, 그것은 그대 자신을 때리는 것이다. 누군가를 죽일 때, 그것은 그대 자신을 죽이는 것이다. 모든 것은 하나이기 때문이다. 그리고 그대가 누군가를 섬길 때, 그대는 자신을 섬기는 것이다. 따라서 그것을 자랑할 필요가 없다. 훌륭한 선교사가 되려하지 마라. 사람들의 훌륭한 종이 되려 하지 마라. 누군가가 되려 하지 마라. 모든 것은 자연스럽게 찾아온다. 어떤 사람이 행복할 때, 그의 자비는 자연스러운 것이다. 행복으로부터 그는 자비로워진다.

* 어린아이 하나를 데려다가 그들 가운데 세우시고 안으시며 제자들에게 이르시되

누구든지 내 이름으로 이런 어린아이 하나를 영접하면 곧 나를 영접함이요, 누구든지 나를 영접하면 나를 영접함이 아니요 나를 보내신 이를 영접함이니라.

그런 뒤 예수는 어린아이를 안았다. 어린아이는 순수함과 무력함의 상징이다.

그리고 그가 말한다.

* 누구든지 내 이름으로 이런 어린아이 하나를 영접하면

누군가 어쩔 줄 몰라 하는 것을 발견하면, 가서 도와라. 무엇인가 순수한 것을 발견하면 가서 안아주어라. 사랑해주어라.

누구든지 내 이름으로 이런 어린아이 하나를 영접하면 곧 나를 영접함이요

예수는 말한다. "그가 나를 받아들였다. 그가 나에게 가슴을 열어 주었다." 사랑 속에서 그대는 그리스도에 가까워진다. 예수는 말한다. "경쟁을 통해서가 아니다. 첫째가 되려는 노력으로써가 아니다. 받아들임으로써, 순진한 이를 도움으로써, 그대 주위에 있는 생명의 에너지를 받아들임으로써, 그리고 도움이 필요한 곳에 그대 자신을 쏟아 부음으로써, 나에게 가까이 오라."

* 누구든지 나를 영접하면 나를 영접함이 아니요 나를 보내신 이를 영접함이니라.

그리고 예수는 말한다. "그대들은 신을 모른다. 그러나 나에 대해서는 무엇인가를 알고 있다. 그대들은 이 아이를 모른다. 이 아이의 순수함이 나의 순수함이라는 것을 모른다. 그의 순수함 속에 나의 순수함이 숨어있다. 만일 나의 순수함 속으로 들어온다면, 그 속에서 신의 순수함이 숨어있는 것을 발견할 것이다."

꽃을 들여다보라. 꽃의 깊은 심장 속으로 뚫고 들어가라. 그러면 그리스도를 만나게 될 것이다. 그리고 그리스도를 만나게 될 때, 조금만 더 깊이 들어가라. 그러면 신을 만나게 될 것이다.

꽃잎 하나하나에서, 물방울 하나하나에서, 그리고 조약돌 하나하나에서 그대는 신을 만날 수 있다. 신은 어디에나 있다. 단지 꿰뚫는

것만이 필요하다. 그리고 그것은 첫째가 되는 일이 아니다. 그것은 끝이 되는 일이고 에고가 없어지는 일이다. 오직 그때만이 그대는 어린아이를 존경할 수 있다. 그렇지 않다면 그대는 어린아이가 아닌 왕을 존경할 것이다. 무기력한 어린아이가 아닌 부자를 존경할 것이다. 어린아이를 존경해본 적이 있는가? 만일 그런 일이 없다면 그리스도를 존경하는 방법을 모르는 것이다. 그대는 이렇게 말할 것이다. "무엇을 위해서 그래야 하지?"

우리는 사람들이 어떤 능력을 가지고 있을 때 그 사람을 존경한다. 그가 위대한 화가다. 그러면 그를 존경한다. 그가 피카소다. 그러면 그를 존경한다. 왜? 그가 세계적으로 유명해서? 그가 아주 유명한 에고를 갖고 있어서? 피카소가 특별난 사람이라 그와 연결되고 싶어서? 이 사람은 위대한 음악가이고, 이 사람은 위대한 시인이고, 이 사람은 위대한 철학가이고, 이 사람은 위대한 그리스도, 붓다이다. 그대는 그들을 존경하고 싶어 한다. 그들과 가까워지고 싶기 때문이다. 가까워짐으로써 그대의 에고가 만족을 느낀다. 그리스도에 가까이 가서 그의 옆에 서고 싶어 한다.

이런 것은 진정한 존경이 아니다. 진정한 존경은 명성이나 이름을 위한 것이 아니다. 진정한 존경은 완전히 다른 것이다. 꽃을 존경하라. 신이 그 안에서 완전히 살아있기 때문이다. 새를 존경하라. 신이 새의 날개 위에 있기 때문이다. 어린아이를 존경하라. 그들의 눈 속에 순수함이 있고, 그들의 눈이 그리스도의 눈과 같기 때문이다. 동물과 나무와 돌을 존경하라. 신이 어디에나 숨어있기 때문이다. 그의 서명이 어디에나 있다.

* 요/한/복/음 8장
유대인들이 가로되
너는 이미 죽은 우리 조상 아브라함보다 크냐. 또 선지자들도 죽었거늘 너는 너를 누구라 하느냐

"그대가 아이를 사랑하고 아이를 존경한다면, 그것은 곧 나를 사랑한 것이고 나를 존경한 것이다. 그리고 나를 사랑하고 나를 존경한다면, 그것은 곧 신을 사랑한 것이다." 이런 말을 들을 때, 거기에 서 있던 유대인들은 틀림없이 기분이 상했을 것이다. 이 사람이 도대체 무엇을 주장하고 있는가? 이 사람이 자기가 신이라고 주장하는 것인가? 이 사람이 누구인가? 목수 요셉의 아들, 마리아의 아들 아닌가? 그리고 사람들은 그가 합법적인 아들인지 아닌지도 확신하고 있지 않다. 그가 동정녀 마리아에게서 태어났다는 풍문이 있기 때문이다. 어쩌면 그는 사생아일지도 모른다.

이 사생아일지도 모르는, 평범한 목수의 아들이 이렇게 말하고 있다. "나에게 가까이 오는 것은 곧 신에게 가까이 가는 것이다." 마치 사기꾼같이 보였을 것이다. 유대인들은 틀림없이 기분이 상했을 것이다.

그들은 말한다.

* 너는 이미 죽은 우리 조상 아브라함보다 크냐.

왜냐하면 아브라함조차도 그렇게 말하지 않았기 때문이다. 아브라함은 이렇게 말했다. "나는 단지 신의 종일뿐이다." 그런데 예수는 말

한다. "나는 신의 아들이다. 종이 아니다." 예수는 사실 이렇게 말하고 있다. "내가 신이다. 내가 신 안에 있고 신이 내 안에 있다. 나를 보았다면 곧 하늘에 계신 아버지를 본 것이다."

* 또 선지자들도 죽었거늘

네가 우리 선지자보다 더 위대하단 말이냐?

* 너는 너를 누구라 하느냐

너는 네가 누구라고 생각하느냐?
예수가 대답했다.

* 너희 조상 아브라함은 나의 때 볼 것을 즐거워하다가

여기에 또다시 언어의 어려움이 있다. 그는 진리를 정확하게 말하고 있지만 그가 사용한 언어는 매우 부적절하게 되어있다.

* 너희 조상 아브라함은 나의 때 볼 것을 즐거워하다가 보고 기뻐하였느니라.

이렇게 생각해보라. 내가 이렇게 말한다고 해보자. "예수가 나의 때를 보기를 즐거워하다가 보고 기뻐하였다."
여기에 와있는 기독교인 누군가는 기분이 상할 것이다. 그러면 나

는 나를 누구라고 생각하는가? 예수의 날은 이미 이천년 전에 지나가지 않았는가? 의문이 자연히 나올 것이다. 그가 어떻게 나의 날을 보고, 어떻게 그가 기뻐하겠는가?

이 말 속에 매우 상징적인 무엇인가가 들어있다. 어떤 사람이 깨닫게 될 때마다 그 이전에 깨달았던 모든 사람들, 깨달음을 얻은 모든 에너지들이 기뻐한다. 또 한 사람이 집으로 돌아왔기 때문이다. 또 한 사람이 꽃을 피웠기 때문이다. 또 한 사람이 신 안으로 들어왔기 때문이다.

인도에는 이런 아름다운 이야기가 있다.

붓다가 깨달았을 때, 모든 신들이 하늘에서 꽃을 뿌리고, 모든 깨달은 사람들이 그 주위에 모여 노래를 불렀다고 한다. 그날은 아주 굉장히 즐거운 날이었다. 모든 숲이 꽃을 피웠다. 나무들이 때 아닌 꽃을 피웠고 죽은 나무가 싹을 틔웠다. 여기 저기 음악과 노래가 있었고 신들이 노래하고 춤을 추었다. 또 한 사람이 깨달음을 얻었기 때문이다. 깨달음이란 그렇게 굉장한 현상이기에 당연히 그래야 한다. 존재 전체가 기뻐해야 한다. 그런데 예수는 유대인들이 이해할 수 없는 말을 하고 있었다.

* 너희 조상 아브라함은 나의 때 볼 것을 즐거워하다가 보고 기뻐하였느니라.

유대인들이 가로되 네가 아직 오십도 못되었는데 아브라함을 보았느냐자, 두 개의 서로 다른 차원이 서로 이야기를 하고 있다. 대화는 불가능해 보인다. 유대인들은 시간에 대해서 이야기하고 있고, 예수는 영원에 대해서 이야기하고 있다. 유대인들은 과거에 대해서 이야기하고 있고 예수는 현재에 대해서 이야기하고 있다.

* 아브라함이 나기 전부터 내가 있느니라.

이제, 예수는 자신에 대해서 말하고 있는 것이 아니다. 그는 그리스도 의식에 대해서 말하고 있다. 유대인들은 시간에 대해서 말하고 있고, 그는 영원에 대해서 말하고 있다. 유대인들은 예수에 대해서 말하고 있고, 그는 그리스도에 대해서 말하고 있다! 완전히 다른 차원이다. 두 개의 서로 다른 차원이다. 그리스도 의식은 영원이고 시간이 없다. 시작도 없고 끝도 없다. 시간이나 기간에 한정되지 않는다. 그리스도 의식은 항상 거기에 있어왔다. 예수는 지금 거기에 참여한 것일 뿐이다. 일단 그대가 거기에 참여하면 그대는 사라진다.

그것은 마치 대양 속으로 들어가는 물방울과 같다. 물방울이 바다로 들어가는 순간 그것은 더 이상 존재하지 않는다. 이제 물방울은 이렇게 말할 수 있다. "나는 항상 있어왔다." 이제 그것은 큰 바다이며 더 이상 물방울이 아니기 때문이다. 강이 바다 속으로 흘러들어 갔다. 예수는 그리스도 의식 속으로 들어갔다. 그 큰 바다의 느낌. 이제 예수는 더 이상 거기에 없다. 이제 그는 더 이상 마리아의 아들도, 요셉의 아들도 아니다. 마을의 목수도 아니다. 그는 젊지도 않고, 육체도 아니고, 마음도 아니다. 이제 그는 초월했다. 의식의 네 번째 차원 뚜리야turiya에 들어와 있다. 그는 그리스도다. 그는 붓다다. 그가 두 개의 다른 시제를 쓰는 이유가 여기에 있다.

* 진실로 진실로 너희에게 이르노니, 아브라함이 나기 전부터 내가 있느니라.

그는 이렇게 말하지 않는다. "아브라함이 있기 전부터 내가 있었다.Before Abraham was, I was." 그것은 잘못된 표현이다. 이 문장이 정말로 위대하다고 하는 이유가 바로 그것이다. 그는 말한다. "아브라함이 있기 전부터Before Abraham was" 아브라함에 대해서는 과거형을 쓰고 있다. 그러나 자신에 대해서는 현재 시제를 쓴다. 'I am.'

* 아브라함이 나기 전부터 내가 있느니라.

아브라함은 그리스도 의식에 참여했다가 사라졌다. 마찬가지로 예수는 그리스도 의식에 참여했다가 사라졌다. 이제 거기에 시간의 문제는 없다. 이제 시간은 존재하지 않는다. 거기에는 더 이상 시간도 없고 공간도 없다. 이 상태가 붓다가 말하는 열반이다. 그리고 예수는 그것을 '신의 왕국' 이라고 부른다.

이 경전에 대해 명상하라. 믿을 수 없을 정도로 아름답다. 그 속으로 깊이 들어가라. 그러면 엄청나게 큰 도움이 될 것이다. 이 말들을 이해할 수 있다면 그대가 받는 은총은 무한할 것이다.

누/가/복/음 7장

36. 한 바리새인이 예수께 자기와 함께 잡수기를 청하니, 이에 바리새인의 집에
들어가 앉으셨을 때에
37. 그 동네에 죄인인 한 여자가 있어, 예수께서 바리새인의 집에 앉으셨음을 알
고 향유 담은 옥합을 가지고 와서
38. 예수의 뒤로 그 발 곁에 서서 울며 눈물로 그 발을 적시고 자기 머리털로 씻
고 그 발에 입 맞추고 향유를 부으니
39. 예수를 청한 바리새인이 이것을 보고 마음에 이르되, 이 사람이 만일 선지자더면
자기를 만지는 이 여자가 누구며, 어떠한 자 곧 죄인인 줄을 알았으리라 하거늘
40. 예수께서 대답하여 가라사대, 시몬아 내가 네게 이를 말이 있다 하시니, 저
가 가로되 선생님 말씀하소서.
41. 가라사대 빚 주는 사람에게 빚진 자가 둘이 있어, 하나는 오백 데나리온을
졌고 하나는 오십 데나리온을 졌는데
42. 갚을 것이 없으므로 둘 다 탕감하여 주었으니 둘 중에 누가 저를 더 사랑하
겠느냐
43. 시몬이 대답하여 가로되, 제 생각에는 많이 탕감함을 받은 자니이다. 가라사
대 네 판단이 옳다 하시고
47. 이러므로 내가 네게 말하노니, 저의 많은 죄가 사하여졌도다. 이는 저의 사
랑함이 많음이라 사함을 받은 일이 적은 자는 적게 사랑하느니라.
48. 이에 여자에게 이르시되, 네 죄사함을 얻었느니라 하시니
49. 함께 앉은 자들이 속으로 말하되, 이가 누구이기에 죄도 사하는가 하더라.
50. 예수께서 여자에게 이르시되, 네 믿음이 너를 구원하였으니 평안히 가라 하
시니라.

8장

자신의 어깨에
자신의 십자가를 져야한다

예수 그리스도가 누구인가? 이 질문은 오랜 세월 동안 끊임없이 계속되어 왔다. 그리고 그에 대한 답변이 있었다. 그러나 그 질문이 잘못된 것이었고, 대답 또한 잘못된 것이었다. 왜냐하면 그 질문은 어떤 편견에서 나온 것이고 대답 또한 마찬가지였기 때문이다. 그 질문과 대답은 근본적으로 서로 다르지 않다. 그 근원은 하나이며 같은 것이다.

이 질문은 예수의 신성을 의심하는 사람에 의해 제기되었다. 그리고 그 질문에 대답한 사람은 예수의 인간적인 면을 이해할 준비가 되어있지 않은 사람들이었다. 그들은 오직 예수의 절반만을 믿을 준비가 되어있을 뿐이었다. 유대인들은 예수가 인간이었다는 것을 믿을 준비가 되어있었다. 그리고 기독교인들은 그가 신이라는 것을 믿을 준비가 되어있었다. 유대인들은 예수의 절반, 즉 그리스도의 측면을 거부하고 있으며, 기독교인들은 그 다른 절반, 즉 예수의 측면을 거부하고 있었다.

그러면 예수 그리스도는 누구인가? 기독교인들은 그를 예수로, 인간의 아들로, 살과 피와 뼈를 가진 다른 사람들과 같은 사람으로 보고 싶어 하지 않는다. 그리고 유대인들은 그를 신으로, 신성으로, 살과 피와 뼈가 아닌 순수의식으로 된 신성으로 믿고 싶어 하지 않는다.

아무도 예수를 전체적으로 믿을 준비가 되어있지 않았다. 그것은 예수의 경우에만 그런 것이 아니다. 모든 깨달은 스승들 - 붓다, 크리슈나, 짜라투스트라 - 이들 모두의 경우도 마찬가지다. 예수를 전체적으로 받아들여 그대를 꿰뚫지 않는 한, 그대는 변형되지 않을 것이다. 그를 있는 그대로 받아들이지 않는 한, 그대는 그를 만나지 못할 것이다. 예수는 예수이면서 동시에 그리스도다. 그리고 예수는 그 사실을 부끄러워하지 않는다.

성서에서 예수는 여러 번이나 스스로를 '사람의 아들' 이라고 말하면서, 또한 '신의 아들' 이라고도 말했다. 그리고 그에게는 그 두 말 사이에 어떤 모순도 있지 않은 것처럼 보인다. 사실이 그렇다. 모순은 우리의 마음 안에 존재한다. 모순은 예수의 존재 안에 존재하지 않는다. 그의 존재는 연결되어 있다. 시간과 영원 사이, 육체와 영혼 사이, 이 세상과 저 세상 사이에 다리가 놓여있다. 그의 존재는 보이는 것과 보이지 않는 것, 알려진 것과 알려지지 않은 것 사이에 다리가 놓여있다. 그는 완벽하게 연결되어 있다. 그 둘 사이에서 평온을 유지하고 있다. 왜냐하면 그는 그 둘 모두이기 때문이다. 예수와 그리스도는 서로 마주보는 두 강둑과 같다. 강은 두 개의 강둑이 있어야만 한다. 예수는 두 강둑 사이를 흐르는 강과 같다. 두 강둑이 모두 그의 것이다. 그는 그 둘 사이에서 존재한다. 그는 곧 하나의 강이다.

예수 그리스도는 누구인가? 신인가 아니면 인간인가? 나는 그 모든 질문이 잘못되었으며 대답들 또한 마찬가지라고 말한다. 왜 그런가? 그 질문들은 유대교의 지식에서 왔거나 무슬림의 지식, 또는 힌두교의 지식에서 왔기 때문이다. 그리고 대답들은 기독교의 지식에서 나왔다. 그러나 기독교적인 지식은 그것을 대답할 수 없다. 지식은 그것을 물을 수도 없다. 지식은 무기력하다. 그렇게 중요한 질문은 지식이 아닌 순수함으로부터만 나올 수 있다. 이 차이를 이해해야 한다.

지식으로부터 어떤 질문을 할 때, 그대는 사실 묻고 있는 것이 아니다. 왜냐하면 그대는 이미 대답을 알고 있기 때문이다. 그 질문은 거짓이다. 가슴이 거기에 없다. 그대는 단지 질문을 위한 질문을 하고 있다. 어쩌면 토론을 위해, 논쟁을 위해 질문하고 있을지도 모른다. 그러나 그대는 그 전에 질문을 알고 있고 대답이 미리 준비되어 있다. 그러므로 그대는 열려있지 않고 대답을 받아들이지 못한다. 그대는 움직이고 탐구할 준비가 되어있지 않다. 이미 대답을 갖고 있다. 그리고 그 대답으로부터 그 질문이 나온 것이다.

유대인들은 대답을 갖고 있었다. 그들은 그가 메시아가 아니라고, 그가 신이 아니라고 알고 있었다. 왜 그런가? 왜냐하면 그들은 메시아가 올 때, 모든 사람들이 그 메시아를 알아볼 것이라는 개념을 갖고 있었기 때문이다. 모든 사람들이다. 단 하나의 예외도 없이 모든 사람들이 알아본다는 것, 그것이 그들이 갖고 있었던 메시아의 개념이었다. 만일 모든 사람들이 예수를 알아보지 못했다면 어떻게 그가 메시아일 수 있겠는가? 그들은 메시아에 대한 정의를 갖고 있었다. 그들은 또한 예수, 진정한 예수, 그리스도, 메시아가 올 때, 모든 사람들이 즉시로 자유를 얻을 것이라는 믿음을 갖고 있었다. 그것 또한 그들의 지식이었다. 그리스도의 빛 속에서 모든 과거의 죄와 현재의 죄가 사라질 것이라고 믿었다. 그러나 그런 일은 일어나지 않았다. "그리스도가 나타났지만 사람들은 아직도 자유를 얻지 못했다. 아직도 죄 속에서 살고 있고, 아직도 불행 속에서 살고 있다. 그러니 이 사람은 메시아일 수가 없다. 그리스도일 수가 없다." 이 사람은 자신들이 기다려온 그 사람이 아니었다.

이런 것들이 선입견이다. 그들은 어떤 메시아도 본 적이 없었다. 그런데 어떻게 메시아가 나타날 때 어떤 일이 일어날 것이라고 정해놓을 수 있단 말인가?

예를 들어, 영혼의 어두운 밤에 그대는 아침이 오면 하늘에서 돈이 쏟아져 내릴 것이라는 개념을 갖고 있다면, 태양이 뜨면 모든 사람들이 부자가 될 것이다. 그런데 아침에 태양이 떴지만 하늘에서 돈은 떨어지지 않고, 모든 사람이 부자가 되지도 않고, 사람들이 아직도 가난하다면, 이것이 태양이라고 어떻게 받아들일 수 있는가? 그대는 계속 하늘을 올려다보고 있지만 돈은 내려오지 않는다. 그리고 돈에 너무 신경을 쓰다 보니 태양에서 무엇이 내려오는지 보지 못한다. 빛과 생명과 환희, 이런 것을 보지 못한다. 그대의 눈이 완전히 선입견과 관념으로 덮여있어 그것을 보지 못한다. 그리고는 이렇게 묻는다. '이 예수 그리스도가 누구인가?' 그대는 이미 메시아라면 어떻게 되어야 한다는 것을 알고 있다. 그것이 방해물이다. 그것이 장애물이다.

유대인들이 예수를 알아보지 못한 이유가 그것이다. 예수는 그들이 오랜 세월동안 기다려왔던 바로 그 사람이었다. 그런데 그가 와서 문을 두드리자, 그들은 알아보지 못했다. 그들은 예수를 거부했다. 어떻게 그들은 예수를 거부할 수 있었을까? 그들이 악한 사람들이었을까? 아니다. 그들은 그대들처럼 선한 사람들이었다. 힌두교인들이나 이슬람교인들, 불교도들처럼 선한 사람들이었다. 그들에게 잘못된 것은 아무 것도 없었다. 그런데 무엇이 문제였는가? 문제는 그들의 지식이었다. 그들은 선입견을 갖고 있었다. 그리고 기독교인들이 예수를 '신의 유일한 아들' 이라고 대답할 때, 그것 또한 지식이다.

내가 하고 싶은 말은 질문과 대답은 같은 근원에서 온다는 것이다. 그들은 서로 다르지 않다. 단 한 치도 다르지 않다. 기독교인들은 예수가 신의 유일한 아들이라고 말한다. 어리석은 말이다. 모든 것은 신으로부터 온다. 그런데 어떻게 예수만이 전적으로 신의 유일한 아들일 수 있겠는가? 모든 사람이 신의 아들이다. 우리 모두가 신의 아들이다. 신은 우리의 아버지다. 예수가 계속 반복해서 말한 것도 그것이다. 그러나 기독교인들은 들으려하지 않는다. 그들은 신이 자신의 유일한 아들을 보냈다는 개념을 갖고 있다. 왜 '유일한' 인가? 만일 신이 다른 아들도 있어서 그 다른 아들이 온다면 거기에 충돌이 생기고 갈등이 있을 것 같아 두려웠기 때문이다. 그러면 그들 중에 누가 옳은가? '그러니 확실하게 하자. 신에게는 아들이 하나만 있다고 해서 문제를 끝내버리자. 성경이 일단 만들어지면 더 이상 다른 성경은 없을 것이다.' 이슬람교인들은 말한다. "모하메드가 유일한 예언자다. 마지막 예언자다. 이제 더 이상 오지 않을 것이다. 그가 최종적인 것을 가져왔다." 따라서 아무도 코란을 덧붙일 수 없다. 아무도 성경을 덧붙일 수 없다. 그럴 권리가 아무에게도 없기 때문이다.

왜 독생자인가? 나무, 강, 산, 별, 사람, 동물, 새, 이 모두가 신이 창조한 것이 아닌가? 이 존재 전체가 신에게서 온 것이 아닌가? 그의 존재로부터 흘러나오는 것이 아닌가? 신은 모든 것의 전체다. 바위와 강과 산이 그대와 똑같이, 예수와 똑같이 신의 창조물이다. 거기에 어떤 차이도 없다. 모든 존재는 신 안에 참여한다. 사실 존재하는 것은 곧 신에 참여하는 것이다. 그렇지 않다면 그대는 존재할 수 없다. 그 외에는 다른 방법이 없다.

존재하는 것, 그것이 바로 신이 되는 것이다!

그렇다면 그대와 예수 사이에는 어떤 차이가 있는가? 그 차이는 그대의 존재에 있는 것이 아니라 그대의 앎, 인지능력, 자각에 있다. 예수는 자신이 신의 아들이라는 것을 안다. 그런데 그대는 아직 그것을 인식하지 못하고 있다. 그것이 차이다. 그대는 그것을 어느 순간에라도 알아차릴 수 있다. 바로 그 알아차림에 변형이 있다. 그것을 예수는 메타노이아 metanoia, '마음 바꿈, 회개'란 뜻의 그리스어라고 부른다. 그것은 단지 알아차림의 문제이다.

그대는 그대의 실재를 망각하게 되었다. 그러나 예수는 그것을 알고 있다. 하지만 그대와 예수 사이에 존재의 차이는 없다. 그대는 예수만큼 부자다. 그런데 그는 알고 있고, 그대는 모르고 있다. 그것을 모르기 때문에 그대는 계속 가난한 상태로 남는다. 그대가 가난하기 때문이 아니다. 그대는 가난하지 않다! 신이 매 순간 그대에게 쏟아부어 주는데 어떻게 그대가 가난할 수 있겠는가? 그가 그대의 심장을 두드리고, 그대의 피 속을 돌고, 그대의 의식 속으로 흘러들어 가는데, 어떻게 가난할 수 있겠는가? 그대는 거지가 아니다. 모든 사람이 제왕이다. 그런데 그 사실을 깨닫지 못하고 있다. 신이 계속해서 그대와 접촉하려고 하는 내면을 그대는 들여다보지 않는다. 그대의 근원을 들여다보지 않는다.

근원을 들여다보는 것을 예수는 '돌아오다' 라는 말로 표현한다. 그런데 '돌아오다' 가 '회개하다' 로 번역되었다. '회개하다repent' 란 말 또한 '돌아오다' 라는 뜻이 있다. 그러나 지금은 잘못 변용되어 '잘못을 뉘우치는 것' 이 되어버렸다. 사실 그 말은 회개하는 것과는 아무런 상관이 없다. 돌아오라! 그대의 존재 속으로 돌아보라. 완전히 180도 돌아보라. 그러면 갑자기 항상 그대 자신이었던 빛을 보게 될 것이다. 그대의 원래 존재, 빛을 보게 된다. 신을 보는 것이다. 그리고 처음으로 그대가 신을 떠나본 적이 없었다는 사실을 알게 된다. 신은 바로 그대의 뒤에 있었다. 단지 그대가 그를 돌아보지 않았을 뿐이다.

그것은 마치 태양이 떠오른 아침에 그대가 눈을 감고 있는 것과 같다. 그저 눈을 뜨기만 하라. 예수는 눈을 뜬 채로 그대 옆에 서 있다. 그런데 그대는 눈을 감고 서 있다. 차이는 그것뿐이다. 다른 차이는 없다.

예수는 인간이다. 그대가 신이기 때문이다.

이 말이 무슨 뜻인지 설명해주겠다. 예수는 그대가 인간인 것처럼 인간이며, 그대는 예수가 신인 것처럼 신이다. 신과 인간은 두 개의 분리된 실체가 아니다. 인간은 세상에 표현된 신의 형상 중의 하나이다. 예수는 인간이며 신이다. 그대도 마찬가지다. 그리고 예수를 이해하는 것은 그대 자신의 상황을 이해하는 것이다. 그리고 예수를 사랑하는 것은 그대 자신의 존재를 사랑하는 것이다. 예수에 대해서 명상하는 것은 그대 자신의 일부에 대해서, 그대와 그대 자신의 진정한 자아 사이에 들어온 틈에 대해서 명상하는 것이다. 예수를 이해하는 것은 그 틈에 다리를 놓는 것이다.

예수는 그대 이상의 특권을 갖고 있지 않다. 붓다도 마찬가지다. 특권을 갖고 있는 사람은 아무도 없다. 그렇지 않다면 신은 불공정한 것이다. 모든 사람이 똑같은 힘을 갖고 있다. 신의 눈에는 우리 모두가 평등하다. 불평등은 우리가 만들어낸 창조물이다. 신의 눈에는 모든 사람이 모든 것에 대해 평등하다.

예수가 자신을 신이라고, 또는 신의 아들이라고 주장하였기 때문에 유대인들은 매우 혼란스러웠다. 그리고 2천년 동안 기독교인들은 예수가 신이었다고, 그가 신이라고 변호해오고 있다.

그리고 그들은 그가 사람이라고 증명될 수 있는 모든 가능성을 지워버리려고 많은 노력을 기울여왔다. 예수가 동정녀로부터 태어났다고 하는 이유가 바로 그것이다. 그것이 시작이다. 그래서 그들은 예수의 인간됨을 부정한다. 그래서 예수는 그대와 같지 않고 특별하다. 출생에서부터 특별하다. 그리고 그들은 예수가 인간이었다는 암시조차도 남지 않게 그의 삶을 조작하려 한다. 그는 완전히 인간이었다. 그는 전체적인 인간이었다. 그는 완벽주의자가 아니었다. 화를 낼 필요가 있다면 정말로 화를 냈다. 환전상들을 사원 밖으로 내던졌으며 그들에게 이렇게 말했다. "내 아버지의 집에서, 내 아버지의 성전에서 무슨 짓을 하느냐? 당장 여기서 나가라!" 그는 정말로 불같이 화를 내며 한 손으로 그 많은 사람들을 밖으로 쫓아냈다.

그는 사람들을 사랑했다. 친구도 많았다. 그는 사람들과 어울렸다.

사람들과 함께 먹고, 사람들과 함께 마시고, 사람들과 함께 움직였다. 그는 보통 사람들처럼 살았다. 그는 특별난 사람처럼 가식을 부리지 않았다. 그리고 어떤 특별난 일이 일어난다고 해도, 항상 이렇게 말한다. "이 기적을 일으킨 것은 그대의 믿음이다. 그것은 그대에게 내리는 신의 은총이다. 그것은 그대와 신 사이에서 일어난 일이다." 그는 어떤 감사도 기대하지 않는다. 누군가 기적이 일어나 병을 치료받고 그의 발을 만지며 감사를 표하려고 하면, 그는 이렇게 말한다. "아니다." 그러면 그 사람은 말한다. "당신은 위대한 사람입니다. 당신은 정말로 좋은 사람입니다!" 그러면 예수는 말한다. "신을 제외하면 아무도 좋은 사람이 없다. 신에게 감사하라. 나는 잊어버려라. 그대를 고친 것은 내가 아니라 그대의 믿음이다. 고마워하고 싶다면 신에게 고마워하라. 나는 잊어라. 내가 그대와 신 사이에 끼어들지 않게 하라."

붓다도 제자들에게 이와 똑같은 말을 했다. "길가는 중에 나를 발견하면, 즉시 나를 죽여라. 내가 그대와 실재 사이에 끼어들게 하지 마라. 그대 혼자서 걸을 능력이 되지 않는다면 내 손을 잡아라. 그리고 혼자 걸을 능력이 되는 순간 나를 잊어버려라. 홀로 나가라. 나에게 매달리지 마라. 그리고 나의 그림자로 남으려 하지 마라. 나를 길 가는 중에 만나면, 즉시 나를 죽여라!" 그것이 바로 예수가 여러 번 반복해서 말한 것이다. "나를 잊어버려라. 신에게 직접 감사하라. 내가 누구란 말인가?"

기독교인들은 그의 인간성의 흔적을 지우려고 노력해왔다. 그래서 그는 동정녀 마리아에게서 태어난다. 절대적으로 말이 안 되는 일이다. 그리고 그는 모든 인간의 특징이 제거된 삶을 산다. 기독교인들은 오직 그의 기적만을 이야기하고 그의 평범한 삶에 대해서는 아무 말도 하지 않는다. 그들은 두려운 것이다. 기독교인들은 예수가 절대로 웃지 않았다고 말한다! 어리석음의 극치로 보인다. 예수가 절대로 웃지 않았다고? 그렇다면 누가 웃을 수 있단 말인가? 그런데 웃는 사람은 너무 인간적으로 보인다. 너무 세속적으로 보인다. 그래서 그들은 예수가 웃는 것을 받아들일 수 없다.

예수는 틀림없이 웃음이 많은 삶을 살았을 것이다. 그는 정말로, 정말로 웃었을 것이다. 그는 틀림없이 웃음이 많은 사람이었을 것이다. 그는 계속해서 이렇게 말하기 때문이다. "기뻐하라! 즐거워하라! 찬양하라!" 이런 말은 절대로 웃지 않는 사람에게서 나올 수 있는 말이 아니다. 결코 웃은 일이 없는 사람이 어떻게 연회장에 가고, 어떻게 사람들과 술을 마시겠는가? 어떻게 사람들과 어울릴 수 있겠는가? 예수는 사람들과 어울리기를 좋아했다. 매일 밤낮으로 사람들과 함께 있었다. 그는 따로 떨어져있지 않았다. 그는 틀림없이 진정으로 웃고 즐겼을 것이다. 그러나 기독교인들은 그가 절대로 웃지 않았다고 말한다.

그들은 예수의 모습을 매우 슬프고, 우울하고, 무거운 짐을 진 모습으로 표현했다. 이는 불가능한 일이다! 이것은 완전히 잘못 되었다. 그것은 그리스도의 근본적인 깨달음, 붓다의 근본적인 깨달음과 반대되기 때문이다. 궁극적인 의식에 도달한 사람은 완전한 기쁨, 완전한 환희 속에 있다. 그의 삶은 노래가 되고 춤이 된다. 꽃과 별들의 삶이 된다. 슬플 수가 없다. 왜 그가 슬퍼야 하는가? 아버지의 세상, 신의 세상이다. 그런데 왜 그가 슬퍼야 하는가? 그는 집에 돌아왔다. 그가 언제 행복하겠는가? 신을 앎으로써 행복하지 않다면, 행복이란 있을 수 없다.

예수는 너무도 슬퍼 보인다. 그는 슬픈 모습으로 그려졌다. '구원자'의 모습으로 그려졌지만 마치 그가 모든 사람들의 짐과 모든 사람들의 죄를 짊어지고 다니는 것처럼 그려졌다. 그는 그대를 용서할 뿐이다! 그는 그대의 짐을 지고 다니지 않는다. 그는 단지 그대를 용서할 뿐이다.

예수가 그대의 짐을 짊어진다는 것은 잘못된 관점이다. 그 짐이 아무 가치도 없는 것이라면, 왜 그가 그 짐을 지어야 하겠는가? 그리고 만일 그것이 그렇게 귀중한 것이라면, 왜 그가 그것을 그대에게서 빼앗아가겠는가? 그는 더 얹어 줄 것이다. 그는 어느 누구의 짐도 떠맡지 않는다. 단지 모든 사람들이 그 짐을 내려놓도록 도와줄 뿐이다. 그것이 가치 없게 되는 것은 그것을 붙들고 매달려있는 사람이 그대이기 때문이다. 그대가 용서 받았다고 말할 때, 그것은 이런 내용이다. '너의 모든 슬픔을 잊어라. 지옥에 대해서는 다 잊어버려라. 이곳은 아버지의 세상이다. 그는 자비이고 사랑이다. 어떻게 사랑이 벌을 내릴 수 있겠는가? 어떻게 사랑이 그대를 지옥 속으로 던질 수 있겠는가? 어떻게 사랑이 그대를 괴롭힐 수 있겠는가? 신은 새디스트sadist가 아니다.'

기독교인들은 또 '부활'을 이야기한다. 그들이 만든 예수는 다음 세 가지에 의존한다. 첫 번째는 동정녀 탄생이다. 두 번째는 웃지 않는 것, 즐기지 않는 것, 단조롭고 슬픈 삶이다. 세 번째는 부활이다. 이 세 가지가 그들에게는 중요한 것으로 보인다. 그런데 이 셋 모두가 쓸모없는 것들이다. 왜냐하면 핵심이 빠졌기 때문이다. 진정한 예수가 빠졌기 때문이다. 이것들은 기독교인들이 예수 주위에 꾸며놓은 신화일 뿐이다. 그리고 이 신화 때문에 그들은 진정한 예수를 잃어버렸다.

나는 그가 진정한 사람이었다고 말하고 싶다. 정말로 사람다운 사람이었다고 말하고 싶다. 그는 사람처럼 살았고, 사람처럼 삶을 사랑했다. 그는 인간의 차원에서 삶을 살았지만 그러면서도 그는 신이다.

이런 이상한 사람들이 있다. 바로 어젯밤에 나는 기독교 신학자 T.L.L, 알티저Altizer의 책을 읽었다. 그는 이렇게 주장한다. '신은 인간, 즉 예수가 됨으로써 신이 되기를 그만두었다. 육화incarnation, 화신는 신의 죽음이다. 간단히 말하면 신은 죽었고 예수는 그의 아들이다.' 신이 예수가 됨으로써 죽었다는 말이다.

예수가 신의 화신이라는 것을 반대하는 사람들이 있다. 그들은 이 신학자의 적으로 보인다. 그들은 이렇게 말한다. "어떻게 신이 그렇게 작은 몸으로 자신을 육화할 수 있겠는가? 어떻게 무한이 유한 속으로 들어갈 수 있는가? 그리고 어떻게 영원이 시간 속으로 들어갈 수 있는가?" 그들 나름의 논리가 있다. 어떻게 무한이 작은 육체 속에 담길 수 있겠는가? 그것은 불가능하다. 신은 너무도 크고 예수는 너무도 작기 때문이다. 그들은 그것이 불가능하다고 말한다.

이제 다른 면을 살펴보자. 그 기독교 신학자의 이야기다. 그는 말한다. : 신에 대해서는 잊어버려라. 신은 예수가 태어난 날 죽었다. 그는 예수가 되었다. 신은 더 이상 존재하지 않는다. 이제 예수가 신이다.

이는 또 다른 극단이다. 먼저, 그 적들은 신이 육화한다는 것을 받아들이지 않는다. 어떻게 그것이 가능하겠는가? 그러나 그들의 논리 역시 똑같다. 그들은 예수의 신적인 면을 부정한다. 이들에게 반대하기 위해 알티저 같은 사람이 존재한다. 그들은 예수를 완벽한 신으로 만들기 위해 신을 죽일 준비가 되어있다. 이제 신은 예수 속으로 사라졌다. 신은 더 이상 살아있지 않다.

신이 죽어야 한다거나 예수가 신이 되어서는 안 된다거나 이 둘 다가 올바른 길이 아니다.

내가 이해하는 관점은 완전히 다르다. 신이 내려온다. 예수에게 뿐만이 아니라 모든 사람에게로 내려온다. 이 육화는 단 한번만의 육화가 아니다. 매일매일 계속되는 육화다. 그대가 아이를 낳을 때, 신이 육화한 것이다. 씨앗이 싹틀 때, 신이 육화한 것이다. 태양이 뜰 때, 신이 육화한 것이다. 꽃이 필 때, 신이 꽃을 피운 것이다. 오직 신뿐이다. 신 이외에는 아무 것도 없다. '존재'라는 단어는 '신'과 동의어다. 신은 수백만, 수천만, 수없이 많은 형상으로 계속 육화하고 있다. 그는 지칠 줄 모른다. 우파니샤드는 바로 그것을 말하고 있다. 우파니샤드는 말한다. : 그대는 완전으로부터 원하는 만큼 취할 수 있다. 그러나 그 완전은 항상 완전으로 남는다. 완전을 완전히 모두 다 취할 수도 있다. 그러나 아직도 전체는 건드려지지 않은 채 남아있다. 그것이 무한의 뜻이다.

무한으로부터 어떤 것을 취했을 때, 그 무한이 약간 줄어들었다면, 그것은 처음부터 무한이 아니었다. 무한의 정의는 그대가 그것으로부터 아무리 많이 가져간다고 해도 그것을 소진할 수 없다는 것이다. 신은 계속 태어난다. 그리고 아직도 다함이 없다. 그런데 알티저와 같은 불쌍한 사상가들이 있다. 그들은 신이 예수로 인해 소진되었다고 생각한다. 그것 또한 아주아주 교활한 계략이다. 그리스도와 같은 사람은 더 이상 아무도 태어날 수 없게 만든 것이다. 따라서 더 이상 붓다도 없고, 더 이상 마하비라도 없다. 예수로서 신은 끝났다. 문이

닫혔다. 예수가 나왔기에 신은 죽었다. 신이 예수가 되었다. 그러므로 신은 더 이상 신으로 남아있을 수 없다. 알티저의 철학을 간략하게 말한다면, 나는 이렇게 말하고 싶다. 신은 죽었다. 그리고 예수는 그의 아들이다.

아버지가 죽어 아들이 될 필요가 없다. 아버지는 더 많은 아들을 낳을 수 있다.

이 사실을 알면 놀랄 것이다. 보통 아버지, 보통 인간이 얼마나 많은 아들을 낳을 수 있을까? 알고 있는가? 수백만이다. 부부 한 쌍이, 시간이 허락된다면, 이 세상 전체의 인구수만큼 낳을 수 있다. 그런 일이 실제로 일어났다. 아담과 이브, 이 한 쌍이 이 세상사람 전체를 낳은 것이다. 단 하나의 씨앗으로 온 지구가 푸르게 될 수 있다. 시간만 있으면 된다. 보통의 남자는 평생 최소한 4천 번의 성행위를 한다. 보통의 남자다. 아주 평범한 남자다. 더 많이 하는 사람들은 8천 번, 만 번, 또는 그 이상도 할 수 있다. 그러나 보통 평균이 4천 번이다. 성행위 한 번에 얼마나 많은 세포가 방출되는지 아는가? 수백만이다. 각각의 세포가 인간이 될 수 있다. 4천을 수백만으로 곱해보라. 단 한 명의 아버지가 지구 전체만큼 낳을 수 있다. 그렇다면 최상의 아버지 신은 어떻겠는가?

알티저의 신은 매우 빈약해 보인다. 단 한 번의 육화로 죽는다. 그리고 사라진다. 그러나 여기에는 교활한 속임수가 있다. 예수가 신이 되고 그 밖의 다른 사람들은 신이 될 수 없게 만든 것이다. 따라서 예수는 유일한 아들로 남는다. 나는 예수가 아름답고 성스럽다고 말하고 싶다. 다른 사람들도 모두 아름답고, 모두 성스럽기 때문이다. 차이는 그들의 존재에 있는 것이 아니라 인식에 있다. 차이는 존재론에 있는 것이 아니라 아느냐 모르느냐에 있을 뿐이다.

예수 그리스도는 예수이면서 그리스도다. 그는 예수 안에 있는 그리스도이며 그리스도 안에 있는 예수다. 그는 두 세계가 만나는, 두 개의 완전히 다른 극단이 만나는 만남의 장소다. 따라서 예수에게는 아름다움이 있고 엑스터시가 있다.

엑스터시는 항상 두 개의 양극이 만날 때 일어난다. 양극이 클수록, 양극의 사이가 더 멀수록, 엑스터시는 더 커진다. 남자가 여자와 사랑행위를 할 때, 커다란 기쁨이 있는 이유가 그것이다. 두 개의 양극단이 만나기 때문이다. 아주 큰 양극은 아니다. 남자와 여자는 아주 멀리 떨어져있지 않기 때문이다. 아주 멀지는 않지만 아직 떨어져있다. 남자와 여자가 만나 사랑에 빠질 때, 거기에 거대한 엑스터시가 있다. 커다란 기쁨이 있다. 그들이 녹아버렸기 때문이다. 에고가 사라졌기 때문이다. 경계선은 더 이상 존재하지 않는다. 경계선이 서로 겹치고 서로에게로 흘러들어 간다. 이 기쁨의 순간에 일상적이고 세속적인 걱정은 문제가 되지 않는다. 이 오르가슴의 순간에 어떻게 그런 것이 일어나겠는가? 그것이 양극의 만남이다. 그러니 예수가 그리스도를 만나고, 고타마석가모니 붓다의 성가 불성을 만나고, 인간이 신을 만나는 것은 말해 무엇 하겠는가? 이것이 궁극적인 양극이다. 유한이 무한을 만나는 것이다. 바로 그 만남이 엑스터시의 궁극점이다.

예수는 틀림없이 엑스터시 속에 있었다. 그가 아주 슬프게 보이는 것은 기독교인들의 이데올로기, 그들이 그린 그림 때문이다. 그는 틀림없이 거대한 기쁨에 충만한 사람이었다. 유쾌함이 흘러나오는 사람이었다. 내면에서 빛이 일어났는데 어떻게 다른 것이 가능하겠는가? 즐거움이 밖에서도 일어나야 한다. 그 둘은 함께 간다. 집 안에 불이 켜져 있으면, 창문이 닫혀있어도 지나가는 사람들은 커튼 사이로, 문 사이로 빛이 새어나오는 것을 볼 수 있다. 그것이 기쁨delight이다. 빛이 내면에서 일어날 때, 사람들은 밖에서도 뭔가 무한히 가치 있는 것이 흘러나오는 것을 볼 수 있다.

그것이 엑스터시의 정의다. 양극단의 만남.

평범한 사람은 잠속에서 사는 사람과 같다. 자기가 누구인지 모른다. 그러나 신의 에너지가 그를 만질 때, 그가 신의 에너지에 열려있을 때, 그가 신의 에너지를 수용할 때, 그 에너지가 춤을 추며 그의 안으로 들어온다. 그리고 거기에 엑스터시가 있다. 속세와 초월적 세계, 진흙과 태양, 땅과 하늘, 육체와 영혼, 물질과 마음, 이들이 서로 합쳐지지 않는 한 엑스터시는 일어나지 않는다. 태양과 진흙이 만날 때, 오직 그때만이 연꽃이, 엑스터시의 연꽃이 피어난다. 기적이 그래야 하는 만큼 실재가 기적적이지 않는 한, 우리는 꽁꽁 얼어버린다.

인간으로만 있는 인간은 얼어붙은 존재다. 또한 나는 말한다. 신으로만 있는 신 역시 얼어붙은 존재다. 그러므로 그대만 신을 찾고 있는 것이 아니다. 신 또한 그대를 찾고 있다. 신이 없을 때 인간만 슬픈 것이 아니다. 신 또한 그대가 없으면 슬퍼한다. 그리고 그대가 신을 만날 때, 신이 그대를 만난다. 그것은 그대만의 엑스터시가 아니다. 그것은 신의 엑스터시이기도 하다. 존재 전체가 엑스터시를 느낄 것이다. 어떤 한 인간이 그리스도나 붓다가 될 때마다, 존재 전체가 춤을 춘다. 존재 전체가 크게 기뻐한다. 엑스터시로 미쳐버린다!

만남이란 경계선이 녹아 사라지는 것을 의미한다. 그대 자신을 인간으로 생각하는 것이 경계선을 만든다. 이 구분을 버리지 않으면, '나는 인간이다.' 라는 그대가 만들어낸 범주를 버리지 않으면 신이 그대 안으로 들어오지 못할 것이다. 경계선으로부터 완전히 자유로워야 한다. 모든 경계선, 힌두교의 경계선, 기독교의 경계선, 인간의 경계선, 부와 가난, 교육과 무지의 경계선, 흑과 백의 경계선, 브라민과 수드라의 경계선, 이 모든 경계선을 버려야 한다. 그것을 버릴 때, 영원이 그대의 시간 세계로 들어온다. 영혼의 어두운 밤 속으로 빛이 들어온다. 빛이 홍수처럼 밀려온다. 그리고 갑자기, 그대는 더 이상 과거의 그대가 아니다. 그리고 신 또한 더 이상 과거의 신이 아니다!

신은 그가 그리스도가 되었을 때만큼 풍요로웠던 적이 없었다. 그가 붓다가 되었을 때만큼 풍요로웠던 적이 없었다. 그대가 신을 만날 때, 신은 다시 더 풍요로워진다. 왜냐하면 그대가 신 안으로 쏟아져 들어갈 것이기 때문이다. 그대는 오직 작은 에너지만을 갖고 있다는 것을 나는 알고 있다. 그러나 큰 바다는 작은 물방울이 모이고 또 모이고 또 모여서 만들어진다. 작은 강들이 바다에 흘러들어가 거대한 바다를 만든다. 단 하나의 강으로는 바다가 만들어지지 않지만 각각의 강이 계속해서 바다를 만들어가고 있다. 신은 매일 더 커지고 있다. 강물이 계속해서 그에게 흘러들어가고 있고, 새로운 생명과 새로운 전율이 계속 만들어지기 때문이다.

신은 진화하고 있다. 신은 고정된 물건이 아니다. 신은 매 순간 진화하고 있다.

만남은 경계선이 녹아 사라지는 것, 구분이 흐릿해지고, 서로 겹치고, 서로에게 흘러들어 가는 것이다. 이것이 신뢰이고, 믿음이고, 내려놓음이다. 절대적인 제로, 절대적인 내려놓음에서 생명은 다시 한 번 일어나고, 우리는 신에게로, 도道로, 다르마dharma로, 자유롭게 떠다니는 전체성으로 돌아간다. 신은 자유롭게 떠다니는 전체성이다. 신은 인간이 아니다. 우리는 오직 자유롭게 떠다니는 전체성이 될 때 우리의 순수한 존재로 돌아간다. 이 상태에서는 모든 것이 옳다.

요가에서는 그 상태를 나담nadam, 조화 또는 화음이라고 부른다. 인간이 신 속으로 사라지고, 신과의 갈등이 사라질 때, 거기에 나담이 있다. 조화가 있다. 헤라클레이토스Heraklitus, BC 533~475, 그리스 철학자는 그것을 '숨은 조화'라고 부른다. 나담은 항상성 – 조화, 리듬이다. 리듬에서 벗어날 때, 신과 조화를 이루지 못할 때, 그것이 그대의 불행이다. 예수는 신과 조화를 이루고 있다. 그것이 그의 기쁨이다. 만일 그 역시도 불행하고 슬프다면, 그대와 예수 사이에 무슨 차이가 있겠는가? 차이는 그는 그대에게 큰 연민을 느끼지만 그는 완전한 기쁨 속에 있다는 점이다. 그가 완전한 기쁨 속에 있기 때문에 그는 그대에게 미안해하고, 그대에게 연민을 느끼는 것이다. 그는 그대에게도 완전한 기쁨을 가져다주고 싶어 한다. 그리고 그 기쁨은 그대가 구하기만 하면 그대의 것이 된다는 것을 알고 있다. 따라서 그는 말한다. : 구하라 그러면 너희에게 주어질 것이오, 찾아라 그러면 너희가 찾을 것이오, 두드려라 그러면 너희에게 열릴 것이다.

경전을 보자.

* 한 바리새인이 예수께 자기와 함께 잡수기를 청하니, 이에 바리새인의 집에 들어가 앉으셨을 때에

예수는 항상 누구에게든 어디로든 갈 준비가 되어있었다. 그는 가능한 많은 사람들과 만나고 싶어 했다. 그리고 사람들과 만나는 단 한

번의 기회도 놓친 적이 없었다.

경전에 더 들어가기에 앞서 예수가 일하는 방식에 대한 몇 가지를 이해해야 한다. 어떻게 그가 그렇게 많은 사람들을 변형시켰을까? 그의 비밀이 무엇인가? 그의 연금술이 무엇인가?

여기 일곱 개의 단어를 기억하라. 나에게 있어서 그리스도는 이 일곱 개의 단어를 의미한다. 그리고 바로 이것이 그의 연금술 전체이다. 첫째로 촉매catalyst, 둘째로 강직증強直症, catalepsy, 관절이 굳어서 움직이지 못하는 병, 셋째로 카타르시스catharsis, 넷째로 대재앙大參事, catastrophe, 다섯째로 십자가cross, 여섯째로 개종conversion, 일곱째로 그리스도 의식Christ-consciousness이다. 이것이 그가 사람들을 변형시킨 연금술 전체다. 그가 한 일은 붓다가 한 일과 다르다. 그의 방법론이 다르다. 크리슈나와 다르고, 모하메드와 다르다. 그는 매우 독특한 스승이었다.

첫째로 촉매catalyst. 예수가 한 일은 촉매적인 역할이다. 그는 사람들이 그와 접촉하기를 바란다. 힌두교에서는 그것을 삿상satsang이라고 부른다. 스승과 함께 있는 것, 스승의 현존 안에 있는 것, 바로 그 현존이 작용한다. 예수는 사람들에게 어떤 방법을 주지 않는다. 그것은 그의 방식이 아니다. 파탄잘리Patanjali, 인도 힌두교 사상가 〈요가수트라〉를 저술함의 방식은 도구와 방법을 만들어내는 것이다. 구제프Gurdjjeff, 그리스계 아르마니아 사람으로 동양을 순례하면서 명상법을 수행하였고 그것을 서양에 맞게 소개하였다. 서양의 부처라고도 함의 방식도 마찬가지다. 사람들이 성장할 수 있도록 어떤 방식과 도구를 만들어 낸다. 그러나 예수의 방식은 삿상의 방식이다. 그는 단지 터치만으로 사람들을 변형시킨다. 그는 사람들을 압도하고 사람들을 감싼다. 그의 에너지가 그들 주변을 춤추기 시작한다. 그는 자신의 존재가 고동치게 한다. 맥박이 뛰게 한다. 예수의 그 강력한 맥동에, 사람들 또한 고동치기 시작한다. 처음에는 어디로 가야할지 모르고 주저하고 두려워한다. 그러다가 서서히 관성을 얻는다. 그것은 댄서와 같다. 댄서가 음악에 맞춰 춤을 출 때 댄서의 무엇인가가 그대 안에서 일어나는 것을 지켜본 적이 있는가? 발이 움직이고, 손가락으로 의자를 가볍게 두드리고, 머리를 끄덕인다. 그대가 그 춤과 음악으로 채워진다. 어떤 맥동이 그대에게 닿은 것이다.

예수의 방법은 자신의 맥동으로 사람들을 고동치게 하고, 자신의 자력으로 사람들을 끌어들이고, 그들과 함께 존재하는 것이다. 그들과 함께 존재하는 가장 좋은 때는 그들이 가장 이완되어 있을 때이다. 그래서 예수는 항상 사람들을 찾아가고, 그들과 함께 먹고 마실 준비가 되어있었다. 그럴 때가 사람들이 삶 속에서 가장 이완되는 때이기 때문이다. 붓다는 절대로 그렇게 하지 않았다. 그것은 붓다의 방식이 아니었다. 사람들은 먹을 때 이완한다.

이런 것을 관찰해본 적이 있는가? 영업사원들은 고객과 같이 식사하는 것을 좋아한다. 그러면 일이 쉬워지기 때문이다. 그러면 더 긍정적이 되고, 더 이완하게 되고, '예' 라는 말을 더 쉽게 할 수 있게 된다. 그러므로 세일즈맨이 차를 팔고 싶을 때는 점심을 같이 하자고 한다. 그대의 배가 채워질 때 그대는 매우 만족감을 느낀다. 음식에서 풍기는 향을 맡으며 식사를 하는 즐거움에 그대는 정말로 만족을 느낀다. 그럴 때 '노' 라고 말하는 것은 매우 어려운 일이다. 그러면 세일즈맨은 그대에게 뭔가를 팔기가 쉬워진다. 예수는 가장 훌륭한 세일즈맨이다. 숫자에 관한 한 그의 종교가 가장 거대한 종교가 된 것은 우연이 아니다. 그는 역사상 가장 훌륭한 세일즈맨이다.

예수는 사람들과 함께 음식을 먹고 술을 마시기를 좋아했다. 바로 그 순간을 이용해서 그는 자신의 현존을 그들의 존재 속으로 스며들게 했다. 그것이 그의 촉매적인 힘, 자석과 같은 힘이었다. 사람들이 마시고 있을 때, 약간 취기가 오를 때, 그대는 더 이완된다. 그러면 일이 더 쉬워진다. 그대는 방어의 벽을 허물기 시작한다.

구제프도 그런 방법을 사용하곤 했다. 그것이 그의 일상적인 일이었다. 내가 매일 그대들에게 계속 말을 하는 것처럼, 구제프는 매일 제자들을 식사에 초대하곤 했다. 매일 밤낮으로 그것이 가장 큰 일이었다. 그리고 그 식사는 평범한 식사가 아니었다. 보통 다섯 시간, 여섯 시간, 일곱 시간, 때로는 그 이상으로 계속되었다. 그런 다음에는 술을 마셨다. 그는 제자들에게 먹고 마시기를 강요했다. 그리고 자기가 직접 음식을 나르고 술을 따라주었다. 그때 '노'라고 말하는 것은 어려워진다. 먹고, 마시고, 웃으면서 제자들은 방어의 벽을 허물기 시작한다. 그리고 그는 농담도 즐겨했다. 그러면 제자들은 아주 깊은 이완상태가 된다. 분위기는 매우 가정적이 되곤 했다. 제자들은 구제프가 누구였고 자기들이 누구였는지도 잊는다. 그리고 그의 존재 속에서 휴식을 취한다. 그때 구제프의 작업은 시작되었다.

내가 하고 있는 것이 바로 그런 것이다. 나는 계속 그대들에게 이야기를 한다. 그것은 일종의 축제다. 말言의 축제다. 그대들은 그 말에 빠진다. 그 말에 완전히 빠지게 됐을 때 나의 일이, 나의 진정한 일이 시작된다. 이것은 간접적인 방법이다.

따라서 우선 그리스도의 촉매적 역할에 대해서 이해해야 한다. 그는 붓다와 같은 위대한 철학자가 아니다. 그는 파탄잘리와 같은 위대한 과학자도 아니다. 그는 크리슈나와 같이 노래하는 사람도 아니다. 그러나 그에게는 자신만의 방식이 있다. 그 방식이 바로 촉매적인 역할이다.

동양에는 그런 스승들이 많이 있었다. 그렇지만 예수가 삿상에 있어서는 최정상이다. 사람들과 함께 있는 것, 바로 그것이다.

촉매라는 것은 그대에게 아무 것도 행해진 것이 없지만 뭔가 그대에게 일어난다는 뜻이다. 촉매는 그대 안으로 들어가는 것도, 그대 안에서 뭔가를 하는 것도 아니다. 그러나 현존, 바로 그 현존이 그대를 자극하고 영적으로 깨운다. 그리고 뭔가 그대 안에서 자라나오기 시작한다. 과학자들이 말하는 것처럼 물을 만들려면 수소와 산소가 필요하다. 하지만 전기가 촉매 역할을 하지 않으면 그 둘은 서로 만나지 못한다. 전기는 그 둘 속으로 들어가지 않는다. 떨어져있다. 하지만 그의 존재가 그들이 서로 만나게 도와준다. 그것은 아주 기적적인 일이다. 과학은 어떻게 촉매가 작용을 하는지 아직도 알지 못한다. 왜냐하면 촉매로부터 아무 것도 나오지 않고, 단지 거기에 있기만 하기 때문이다. 그러나 그대는 이해할 수 있다.

때때로 내가 여기에 있기만 하는데도 그대 안에서 뭔가 가라앉기 시작한다. 이런 일은 그대가 멀리 떨어져있어도 나를 기억하기만 한다면 똑같이 일어날 수 있다. 전체적으로 완전히 나를 기억한다면, 갑자기 뭔가 변화된 것을 발견할 것이다. 그대 주변에 있는 진동이 더 이상 이전의 진동이 아니다. 뭔가 침묵 속으로 떨어졌다. 마음의 소용돌이가 약간 멀어져있다. 그대는 안정되고 중심이 잡힌다.

바로 며칠 전에 누군가 이런 질문을 했다. "여기에서 당신의 말씀을 듣고 있는 동안, 많은 것이 저에게 일어났습니다. 그런데 제가 집에 돌아가 당신의 테이프를 듣거나 책을 읽을 때도 그런 일이 계속될까요?"

그것은 그대에게 달려있다. 책이나 테이프에 달린 것이 아니라 그대에게 달려있다. 만일 테이프를 듣거나 책을 읽는 그 순간에 그대가 나의 현존을 느낄 수 있다면, 나의 현존을 심상화할 수 있다면, 나를 생각하고 나를 기억할 수 있다면, 그런 일은 계속될 것이다. 아무런 문제가 없을 것이다. 거리는 큰 차이를 만들지 않는다.

처음에는 가까이 있을 필요가 있다. 그러다가 일단 접촉이 일어나면, 그때는 어디에서나 나를 부를 수 있다. 어디에서나 나를 부를 수 있다고 말할 때, 그것은 그대가 어디에서나 나의 현존 속으로 빠져들 수 있다는 뜻이다. 그저 나를 기억하기만 하라. 조용히, 고요하게 나를 기억하라. 나의 현존으로 가득 차 있어라. 그러면 갑자기 그것이 거기에 있을 것이다. 그것은 촉매로 작용할 것이다.

촉매는 기적적인 현상이다. 이것이 예수의 진정한 기적이다. 도가道家에서는 그것을 위무위爲無爲, 행위 없는 행위라고 한다. 스승은 그대에게 아무 것도 하지 않는다. 그대의 존재에 끼어들지 않는다. 그는 단지 거기에 있을 뿐이다. 그러나 그는 맥동하고 있다. 그리고 그의 맥동은 강렬하다. 그의 맥동은 생기로 넘친다. 그는 계속 불어와 그대를 둘러싸는 거대한 바람과 같다. 그대는 연약한 나무와 같다. 바람 속에 흔들리기 시작하면서 그대 안에서 뭔가 일어난다. 춤이다. 바람은 보이지 않는다. 그리고 사실 바람은 그대에게 아무 것도 하고 있지 않다. 바람은 단지 자기가 가는 방향으로 불고 있을 뿐이다. 그런데 그것이 그대에게 전율을 주고, 그대를 잠에서 깨운다. 이것이 마약하는 사람들이 말하는 '감염도취' 다.

누군가 LSDlysergic acid diethylamide, 환각제의 일종를 먹고 깊이 취해 있

고, 그대가 그 사람을 돌봐주고 있을 때 가끔씩 그런 일이 일어난다. 그대는 LSD를 먹지 않았다. 단지 그 사람을 그대로 놔두면 위험하기 때문에 그를 돌보았을 뿐이다. 그런데 갑자기 뭔가 그대 안에서 움직이는 것을 느끼기 시작한다. 이것이 지금은 보편적인 경험이 되어있다. 지금 세대의 너무도 많은 사람들이 LSD나 마리화나, 필로폰이나 이런저런 환각제를 취하고 있기 때문이다. 누군가 LSD에 깊이 취해 있을 때, 단지 그 사람과 함께 있는 것만으로도 때로는 그대가 취하기 시작한다. 뭔가 그대 안에서 움직이기 시작한다. 날개가 자라나와 날기 시작한다. 그대는 아무 것도 취하지 않았는데 말이다! 그렇다면 무슨 일이 일어나고 있는가? 그 사람의 맥동이 그 순간 너무도 강렬하기 때문에, 그가 마치 거대한 바람처럼 불고 있기 때문에, 그가 의식하지 못한 채로 그대를 사로잡은 것이다. 그대는 그에게 끌려간다. 그의 의식의 물결에 끌려간다.

서양에서는 이것이 새로운 경험이다. 그러나 동양에서는 매우 오래된 일이다. 그리고 이것은 아무 것도 아니다. 왜냐하면 LSD는 LSD일 뿐이기 때문이다. 그대는 아주 적은 양만을 취한다. 그러나 예수는 순수한 LSD다. LSD는 예수에 비하면 아무 것도 아닌 것이다! 예수는 LSD로 만들어졌다. 붓다는 완벽한 마리화나다. 그의 몸에 있는 각각의 세포가 마리화나다. 화학적인 마리화나가 아니라 영적인 마리화나다. 그것은 아주 대단한 생명력이다. 그보다 더 강한 생명력은 없다. 단 한 가지 문제는 그대가 그것에 열려있느냐이다. 만일 그렇다면 그것은 그대를 취하게 만들 것이다.

두 번째 단어는 '강직증catalepsy' 이다. 이 말은 그대의 옛 존재가 정지된 상태를 말한다. 그리스도나 붓다를 만날 때, 그대의 옛 존재는 갑작스런 충격으로 그 즉시 정지한다. 그대는 이전처럼 기능하지 못한다. 그리스도의 현존은 너무도 큰 충격이기 때문에 모든 것이 정지한다. 잠시 동안 모든 생각이 멈춘다. 모든 느낌이 사라진다. 잠시 동안 심장도 뛰지 않을 수 있다. 그래서 위대한 스승들 주위에 있는 사람들은 마치 좀비처럼 보인다. 그들은 일종의 정지 상태에 있는 것이다.

바로 며칠 전에 이곳 정원을 돌보는 디비야난다Divyananda가 찾아왔다. 그가 말했다. "저에게 무슨 일이 일어나고 있는 겁니까? 저는 마치 좀비가 된 것 같습니다. 두렵습니다. 뭔가 다른 일을 해야 할까요?" 내가 말했다. "좀비가 되어라. 완벽한 좀비가 되어라. 그러면 된다. 지금 하고 있는 일을 계속 하라." 지금 뭔가 무한히 가치 있는 일이 일어나고 있다. 그런데 그는 그것을 이해하지 못한다. 바로 강직증이 일어난 것이다. 그는 나에게 열려있다. 이곳 정원에서 일을 하면서 그는 더욱더 나에게 열리게 되었다. 그는 충격에 빠졌다. 자신이 누군지 잊고 있다. 자신의 옛 정체성을 잃고 있다. 마비가 된 것이다! 왜 마비되었는가? 옛 것은 기능을 하지 못하고 새로운 것은 아직 탄생하지 않았기 때문이다. 그는 그 중간에 있다.

이런 일이 많은 사람들에게 일어날 것이다. 그런 일이 일어날 때, 두려워 마라. 지나갈 것이다. 계속 머물지는 않을 것이다. 하지만 지금은 진행 중이다. 이것은 무지의 상태다. 그대는 뭐가 뭔지 모른다. 모든 지식을 잃어버렸다. 총명함이 다 사라졌다. 그대는 바보처럼 보인다. 사람들은 그대가 최면이 걸렸다고 말할 것이다. 그대가 더 이상 과거의 그대가 아니라고 말할 것이다. 그것은 사실이다. 그런데 그것은 일종의 충격이고 좋은 일이다. 왜냐하면 그것은 과거를 파괴하고, 과거와 연속되지 않게 만들 것이고, 신선하고 새로운 것을 가져다줄 것이기 때문이다. 그것은 뭔가 근원적인 것이 일어나게 할 것이다. 그러나 그 근원이 일어나기 전에, 과거가 먼저 떠나야 한다.

그대는 아주 오랫동안, 여러 생을 통해 독을 담고 있던 항아리와 같다. 새로운 것을 그 안에 담기 전에 독을 씻어내야 한다. 항아리를 깨끗이, 완전히 깨끗이 씻어내야 한다. 독이 약간만이라도 남는다면, 들어오는 새것을 손상할 것이다. 그것을 죽일 것이다.

과거를 완전히 씻어내는 것, 이것이 산야스sannyas의 의미다. 그대의 기억, 그대의 에고, 그대의 정체성, 이 모든 것이 없어져야 한다. 그대가 단지 빈 항아리일 때, 그때 무엇인가 그 이상의 것이 가능해진다. 그것이 세 번째 상태, 카타르시스catharsis다. 머리가 충격을 받을 때, 가슴은 자유를 얻는다. 왜냐하면 머리는 가슴이 자유롭게 되는 것을 허용하지 않기 때문이다. 머리는 가슴을 계속 죄수로 가두어둔다. 머리가 충격으로 멈추는 것. 모든 스승들은 그대의 머리를 베어버린다. 가차 없이 베어버린다. 그대의 이성을 파괴하고, 논리를 파멸한다. 그대를 머리로부터 내려오게 한다. 그리고 그렇게 하는 유일한 방법은 머리를 완전히 잘라버리는 것이다.

이것이 세 번째 상태 카타르시스다. 머리가 더 이상 작동하지 않을 때, 통제는 기능을 잃고 죄수는 자유롭게 풀려난다. 그때 가슴이 다시 고동치기 시작한다. 어쩌면 여러 생을 거친 후에 고동치기 시작하는지도 모른다.

여러 생 동안 그대는 감정과 느낌과 눈물과 사랑을 억누르고 있었다. 그 모든 것이 그대를 홍수처럼 뒤덮는다. 바로 그것이 카타르시스다. 가슴이 나타난 것이다. 억눌린 것이 터져 나오고 감정이 북받쳐 오른다. 일종의 지진이다. 화산 폭발이다. 그대는 무의식과 비이

성의 홍수로 뒤덮인다. 진정한 제자가 스승의 주변에서 일종의 광기의 과정을 항상 거치는 이유가 바로 그것이다.

네 번째 상태는 대재앙catastrophe이다. 이성이 사라지고 가슴이 미칠 때, 그것이 대재앙이다. 그때 에고는 조각나기 시작한다. 에고란 다름 아닌 통제이기 때문이다. 머리의 가슴에 대한 통제가 에고를 만들어낸다. 머리가 더 이상 작동하지 않을 때 머리는 충격과 강직증에 빠지고, 가슴이 카타르시스에 들어갈 때 에고는 사라진다. 에고가 더 이상 거기에 있지 않기 때문이다. 에고는 거기에 있을 수가 없다. 통제가 사라졌다. 그리고 에고가 떨어져나갈 때, 그것은 마치 대재앙처럼 보인다. 모든 것을 잃었다. 카오스가 일어나고 이제 그대는 자신이 완전히 미친 것을 느낀다. 그것은 그저 일시적인 광기가 아니다. 지금은 마치 그것이 영원히 거기에 있을 것처럼 보인다. 그대는 그 너머를 보지 못한다.

이것이 기독교 신비가들이 '영혼의 어두운 밤' 이라고 부르는 것이다. 일종의 절망이 일어난다. 그대는 완전히 길을 잃고 그곳에서 빠져나올 가능성이 전혀 없어 보인다. 물에 빠져 허우적거리고 있다. 그리고 그대를 물에 빠뜨리는 그 힘은 너무도 커서 그것을 극복할 희망이 전혀 없어 보인다. 기슭이 더 이상 보이지 않는다. 그대는 커다란 바다 한가운데에 있다.

그런 다음 다섯 번째 상태, 십자가cross가 온다. 에고가 십자가에서 죽는다.

네 번째 상태에서 에고는 무너졌지만 계속 단편적으로 남아있다. 여기저기에 매달려있다. 그러나 다섯 번째 상태에서 에고는 죽는다. 완전히 죽는다. 육체에 대해서나 영혼에 대해서 더 이상 자기 정체성이 존재하지 않는다. 무, 죽음, 비어있음의 상태다. 거대한 공포와 전율이 온다. 신이라고 불리는 심연의 가장자리에 서 있다. 바로 거기에서, 십자가에서 예수는 자신을 발견한다. 그 십자가가 모든 사람에게 와야 한다. 예수는 모든 사람이 자신의 어깨에 자신의 십자가를 져야 한다고 말한다.

그런 다음 여섯 번째 상태, 전향conversion이다. 오직 그대가 죽을 때에 신은 그대 안에서 살아난다. 씨앗이 죽어야만 나무가 된다. 강이 바다로 사라질 때만이 강은 바다와 하나가 된다. 그것이 전향이다.

전향은 아름다운 단어이지만 기독교인들에 의해 악용되고 있다. 누군가 힌두교인이었다가 기독교인이 되면 그것을 전향개종이라고 한다. 그것은 전향이 아니다. 힌두교인이 기독교인이 되는 것, 이것은 아무 것도 아니다. 그는 단지 이쪽 감옥에서 저쪽 감옥으로, 이쪽 성직자에서 저쪽 성직자로, 이쪽 책에서 저쪽 책으로 옮겨간 것뿐이다. 거기에는 진정한 변화, 진정한 변형이 없다. 기독교인이 힌두교인이 될 수 있다. 힌두교인들은 그것을 전향이라고 생각한다. 그것은 전향이 아니다. 전향은 에고가 죽고 신이 그대 안에 탄생할 때, 오직 그 때 일어난다. 전향은 인간이 신성해질 때 일어난다. 힌두교인이 기독교인이 되거나, 기독교인이 힌두교인이 될 때 일어나는 것이 아니다. 인간이 신성해질 때, 예수가 그리스도가 될 때, 거기에 전향이 있다. 고타마가 붓다가 될 때, 거기에 전향이 있다.

다섯 번째 상태, 십자가에서 에고는 죽는다. 여섯 번째 상태에서 자아가 태어난다. 초자아, 아뜨만atman, 그대의 진정한 자아가 태어난다. 처음으로 그대는 자신이 누구인지 알게 된다. 산은 다시 산이고, 강은 다시 강이다. 모든 혼란이 사라진다. 모든 것이 뚜렷해진다.

눈이 투명해지고 이제 그대는 볼 수 있다. 이제 더 이상 어떤 선입견도 없다. 어떤 이데올로기도 없다. 그대는 힌두교인도 아니고 이슬람교인도 아니고 공산주의자도 아니고 파시스트도 아니다. 그저 순수한 '있음'이다. 바로 여기가 힌두교인들이 사뜨얌satyam, 진眞, 쉬밤shivam, 선善, 순데람sunderam, 미美이라고 부르는 것이 느껴지는 곳이다. 사뜨얌은 진리를 뜻하고, 쉬밤은 선을 뜻하며, 순데람은 아름다움을 뜻한다. 그 이전에는 이것이 느껴지지 않는다.

그 전에는 그대가 아름다움이라고 부르는 것은 단지 욕망일 뿐이고, 그대가 선이라고 부르는 것은 단지 조건화된 도덕률일 뿐이고, 그대가 진리라고 부르는 것은 그대와 사물, 그대의 말과 사물이 일치되는 것일 뿐이다.

그것은 '방 안에 의자가 세 개 있다.'고 말하는 것과 같다. 누군가 가서 의자 세 개를 찾으면 그것이 일치되는 것이고, 그것이 '참'이다. 이것은 진리와는 아무런 상관도 없다. 그저 일치되는 것, 옳은 문장일 뿐이다. 거기에 의자가 두 개뿐이라면, 그것은 거짓이다. 이것은 단지 언어적인 참, 논리적인 참일 뿐이다.

그렇다면 진리는 무엇인가? 진리란 나무와 산 뒤에 숨어있는 것, 사람 뒤에 숨어있는 것, 모든 것의 뒤에 숨어있는 것을 의미한다. 그 '숨겨진' 것이 드러날 때, 그대는 진리에 이른 것이다.

그때 그대는 쉬밤, 선에 이른다. 그대의 삶이 선이 된다. 도덕적인 사람, 바리새인, 청교도주의자가 된다는 의미가 아니다. 그대의 삶은 자발적으로 선이 된다는 말이다. 그대가 선을 행하려고 노력하는 것이 아니라, 무엇이든 그대가 하는 것은 모두가 선이 된다. 나쁜 일은 할 수가 없다. 나쁜 일은 불가능하다. 왜냐하면 그대 자신을 다른 사람들과 분리해서 생각할 수 없기 때문이다. 어떻게 그대가 나쁜 일을 할 수 있겠는가? 어느 누구를 상처 입힐 수가 없다. 누군가를 상처 입히는 것은 곧 자신을 상처 입히는 것이기 때문이다. 그대의 에고가 사라졌다. 누군가를 다치게 하면 그대가 다친다. 누군가를 죽이면 그대 자신을 죽이는 것이다. 누군가의 물건을 훔치면 그대의 주머니에서 훔치는 것이다. 이제 선은 그저 자연스런 일이다. 부여된 것이 아니라 자발적이다.

그리고 순데람, 아름다움. 무엇이 진리인지 알고, 스스로가 자발적일 때, 그대는 아름다움을 알 수 있다. 아름다움은 시에만 있는 것이 아니다. 그것은 진리의 눈이다. 신의 눈이다.

한발만 더 나아가보자. 그것은 이런 경우이다. 그대는 히말라야로부터 천마일이나 떨어져있다. 아침에 구름도 한 점 없는 맑은 하늘을 본다. 히말라야 봉우리들이 멀리 서 있다. 순백의 눈이 아침 햇살에 황금처럼 반짝인다. 그렇지만 그대는 천마일이나 멀리 떨어져있다. 그 광경은 아름답다. 그대를 경외심으로 가득 채워준다. 그러나 그대는 아직도 멀리 떨어져있다.

그러므로 전향 속에 진, 선, 미가 있다.

그다음 일곱 번째 상태가 그리스도 의식Christ-consciousness이다. 그대는 더 이상 봉우리들로부터 떨어져있지 않다. 그대가 봉우리가 된 것이다! 그대는 더 이상 그 순백의 눈으로부터 멀리 떨어져있지 않다. 그대가 그 눈이다. 그대는 눈에 반짝이는 햇살을 보고 있는 것이 아니다. 그대가 그 햇살이다. 그리스도 의식의 탄생이다. 전체와 하나가 되는 것이다. 진정한 자신, 신과 하나가 된다. 붓다는 그것을 열반이라 부르고, 그리스도는 그것을 '신의 왕국'이라 부르고, 힌두교인들은 그것을 삿찟뜨아난다satchitananda라고 부른다. 이제 다시 다른 세 가지가 일어난다.

여섯 번째 상태에서 사띠얌진, 쉬밤선, 순데람미가 일어난다. 일곱 번째 상태에서는 삿뜨존재, 칫뜨의식, 아난다환희가 일어난다.

이 일곱 개의 단어를 기억하라. 그리고 그 단어에 대해서 명상하라. 그러면 예수의 이 말들을 쉽게 이해할 수 있을 것이다.

* 한 바리새인이 예수께 자기와 함께 잡수기를 청하니, 이에 바리새인의 집에 들어가 앉으셨을 때에

그 동네에 죄인인 한 여자가 있어 예수께서 바리새인의 집에 앉으셨음을 알고 향유 담은 옥합을 가지고 와서

이 여인이 막달라 마리아이다.

* 예수의 뒤로 그 발 곁에 서서 울며 눈물로 그 발을 적시고 자기 머리털로 씻고 그 발에 입맞추고 향유를 부으니

바로 예수의 현존. 그는 길을 걸어 바리새인의 집에 들어갔다. 그리고 이 여인 막달라 마리아가 그 소식을 들었다. 이것이 막달라 마리아와의 첫 번째 만남이다. 그녀는 창녀였다. 그런데 그녀의 가슴속에서 무엇인가 솟구쳐 올라왔다.

때때로 성자들은 놓치고 죄인들은 성취하는 일이 일어난다. 왜냐하면 소위 성자들은 자신들의 성스러움을 매우 자랑스럽게 여기기 때문

이다. 그들의 에고는 강하다.

성자는 예수를 보러 오지 않지만 창녀는 찾아온다. 예수가 가까이에 왔다는 소식을 듣고, 어쩌면 그녀는 예수를 항상 만나고 싶었고 꿈을 꾸고 있었지만 자신이 받아들여지지 않을까 두려워했을지도 모른다. 그녀는 어쩌면 수치스럽고 창피했을지도 모른다. 그가 뭐라고 말할까? 어떻게 그 앞에 설 수 있을까? 그러나 그녀는 틀림없이 만나길 꿈꾸며 바라고 있었을 것이다. 이제 기회가 찾아왔다.

* 예수의 뒤로 그 발 곁에 서서 울며

이제 그녀가 뒤에 서서 울고 있다. 이것이 그리스도를 만나는 방법이다. 어떻게 그대가 예수 앞에서 마주설 수 있겠는가? 정면으로 마주보는 것은 어려울 것이다. 현기증을 느낄 것이다. 그리고 그를 정면에서 마주본다는 것은 일종의 에고일 것이다. 예수는 오직 울면서밖에 만날 수가 없다. 왜냐하면 예수와의 만남은 머리가 아닌 가슴의 만남이기 때문이다. 그러니 오직 뒤에서 찾아올 수밖에 없다. '나는 그를 만날 가치도 없다.' 는 것을 너무도 잘 알면서, 망설이면서 뒤에 설 수밖에 없다. 스스로 가치 있다고 느낄수록, 그대는 가치가 떨어진다. 근본적으로 자존심이 방해가 된다. 랍비들은 예수에게 가지 않는다. 성자들은 예수에게 가지 않는다. 나는 그랬다는 말을 들어본 적이 없다. 어떤 성자가 예수를 보러 갔다는 말은 단 한마디도 나오지 않는다. 그들이 어떻게 갈 수 있겠는가? 불가능하다. 그들은 예수가 자기들을 찾아오기를 바란다. 그들이 갈 수는 없다. 그들의 자존심이 그것을 허용하지 않는다.

언젠가 어떤 존경받는 사람이 예수에게 왔는데 그들은 숨어서 왔다. 하루는 모든 사람이 다 가고 없는 어두운 밤에 한 교수가 찾아왔다. 그는 매우 존경 받는 사람이었다. 그의 이름은 니고데모Nicodemus였다. 그는 랍비이면서 교수였고 커다란 사원의 임원이었다. 그는 대낮에 찾아오기가 두려웠다. 사람들이 알아볼 것이기 때문이다. 자기가 예수를 찾아온 것을 사람들이 보게 되면, 그들이 자기의 지식을 의심할까봐 두려웠다. '저 사람도 이 미친 사람을 추종한다는 말인가? 저 사람도 이 미친 사람의 올가미에 걸려들었단 말인가?' 그래서 그는 아무도 없는 한밤중에 찾아왔다.

그러나 이 여인, 이 거리의 여인은 예수를 찾아왔다. 그녀는 뒤에서서 울고 있었다.

* ……울며 눈물로 그 발을 적시고……

그녀가 예수 앞에 올 때, 그녀가 무엇을 하겠는가? 그의 발을 눈물로 씻는다. 그리스도나 붓다의 발이 눈물 외에 무엇으로 씻길 수 있겠는가? 가슴을 쏟아부어야 한다. 그 눈물은 다름 아닌 그녀의 가슴이다. 그녀는 울고 있다. 그러면서 극도의 행복을 느낀다. 자신의 과거에 대해서 슬퍼하고, 자신의 과거를 회개하고 있지만, 한편으로는 너무도 기뻐하고 있다. 예수에게 올 수 있었고, 그의 발을 만질 수 있었기 때문이다.

그녀는 틀림없이 두려웠을 것이다. 어떤 성자도 거리의 여인이 자신을 만지는 것을 허용하지 않기 때문이다. 그녀는 예수가 "여인이여, 저리 비켜라!" 하고 말하지 않을까 두려웠다. 그러나 예수는 아무 말도 하지 않았다. 그는 그녀에게 무한한 자비를 쏟아붓고 있었다.

* 눈물로 그 발을 적시고 자기 머리털로 씻고 그 발에 입 맞추고 향유를 부으니

예수를 청한 바리새인이 이것을 보고 마음에 이르되, 이 사람이 만일 선지자더면 자기를 만지는 이 여자가 누구며, 어떠한 자 곧 죄인인 줄을 알았으리라 하거늘

이제 이 여인은 변형되고 있다. 그런데 이 존경받는 사람, 바리새인은 놓치고 있다. 그는 예수를 초대했지만 예수의 맥동과 함께 하지 않고 있다. 이제 그의 마음, 그의 지식, 그의 편견이 들어오고 있다.

* 마음에 이르되 이 사람이 만일 선지자더면

그 바리새인은 예언자의 정의를 알고 있다. 모든 사람이 그가 신, 예언자, 메시아, 그리스도, 붓다의 정의를 알고 있다고 생각한다. 그러나 그는 붓다의 눈을 들여다 본 적이 없었다. 그 맛을 본 적이 한 번도 없었다.

바로 어젯밤에 한 산야신이 나를 찾아와 이렇게 말했다. "브린다반Vrindavan에서는 마늘이나 양파 같은 것을 음식에 사용하고 있는데, 이런 것들은 명상에 해롭습니다." 마치 명상이 무엇인지 아는 것처럼 말한다. 그는 그런 이야기를 들은 적이 있을 것이다. 식당을 운영하고 있고, 음식에 대해서 많이 알고 있다. 그것은 사실이다. 하지만 그

는 명상이 무엇인지 모른다. 양파와 마늘이 명상에 해롭다고 누가 말해줬는가? 양파와 마늘을 먹지 않고 명상을 해보고, 또 양파와 마늘을 먹으면서 명상을 해보았는가? 그대가 실험을 해보았는가? 그저 바보 같은 관념들, 일시적인 유행이 사람들에게 계속 퍼지고 있다. 그 어리석음이 한 세대에서 다음 세대로 전달된다. 그리고 그 기간이 길면 길수록 그 힘은 더 강력해진다. 역사가 있기 때문이다. 그러나 양파는 너무도 순수하다. 피하고 싶다면 양파가 아니라 사과를 피하라. 왜냐하면 문제를 일으키는 것은 사과이기 때문이다.

그러나 이 말 또한 잘못된 것 같다. 왜냐하면 나는 신이 언제 나를 쫓아내는지 보려고 매일 사과를 세 개씩 먹고 있기 때문이다. 아직도 신은 나를 쫓아내지 않았다. 내가 젊었을 때 의사가 말하기를 하루에 사과 한 개씩 먹으면 의사가 쫓겨날 것이라고 했다. 신은 아직 나를 쫓아내지 않았다. 그리고 신은 나를 매우 기뻐하는 것처럼 보인다.

그런데 양파는 아담에게 금지되지 않았다. 그리고 만일 마늘이 문제라면 마이트리지Maitriji, 오쇼의 산야신는 절대로 천국에 들어가지 못할 것이다. 불가능하다. 그리고 그도 마늘 없이 들어가야만 한다면 천국에 들어가고 싶어 하지 않을 것이다.

허튼 소리다! 그는 명상에 대해 아무 것도 모른다. 그리스도에 대해 아무 것도 모른다. 붓다에 대해 아무 것도 모른다. 그런데 어떤 관념을 갖고 있고, 그것을 망설이지도 않는다. 그는 그것을 너무도 확신하고 있어서 나조차도 그에게 어떤 말을 해주는 것이 그에게 큰 충격을 줄 것이라고 느꼈다. 그래서 나는 이렇게 말했다. "다시 이곳으로 돌아와서 잘 지내보라."

* 마음에 이르되 이 사람이 만일 선지자더면 자기를 만지는 이 여자가 누구며, 어떠한 자 곧 죄인인 줄을 알았으리라 하거늘

그는 틀림없이 기다리고 있었을 것이다. 지금이야말로 이 사람이 메시아인지, 아니면 그저 평범한 사기꾼인지를 판단할 수 있는 좋은 기회다. 이제 이 사람은 사기꾼이다. 그는 이 여인이 죄인인 것도 알지 못했다. 그는 이렇게 외쳤어야 했다. "저리 비켜라. 추악한 여인아! 나를 오염시키려고 하느냐? 내 존재를 독살하려느냐? 너의 추하고 더러운 손을 치워라! 여기서 당장 나가라!" 그러면 바리새인은 예언자를 알아본 것에 매우 기뻐했을 것이다. '그래, 예언자라면 이렇게 해야지.' 그는 예수의 발을 만졌을 것이다. 그가 알고 있는 지식에 꼭 맞는 행동을 했더라면 말이다. 그가 예수에게 맞출 준비는 되어있지 않았다. 예수가 그에게 맞춰야 했다. 이것을 항상 기억해야 한다.

나에 대해서도 많은 사람들이 그렇게 한다. 내가 어떻게 하든 그대들의 틀에, 그대들의 이념에 맞춰야 한다고 생각한다. 내가 그대들의 뜻에 따라 행동해야 한다. 만일 그렇게 하지 않으면 내가 잘못된 것이라고 한다. 그러나 그대는 그대의 관념에 대해서 망설임이 없다. 그대의 관념이 옳았다면, 그대는 이미 오래 전에 도달했어야 한다. 그러나 그대는 아직 도달하지 않았다. 아직도 비틀거리면서 찾고 있다. 그런데도 여전히 그대의 관념이 옳다고 생각하는가?

이 바리새인은 아무 것도 모른다. 그렇지 않다면 그는 지금쯤이면 이미 그리스도가 되었을 것이다. 그러나 지식은 매우 어리석다. 매우 거만하다. 지식은 계속해서 자신을 믿고 있다.

* 예수께서 대답하여 가라사대

예수는 틀림없이 무슨 일이 일어났는지 지켜봤을 것이다. 이 사람의 얼굴이 변하는 것을 보았을 것이다. 그가 예수를 자기 집으로 부른 것을 창피하게 생각하는 것을 보았을 것이다. 어쩌면 그는 집을 깨끗이 청소해야 할지도 모른다. '이 거짓 선지자만 온 것이 아니라, 창녀까지 들어왔다. 그런데 이 사람은 아무 것도 모르고 있다. 그는 경전에 대해서는 완전히 무식한 것 같다.'

* 예수께서 대답하여 가라사대

바리새인은 아무 말도 하지 않았다.

그대가 나에게 질문을 하지 않아도 내가 대답할 때가 많다. 의문이 생겼다는 것을 느끼기 때문이다. 그대는 그것을 물을 용기가 없다.

* 예수께서 대답하여 가라사대, 시몬아 내가 네게 이를 말이 있다 하시니, 저가 가로되 선생님 말씀하소서.

이제 바뀌었다. 속으로는 '이 사람' 이라고 말하면서 겉으로는 '선생님' 이라고 말한다. 참으로 위선 속에 사는 사람이다! 사람이 어떻게 이렇게 계속해서 두 개의 세상에서, 분리된 채로 살 수 있단 말인가? 그리고 이 사람들은 자기들이 예수를 속일 수 있을 거라고 생각한다. 속으로는 이렇게 말한다. '이 사람은 전혀 선지자가 아니다.' 그리고 겉으로는 이렇게 말한다. "예, 선생님, 말씀하소서."

* 가라사대, 빚 주는 사람에게 빚진 자가 둘이 있어, 하나는 오백 데나리온을 졌고 하나는 오십 데나리온을 졌는데
갚을 것이 없으므로 둘 다 탕감하여 주었으니 둘 중에 누가 저를 더 사랑하겠느냐

예수가 물었다.

* 둘 중에 누가 저를 더 사랑하겠느냐

예수는 항상 비유로 말한다. 간단한 비유이지만 매우 상징적이고 의미가 가득 담겨있다.
그는 말한다.

* 가라사대, 빚 주는 사람에게 빚진 자가 둘이 있어, 하나는 오백 데나리온을 졌고 하나는 오십 데나리온을 졌는데

갚을 것이 없으므로 둘 다 탕감하여 주었으니 둘 중에 누가 저를 더 사랑하겠느냐
시몬이 대답하여 가로되, 제 생각에는 많이 탕감함을 받은 자니이다 가라사대 네 판단이 옳다 하시고

그런데 핵심을 보자. 이 사람은 말한다. "제가 생각하기로는" 예수가 선지자인지 아닌지를 생각할 때는 '제가 생각하기로는, 제가 추측하기로는, 제가 가정하건데' 라는 투로 생각하지 않았다. 아니, 그는

확신했다. 그런데 이제 이렇게 말하고 있다. "제가 생각하기로는 가장 많이 탕감 받은 자가 더 사랑할 것 같습니다."

예수는 말한다.

* 네 판단이 옳다 하시고

이러므로 내가 네게 말하노니 저의 많은 죄가 사하여졌도다. 이는 저의 사랑함이 많음이라 사함을 받은 일이 적은 자는 적게 사랑하느니라.

두 가지를 봐야 한다. 먼저, 그대가 많은 죄를 용서받는다면, 당연히 더 많이 사랑할 것이다. 더 많이 사랑하면, 당연히 더 많은 죄를 용서받을 것이다. 죄를 용서받았기 때문에 사랑하는 것만이 아니다. 사랑을 하면, 죄를 용서받을 것이고, 죄를 용서받으면, 사랑하게 될 것이다. 이 둘은 함께 간다.

예수는 가장 위대한 기준을 주고 있다. 사는 동안 얼마나 많은 죄를 저질렀느냐는 질문이 아니다. 그 질문은 그대가 신에게 무릎을 꿇고 용서를 빌 수 있는가이다. 그대는 내려놓을 수 있는가? 그에게 이렇게 말할 수 있는가? "저 혼자로는 당신에게 지은 빚을 갚을 능력이 없습니다. 저는 어떻게 할 수가 없습니다. 저는 길을 잃었습니다. 당신이 저를 구해주신다면, 오직 그때에만 저는 구원받을 수 있습니다. 그렇지 않으면 희망이 없습니다." 그대 존재의 가장 중심에서 이 말을 할 수 있다면, 그것이 바로 기도다. 이런 면에서 기독교는 불교나 자이나교나 힌두교보다 훨씬 더 종교적이다. 왜냐하면 불교나 자이나교나 힌두교는 인간의 행위, 까르마에 더 의존하기 때문이다. 그들은 신의 자비, 신의 용서에 의존하지 않는다. 자이나교에서는 그런 차원이 빠져있다. 완전히 빠져있다. 자이나교가 너무너무 건조하고 수학적이고 계산적인 이유가 그 때문이다.

가끔씩 나는 자이나교가 그렇게 계산적이기 때문에 모든 자이나교인들이 상인이 되지 않았을까 의심해본다. 이 둘 사이에는 어떤 관계가 틀림없이 있을 것이다. 아주 계산적이다! 어떤 잘못된 일을 저질렀다면 그 잘못을 상쇄하기 위해 어떤 좋은 일을 해야 한다. 이것은 수학의 공식이다. 종교가 아니다. 그것은 과학에 더 가깝다. 사랑이라는 것이 어디로도 들어올 틈이 없기 때문이다. 용서라는 단어 자체가 자이나교 경전에는 없다. 용서하는 사람이 없다. 용서가 불가능하다. 그것은 몇몇 사람만 봐주는 것이기 때문이다. 누구를 봐준다는 것은 생각할 수도 없다. 모든 사람들이 자신들이 저지른 죄의 고통을 받아야 한다. 모든 사람이 그 대가를 치러야 한다. 이것은 논리적인 마음에 호소력이 있다. 그러나 종교적인 면은 하나도 없다. 메말랐다. 사랑이 없다면 어떤 종교도 종교가 될 수 없다.

기독교에는 한 가지 아름다운 면이 있다. 그것은 신의 자비가 우리의 은신처라는 것이다. 인간이 혼자 힘으로 자기가 저지른 행위의 진창에서 벗어날 수 있다고 생각하는 것은 불가능하다. 그는 더욱더 진창 속으로 빠질 것이다. 인간은 무력하다. 무의식적이고 눈이 멀어있다. 이 오래된 죄의 역사로부터 나오라고 하는 것은 거의 불가능한 것을 요구하는 것이다. 그것은 기적을 요구하는 것이다.

그러나 길이 있다. 만일 그대가 내려놓을 수 있다면 말이다. 완전한 무력감에서 신에게 울부짖으며 이렇게 말할 수 있다면 말이다. "저를 구해주소서! 제가 졌습니다. 저의 패배를 받아들입니다. 더 이상 자존심 같은 것 갖지 않겠습니다. 제가 완전히 졌습니다. 당신의 발 앞에 엎드립니다."

자비는 항상 거기에 있다. 우리가 자비의 근원에서부터 왔기 때문이다. 이 근원은 우리의 어머니다. 신은 우리의 어머니다. 신이 용서하지 못한다면, 누가 용서하겠는가? 이 존재가 용서하지 못한다면, 누가 용서하겠는가? 용서할 수 있다. 그것이 그리스도가 세상에 가져온 위대한 메시지이다. 모든 메시아들이 특별한 메시지, 자기만의 고유한 메시지를 가져온다. 이것이 그리스도만의 특별한 메시지이다.

* 이러므로 내가 네게 말하노니, 저의 많은 죄가 사하여졌도다. 이는 저의 사랑함이 많음이라 사함을 받은 일이 적은 자는 적게 사랑하느니라.

기적 같은 말이다! 이 말의 핵심을 보라. 자비와 사랑으로 그는 이렇게 말한다. "네 죄가 사함을 얻었느니라." 그는 용서에 인색하지 않다.

* 네 죄사함을 얻었느니라 하시니

아무런 조건도 없다! 거기에 어떤 조건이 따라붙지 않는다. 그는 이렇게 말하고 있지 않다. '이렇게 하고 저렇게 하라. 그러면 죄를 용서받을 것이다.' 그는 이렇게 말한다. '너희의 죄가 모두 사함을 받았다. 그대의 사랑이 크다. 그대의 눈물이 그대의 미약함을 보여주었다. 내가 그대의 가슴속을 보았다. 밖에서는 죄를 지었을지도 모른다. 그대가 창녀일 수도 있다. 그러나 내면 깊은 곳에서 그대는 내가 일찍이 본 사람들 중에서 가장 순수한 영혼 중의 하나다.'

예수는 그녀의 존재 속을 꿰뚫었다. 창녀는 더 이상 창녀가 아니다. 육체는 더 이상 육체가 아니다. 보이는 것은 중요하지 않다. 그는 보이지 않는 것을 들여다보았다. 그 순수한 근원, 의식의 샘을 들여다보았다. 그리고 이 여인은 정말로 운이 좋았다. 울 수 있었고, 그 눈물로 예수의 발을 씻어줄 수 있었고, 그의 발에 아주 비싼 기름을 부을 수 있었다. 이런 행위는 그녀의 가슴이 상징으로 나타난 것이다. 그녀는 가슴을 쏟아붓고 있었다.

* 이에 여자에게 이르시되 네 죄사함을 얻었느니라 하시니

함께 앉은 자들이 속으로 말하되 이가 누구이기에 죄도 사하는가 하더라.

이제 그 바리새인들, 그 도시의 존경받는 사람들이 이렇게 생각하기 시작했다. '이 사람이 누구인가? 어떻게 그가 사람을 용서할 수 있는가? 이 사람은 자기가 누구라고 생각하는가?'

나는 그렇다고 말한다. 그리스도는 용서할 수 있다. 거기에 그가 존재하는 것이 아니라, 신이 존재하기 때문이다. 그는 자기가 존재하지 않기 때문에 용서할 수 있다. 그는 사라져버렸다. 그의 에고는 더 이상 거기에서 작동하지 않는다. 신이 그를 통해서 용서하는 것이다. 신이 장미 속에서 장미이듯, 신은 그리스도 안에서 그리스도다.

* 이가 누구이기에 죄도 사하는가 하더라.

예수께서 여자에게 이르시되, 네 믿음이 너를 구원하였으니

사람들은 다시 속으로 생각하고 있었다. 그들에게 대답하기 위해 예수는 막달라 마리아에게 말한다. "네 믿음이 너를 구원하였다." 예수는 이렇게 말하지 않았다. '내가 너를 구원하노라.' 그는 이렇게 말하고 있다. '내가 어떻게 구원할 수 있겠는가? 나는 존재하지 않는다. 그대를 구원한 것은 그대의 믿음이다.'

* 네 믿음이 너를 구원하였으니 평안히 가라 하시니라

이제 그대에게는 아무런 문제도 없다. 평안히 가라. 이 믿음을 간직하라. 그대는 회복되었다.

이제 예수를 초대했던 사람들은 그를 놓쳤고, 이 거리의 여인은 그의 가장 깊은 내면의 중심 속으로 꿰뚫고 들어가, 그가 그녀의 가장 깊은 내면의 중심 속으로 꿰뚫고 들어오도록 받아들였다.

예수가 십자가에 있었을 때, 남자 제자들은 모두 떠났다. 그들은 몸을 숨겼다. 오직 이 여인만이 아무 것도 두려워하지 않은 채 십자가 근처에 있었다. 그것은 위험한 일이었다.

그가 잡히던 날 밤에 예수는 한 제자에게 말했다. "나를 따르지 말라." 그러자 제자가 말했다. "저는 당신을 따르겠습니다. 스승님." 예수가 말했다. "어리석은 짓 하지 말라. 나는 너를 안다. 해가 뜨기 전에 너는 나를 세 번 부인할 것이다." 그리고 그 말대로 되었다. 어두운 밤에 그가 붙들려 갈 때, 그 제자는 군중들 속에 숨어서 예수를 따라갔다. 그런데 그 군중들이 낯선 그를 의심했다. 횃불을 비춰보고는 그가 낯선 자임을 알게 되었다. 그들이 그에게 물었다. "당신은 누구인가? 예수를 따르는 자인가?" 그가 말했다. "아니오. 나는 예수가 누군지 모르오." 이런 일이 세 번 반복되었다. 그때까지 해는 뜨지 않았다. 예수가 뒤를 돌아보고 큰 소리로 외쳤다. "보라. 너는 나를 세 번 부인하였도다!"

예수가 죽어갈 때 예수 가까이에 있었던 사람은 오직 막달라 마리아뿐이었다. 그녀는 아주 깊이 예수를 사랑했기 때문이다. 그녀는 예수에게 모든 것을 다 바쳤다. 예수가 십자가에서 내려질 때, 그 일을 도운 첫 번째 사람이 그녀였다. 거기에는 다른 사람이 두 명 더 있었다. 예수의 어머니와 막달라 마리아의 언니였다. 그러나 남자 제자는 단 한 명도 없었다. '누가 가장 위대한가?', '누가 천국에서 예수 다음에 서게 될 것인가?' 를 다투던 제자들은 거기에 없었다. 그들은 모두 잡힐까 두려워 도망쳤다. 예수의 추종자로 의심받을까 봐, 그래서 자기들도 십자가형을 받을까 봐 두려워 도망쳤다. 오직 사랑만이 끝까지 남을 수 있다. 오직 사랑만이 죽음에 대항할 수 있다.

이 경전을 아주 조용히 읽고, 그 경전을 통해 그리스도를 느껴보라. 그가 주는 용서의 메시지는 가장 중요한 것 중의 하나다.

나 또한 그대들에게 말한다. 만일 그대가 그대의 가슴을 쏟아부울 준비가 되어있다면, 그대의 죄는 용서받은 것이다. 그대의 내려놓음 속에서 그 죄는 용서받는다. 내가 죄를 용서한다는 뜻이 아니다. 그대의 믿음으로 용서받는다는 뜻이다. 그대는 자유다. 그대는 구원받았다.

마/태/복/음 24장

1. 예수께서 성전에서 나와서 가실 때에 제자들이 성전 건물들을 가리켜 보이려
고 나아오니
2. 대답하여 가라사대 너희가 이 모든 것을 보지 못하느냐 내가 진실로 너희에
게 이르노니, 돌 하나도 돌 위에 남지 않고 다 무너뜨리우리라.
34. 내가 진실로 너희에게 말하노니
35. 천지는 없어지겠으나 내 말은 없어지지 아니하리라.
42. 그러므로 깨어있으라 어느 날에 너희 주가 임할는지
43. 너희가 알지 못함이니라 너희도 아는 바니 만일 집 주인이 도적이 어느 경점
에 올 줄을 알았더면 깨어있어 그 집을 뚫지 못하게 하였으리라
44. 이러므로 너희도 예비하고 있으라 생각지 않은 때에 인자가 오리라
45. 충성되고 지혜 있는 종이 되어 주인에게 그 집 사람들을 맡아 때를 따라 양
식을 나눠 줄 자가 누구뇨.
46. 주인이 올 때에 그 종의 이렇게 하는 것을 보면 그 종이 복이 있으리로다.
47. 내가 진실로 너희에게 이르노니 주인이 그 모든 소유를 저에게 맡기리라.
48. 만일 그 악한 종이 마음에 생각하기를 주인이 더디 오리라 하여
49. 동무들을 때리며 술친구들로 더불어 먹고 마시게 되면
50. 생각지 않은 날 알지 못하는 시간에 그 종의 주인이 이르러
51. 엄히 때리고 외식하는 자의 받는 율에 처하리니 거기서 슬피 울며 이를 갊이
있으리라.

9장

신은
그대 무의식 깊은 곳에
목적을 심어놓았다

인간의 진화는 삼 단계를 거친다. 개혁reform과 혁명revolution 그리고 반역rebellion이다. 개혁은 가장 피상적이다. 그것은 표면만을 건드릴 뿐 절대로 살갗보다 더 깊이 들어가지 않는다. 인간의 옷 외에 아무 것도 변화시키지 않는다. 인간의 형식만을 변하게 할 뿐이다. 그것은 에티켓, 예의 등 일종의 문명을 가져다준다. 존재의 어떤 근본적인 것을 변화시키지 않으면서 말이다. 그것은 인간에게 색칠을 하고 광택을 내지만 깊은 내면에서 인간은 변하지 않은 채로 남아있다. 일종의 기만이고 허구다. 체면이란 것을 만들어주고 모든 사람을 위선자로 만든다. 인간을 예절바르게 하지만 내면의 중심과는 어긋나있다. 내면의 중심은 이해하지도 못한다. 그러나 그것이 사회를 부드럽게 돌아가게 만든다.

개혁은 윤활유 같은 기능을 한다. 현상을 있는 그대로 유지시킨다. 모든 것이 똑같은 상태로 남도록 돕는다. 그것이 역설적으로 보일 것이다. 왜냐하면 개혁가는 그가 사회를 변화시킨다고 말하기 때문이다. 그러나 사실 그가 하는 모든 일은 오래된 사회에 새로운 색을 칠하는 것이다. 그리고 그 오래된 사회는 낡은 색깔보다 더 쉽게 새로운 색깔로 존재할 수 있다. 오래된 것은 녹이 슬었다. 개혁이란 일종의 수리다. 집이 기울고 있고, 기둥이 기울고 있고, 기초가 흔들리고 있다. 그대는 계속 새로운 받침대를 받쳐주면서 집이 기울어지는 것을 조금 더 연장시킬 수 있다. 개혁은 현상유지다. 미래가 아닌 과거를 받쳐준다.

두 번째는 혁명revolution이다. 혁명은 약간 더 깊이 들어간다. 개혁은 오직 아이디어만 바꿀 뿐, 정책은 바꾸지 않는다. 혁명은 더 나아가 구조를 건드린다. 그러나 오직 바깥 부분만 건드릴 뿐 속은 건드리지 않는다.

인간은 두 개의 구조를 갖고 있다. 인간은 두 개의 차원에서 산다. 하나는 신체적인 것이고 다른 하나는 영적인 것이다. 혁명은 오직 신체적인 구조에만 관계한다. 경제적인 구조나 정치적인 구조가 이 신체적인 구조에 속한다. 개혁보다는 더 깊이 들어간다. 많은 것을 파괴하고, 많은 새로운 것을 만들어낸다. 그러나 존재, 인간 내면 중심의 존재는 아직도 바뀌지 않은 채로 있다. 그것은 도덕률을 만들고 성격을 만든다. 개혁은 예절과 에티켓, 문명을 만든다. 인간의 형식적인 태도를 바꾼다. 그리고 혁명은 인간의 외적인 구조를 바꾼다. 그것은 정말로 바꾼다. 그리고 새로운 구조를 가져온다. 그러나 내면의 청사진은 변하지 않은 채 똑같이 남아있다. 내면의 의식은 건드려지지 않는다. 그것이 분열을 낳는다.

첫 번째 것, 개혁은 위선을 낳는다. 두 번째 것, 혁명은 정신분열증을 낳는다. 인간을 분리시킨다. 인간은 두 개의 존재로 갈라지기 시작한다. 다리가 부서진다. 혁명가들이 계속해서 영혼을 부정하는 이유가 바로 그것이다. 마르크스와 엥겔스, 레닌, 스탈린, 모택동, 이들은 계속해서 영혼을 부정한다. 그들은 그렇게 할 수 밖에 없다. 영혼을 받아들일 수 없다. 만일 그것을 받아들이면, 그들의 혁명이 아주 피상적으로 보일 것이기 때문이다. 그때 그들의 혁명은 전체적이지 않을 것이기 때문이다.

개혁가는 영혼을 부정하지 않는다. 그는 영혼을 받아들인다. 왜냐하면 그것이 아무런 문제가 되지 않기 때문이다. 그는 그 단계까지 올라가는 일이 없다. 따라서 그것은 문제가 되지 않는다. 간디는 영혼을 받아들인다. 마누Manu, 인도 신화에 나오는 인류의 시조도 영혼을 받아들인다. 그들은 개혁가들이다. 그들은 절대로 어떤 것에 '노'라고 말하지 않는다. 그들은 계속 '예'라고 말한다. 예의바른 사람들이다. 꼭 필요한 경우가 아닌 한, 어느 것도 부정하지 않고 받아들인다. 그러나 혁명가들은 영혼을 부정한다. 그래야만 한다. 그렇지 않으면 그들의 혁명은 부분적일 것이다.

세 번째는 반역rebellion이다. 반역은 가장 중심핵에서 나온다. 그것은 의식을 바꾼다. 급진적이다. 그것은 변형시킨다. 연금술적이다. 그것은 새로운 존재를 가져다준다. 새로운 육체나, 새로운 옷만을 가져다주는 것이 아니라 새로운 존재를 가져다준다. 새로운 인간이 탄생하는 것이다.

의식의 역사를 보면 세 종류의 사상가들이 있었다. 개혁가, 혁명가, 반역자. 마누와 모세와 간디, 이들이 개혁가들이다. 가장 피상적이다. 세례 요한, 마르크스, 프로이드, 이들이 혁명가들이다. 그리고 예수, 붓다, 크리슈나무르티Jiddu Krishnamurti, 1895~1986, 인도철학자, 이들이 반역자들이다.

반역을 이해하려면 종교의 심장을 이해해야 한다. 종교는 반역이다. 종교는 완전한 변화다. 종교는 과거와의 단절이며, 새로움의 시작이다. 옛 것을 통째로 버리는 것이다. 아무 것도 연속되어서는 안 된다. 만일 뭔가 연속된다면, 옛 것이 계속 유지되기 때문이다.

개혁은 색칠을 한다. 혁명은 옛 것의 바깥 구조를 파괴하지만 내면의 구조는 똑같이 남는다. 소련이나 중국에서 인간의 내면은 똑같다. 조금도 달라지지 않았다. 똑같은 마음 – 똑같은 탐욕, 야망, 이기적인 마음이 있다. 미국이나 다른 자본주의 국가에서 발견되는 마음과 똑같은 마음이다. 그 마음에는 다른 것이 아무 것도 없다. 그러나 사회의 바깥 구조는 변했다. 법, 정부, 경제, 정치의 바깥 구조는 바뀌었다. 일단 경찰력, 정부의 권력이 제거되면, 인간은 과거의 패턴으로 다시 돌아갈 것이다. 러시아 사회는 오직 권력에 의해서만 통제될 수 있다. 그것은 민주주의가 아니다. 사람이 독립적이도록 허용하는 것은 그들의 내면 존재가 다시 살아나게끔 허용하는 것이다. 내면 존재가 거기에 있지만 막혀 있었고 차단되어 있다. 그들은 독립적인 삶을 살아서는 안 된다. 그들은 정부가 말하는 것에 따라서 살아야 한다. 자신의 존재에 따라서 살아서는 안 된다.

따라서 공산주의는 기본적으로 독재적이다. 그것은 독재적인 상태로 남을 것이다. 만일 인간에게 자유가 주어진다면, 거기에 의식이 있고, 탐욕이 있고, 야망이 있다. 거기에 항상 있었던 것이 있다. 그것이 다시 작동할 것이다. 사람들은 부자가 되기도 하고 가난해지기도 할 것이다. 권력을 갖기도 하고 잃기도 할 것이다. 사람들은 다른 사람들을 착취할 것이고 자신들의 야망을 위해 싸울 것이다. 러시아에서 권력이 있는 사람들은 아직까지도 똑같은 일을 하고 있다. 후르시초프Krushehev, 1894~1971, 소련 공산당 서기장는 자기가 차를 많이 소유하고 있다고 자랑하곤 한다. 러시아에서 그 외에 다른 사람은 그렇게 많은 차를 가질 수 없다. 그러나 모든 사람들이 차를 갖고 싶어 한다. 이것은 진정한 혁명이 아니다. 단지 강압일 뿐이다.

진정한 혁명은 자발적이다. 그런 혁명을 반역이라고 한다.

이 세 단어에 대해 조금 더 설명해보자. 그러면 예수의 접근방식을 이해할 수 있을 것이다.

개혁은 그대로부터 많은 것을 요구하지 않는다. 개혁은 말한다. 당신의 현관문을 보기 좋게 꾸며라. 집 전체가 더러워도 상관없다. 먼지 속에 살고 있다 해도 이웃이 그것을 보지 못하게 하라. 그저 현관문만 멋지게 만들어라. 당신의 이웃은 당신의 내면 존재, 내면의 집에는 아무런 관심도 없기 때문이다. 그들은 겉으로만 지나칠 것이고 현관문만 볼 것이다. 하고 싶은 일은 뭐든지 해도 좋다. 그러나 뒷문에서 하라. 따라서 현관문은 가면이다. 이웃이 보는 쇼윈도이다. 그대는 사실 뒷문에서 살고 있다. 현관문에서 살고 있지 않다. 현관문이 있지만, 그것은 조작이다. 그대는 절대로 그곳으로 들어가지도 않고, 그곳에서 나오지도 않는다. 거기에 있기는 하지만 그것은 단지 다른 사람들에게 보이기 위한 겉치레일 뿐이다.

현관문을 지켜보라. 모든 사람에게는 현관문이 있다. 그것은 얼굴이나 가면, 또는 인격이라고 불린다. 왜냐하면 그것은 페르소나 persona, 가면이기 때문이다. 립스틱이고 파우더고 화장품이다. 그것들이 그대에게 페르소나를 만들어준다. 그대는 그것이 아니다. 그것은 메이크업일 뿐이다.

혁명은 조금 더 깊이 들어간다. 그러나 오직 조금 뿐이다. 그것은 거실을 변화시킨다. 그래서 그대는 사람들을 초대하여 그곳에서 함께 어울린다. 인도에서는 그런 일이 아주 흔히 일어난다. 인도의 거실은 아름답다. 그러나 그 이상 넘어가지 말아야 한다. 부엌은 더럽고 지저분하다. 욕실은 거의 최악이다. 하지만 인도에서는 아무도 욕실이나 부엌에 신경을 쓰지 않는다. 그들이 신경 쓰는 곳은 거실뿐이다. 그곳은 손님을 만나는 곳이다.

그것은 거짓이다. 그대의 진정한 존재를 건드리지 않는다. 그러면서 명성을 지속시켜준다. 도덕률이 바로 그런 것이다. 그것은 아름다운 거실이다. 그리고 경제적 여유가 있다면 거실에 피카소 그림을 걸어 놓을 수도 있다. 그것은 그대의 경제적 여유가 얼마나 되느냐에 달려있다.

어제 저녁에 이런 이야기를 읽었다.

찰리가 시골친구 조지와 시내를 산책하고 있었다. 여기저기 구경하고 있을 때 조지가 말했다. "이봐, 저기 저 예쁜 아가씨 좀 봐. 우리를 보고 미소를 짓고 있어. 저 여자 알아?"

"그래, 베티야, 20달러지."

"함께 있는 갈색머리는 누구지? 와, 정말 끝내주는데?"

"돌로레스야, 40달러."

"와, 저기 오는 저 여자 좀 봐. 정말 최고다."

"글로리아야, 80달러."

조지가 소리쳤다. "이런 제기랄! 이 도시에는 좀 고상한 여자가 없나?"

찰리가 대답했다. "물론 있지. 그런데 자네가 감당하기엔 무리야. 그들은 무지무지 비싸거든."

도덕은 거기까지 밖에 못 간다. 그것을 넘어서면 걸려 넘어지다가 사라진다. 모든 사람은 가격이 정해져있다. 도덕적인 사람에게는 가격이 정해져있다. 그대 자신을 살펴보라. 길을 가다가 천 루피를 발견한다면, 어쩌면 줍지 않을지도 모른다. 그러나 만 루피라면 어떤가? 그러면 망설인다. 주울 것인가 말 것인가? 그런데 십만 루피라면? 망설일 것도 없이 줍는다. 천 루피, 만 루피, 십만 루피, 이것이 그대의 도덕성이 얼마나 깊은지를 보여준다. 모든 사람이 정해진 가격이 있다. 그만큼만 감당할 수 있다. 그 이상은 무리다. 도덕률은 지킬 가치가 없어지고 그대는 부도덕을 선택할 것이다.

도덕적인 사람은 전체적으로 도덕적이지 않다. 오직 몇 겹만이 도덕적이고 그 이상에는 부도덕이 기다리고 있다. 그러므로 그대는 도덕적인 사람을 아주 쉽게 부도덕으로 몰아갈 수 있다. 필요한 것은 그의 가격이 얼마인지를 찾는 것뿐이다.

이런 이야기를 들었다. 물라 나스루딘Mullah Nasrudin, 이슬람 신비주의인 수피 이야기에 자주 등장하는 일종의 트릭스터이 일등칸에서 여행을 하고 있었다. 그 칸에는 어떤 여자와 나스루딘 단 둘 밖에 없었다. 나스루딘이 자기를 소개하고는 이렇게 말했다. "나와 오늘 밤 함께 지내지 않겠소?"

여자는 아주 화가 나서 이렇게 말했다. "무슨 생각을 하고 계신 거예요? 당신 미쳤어요? 나를 뭐로 보는 거예요? 나는 창녀가 아니에요!"

물라가 말했다. "만 루피 주겠소."

그러자 여자가 미소를 지으며 가까이 다가와 물라의 손을 잡았다.

물라가 말했다. "십 루피면 어떻소?"

여자가 말했다. "나를 뭐로 보는 거예요?"

물라가 말했다. "당신이 누구인지 알겠소. 자, 이제 값을 흥정합시다."

항상 '값'이 문제다. 십 루피라면 여자는 화를 낸다. 만 루피라면 여자는 의향이 있다. 그 여인을 비웃지 마라. 모든 사람이 다 똑같다. 도덕률은 그대를 변형시키지 않는다. 개혁보다는 더 깊이 들어가고 더 비싼 값이지만, 아직도 그대 존재의 중심에서 그대는 여전히 그대로다.

개혁은 부분적인 혁명이다. 혁명은 외면의 혁명이다. 반역은 내면의 혁명이다. 그리고 오직 내면에 혁명이 일어날 때만 가치가 있다. 그렇지 않으면 가치가 없다. 개혁은 그대를 위선자로 만들고, 혁명은 그대를 정신분열증 환자로 만든다. 오직 반역만이 그대에게 충만한 존재, 자발성, 건강, 전체성을 준다.

개혁은 그대를 존경받게 만든다. 존경을 구한다면 개혁만으로 충분하다. 그것은 플라스틱 같은 인격을 만들어준다. 겉으로는 아름답게 보인다. 그러나 안에서는 썩어 냄새가 날 것이다. 그렇지만 아무도 그대의 썩은 존재를 냄새 맡지 못할 것이다. 플라스틱이 그대를 막아줄 것이다. 안에서는 점점 더 더러워질 것이지만 밖에서는 깨끗한 얼굴을 유지할 것이다.

혁명은 그대 안에 분열을 만들어낼 것이다. 그대를 성자로 만들 것이다. 하지만 죄인은 억눌릴 것이다. 그 죄인은 성자에게 흡수되지 않았다. 잘려나갔다. 혁명은 그대를 두 사람으로 만들 것이다. 그대 안에 두 개의 세상을 만들어낼 것이다. 본성은 억압될 것이고 도덕률이 그 위를 덮을 것이다. 승자인 도덕률이 패자인 본성을 통제하려고 할 것이다. 그런데 본성은 아주 강력하다. 왜냐하면 그것은 자연 그대로이기 때문이다. 그래서 본성은 복수를 할 것이다. 계속해서 약점을 뚫고 그대의 삶 속에 파고들 것이다. 그대의 도덕률을 뒤엎을 것이다. 죄의식을 만들 것이다. 그리고 그대는 끊임없는 갈등 속에 있을 것이다. 왜냐하면 아무도 본성을 이길 수 없기 때문이다.

그대의 지지, 지적인 지지는 도덕의 편이다. 그러나 그대의 존재 전체는 본성의 편이다. 도덕은 의식 안에 있고, 본성은 무의식 안에 있다. 의식은 아주 작고, 무의식은 아홉 배나 더 강하고, 아홉 배나 더 크다. 그러나 그대는 오직 의식만을 알고 있다. 따라서 의식 안에서는 도덕률이 계속해서 승리의 노래를 부를 것이다. 하지만 아홉 배나 더 강력한 무의식 안에서는 계속해서 온갖 부도덕이 그대 안으로 더 깊이 뿌리를 내릴 것이다. 그것은 그대를 성자로 만들 것이고, 죄인은 억압될 것이다. 그리고 그 죄인은 때를 기다릴 것이다. 복수를 할 때, 폭발할 적기를 기다릴 것이다.

사람들이 그렇게 슬퍼 보이고, 그렇게 절망스러워 보이는 이유이가 거기에 있다. 그들의 모든 에너지가 갈등 속에서 계속 소모되기 때문이다. 끊임없는 긴장이 거기에 있다. 성자는 매우 긴장되어있다. 항상 고민하고 두려워한다. 자신이 부정한 자신의 존재를 두려워한다. 거부된 것이 거기에 있다. 조만간 그것은 도덕주의자, 이기주의자, 사기꾼을 던져버릴 것이다. 그렇게 될 것이다. 그것은 사기꾼을 던져버릴 것이다.

따라서 성자는 항상 비정상의 경계선에 있다. 그리고 그대는 성자가 되려고 하면 항상 경계선에 있게 된다는 것을 안다. 어떤 사소한 것이 그대의 균형을 무너뜨릴 수 있다. 그리고 그대는 미쳐버릴 수 있다. 분열될 때, 신경증이 자라나오기 시작한다.

반역은 내적인 혁명이다. 반역은 안에서 시작되고, 개혁은 밖에서 시작된다. 절대로 밖에서 시작하지 마라. 내면의 중심핵에서 시작하라. 그대의 존재로부터 시작하라. 개혁은 무엇을 해야 할지 말해줄 것이다. 혁명은 어떻게 되어야할지 말해줄 것이다. 더 성자답고, 더 좋은 성격과 더 좋은 자질을 가지라고 말할 것이다. 혁명은 그대 주변에 단단한 껍질을 만들 것이다. 밖으로부터, 그리고 안으로부터 그대를 보호할 갑옷을 만들 것이다. 단단한 강철 갑옷, 그것이 '성격' 이다.

진정한 인간은 성격이 없다. 예수는 성격이 없다. 그것이 문제였다. 그렇지 않다면 유대인들은 그를 그렇게 반대하지 않았을 것이다. 그는 유동적이었다. 아무런 성격도, 아무런 갑옷도 없었다. 그는 열려있었고, 방어하지 않았다. 도덕주의자가 아니었기 때문이다. 그는 성자saint가 아니었다. 그는 현자sage였다.

개혁은 그대를 신사로 만든다. 혁명은 그대를 성자로 만든다. 반역은 그대를 현자로 만든다. 예수는 현자였다. 그는 무슨 일을 하든 도덕률을 따라 한 것이 아니라 깨우침에 따라 했다. 과거로부터 주어진 규칙에 의해서가 아니라 자발적인 자각에 의해서 했다. 반역은 자각에 의존하고, 혁명은 성격에 의존하며, 개혁은 형식에 의존한다.

더욱더 자각하라. 그러면 내면의 중심으로부터 시작하게 될 것이다. 거기에서부터 빛이 퍼져나가게 하라. 그래서 그대의 존재 전체가 빛으로 가득 차게 하라. 밖에서는 갈 곳이 없다. 유일한 길은 안에서 오는 길이다. 씨앗이 안에서부터 자라나와 안에서부터 싹을 틔우고 커다란 나무가 되는 것처럼 그대의 내면 또한 그렇게 되게 하라. 씨앗처럼 성장하게 하라.

개혁은 땜질이다. 일종의 회반죽이다. 여기 조금, 저기 조금 때우지만 근본적인 구조는 건드려지지도 않는다. 개혁은 혁명에 동조할 수도 있고 반대할 수도 있다. 그것은 그대에게 달려있다. 개혁가에는 두 종류가 있다. 혁명의 기초를 준비하는 사람과 혁명을 막으려는 사람. 개혁은 일이 점점 더 나아지고 있다는 느낌을 준다. 그러니 혁명을 일으킬 필요가 있겠는가? 왜 그런 수고를 하려고 하는가? 개혁은 희망을 주고, 사람들은 거기에서 멈춘다. 따라서 그것은 그대에게 달려있다.

올바로 이해하는 사람은 개혁을 이용할 수도 있다. 그러나 깨어있지 않은 사람은 개혁을 혁명의 과정으로 이용하지 못할 것이다. 오히려, 개혁은 혁명에 장애가 될 것이다. 혁명도 마찬가지다. 혁명은 반역으로 들어가는 문이 될 수도 있다. 그러나 오직 자각이 있어야만 한다. 그렇지 않으면 혁명은 반역에 장애물이다. 사람들은 생각한다. '혁명이 일어났다. 그런데 더 깊이 들어갈 필요가 무엇인가? 이미 너무 많이 왔다.' 따라서 혁명은 장애가 될 수도 있고 도움이 될 수 도 있다.

모든 것은 그대의 자각에 달려있다. 모든 것은 그대의 이해에, 그대가 삶을 얼마나 많이 이해하는지에 달려있다.

모든 것은 궁극적으로 이해에 달려있다는 것, 그대가 어떻게 이해하느냐에 달려있다는 것, 이것을 삶의 가장 기본적인 규칙으로 삼아라. 이해가 빠져있으면 그대에게 큰 도움이 될 것도 방해물이 될 수 있다. 그리고 독이 될 것도 이해가 있으면 약이 될 수 있다. 모든 약은 독으로 되어있다. 약은 사람을 죽이지 않고 사람들을 건강하게 돕는다. 올바로 다뤄지면 독이라도 약이 되며, 잘못 다뤄지면 약도 독이 될 수 있다.

혁명은 구조를 신체적으로, 사회적으로, 외적으로, 경제적으로, 정치적으로 변화시킨다. 그러나 인간은 전혀 건드려지지 않는다. 그것은 반역에 반대하는 것일 수도 있고 반역에 찬성하는 것일 수도 있다. 백 가지 중에 아흔 아홉 가지가 반역에 반대하는 것이다. 공산주의가 종교에 그렇게 반대하는 이유가 바로 그것이다. 그것은 우연이 아니다.

공산주의는 종교를 그들의 진정한 적이라고 느낀다. 왜 그런가? 종교는 공산주의가 갈 수 있었던 곳보다 훨씬 더 깊이 들어가기 때문이다. 그것은 질투다. 바로 그것이 문제다. 만일 종교라는 것이 없다면 공산주의는 궁극적인 혁명처럼 보인다. 그렇다면 공산주의보다 더 높은 것은 없다. 그러나 종교가 있다면, 공산주의는 그저 그런 정도로밖에 보이지 않는다. 별로 자랑할 만한 것이 없다. 그래서 공산주의는 종교를 완전히 멸종시키고 싶어 한다. 이 세상에서 종교를 아예 없애버리고 싶어 한다. 그래서 러시아에서 그렇게 했고, 지금 중국에서 그렇게 하고 있다. 티베트에서조차도 그렇게 하고 있다. 티베트는 가장 종교적인 나라 중의 하나다. 가장 오래된 종교, 가장 순수한 종교를 갖고 있다. 샘은 아직도 더럽혀지지 않았다. 그런데 이제 그들은 그것마저도 파괴하고 있다.

공산주의는 종교를 대단히 두려워한다. 그들은 종교가 더 깊이 들어가 사람을 내면의 중심에서부터 변화시킨다는 것을 볼 수 있기 때문이다. 그리고 새로운 사람이 탄생할 때만이 새로운 사회가 진정으로 탄생한다.

우리는 모든 것을 시도해보았다. 신사와 숙녀도 만들었다. 그러나 그것은 별 것이 아니었다. 우리는 사회를 변화시켰고, 유토피아를 시도했다. 그러나 그 모든 것이 실패했다. 개혁이 실패했고, 혁명이 실패했다.

반역은 대규모로 시도된 적이 없었다. 그리고 소규모로 시도되었을 때마다 항상 성공했다. 붓다가 성공했다. 수천 명의 사람들이 반역을 거쳐 새롭게 되었다. 예수가 성공했고, 노자가 성공했고, 크리슈나가 성공했다. 성공은 항상 반역과 함께였다. 그러나 아주 소수의 사람들이었다. 결코 대규모로 이루어진 적은 없었다. 모든 인류의 영혼을 휘어잡지는 못했다. 바로 그런 작업이 지금 필요하다.

인류의 더 큰 부분이 자각과 반역의 시각을 가져야 한다. 그래야만 인간은 정말로 인간다운 인간이 될 수 있다. 지금의 인간은 단지 이름뿐인 인간이다. 아직 인간다운 인간이 되지 않았다. 인간을 인간답게 만드는 특성이 빠져있기 때문이다. 자비가 아직 거기에 있지 않다. 연민이 거기에 있지 않다. 사랑이 거기에 있지 않다. 명상이 거기에 있지 않다. 기도와 감사가 거기에 있지 않다. 찬양이 거기에 있지 않다. 간단히 말해서, 신이 거기에 있지 않다.

인간은 텅 비어있는 사원이다. 신이 빠져있다. 그대의 씨앗이 녹아 신 안으로 싹을 틔우지 않는 한, 신은 계속해서 빠져있을 것이다. 신은 그대가 성장하는 것이다!

기억하라! 신은 바깥 어디선가 발견되는 것이 아니다. 히말라야나 예루살렘이나 어떤 수도원에서 발견되는 것이 아니다. 신은 그대 안에서 진화해야 한다. 신은 그대가 성장한 것이어야 한다. 그것은 언젠가 어디에선가 밖에서 만나게 될 것이 아니다. 그대가 신이 되지 않는 한, 결코 신을 만나지 못할 것이다. 신이 됨으로써만 그대는 신을 만날 수 있다. 그리고 바로 그것이 예수가 전하는 메시지의 모든 것이다.

개혁은 새로운 아이디어를 가져오고, 혁명은 그 새로운 아이디어를 지지해줄 새로운 구조를 가져오고, 반역은 그 구조를 지지해줄 새로운 의식, 새로운 사람, 새로운 존재를 가져온다.

기초부터 시작하라. 반역을 기초로 삼아라. 그런 다음 혁명의 구조를 만들어라. 그런 다음 꼭대기에 개혁의 돔을 만들어라. 그 반대가 되어서는 안 된다. 그렇지 않으면 과정 전체가 뒤죽박죽 될 것이다.

기본적으로 할 일은 전체적인 상황을 이해하는 것이다. 사람이 지금까지 어떻게 해왔는가? 무엇이 잘못되어 왔는가? 왜 그렇게 많은 고통이 있는가? 왜 우리는 항상 잘못된 지점에서 시작하여 문제의 진정한 핵심에 도달하지 못하는가?

이해가 빠져있다. 자각이 빠져있다. 그대는 일종의 무의식에서 살고 있다. 예수는 그것을 잠이라고 부른다. 더 깨어있어라.

그런데 그것은 어려운 일이다. 왜냐하면 그대 주위의 모든 사람들이 잠에 빠져있기 때문이다. 그대가 깨어나면, 어려운 일들이 생기는 것을 발견할 것이다. 자고 있는 사람들이 그것을 좋아하지 않기 때문이다. 그것은 그들에게 방해가 된다. 그들은 달콤한 꿈을 꾸고 있다. 그런데 그대가 갑자기 깨어나 일종의 소란을 일으킨다. 그뿐이 아니다. 그대가 다른 사람들을 흔들어 깨우기 시작한다. 이 불쌍한 사람들이 삶의 진정한 기쁨을 놓치고 있다는 것을 그대가 느꼈기 때문이다. 태양이 떠오르고 있다. 꽃들이 산들바람에 춤을 추고 있다. 새들이 노래하고 있다. 그리고 그대는 깨어나서 주변 사람들을 흔들기 시작한다. 특히 그대가 사랑하는 사람, 그대가 좋아하는 사람, 그대가 아끼는 사람을 흔들어 깨운다. 그대는 그들과 이 기쁨을 함께 나누기를 원한다. 아침이 사방에 밝았는데 그들은 아직도 깊은 잠에 빠져, 주변에서 무슨 일이 일어나는지도 모른 채 코를 골며 자고 있다. 그들은 꿈을 꾸고 있는 중이다. 어떤 사람은 큰돈을 벌고 있을 수도 있고, 어떤 사람은 승진하여 최고의 위치에 올라가고 있을 수도 있고, 또 어떤 사람은 대통령 선거에 나서 싸우고 있을 수도 있다. 그런데 그들을 깨운다고? 그들은 화를 낼 것이다. 당연한 일이다. 그들은 꿈 이외의 다른 실재를 알지 못하기 때문이다. 그들의 꿈이 그들에게는 실재이다. 그리고 모든 것이 잘 되어가고 있었다. 그런데 그대가 와서 모든 것을 흔들어놓는다면 아무도 그대를 좋아하지 않을 것이다.

아무도 깨어있는 사람을 좋아하지 않는다. 예수가 십자가형을 받은 것도 그 때문이다. 그는 어디에서라도 십자가형을 받았을 것이다. 유대인들만 비난하지 마라. 그는 스스로 십자가형을 받을 정도로 반역가였다. 그것은 유대인의 책임이 아니다. 그는 어느 누구에게서도 십자가형을 받았을 것이다. 그가 어디에 있었든지 그는 십자가형을 받았을 것이다.

아무도 그런 정도의 자각을 받아들일 준비가 되어있지 않다. 그 정도의 자각은 소란을 일으킨다. 그 정도의 자각은 사람들에게 상처를 준다. 자각하는 사람이 거기에 서 있는 것만으로도 그대는 죄의식을 느낀다. 그와 비교할 때 그대는 그저 어두운 밤에 불과하기 때문이다. 그대는 그를 미워한다. 그가 없었을 때는 모든 것이 좋았다. 비교할 것이 없었다. 그대는 자신의 삶이 생명으로 가득 차 있다고 생각했다. 그런데 이제 이 사람이 나타났다. 그리고 그의 현존이 그대를 그저 어두운 밤 이외에 아무 것도 아닌 것으로 위축시켰다. 그의 현존 속에서 그대는 하나의 거지다. 여기에 제왕이, 신의 아들이 왔다. 그리고 그의 현존 속에서 그대는 추해진다. 그가 그대를 추하게 만들고 있다는 것이 자연스런 논리다. 그가 없었을 때, 그대는 자신의 추함에 대해서 생각해본 적이 없었다.

이제 그가 그대에게 붙어 다닌다. 그대에게 곤란한 문제를 만들어낸다. 이제 그대는 이 아름다움을 찾아야 할 것이다. 많은 것을 들여다보아야 할 것이다. '이제 이것은 불필요하다.' 그것은 불필요해 보인다. '차라리 이 사람을 없애는 것이 낫겠다. 차라리 그가 만든 기준을 없애는 것이 낫겠다.' 일단 그 기준이 사라지면 아무도 그대가 무능력하고, 속이 비어있는 거지라는 것을 증명하지 못한다. 아무도 그대가 추하다고 증명하지 못한다. 아무도 그대가 뭔가를 빠뜨리고 있다는 것을 증명하지 못한다. 예수를 없애고 다시 잠속으로 돌아가자! 유대인들이 한 일이 바로 그것이다.

그러나 다시 한 번 말해야겠다. 그것은 어느 곳에서도 일어났을 일이었다. 예수는 너무 과했다. 그는 인도에서조차도 십자가형을 받았을 것이다.

이런 의문이 생길지도 모르겠다. 붓다는 십자가형을 받지 않았다. 마하비라는 십자가형을 받지 않았다. 그런데 왜 예수는 그랬을까?

그렇다. 나는 말한다. 아직도 예수는 십자가형을 받고 있다. 예수는 새로운 메시지를 가져온다. 반면에 붓다는 침묵을 지킨다. 붓다의 메시지는 그를 찾아온 사람들을 위한 것이다. 진리를 찾고 구하는 사람들을 위한 것이다. 붓다는 대중들을 찾아가지 않는다. 그는 활동적이지 않다. 그의 반역은 현존이다. 그러나 예수는 계속 대중들을 찾아간다. 그는 매우 활동적이다.

붓다의 반역은 수동적이고 비활동적이다. 예수의 반역은 매우 활동적이다. 그것이 문제이다. 마하비라의 반역 또한 매우 수동적이었고, 노자 또한 마찬가지였다. 이들은 아주 편안하고 조용한 사람들이다. 스스로 행복한 사람들이다. 누군가 찾아와 그들의 존재에 참여한다면, 그것은 좋은 일이다. 만일 아무도 찾아오지 않는다고 해도 그들은 누구를 초대하지 않을 것이다. 그런데 예수는 그대를 자각속으로 끌고 들어간다. 그는 그대를 세게 때린다. 그는 그대가 준비되어있든 아니든 그대를 찾아온다. 그는 제자들에게 이렇게 말했다. “지붕에 올라서서 외쳐라! 사람들의 귀가 멀었다. 크게 소리쳐야 한다. 내가 왔다는 좋은 소식을 알려라. 지붕 위에서 소리쳐라.”

붓다는 그렇게 말하지 못한다. 노자? 그는 전혀 아니다. 노자는 그가 어디에 있는지 찾는 것조차 어려웠다. 사람들은 그를 몇 달 동안이나 찾으러 다녀야 했다. 그리고 누군가 자기를 찾고 있다는 것을 알게 되면, 도망치곤 했다. 이 마을에서 저 마을로 도망쳤다. 그가 온갖 문제를 만들어낼 것이기 때문이다. 노자는 진정으로 도를 구하는 사람들, 모든 것을 버릴 준비가 되어있는 사람들만을 허락했다.

예수는 정반대다. 그는 그대를 찾아 다닌다. 계속해서 그대를 찾아 다닌다. 그는 자기가 목자라고 말한다. 그 목자는 밤에 집에 돌아와 양의 숫자를 세고 한 마리가 없어진 것을 알면 99마리를 어둔 밤에 놔두고 등불을 들고 소리치며 그 한 마리를 찾아 나선다. 예수는 그렇다. 그는 혁명적인 반역자이다.

붓다는 반역자지만 순수한 반역자이다. 그의 메시지는 침묵이다. 이해하는 사람은 이해할 것이고, 이해하지 못하는 사람은 걱정할 필요가 없다. 그들은 붓다를 무시할 수도 있다. 그리고 붓다는 사람들이 자기를 무시하도록 놔둔다.

그런데 예수는 사람들이 자기를 무시하게 놔두지 않는다. 그는 소리를 지른다. 사람들의 눈에 손가락을 찌른다. 그의 자비는 어마어마하다. 그는 외과의다. 붓다에게서는 약간의 약을 받을 수 있다. 그러나 예수는 외과의다. 그는 수술을 한다. 그리고 그 수술은 당연히 아프다.

유대인들의 책임이 아니다. 그들은 용서받아야 한다. 누구라도, 인도인이든, 중국인이든, 티베트인이든, 누구라도 예수를 죽였을 것이다. 그는 그것을 요구하고 있었다. 그는 종교에 새바람을 가져온다. 활동적인 것, 행동이다. 반역 또한 혁명이다.

이런 우화를 읽었다. 아름다운 우화다. 이 우화를 명상하라.

윌리암 존스William Jones의 우화로 제목은 혁신가The innovator, 1968다.

그런 범죄사건이 다시 일어나게 된 것은 너무도 오랜만의 일이었다. 그리고 그 혁신가가 받게 될 벌도 아주 오랫동안 행해지지 않은 것이었다. 그 판결은 너무도 끔찍해서 대법원에서도 아주 사악하고 불쾌한 범죄에나 적합하다고 느꼈을 정도였다. 그 벌은 돔에서 추방하는 것이었다.

시민들이 길 양 옆에 줄을 지었다. 그들은 증오와 경외가 섞인 눈으로 그 혁신가의 행진을 지켜보았다. 혁신가는 경찰의 보호를 받으며 록스Lox를 향해 가고 있었다. 도박사들은 그 혁신가가 돔 밖에 나가서 얼마나 오래 버틸 것인지에 대해, 그리고 그 죽음이 방사선 낙진으로 인한 것일지, 독가스로 인한 것일지, 아니면 야생동물로 인할 것일지 바쁘게 내기를 걸고 있었다. 그가 곧 죽게 될 것이라는 점은 아무런 의심도 없었다. - 시민들의 마음 깊숙한 곳에는 돔의 보호벽 밖에서는 아무도 살아남지 못할 것이라는 믿음이 강하게 심어져있었다. 그 자랑스러운 플라스틱 덮개는 그들의 4대 조상들에 의해 세워졌고, 공기가 통하지 못하도록 완전히 밀폐된 것으로 도시 전체를 덮고 있었다. - 사람들의 관심은 얼마 만에 죽을 것인지와 어떤 형태로 죽을 것인지에만 집중되었다.

몇몇 새디스트sadihst들은 록스 가까이에 있는 돔 벽에 낀 두꺼운 먼지를 긁어내어 밖을 볼 수 있게 했고, 그렇게 만든 자리를 비싼 값에 팔았다.

죄수와 호송경찰이 록스에 도착했다. 군중들은 록스가 열리는 순간 독가스가 들어올지도 모른다는 약간의 공포심에 이제 뒤로 물러나기 시작했다. 그 문은 몇 백 년 동안이나 사용되지 않았지만 아직도 잘 작동되고 있었다. 지휘관이 단추를 누르자 록스의 두껍고 투명한 문이 삐걱소리를 내면서 열렸다. 혁신가의 마지막 슬픈 표정이 어깨 너머로 보였다. 그는 경찰에 떠밀려 약간 작은 방으로 들여보내졌다. 그런 뒤 문은 닫혔고 지휘관이 다음 단추를 누르자 시민들은 숨을 죽였다. 바깥문이 커다란 쇳소리를 일으키며 녹색의 바깥으로 활짝 열렸다.

바깥 공기를 처음 들이마시자 혁신가는 기침을 하면서 크게 경련을 일으키며 앞으로 쓰러졌다. 경찰들은 만족한 듯이 머리를 끄덕였다. 그리고 구멍을 통해 지켜보고 있던 사람들 사이에 웅성거리는 소리가 들렸다. 그들은 죄수와 자기들의 손목시계를 번갈아 보면서 그의 마지막 순간까지의 시간을 재고 있었다.

그런데 그때 놀랄 일이 일어났다. 혁신가는 서서히 바닥에서 머리를 들어올렸다. 그의 얼굴에는 커다란 기쁨의 미소가 피어오르기 시작했다. 그는 폐 깊숙이 숨을 들이쉬었다. 그의 눈은 점점 커졌다. 그는 일어나 앉았다. 사람들은 그의 가슴이 낯선 공기로 가득 채워져 부풀어 오르는 것을 볼 수 있었다. 그들은 죄수가 앉은 자세에서 갑자기 벌떡 일어나 격렬하게 춤을 추는 것을 보고는 너무도 놀라 비명을 질렀다.

"틀림없이 그의 뇌에 충격을 준 모양이군." 한 구경꾼이 말했다. 그 사람은 코가 납작해질 정도로 돔 벽에 바짝 붙은 채로 보고 있었다.

혁신가는 갑자기 춤을 멈추고는 자기를 바라보던 사람들을 향해 얼굴을 돌렸다. 그는 사람들에게 미소를 지었다. 활짝, 이가 보일 정도로 벌어진 그의 미소에는 아무런 악의도 없었다. 그는 팔을 넓게 벌리고는 사람들을 부르는 몸짓을 했다.

이 시점에서 구경하던 많은 사람들이 더 이상 그 광경을 참지 못하고 공포에 몸을 떨면서 집으로 돌아가기 시작했다.

혁신가는 아직도 이해하지 못하는 얼굴을 하는 사람들에게 자기가 안전하다는 몸짓을 여러 번이나 보여주다가 막대기 하나를 집어 들었다. 그것으로 그는 바닥에 커다란 글씨로 이렇게 썼다. '밖으로 나와요. 여기 공기가 깨끗해요!'

하나 둘씩 충격을 받은 사람들이 자리를 떠나 다시는 돌아오지 않았다.

그는 다시 바닥에 글씨를 썼다. 이번에는 더 급하게 서둘러 썼다. '신선한 공기에요. 독가스가 아니에요.'

더 많은 사람들이 떠났다.

이번에는 사람들이 이해하지 못하는 것이 답답해서 거의 미친 듯이 이렇게 썼다. '돔은 더 이상 필요하지 않습니다. 밖에서도 살 수 있어요! 여기 바깥이 더 좋아요!'

이제는 모든 사람들이 다 사라졌다. 그리고 혁신가는 밝은 햇빛을 받으면서, 신선한 공기를 마시면서, 돔 안에 있는 것보다 세 배나 더 큰 나무와 식물들, 그리고 새와 동물들과 함께 밖에서 혼자 있게 되었다.

다음 날 아침 신문에는 록스 밖에서 즉사한 혁신가의 사망 소식이 소름 끼치는 무서운 사건기사로 실렸고 시의회에서는 긴급회의를 소집하여 돔의 내벽에 6미터 높이로 두텁게 페인트칠을 하기로 결정했다. 그리고 구멍을 통해서 혁신가를 지켜본 사람들 중에서 그 비밀을 지키지 못하는 사람들은 정신병동에 수감되었다. 그곳은 돔 바깥에 대해 이야기하는 것은 정신병자의 헛소리로 간주하는 곳이었다.

아름다운 이야기다. 이것이 우리 인류의 모습이다. 태곳적부터 이런 식이었다. 인간은 인간이 만든 믿음과 개념과 교리의 돔 안에서 살고 있다. 그대들의 교회, 그대들의 사원, 그대들의 경전은 플라스틱 돔일 뿐이다. 그것들은 그대를 자연nature, 본성으로부터 막고 있다. 그대가 신에게 가는 것을 도와주는 것이 아니라 오히려 막고 있다. 예수 같은 사람이 곧 혁신가다. 그는 돔 밖에 존재하는 이상한 것에 대해 이야기한다. 그는 신선한 공기와 푸른 나무들, 새들의 노랫소리, 그리고 태양과 구름에 대해 수없이 많은 이야기를 한다. 그런데 그대는 플라스틱 돔 안에서 살고 있다. 그 밖으로 나가본 적이 없다. 교회 밖으로, 사원 밖으로 나가 본 적이 전혀 없다. 성직자와 정치가의 올가미 밖으로 나가본 적이 전혀 없다. 그때 예수가 나타나서 거친 야생의 이야기, 자석처럼 끌리는 이야기, 엄청난 흥미를 유발하는 이야기, 도전을 자극하는 이야기를 하기 시작한다. 그러나 그런 이야기는 아주 오랫동안 들어본 적이 없는 이야기들이다. 그대는 화가 난다. 이 사람이 그대를 바보로 생각하기 때문이다!

그래서 사람들이 예수에게 계속 반복해서 이런 질문을 한다. "당신이 아브라함보다 훨씬 더 지혜롭다고 생각합니까? 당신이 우리의 옛 선지자들보다 더 많이 안다고 생각합니까? 당신이 세상에 진리를 처음으로 가져왔다고 생각합니까?" 사람들은 자신들이 진리를 항상 갖고 있었다고, 진리가 그들의 수중에 있다고 믿는다. 그러므로 진리를 말하는 사람이 나타날 때마다, 반역이 일어난다. 혁신이 일어난다. 그리고 사람들은 그를 뭉개버린다.

우리는 혁신가들이 더 쉽게 받아들여질 수 있는 세상, 혁신가들이 받아들여질 뿐만 아니라 환영받는 세상을 만들어야 한다. 그대가 더 높은 의식으로 들어갈 수 있게 도와주는 사람들이 이들 혁신가들이기 때문이다. 그들은 신으로 가는 계단이다.

이제 경전을 보자.

* 예수께서 성전에서 나와서 가실 때에

예수는 유대인의 대성전을 방문했다. 그는 성전에 갈 때마다 항상 슬프고 화가 났다. 그곳에서는 모든 것이 잘못되고 있었기 때문이다. 성전이 거래소가 되었다. 성전은 더 이상 성전이 아니었다. 상인들이 차지하고 있었다. 거기에서 신이 팔리고 있었다. 당연히 신은 팔릴 수 있는 것이 아니다. 따라서 오직 가짜 신만이 팔릴 수 있다. 성전은 더 이상 기도의 성전이 아니었다. 더 이상 명상하는 곳이 아니었다. 더 이상 신을 만나는 곳이 아니었다. 성전은 성직자들이 차지하였고, 성직자들은 기득권에 지배되었다. 예수는 성전에 갈 때마다 분노와 슬픔을 느끼면서 그곳을 나오곤 했다. 한 번은 그가 너무도 화가 나서 환전상들을 모두 성전 밖으로 쫓아냈다. 그가 그들에게 이렇게 소리를 질렀다. "내 아버지의 집에서 무엇을 하고 있는가? 성전이 도둑의 소굴이 되었다!"

이 이야기도 이렇게 시작한다.

* 예수께서 성전에서 나와서 가실 때에 제자들이 성전 건물들을 가리켜 보이려고 나아오니

그러나 예수는 그 건물을 보는 것에 흥미가 없었다. 왜냐하면 그곳에 살던 신이 그곳을 떠났기 때문이다. 그것은 폐허였다. 영혼이 육체를 떠났다. 그것은 시체였다.

* 대답하여 가라사대 너희가 이 모든 것을 보지 못하느냐

'그대들은 아직도 이것을 성전이라고 하는가? 여기서 일어나고 있는 것들이 보이지 않는가?' 성전은 정치다. 더 이상 종교가 아니다. 그것은 개혁가다. 더 이상 반역가가 아니다. 그것은 사람들을 변형시키지 않고 사람들을 위로한다. 그것은 사람들을 때려 깨우지 않고, 사람들이 더 잘 자도록 자장가를 불러주고 있다.

이것을 기억하라!

그대는 깨어나기 위해서가 아니라 도움 받고 위로 받기 위해 종교적인 사람을 찾아간다. 자장가를 구걸하고 안정제를 구걸한다. 안정제는 그대가 깨어나도록 돕지 못한다. 그것은 이 편치 않은 세상에서 불편을 덜 느끼게, 이 안전치 않은 세상에서 불안을 덜 느끼게, 덜 긴장하게 도와줄 수는 있다. 안정제는 약간 이완하게 도와줄 수는 있다. 그러나 그대를 변화시키거나 변형시키지 않는다. 사실, 변형은 그대가 완전히 긴장할 때, 불안이 극에 달했을 때, 오직 그때만 올 수 있다. 그때 거기에 혁명이 있다. 급진적인 변화가 있다.

성직자는 계속해서 그대를 위로한다. 그리고 성직자들은 아주 교

활하다. 위안을 주는 이론을 만들어내는 데에 아주 창조적이다. 인도에서 성직자들은 아주 오랫동안 가난한 사람들을 위로해왔다. '당신이 가난한 것은 전생에서 잘못된 일을 했기 때문이다.' 이것이 위로다. 사람들은 전생에 잘못된 일을 했기 때문에 가난한 것이 아니다. 그들은 지금 착취를 당하고 있기 때문에 가난한 것이다. 이제 성직자들은 착취자들의 손에 있다. 당연하다. 그들이 곧 권력이며, 그들이 권력을 손에 쥐고 있기 때문이다. 성직자는 부자들의 테이블에서 던져진 껍데기를 먹고 산다. 그는 주인을 도와야 한다.

아주 오래전부터 그는 가난한 사람들에게 이렇게 가르쳐왔다. '당신이 못생긴 것은 전생의 나쁜 까르마 때문이다. 부자는 선한 까르마 때문에 부자가 된 것이다. 그들은 전생에 성자처럼 살았기 때문에 부자가 된 것이다. 가난한 사람들은 전생에 죄인이었기 때문에 가난한 것이다.'

아주 교활한 속임수다. 훌륭한 계략이고, 훌륭한 정책이다. 부자들의 눈을 보라. 그들이 죄인처럼 보인다. 사실이 그렇다! 그들은 속이고, 사기치고, 사람들을 악용하고 있다. 그리고 가난한 사람들은, 어떤 면에서는 순진하고, 누구에게도 해를 끼치지 않는다. 그런데 그들은 전생의 죄인이라고 한다. 논리적으로 보이지 않는다. 여러 생 동안 죄인이었다면, 이번 생에서도 죄인이 될 것이다. 그가 평범하고 순수하고 가난한 사람이 되는 것보다 죄인이 될 가능성이 더 높다. 그리고 만일 전생에서 훌륭한 성자였다면, 그가 암거래상인이 될 수가 없다. 그것은 앞뒤가 맞지 않는다. 그는 사람들을 착취할 수 없다. 그의 성스런 자질이 그것을 허용하지 않을 것이다.

상황은 정반대지만 이데올로기는 사람들을 위로하는데 도움을 준다. 그러면 가난한 사람은 더 이상 상처받지 않는다. 성직자들은 상처에 연고를 발라주었다. 그는 말한다. “걱정할 것이 없다. 아무도 책임이 없다. 전생에 당신이 어떤 잘못을 저질렀다.” 이렇게 설명해주고 그 설명이 가난한 사람을 도와준다. 가난한 사람은 설명을 듣고 그 원인을 발견한다. 그 자신의 책임이고 이제 아무 것도 할 수 있는 것이 없다. 그것을 조용히 감수해야 한다. 인도에서는 혁명이 있어본 적이 없다. 그것은 바로 성직자들 때문이다.

그대의 책임인데 어떻게 혁명이 일어날 수 있겠는가? 그저 할 수 있는 일은 선한 일을 하는 것뿐이다. 무엇이든 할 수 있다. 가난한 사람은 많은 것을 할 여유가 되지 않는다. 그러나 할 수 있는 일은 무엇이든 계속 해야 한다. 평생에 한 번은 갠지스 강에 가서 목욕할 수 있다. 아니면 마을에 있는 사원에 작은 것이라도 봉헌할 수 있다. 아니면 어쩌다 한번이라도 어떤 의식을 거행할 수도 있다. 그것이 그가 할 수 있는 모든 것이다. 그리고 다음 생을 기다리면 된다. 다음 생에서는 행복할 것이다. 궁전에 살 것이고 좋은 것은 모두 즐길 것이다. 그러므로 약간의 인내심만 있으면 된다. 성직자들은 사람들에게 인내를 가르쳐왔고 그들이 왜 가난한지를 알게 설명해주고 위로해주었다. 그리고 진실을 감춰왔다.

성전은 이제 모든 잘못된 일의 거점이 되었다. 예수는 성전에 갈 때마다 항상 그것을 느꼈다. 그는 그곳에서 일어나는 일들을 보았다. 그리고 왜 사람들이 깨닫지 못하고, 보지 못하는지 믿을 수가 없었다.

* 대답하여 가라사대 너희가 이 모든 것을 보지 못하느냐 내가 진실로 너

희에게 이르노니, 돌 하나도 돌 위에 남지 않고 다 무너뜨리우리라.

'이 성전은 무너져야 한다! 소위 말하는 종교라는 것은 파멸되어야 한다! 이 성직자들과 정치가들의 종교는 세상에서 완전히 제거되어야 한다!'

그는 화가 났다. 그런 분노를 붓다에게서는 발견하지 못한다. 그래서 붓다는 십자가형을 받지 않았다. 붓다는 말을 해도 아주 철학적으로 말한다. 무슨 말을 해도 목소리를 높여 화를 내며 말하지 않는다. 그는 매우 정중하다.

붓다의 메시지는 마치 클래식 음악과 같다. 조용하고, 아름답다. 하지만 그 안에 혁명이 없다. 예수의 메시지는 하나의 슬로건이다. 모든 위대한 혁명이 예수의 전통에서 나온 것은 결코 우연한 일이 아니다. 혁명은 동양이 아니라 서양에서 일어난다. 동양에는 혁명가가 없다. 동양에는 위대한 현자들은 있지만 혁명가는 없다. 모든 위대한 혁명과 위대한 혁명적인 아이디어는 모두 서양에서 나온다. 그리고 서양의 기초는 예수의 이데올로기다. 그가 현실에 접근하는 방식이다.

공산주의조차 기독교에서 나온다는 것을 알면 놀랄 것이다. 힌두교도 아니고, 자이나교도 아니고, 불교도 아니다. 공산주의 또한 기독교의 산물이다. 그들이 기독교에 아무리 반대한다고 해도 어쩔 수가 없다. 아들은 아버지를 반대할 수 있지만, 그렇다고 그가 더 이상 아들이 아닌 것은 아니다. 그는 계속 아들로 남는다. 마르크스, 프로이드, 크로포트킨Kropotkin, 1842~1921, 러시아 무정부주의자, 톨스토이, 러스킨Ruskin, 1819~1900, 영국 비평가, 소로Thoreau, 1817~1862, 미국 사상가, 이들 모두가 같은 씨앗에서, 삶에 대한 같은 접근방식에서 나온다. 그것이 예수의 접근법이다.

예수는 유대식 접근법의 파생물이다. 이것 또한 이해해야 한다.

유대의 선지자들 같은 사람은 인도나 중국에서는 존재한 적이 없었다. 인도에서는 세례 요한 같은 사람을 찾을 수가 없다. 그 위대한 유대의 선지자들은 모두 혁명으로 가득 차 있었다. 그들은 모두 뜨거웠다. 모두 타오르는 불이었다! 인도에는 예언자들이 존재한 적이 없었다. 성자들, 현자들은 있었지만 예언자들은 없었다. 누가 마하비라를 예언자라고 부른다면, 그것은 잘못된 것이다. 붓다를 예언자라고 부른다면, 그것은 말도 안 되는 소리다. 붓다는 예언자가 아니다. 그는 미래를 예언하지 않는다. 그는 어떤 혁명도 가져오지 않는다. 그는 새로운 의식, 그 자신의 의식을 가져온다. 가져오기는 하지만 소리치지 않는다. 성전을 태워야 한다고, 이 성전을 무너뜨려야 한다고, 단 한 개의 돌도 남겨놔서는 안된다고 말하지 않는다. 예수는 유대 예언자들의 자질을 갖고 있다. 그는 세례 요한의 제자였다. 세례 요한은 예수처럼 살해당했다. 참수 당했다.

그리고 유대 전통은 다른 혁명도 탄생시켰다. 마르크스가 유대인이고 프로이드가 유대인이다. 사회학이든, 경제학이든, 심리학이든, 물리학이든 혁명은 유대인으로부터 나온다. 알버트 아인슈타인도 유대인이다. 유대인의 의식에는 사람을 혁명적으로 만드는 요소가 있다. 예수, 마르크스, 프로이드, 이 세 사람을 제외한 인류의 역사를 생각해보라. 거기에 어떤 혁명도 없을 것이다. 사람들은 참을 것이다. 사람들은 고통을 감수할 것이다. 모든 것을 받아들일 것이다. 성직자들로부터 설명을 듣고 계속 질질 끌려갈 것이다. 이런 사실에 주목해야 한다. 그것이 예수에게 있는 독특한 것이기 때문이다.

* 내가 진실로 너희에게 말하노니
천지는 없어지겠으나 내 말은 없어지지 아니하리라.

그의 말은 그의 말이 아니다. 따라서 그 말은 없어지지 않을 것이다. 그의 말은 신의 말이기 때문이다. 그는 단지 도구, 매개체일 뿐이다. 그는 신이 말하고 싶어 하는 것을 말할 뿐이다. 신은 말할 입이 없지만 우리의 입을 이용한다. 신은 볼 눈이 없지만 우리의 눈을 이용한다. 그리고 신은 걸을 다리가 없지만 우리의 다리를 이용한다.

신은 예수를 매개체로 사용했다. 예수가 '천지는 없어지겠으나 내 말은 없어지지 아니하리라.' 라고 말하는 이유가 바로 그것이다. '이 성전은 무너질 것이다. 이 성전은 뿌리까지 파괴될 것이다. 이 성전은 성전의 정신에 반대되는 것을 하고 있기 때문이다. 이것은 더 이상 성전이 아니다. 더 이상 종교가 아니다.'

그러나 이런 일이 반복해서 일어난다. 이제 바티칸, 교황은 더 이상 종교적이 아니다. 그들은 예수가 떠났던 성전과 같은 상황에 있다. 다시 같은 일이 일어났다. 항상 그런 일이 일어난다! 성전은 조만간 강도들의 소굴이 된다. 순진한 사람들을 유인하기 때문이다. 그런 일이 일어나는 데에는 논리적인 필연성이 있다. 성전은 순진한 사람들을 유인한다. 일단 순진한 사람들이 오기 시작하면, 영리하고 교활한 사람들이 온다. 순진한 사람들이 있는 곳에는 언제나 착취할 가능성이 있기 때문이다.

예수는 순진한 사람들을 유인한다. 일단 순진한 사람들이 거기에 오면, 주변의 교활한 사람들이 그것을 보게 된다. 예수가 살아있을 때는 오지 못한다. 예수의 현존이 방어막이다. 그러나 일단 예수가 가버리면, 그 교활한 사람들이 파고들기 시작한다. 그들이 들어와 양들과 뒤섞이기 시작한다. 이들은 양의 거죽을 쓴 늑대다. 조만간 그들은 꼭대기에 올라간다. 교활하기 때문이다. 순진한 사람들은 정상에 오르는 것에 관심을 두지 않는다. 교활한 사람들만이 그런 일에 관심을 갖는다. 일단 그들이 정상에 오르면 그들은 성직자가 되고, 랍비가 되고, 샹카라차리아가 되고, 교황이 된다. 그런 뒤에는 모든 것을 지배하기 시작한다. 그리고 전체적인 성격이 변화한다.

성전은 예수가 살아있을 때만 성전이다. 일단 예수가 가버린 뒤에는 성전이 성전으로 남아있기가 매우 어렵다. 예수는 순진한 사람들을 모은다. 아주 많이 모은다. 그가 거기에 있는 동안 그들은 예수의 보호를 받지만, 일단 예수가 가버리면 늑대들이 오기 시작한다. 늑대는 양들은 많은데 양치기가 없을 때만을 노리기 때문이다. 이것이 그들에게는 기회다. 그들의 삶을 바꿀 수 있는 기회다.

이제 그와 똑같은 일이 바티칸에서 일어났고, 푸리Puri, 인도 북동부의 종교도시에서 일어났고, 카바Kaaba, 이슬람교 신전에서 일어났다. 똑같은 일이 태곳적부터 계속 일어나고 있다. 기억하라. 그와 똑같은 일이 여기에서도 일어날 수 있다. 아주 조심해야 할 것이다.

그러므로 나는 그대가 순진하기만을 바라지 않는다. 순진하라. 그러나 바보 같지는 말아라. 순진하라. 그러나 유치하지는 말아라. 순진하라. 그러나 그 순진함이 자각으로 빛나게 하라. 그러면 이런 일은 일어날 수 없다. 만일 뭔가 잘못되어 가면 그대의 자각이 그대를 깨울 것이다. 그렇지 않으면 이런 일이 일어날 것이다. 교활한 누군가가 그대를 조종할 것이다. 계속 경계하라. 성전은 만들어지고 또 만들어졌고 오염되고 또 오염되었다.

그런데 인간은 오랜 세월 동안 아주 많이 변했다. 어쩌면 지금은 가능할지도 모른다. 어쩌면 지금이 때가 되었을 수도 있다. 아이디어가 현실이 되는 때 말이다.

* 그러므로 깨어 있으라. 어느 날에 너희 주가 임할는지 너희가 알지 못함이니라.

예수는 성전에 가고, 의식을 행하고, 랍비와 경전을 찾아가는 일이 의미가 없다고 말한다. 그대가 해야 할 것은 주의를 기울이는 것이다.

* 그러므로 깨어 있으라. 어느 날에 너희 주가 임할는지 너희가 알지 못함이니라.

'이 성전은 무너질 것이다. 그 안에 들어가지 마라. 그렇지 않으면 그대 또한 깔릴 것이다. 거기에서 도망쳐라. 이미 그것은 무너지고 있다. 나는 그곳 무슨 일이 일어날 것인지 볼 수 있다. 그것의 영혼은 이미 떠났다. 성전의 돌들은 더 이상 서로 붙어있지 않다. 이것은 그저 접착제도 없이 돌 위에 돌이 얹어져 있는 것뿐이다. 종교는 이제 거기에 없다. 이 성전이 아직까지 서있는 것이 기적이다! 그것은 어느 순간에라도 무너질 것이다. 바람만 약간 불어도 무너질 수 있다.

비만 약간 내려도 무너질 수 있다. 조금이라도 구실만 있으면 무너질 수 있다. 거기에서 도망쳐라. 그리고 "깨어있음"을 그대의 성전으로 삼아라.'

* 그러므로 깨어 있으라. 어느 날에 너희 주가 임할는지 너희가 알지 못함이니라.

깨어있는 일은 하루 24 시간 동안 계속되어야 한다. 하루에 단 몇 분 주의하는 것만으로는 안 된다. 아침에 명상하고 잊어버리는 것은 도움이 되지 않는다. 신이 언제 그대의 문을 두드릴지 아무도 모르기 때문이다. 깨어있지 않으면 놓칠 것이다. 그를 알아보지 못할 것이다. 엄청난 자각 속에서만 신을 알아볼 수 있다.

* 너희도 아는 바니 만일 집 주인이 도적이 어느 경점에 올 줄을 알았더면 깨어있어 그 집을 뚫지 못하게 하였으리라

깨어있는 것에는 두 가지 목적이 있다. 하나는, 만일 그대가 깨어있지 않으면 신이 언제 와서 문을 두드리는지 알아차리지 못할 것이다. 그를 놓칠 것이다. 두 번째는, 만일 그대가 깨어있지 않으면, 도둑이 언제, 어떻게 들어올지 모를 것이다. 그것을 명확히 하기 위해 예수는 이렇게 말하고 있다. '성직자가 그대 안으로 들어오지 않도록 깨어있어라. 그는 도둑이다. 그리고 그리스도가 문을 두드릴 때, 그를 알아볼 수 있도록 깨어있어라.'

이 세상에는 한 명의 진정한 스승에 대해 아흔 아홉 명의 거짓 스승

이 있다. 깨어있지 않으면 그 아흔 아홉 명이 그대의 것을 도둑질할 것이다. 그리고 진정한 스승이 언제 올지는 전혀 알지 못한다. 그를 마주칠 수는 있지만, 매우 주의하고 있지 않으면 놓칠 것이다. 오직 깨어있음만이 그대와 진정한 스승의 다리가 될 수 있기 때문이다.

* 이러므로 너희도 예비하고 있으라.

그러므로 목적은 두 가지다. 첫 번째는 어떤 도둑도 그대를 도둑질하지 못하도록, 어느 누구도 그대를 이용해먹지 못하도록 준비해야 한다. 두 번째는 진정한 스승이 찾아올 때 그를 환영할 수 있도록, 그가 손님이 되고 그대가 주인이 될 수 있도록 준비해야 한다. 그대가 신을 맞이하는 주인이 되는 순간, 그대가 진정한 성전이 되는 것이다. 그것이 진정한 성전이다. 눈에 보이는 건물들이 아니다. 예수는 이렇게 말하고 있다.

* 충성되고 지혜 있는 종이 되어 주인에게 그 집 사람들을 맡아 때를 따라 양식을 나눠 줄 자가 누구뇨.

주인이 올 때에 그 종의 이렇게 하는 것을 보면 그 종이 복이 있으리로다.

신은 그대에게 어떤 목적을 주었다. 신은 그대에게 어떤 운명을 주었다. 신은 그대에게 여기 이 땅에서 할 어떤 일을 주었다. 그대가 그것을 깨닫지 못한다면, 그대는 가치 없는 존재가 될 것이다.

신은 그대에게 어떤 목적을 주었다. 그대가 그것을 전혀 인식하지 못할 수도 있다. 신은 그대를 통해서 뭔가를 성취하고 싶어 한다. 어쩌면 그는 그대가 그대 외에 다른 사람은 부르지 못하는 노래를 부르기를 원할지도 모른다. 어쩌면 그는 오직 그대를 통해서만 가능한 춤을 추기를 원할지도 모른다. 오직 그대를 통해서 신은 그 춤이 존재할 수 있게 한다. 오직 그대를 통해서만 신은 그 춤을 가질 수 있다. 다른 길은 없다. 그러나 모든 사람들이 씨앗을 갖고 이곳에 온다. 그것은 단지 하나의 씨앗일 뿐이다. 그리고 그 씨앗에서 어떤 꽃이 피어날지 그대는 볼 수 없다. 그러나 씨앗이 거기에 있고 꽃은 기다리고 있다.

그대가 꽃을 피우지 않는 한, 그대는 그대의 얼굴을 신에게, 그대의 스승에게 보여주지 못할 것이다. 오직 그것을 성취할 때, 꽃을 피울 때만 그대는 자신을 그에게 바칠 수 있다. 그의 발에 몸을 굽힐 수 있다.

* 주인이 올 때에 그 종의 이렇게 하는 것을 보면 그 종이 복이 있으리로다.

사람들이 다른 일을 하고 있다. 신이 와서 그대가 원래 보내진 그 일이 아닌 다른 일을 하고 있는 것을 볼 것이다! 그대에게 내재된 것을 하지 않고 다른 사람이 준 일을 하는 것, 이것이 유일한 죄다.

그대에게 올가미를 씌우는 사람들이 많이 있다. 그들을 피하라. 그대의 아버지가 그대에게 올가미를 씌우고 싶어 한다. 그는 그대가 이 나라의 수상이 되기를 원한다. 그대의 어머니도 그대에게 올가미를 씌우고 싶어 한다. 그녀는 그대가 훌륭한 의사나 이런저런 것이 되기를 원한다. 그리고 그대의 교사도 그대에게 올가미를 씌우고 있다. 그대의 친구들이나 그대의 사회도 마찬가지다. 모든 사람들이 그대에게 관심을 갖고 있다. 그대에게 올가미를 씌우는 일에 관심을 갖고 있다. 아무도 있는 그대로의 그대에게 관심을 갖고 있는 것 같지 않다.

있는 그대로의 그대에게 관심을 보이는 사람을 찾을 수 있다면, 그가 그대의 스승이다. 그것이 기준이다. 그것이 스승의 정의다. 그대에게 아무런 올가미도 씌우지 않는 사람, 그대가 될 수 있는 것이 무엇이든 그것이 될 수 있게 도움을 주는 일에만 관심을 갖는 사람. 그는 그대를 어떤 방향으로 몰고 가지 않는다. 단지 그대에게 양분을 주고 키워준다. 그래서 그대에게 자연스럽게 찾아오는 방향을 가질 수 있게 한다. 그는 그대를 가지치기 하지 않는다. 그는 그저 그대의 뿌리에 거름을 줄 뿐이다. 그대가 북쪽으로 자라고 싶든, 남쪽으로 자라고 싶든, 아니면 하늘 높이 올라가고 싶든, 아니면 짙은 숲이 되고 싶든, 그대가 되고 싶은 것이 무엇이든 그것이 될 수 있도록 도와준다. 스승은 단지 자비로운 현존이다. 영양분이다. 그는 그대에게 이것이 되라 저것이 되라 하고 끌고 가지 않는다. 단지 그대 안에 감춰져있는 것이 되게 도울 뿐이다.

* 내가 진실로 너희에게 이르노니 주인이 그 모든 소유를 저에게 맡기리라.

신이 그대 안에 심어놓은 신의 욕망을 그대가 충족시켰다면, 그대는, 그대의 존재는 변형될 것이다. 더 이상 하인이 아니라, 스스로가 주인이 될 것이다. 더 이상 거지가 아니라, 그대가 제왕이 될 것이다. 그러나 먼저 그대가 그렇게 할 수 있는 능력이 있다는 것을 증명해야 한다.

목표가 주어졌지만 그 목표는 깊은 무의식 속에 담겨있다. 그것을 찾아내야 한다. 그것을 파내야 한다. 그것을 발견해야 한다. 그것은 아무데서나 보이는 것이 아니다. 잘 보이지 않는다. 그리고 그것이 잘 보이지 않는다는 것은 아름다운 일이다. 그것은 그대를 탐험가로, 구도자로 만든다. 탐구할 만한 과제를 던져준다. 그렇지 않으면 삶은 아주 지루할 것이다. 따라서 신은 그대의 무의식 깊은 곳에 목적을 심어놓았다.

마치 우물을 파는 사람처럼 파야 할 것이다. 흙을 한층, 한층 벗겨내야 한다. 몇 날이 지나도 물이 있을 것 같은 기미가 보이지 않는다. 여러 번이나 지치고 힘이 빠져 좌절한다. 너무도 실망하여 여러 번이나 파는 것을 멈춘다. 그대는 이렇게 말한다. '아무 소용도 없는 것 같다. 헛된 일이다. 여기에 물이 없는 것 같다!' 영적인 여행을 하는 동안 이런 일이 여러 번 찾아올 것이다. 그러나 계속 파면, 어느 날 물이 있다는 첫 번째 표시가 나타날 것이다. 흙은 더 이상 말라있지 않고 젖어있다. 그 축축한 느낌, 그것이 사랑이다. 그대 내면의 존재 안에서 계속 파고 또 파면 흙이 젖는다. 사랑을 얻은 것이다. 이제 사랑이 흘러나오기 시작한다. 처음에는 흙탕물이다. 많은 것들이 섞여 있다. 그러나 계속 파들어 가면 흙은 점점 줄어들고 더 많은 물이 흘러나올 것이다. 또 계속 파들어 가면 그때는 흙은 사라지고 맑은 물이 흘러나올 것이다. 또 계속 파들어 가면 이제 근원에, 샘에 도달한다. 이제는 마음껏 물을 마실 수 있다. 그 샘은 결코 마르지 않는다. 이제는 나눠줄 수 있다. 그리고 더 많이 나눠주면 줄수록 더 많이 얻을 것이다.

예수는 말한다. "가진 자는 더 많이 얻을 것이고, 갖지 않은 자는 가진 것도 빼앗길 것이다." 그러므로 더 많이 가질 수 있도록 계속 파들어 가라. 더 많이 가질수록 더 많은 샘이 그대 안에서 물을 쏟아낼 것이다. 더 적게 가지면, 이미 갖고 있는 것조차 빼앗길 것이다.

* 만일 그 악한 종이 마음에 생각하기를 주인이 더디 오리라 하여
동무들을 때리며 술친구들로 더불어 먹고 마시게 되면

생각지 않은 날 알지 못하는 시간에

그러나 서두를 것이 없다고 생각한다면, 이 세상 모든 사람들이 그렇게 생각한다. : 서두를 것 없다. 좀 두고 보자. 지금 당장은 더 많은 돈, 더 많은 섹스, 더 많은 집, 더 많은 차를 갖자. 지금 당장은 세상에 빠져있자! 내일이나 모레엔 신을 생각할 것이다. 명상과 기도를 생각할 것이다. 서두를 것이 뭐가 있는가?

나이가 아수 많은 사람들조차도 나에게 와서는 이렇게 말한다. "좋습니다. 명상에 들어가고 싶습니다. 그런데 아직 때가 안 되었습니다." 나이 든 사람들도 아직 충분히 나이를 먹지 않았다고 생각한다. 아무도 자기가 죽어가고 있다는 생각을 하지 않는다. 그것이 인간들의 마음에 있어서 가장 특이한 점이다. 죽음은 절대적으로 확실한 일이다. 모든 사람들이 죽을 것이다. 죽음에는 어떤 예외도 없다. 그러

므로 시간의 문제일 뿐이다. 오늘 아니면 내일, 아니면 모레, 결국 모두가 죽을 것이다. 그리고 사람들은 아직도 자기들의 죽음이 아주 멀리, 아주아주 멀리 떨어져있다고 생각한다. 그리고 아직도 빈둥거릴 만큼 충분한 시간이 있다고 생각한다. 충분히 빈둥거리고 난 다음에 명상하겠다고 한다. 그러나 그런 날은 절대로 오지 않는다. 임종을 앞두고도 여전히 오랜 습관을 버리지 않는다.

한 유대인이 죽어가고 있었다. 그가 눈을 뜨고 이렇게 말했다. "장남아, 어디 있니?"

옆에 앉아있던 아내가 말했다. "걱정하지 마세요. 왼쪽에 앉아있어요. 조용히 하시고 안정을 취하세요. 그리고 신을 생각하세요. 의사가 오늘 밤을 넘기지 못할 거라고 말했어요."

그가 말했다. "의사 얘기는 그만 둬! 둘째는 어디 있어?"

아내가 말했다. "침대 끝 쪽에 앉아있어요."

"그럼 막내는 어디 있어?"

"내 옆에 앉아있어요."

그러자 그가 일어나 앉으면서 말했다. "그러면 가게는 누가 보는 거야?"

죽어가는 사람이다. 그런데 '아들 셋이 다 여기에 있다고?' 그의 마음은 아직도 가게에 가 있다.

이 사람에 대해서 또 다른 이야기를 들은 적이 있다.

그가 어렸을 때, 학교에 다닐 적 이야기다. 선생이 학생들에게 물었다. "천 파운드에 일 퍼센트 이자를 오 년간 하면 이자가 총 얼마가 되지요?"

다른 학생들이 열심히 계산하기 시작했다. 그런데 이 아이 매니 코헨은 아무 것도 하지 않고 앉아있었다. 선생이 물었다. "매니, 왜 그러니? 왜 아무 것도 하지 않니?"

그가 말했다. "저는 일 퍼센트 이자에는 관심이 없어요."

이 이야기가 시작이었고 아까의 이야기가 마지막이다. 그 둘 사이에 똑같은 일이 있었다. 사람들은 바보처럼 시작한다. 그것은 괜찮은 일이다. 이해할 수 있다. 어떻게 처음부터 현명할 수 있겠는가? 그러나 사람들은 끝도 바보처럼 끝낸다. 이것은 이해할 수 없는 일이다. 그리고 마음의 기본적인 속임수는 이렇다. 주인이 늦게 올 것이다. '신이 온다는 것은 사실이다. 그러나 오늘은 아니다. 그러니 오늘은 즐겨도 좋다. 그는 내일 올 것이다. 그러면 그때 두고 보면 된다.' 그런 다음에는 모레, 글피, 그리고 계속 연기한다.

연기는 신을 피하려는, 반역을 피하려는, 근본적인 것을 피하려는 마음의 속임수다.

절대로 뒤로 미루지 말라. 미루고 싶다면 잘못된 것을 미뤄라. 화를 내일로 미뤄라. 그러나 명상은 내일로 미루지 마라. 증오를 내일로 미뤄라. 그러나 사랑을 내일로 미루지 마라. 그런데 사람들은 정반대로 한다. 그들은 지금 당장 화를 낸다. 누군가로부터 모욕을 받으면 이렇게 말하지 않는다. "좋아, 생각해보지. 그리고 이번 주말에 다시 와서 당신이 말한 것에 대해 내가 생각한 것을 말해주겠어." 대신에 즉시 그에게 달려들어 주먹을 날린다. 단 한 순간의 틈도 주지 않는다.

누군가 그대를 사랑하여 손을 내밀어 그대를 환영하면 그대는 움츠러든다. 그대는 말한다. "생각해볼게요. 나에게 생각할 여유를 주세요." 그리고는 그 일에 대해서 심사숙고할 것이다. 이 올가미에 빠져들어서는 안 되는 이유 수천, 수만 가지를 발견할 것이다. '이 사람이 이러는 이유가 뭐지? 왜 나를 안으려고 하지? 소매치기인가? 누가 아무런 동기도 없이 사랑을 하겠어? 틀림없이 무슨 동기가 있을 거야. 나를 다른 어떤 일에 이용하고 싶어 하는 것이 틀림없어.' 사랑이 다가올 때, 그대는 움츠린다. 그러나 화가 일어나면, 그 화에 꽉 달라붙는다.

이런 태도를 모두 바꿔라. 좋은 것을 미루지 마라. 좋은 것은 신에게 속하기 때문이다. 나쁜 것을 미뤄라. 나쁜 것은 그대를 신으로부터 멀리 떨어지게 하기 때문이다.

＊ 만일 그 악한 종이 마음에 생각하기를 주인이 더디 오리라 하여

동무들을 때리며 술친구들로 더불어 먹고 마시게 되면
생각지 않은 날 알지 못하는 시간에 그 종의 주인이 이르러

신은 항상 그대가 알아차리지 못할 때 온다. 신은 항상 놀라움으로 다가온다. 신은 항상 갑자기, 느닷없이 찾아온다. 신은 인과의 연결고리로 오지 않는다. 그는 예상을 뒤엎고 찾아온다. 갑자기 그가 거기에 있다. 그가 그대를 완전히 둘러싼다.

따라서 주의하지 않으면 – 순간에서 순간으로 주의하고 있어라 – 놓칠 것이다. 신은 이미 여러 번 그대에게 왔었지만 그대가 주의하지 않아 놓쳤을지도 모른다.

사실, 그런 식이다. 나는 신이 그대를 여러 번 찾아왔다는 것을 안다. 나는 신이 그대들을 둘러싸고 있는 것을 보았다. 그런데 그대는 완전히 모르고 있다. 신은 바로 그대 옆에 있다. 그대를 받아들일 준비가 되어있다. 그러나 그대가 거기에 없다. 그대는 부재 상태이다. 신은 구름처럼 그대를 둘러싼다. 그런데 그대가 거기에 없다. 그저 빈껍데기만 있을 뿐이다. 그러니 어떤 만남도 불가능하다. 그대는 결코 집에 있지 않다. 결코 깨어있지 않기 때문이다! 그대는 다른 곳에 가 있다. 몸은 여기에 있지만 마음은 다른 곳에 가 있다.

몸과 마음이 함께 있어라. 그대의 존재 전체가 순간 속에 있어라. 그것이 바로 자각이다. 지금 여기에 현존하는 것.

* 엄히 때리고 외식하는 자의 받는 율에 처하리니 거기서 슬피 울며 이를 갊이 있으리라.

그렇다. 거기에 불행이 있다. 거기에 슬픔이 있을 것이다. 그대는 불행 속에 살고 있고 불행 속에서 계속 살 것이다. 신은 커다란 기쁨이다. 그 이외에 다른 기쁨은 없다. 신 안에 살지 않는 한, 그대는 불행 속에서 사는 것이다.

* 거기서 슬피 울며 이를 갊이 있으리라.

그리고 신을 마주 보고 있는 그대의 존재 전체는 위선자의 존재일 것이다. 그대는 거짓된 것, 가짜일 것이다. 그대는 자신의 인격에 너무도 익숙해져서 그 인격을 그대로 신 앞에 가져올 것이다.

신은 그대가 알몸일 때, 완전히 알몸일 때, 아무 것도 가릴 것이 없고, 아무런 비밀이 없을 때, 그대가 그저 열려있음 그 자체일 때만 만날 수 있다. 그 열림 속에서 오직 한 가지 맛, 자각과 현존의 맛, 그것만 있을 때 만날 수 있다. 예수의 메시지 전체는 바로 그 자각의 맛에 대한 것이다.

요/한/복/음 14장

1. 너희는 마음에 근심하지 말라, 하나님을 믿으니 또 나를 믿으라.
2. 내 아버지 집에 거할 곳이 많도다. 그렇지 않으면 너희에게 일렀으리라. 내가 너희를 위하여 처소를 예비하러 가노니
3. 가서 너희를 위하여 처소를 예비하면 내가 다시 와서 너희를 내게로 영접하여 나 있는 곳에 너희도 있게 하리라.
4. 내가 가는 곳에 그 길을 너희가 알리라.
5. 도마가 가로되 주여 어디로 가시는지 우리가 알지 못하거늘 그 길을 어찌 알겠삽나이까.
6. 예수께서 가라사대 내가 곧 길이요 진리요 생명이니 나로 말미암지 않고는 아버지께로 올 자가 없느니라.
7. 너희가 나를 알았더면 내 아버지도 알았으리로다. 이제부터는 너희가 그를 알았고 또 보았느니라.

18. 내가 너희를 고아와 같이 버려두지 아니하고 너희에게로 오리라.
19. 조금 있으면 세상은 다시 나를 보지 못할 터이로되 너희는 나를 보리니 이는 내가 살았고 너희도 살겠음이라.
20. 그 날에는 내가 아버지 안에 너희가 내 안에 내가 너희 안에 있는 것을 너희가 알리라.

27. 평안을 너희에게 끼치노니 곧 나의 평안을 너희에게 주노라. 내가 너희에게 주는 것은 세상이 주는 것 같지 아니하니라. 너희는 마음에 근심도 말고 두려워하지도 말라.
28. 내가 갔다가 너희에게로 온다 하는 말을 너희가 들었나니 나를 사랑하였더면 나의 아버지께로 감을 기뻐하였으리라. 아버지는 나보다 크심이니라.

10장

다시 태어나지 않으면
신의 왕국에
도달할 수 없으니

인간의 진화는 순수innocence에서 출발하여 순수로 향한다.

첫 번째 순수는 무지하다. 두 번째 순수는 총명하다. 첫 번째 순수는 일종의 잠이고, 두 번째 순수는 자각이다. 첫 번째 순수는 신의 선물이고, 두 번째 순수는 인간 스스로의 노력이다. 스스로 해낸 것이다. 첫 번째 순수는 잃어버릴 수 있으나, 두 번째 순수는 잃어버릴 수 없다. 첫 번째는 없어져야 한다. 본질적으로 그것은 영원할 수 없다. 그러나 두 번째는 일단 오게 되면 영원히 머문다. 그것은 영원하다.

기억하라! 그대가 의식적으로 얻은 것은 무엇이나, 오직 그것만을 소유할 수 있다. 오직 그것뿐이다. 그대에게 주어진 것, 그리고 무의식적으로 받아들인 것은 무엇이든 빼앗길 것이다. 그대가 추구한 것만이 진정으로 그대에게 일어난다. 그대가 그대 존재 안에 창조한 것만이 그대의 것이다. 그대는 그것의 주인이 되는 것이다.

첫 번째 순수를 기독교의 용어로는 아담이라고 부른다. 그리고 두 번째 순수는 그리스도라고 부른다. 예수는 바로 그 둘 사이에 있다. 예수는 첫 번째 순수와 두 번째 순수 사이의 다리이다. 힌두교에서는 두 번째 순수를 '재생'이라고 부른다. 두 번 태어나는 것이다. 예수도 그 당시 유명한 신학자였던 니고데모에게 그렇게 말했다. : 다시 태어나지 않는 한, 그대는 신의 왕국에 도달할 수 없다.

다시 태어나지 않는 한…….

첫 번째 탄생은 일어난 일이다. 그리고 두 번째 탄생은 일어나야 한다. 첫 번째는 그대가 아무 일도 하지 않은 상태에서 일어났지만, 두 번째는 그대의 협조 없이는 일어날 수 없다. 첫 번째 탄생은 거의 우연한 사고와 같았다. 그대가 모르는 사이에 일어났다. 두 번째 탄생은 무한한 의식 속에서만 있을 수 있다. 깨어있지 않은 상태에서는 일어날 수 없다. 오직 깊은 명상 속에서만 일어날 수 있다.

예수는 아담과 그리스도 사이의 다리다. 동정녀 탄생 이야기가 은유적인 의미를 갖고 있는 이유가 여기에 있다. 예수는 순수하게 태어난다. 모든 사람들이 순수하게 태어난다. 그 외에는 다른 길이 없다. 모든 아이들은 순수하게 태어난다. 그러나 얼마 지나지 않아 그 순수성을 잃어버린다. 아이가 똑똑하면 할수록 순수성은 더 일찍 잃어버린다. 아이가 어리숙하고 지능이 떨어진다면, 그때는 좀 더 오래 그 상태를 유지할 수도 있다. 어쩌면 아예 잃어버리지 않을 수도 있다.

그러나 똑똑하다면, 그것으로부터 멀리 떨어져 나가기 시작한다. 세상을 탐구하기 시작한다. 세상 속으로, 미지의 세계 속으로 모험을 떠난다. 방랑자가 된다. 그리고 더 똑똑하다면, 군중들을 따르지 않을 가능성이 높으면, 그대 자신의 길을 찾게 된다. 그대만의 일을 하고 싶어 한다. 고속도로로 가지 않고 정글 속으로, 좁은 길로 간다. 지성은 모험을 좋아하기 때문이다. 지성은 과감해지기를 원한다. 알려지지 않고 위험한 곳으로 들어가고 싶어 한다. 지성이 정상에 오르는 것은 오직 위험 속에서만 가능하기 때문이다. 지성이 결정체가 되는 것은 그대가 과감할 때뿐이다. 그대가 그대로서 존재하는 것은 모험할 때뿐이다. 더 많이 모험할수록 그대는 더 그대 자신이 된다. 모험은 존재를 가져온다. 전혀 모험하지 않는 사람은 존재가 없는 상태로 머문다.

구제프는 모든 사람이 영혼을 가진 것은 아니라고 말하곤 했다. 위험을 감수한 적이 없는데 어떻게 영혼을 가질 수 있겠는가? 영혼은 오직 과감한 용기를 통해서 온다. 영혼을 얻는 유일한 방법은 위험 속으로 들어가는 것, 모든 것을 걸고 도박사가 되는 것, 미지의 어둠 속으로 들어가는 것이다.

첫 번째 순수는 사라지게 되어있다. 또 사라져야만 한다. 그것이 사라진다는 것은 좋은 일이다. 만일 그것이 지속된다면, 그대는 진정한 사람이 되지 않을 것이다. 채소나 소, 또는 들소가 될 것이다. 그대는 사람이 아닐 것이다. 바로 거기에서 인간은 자연 전체와 차이가 난다. 자연은 첫 번째 순수 속에서 살고 있다. 오직 인간만이 그것을 잃을 능력이 있다. 그것이 인간의 위대한 우수성이다. 그것이 영광이다. 오직 인간만이 죄를 지을 수 있다. 다른 동물들은 죄를 저지를 수 없다. 우리는 개를 죄인이라고 부를 수 없다. 사자를 죄인이라고 부를 수 없다. 나무를 죄인이라고 부를 수 없다. 오직 인간만이 죄를 지을 수 있다. 그리고 그것 때문에 오직 인간만이 죄를 넘어설 수 있다. 오직 인간만이 타락할 수 있다. 그것은 오직 인간만이 집으로 돌아올 수 있다는 뜻이다. 인간을 제외한 모든 동물들, 새들과 나무들은 아직도 에덴동산에 존재한다. 그들은 그곳을 떠난 적이 없다. 자연이 그렇게 아름답고, 평화롭고, 고요한 이유가 바로 그것이다.

히말라야는 아직도 에덴동산에 있다. 그대의 정원에 있는 장미 덤불도 마찬가지다. 매일 아침 찾아와 그대 주위를 맴돌며 노래를 부르는 새들도 그렇다. 자연은 아직도 그곳에 있다. 집을 떠난 적이 없다. 타락한 적이 없다. 신에 대항에서 어떤 일도 저지른 적이 없다. 신의 명령에 복종하지 않은 적이 없다. 감히 모험을 한 적도 없다. 자연은 첫 번째 탄생에 완전히 만족하고 있다.

첫 번째 탄생에 만족하는 것은 무의식으로 남는 것이다. 그대가 의식적이 될 수 있는 것은 오직 죄를 통해서만 가능하다. 의식이 일어나는 것은 잘못된 길을 감으로써만 가능하다. 이것을 이해해야 한다. 그러므로 잘못된 길을 가는 것은 정말로 잘못된 길을 가는 것이 아니다. 오직 그것을 통해서만 의식이 일어나기 때문이다. 모든 것을 잃어버려야 한다. 신을 잃고, 천국을 잃고, 모든 것을 잃어버리는 지점에 와야 한다. 낙원을 믿지 못하고, 순수라는 것이 가능하다는 것을 믿지 못하는 지점에 와야 한다. 바로 그 좌절과 고뇌와 불안의 최고 정점에서만 180도의 전환이 가능해진다.

아담은 완벽하게 편안하다. 그리스도도 그렇다. 문제는 예수다. 예수는 괴롭다. 선에서 다음과 같이 말할 때, 그것은 옳은 말이다. '명상을 전혀 들어보지 못한 사람들에게 산은 산이고 강은 강이다.' 그는 행복하다. 일종의 자연스런 상태에 있다. 아무런 걱정도 없다. 왜냐하면 아직 신에게 도전하지 않았기 때문이다. 그에게는 미래의 목표가 없다. 아무런 목적지가 없다. 그는 먹고, 마시고, 행복해한다. 최초의 쾌락주의다. '먹고, 마시고, 즐겨라.' 그는 육체 속에서 산다. 그는 육체다. 그는 그 이상에 대해서는 아무 것도 모른다. 몸에 관해서는 어떤 평화와 건강의 기운이 그를 감싸고 있다. 아이들 주변에는 항상 행복이 있다는 것을 볼 수 있다. 아이는 일종의 첫 번째 쾌락주의자다. 아이는 오직 먹고 마시고 즐거워하는 것만 믿는다. 단지 순간에서만 산다. 순간에 완전히 빠져있다. 걱정도 구름도 없다. 그의 하늘은 맑기만 하다.

명상이나 깨달음, 열반이나 신에 대해 아무 것도 들어본 적이 없는 사람들, 이 거대한 문제에 대해 한 번도 깊이 생각해본 적이 없는 사람들에게는 모든 것이 명백하다. 그들은 혼란스러워 하지 않는다. '산은 산이고, 강은 강이다.' 그러나 일단 명상에 관심을 갖게 될 때, 영혼과 성장, 저 편에 있는 차원, 다른 실재에 관심을 갖게 될 때, 문제가 수천수만 가지로 끓어오른다. 문제가 떼를 지어 몰려온다. 이제 산은 더 이상 산이 아니고, 강은 더 이상 강이 아니다. 모든 것이 혼란스럽고, 모든 것이 뒤죽박죽이다. 카오스로 빠져든다. 과거의 우주, 과거의 순수성은 그저 조각조각 흩어져버린다. 흔적조차 남지 않는다.

이것이 기독교에서 아담이 에덴동산에서 추방된다는 우화의 의미이다. 아담은 더 높은 것에 관심을 갖게 되었다. 뭔가를 아는 것에 더 관심을 갖게 되었다. 그는 지식나무의 열매선악과를 먹고 의식이 깨어나기 시작했다. 이 실재가 무엇인지를 이해하려고 노력하기 시작했다. 그가 앎을 추구하자 갑자기 에덴동산의 문이 닫힌다. 갑자기 그는 자신이 에덴동산 밖에 있는 것을 발견한다. 그리고 돌아가는 길을 알지 못한다. 그는 멀리, 저 멀리 떠나야 한다.

이것이 바로 선에서 말하는 '산은 더 이상 산이 아니고, 강은 더 이상 강이 아니다.' 의 뜻이다. 이제 인간은 기나긴 여행을 떠나야 한다. 여행은 지루하고 슬픔과 악몽으로 가득 차 있다. 그것은 오아시스를 단지 꿈에서나 볼 수 있는 사막을 떠도는 일이다. 오아시스는 존재하지 않는다. 그리고 아주 오랜 여행 끝에 - 그 여행은 아주 여러 생을 지속할 수도 있다. - 그는 돌아올 수 있다. 이번에는 돌아오는 것이 완전히 다른 의미를 갖고 있다. 이제는 깨어있는 의식으로 돌아온다. 다시 순수해지지만 이 순수함은 더 이상 무지하지 않다. 빛이 난다. 빛으로 가득 차 있다. 예수가 그리스도로 변형되는 것이다.

아담은 자신이 에덴동산의 밖에 서 있는 것을 발견하다. 예수는 세상 속에서 방황한다. 그리고 그리스도는 어느 날 갑자기 자기가 에덴동산으로 돌아온 것을 발견한다.

아담, 예수, 그리스도, 이 셋이 인간의식의 세 단계이다. 아담은 완전히 무의식적이다. 예수는 반은 의식적이고 반은 무의식적이다. 따라서 갈등과 혼란과 분리와 긴장이 있다. 그리고 그리스도는 절대적인 의식이다.

경전에 들어가기에 앞서 이것을 이해해야 한다. 이 경전의 내용은 예수의 마지막 밤에 관련된 것이기 때문이다. 여기에 제자들에게 주는 이별의 메시지가 있다. 그가 제자들을 떠나고 있다. 세상을 벗어나 신에게로 들어갈 것이다. 세상에서 죽고, 신 안에서 재탄생할 것이다. 다시 태어날 것이다. 십자가형 이후의 부활이다. 그리고 부활은 오직 십자가형 이후에만 가능하다.

아담은 신의 세상에서 죽어 이 세상으로 태어난다. 그리스도는 이 세상에서 죽어 신 안으로 다시 태어난다. 그리고 예수는 분리된 상태로, 분열된 상태로 교착되어 있다. 일부는 알고 일부는 알지 못한다. 일부는 이해하고 일부는 이해하지 못한다. 예수 의식은 구름처럼 흐릿하다. 아담은 명확하지만 잠들어있다. 예수는 절반은 깨어있다. 눈은 꿈으로 가득 채워져 있다. 그렇다. 그는 절반은 깨어있기 때문에 약간은 볼 수 있다. 마치 이른 아침에 절반은 깨어나고 절반은 아직 잠들어 있는 것과 같다. 우유배달부가 문을 두드리는 소리와 아이들이 학교에 갈 준비를 하는 소리, 그리고 이웃의 라디오 소리를 들을 수 있다. 그러나 아직 완전히 깨어나지는 않았다. 이런 것들이 잔물결처럼 그대 안으로 들어온다. 듣기는 하지만 아직 듣지 못한다. 그대는 잠과 각성 사이에서 계속 왔다갔다 하고 있다. 때로는 뭔가를 듣지만 다시 잠속으로 빠진다. 무슨 일이 일어나는지 생각해내지 못한다. 그런 다음 완전히 깨어난다.

아담은 신의 세계에서 죽어 세상 속에서 태어난다. 예수는 세상 안에서 산다. 그리스도는 세상에서 죽어 신 안에서 다시 태어난다. 그리고 이 경전은 그의 마지막 밤, 제자들에게 이별의 메시지를 주는 이야기다.

경전에 들어가기 전에 도움이 될 만한 몇 가지를 더 이야기해보자.

떼이야르 드 샤르뎅Teilhard de Chardin은 '의식의 진화는 세 단계를 거친다' 고 믿는다. 샤르뎅은 금세기의 가장 중요한 기독교 사상가 중의 한명이다. 그러나 아직도 그는 기독교에 제한되어 있다. 그는 기독교의 영역을 넘어 더 높이 올라가지 못한다. 다음은 그가 말하는 세 단계이다. 일반적으로 의식은 단순하고 순수하다. 그 이후에 세 단계가 있다. 첫째로 복합성complexity이다. 그는 이렇게 말한다. '의식은 복합성을 통해서 성장한다.'

맞는 말이다. 원래의 마음은 완전히 단순하다. 그 맛은 하나다. 이중성이 없다. 이중성이 없기 때문에 대화나 논쟁의 가능성이 전혀 없다. 그리고 대화나 논쟁의 가능성이 없기 때문에 이해의 가능성도 없다. 사람은 갈등과 마찰을 통해서 진화한다. 그래서 인간은 하나로부터 두 개가 된다. 하나로부터 이중성이 나온다. 이중성에서 삼중성이, 그리고 삼중성에서 다중성이 나온다. 그렇게 인간은 계속 성장한다.

인간의 의식은 원래의 상태에서는 하나다. 그런데 그것이 다수가 된다. 그리고 다수로부터 성장이 나온다. 그것이 성장에 대한 헤겔과 마르크스의 개념이다. 헤겔은 그것을 '변증법적 과정' 이라고 부른다. 정립명제가 반명제를 낳고, 반명제와 정립명제가 합쳐져 종합이 된다. 그리고 그 종합된 것이 정립명제가 되고 또다시 반명제를 만든다. 이런 식으로 계속 진행된다.

의식이 단일화되면 성장할 수 없다. 자신 안에서 갈등을 만들어내야 한다. 갈등이 있으면 에너지가 만들어진다. 갈등이 에너지를 만들어내고, 마찰이 에너지를 만들어낸다. 돌 두 개를 서로 맞부딪치면 불이 붙는다. 마른 나무 두 개를 마찰하면 불이 만들어진다. 손바닥을 비비면 전기가 만들어진다. 모든 에너지는 마찰을 통해서 만들어진다. 그러므로 원래의 인간 의식은 분리되어야 하고, 분열되어야 하고, 두 개가 되어야 한다. 그리고 마음이 더 진화된 사람은 더 많은 조각을 갖게 될 것이다. 따라서 사상가는 거의 군중과 같다. 그는 하나가 아니다. 둘도 아니고, 셋도 아니다. 그는 다수이다.

두 번째 단계를 샤르뎅은 '집중concentration'이라고 부른다. 통합체가 없어지고 인간이 다수가 되면, 거기에 혼돈이 일어나고 자신의 정체성을 잃는다. 사람은 자기가 누구인지 모른다. 그때 이 모든 조각들을 한 곳에 붙들어놓기 위해 정체성이 필요해진다. 자아가 필요해진다. 에고가 필요해진다. 그렇지 않으면 그것들은 떨어져 나가 그대는 생존할 수 없을 것이다. 따라서 에고가 나온다.

에고는 그대 내면에서 일종의 통합을 만들어내려는 노력이다. 자연 그대로의 통합체는 잃어버렸기 때문에 이제 그대는 자연스럽지 않은, 인공적인 통합체를 만들어야 한다. 에고는 인조 자아다. 만들어진 자아, 관리된 자아다. 그대 존재의 한 부분은 주인이 되어 다른 부분을 강압하여 노예로 만든다. 그대 안에 일종의 정부가 만들어진다.

복합성은 에너지를 만들어낸다. 집중은 그 에너지를 사용할 가능성을 만들어낸다. 그렇지 않다면 에너지는 아무 쓸모가 없게 된다. 에너지가 거기에 있게 될 것이고, 그 에너지가 그대를 죽일 것이다. 에너지는 너무 많아서 너무도 여러 방향으로 퍼져나갈 것이다. 그 모든 방향이 한 방향으로 집중되어야 한다. 에너지 전체가 하나로 모여져야 한다. 이것이 샤르뎅이 말한 '집중'이다. 중심의 주변에 통합되는 것이다. 자아가 태어나고, 에고가 태어나고, 규율이 만들어진다.

세 번째를 샤르뎅은 '방향direction'이라고 부른다. 일단 에고가 만들어지면, 자아라는 일종의 통합체를 갖게 되면 - 비록 인공적이지만 아직 통합체이다 - 그때 목표가 만들어진다. 그대는 화살이 될 수 있다. 미래에 어떤 목표를 가질 수 있다.

샤르뎅은 이 세 가지의 단계가 인간의 의식을 설명하기에 충분하다고 생각한다. 그러나 그렇지 않다. 그 세 단계는 중요하기는 하지만 완전하지는 않다.

힌두교의 삶에 대한 시각이 훨씬 더 완전하다. 샤르뎅의 시각은 직선적이다. 통합체, 그런 다음 복합성, 그런 다음 집중, 그런 다음 방향이다. 그리고 그 방향은 계속 진행한다. 화살이 계속 앞으로 나아간다. 그러나 거기에 끝이 없다. 이것이 직선적이다. 화살이 무한을 향해 계속 전진한다. 다시 돌아오지 않는다. 이는 사실이 아니다. 논리적이지만 자연스럽지 않다.

힌두교의 사각은 원형이다. 힌두교인들은 모든 것이 선이 아닌 원으로 움직인다고 말한다. 자연은 원으로 움직인다. 계절이 원으로 움직이고, 별들이 원으로 움직이며, 인간의 삶이 원으로 움직인다. 자연스런 모든 것들이 원으로 움직인다. 원이 자연의 길이다. 선은 단지 마음의 개념일 뿐이다. 선은 자연 안에 존재하지 않는다. 비유클리드 기하학을 알고 있다면 이해할 것이다.

유클리드는 선에 기초를 둔다. 비유클리드 기하학은 실존에는 선 같은 것이 존재하지 않는다고 말한다. 선 또한 더 큰 원의 일부일 뿐이다. 어떤 선도 똑바르지 않다. 어떤 선도 똑바를 수 없다. 그대는 직선을 그릴 수 없다. 직선을 그린다고 해도 그것은 그대가 원형의 지구 위에 앉아 직선을 그리고 있다는 것을 의미할 뿐이다. 선을 양쪽 끝에서부터 그려 나가보라. 계속 그리다 보면 어느 날엔가는 그 선이 지구 위를 돌아 원이 되는 것을 발견할 것이다. 따라서 그 작은 직선은 커다란 원의 일부일 뿐이다.

힌두교에서는 원을 말한다. 내 입장에서 본다면 힌두교의 개념이 기독교의 직선적 진화의 개념보다 훨씬 더 옳다. 그러나 아직도 나의 의견은 그 둘과는 약간 다르다. 나의 의견은 나선형이다. 선형도 아니고 원형도 아니다. 진화는 나선형이다. 그런 식으로 양자가 서로 합쳐진다. 나선형에서 진화는 마치 선 안에서 움직이듯이 움직인다. 그것은 결코 다시는 같은 지점에 정확히 돌아오지 않기 때문이다.

그리스도는 결코 다시 아담이 되지 않는다. 아담은 무지하고 순수했지만 그리스도는 순수하면서도 완전히 깨어있기 때문이다. 그는 결코 아담으로, 아담으로 정확하게 돌아가지 않는다. 그러므로 힌두교의 개념은 뭔가를 빠뜨리고 있다. 그러나 다른 의미에서 보면 그는 다시 아담이 된다. 순수성이 같기 때문이다. 다른 것은 이제 완전히 깨어있다는 것이다. 아담은 깨어있지 않았고 잠들어 있었지만, 이제 그리스도는 깨어있다. 어떤 의미에서는 그리스도는 다시 아담이 되었다. 똑같은 순수성이기 때문이다. 따라서 힌두교인들이 옳다. 그리고 또 다른 의미에서는 그리스도는 결코 다시 아담이 되지 않는다. 왜냐하면 그 순수성은 빛이 나는 순수성이기 때문이다. 그런 의미에서 보면 기독교인들이 옳다. 그러나 단지 절반만 옳을 뿐이다.

완전한 진리에 대한 시각을 갖는 것을 나는 '나선형 진화'라고 부르고 싶다. 그것은 원래의 지점으로 돌아오지만 같은 차원이 아니라 높은 차원으로 돌아온다. 다시 돌아오지만 항상 더 높은 차원으로 돌아온다. 산에서 트래킹을 해본 적이 있다면 내가 무엇을 뜻하는지 알 것이다. 그대는 길을 따라 걸어간다. 그 길은 산을 끼고 돌아 올라간다. 다시 그대는 같은 지점에, 같은 바위에, 같은 골짜기에, 같은 나무에 도착하지만 약간 더 높은 곳에 있다. 그것이 나선형이다.

그것이 나선형이 되려면 거기에 세 가지의 단계를 더 추가해야 한다. 샤르뎅이 말하는 복합성, 집중, 방향에 세 단계를 더 추가해야 한다. 첫 번째는 '자각'과 '명상'이다. 집중은 단지 시작일 뿐이다. 집중은 이완되지 않고 긴장되어 있다. 사람은 하루 24시간 동안 집중할 수 없다. 그러면 미쳐버릴 것이다. 따라서 집중은 결코 자연스러울 수 없다. 그러나 명상은 하루 24시간 동안 할 수 있다. 사람은 명상 속에서 살 수 있다. 그것은 자연스러울 수 있다. 마치 숨을 쉬는 것처럼 될 수 있다. 이완할 수 있다.

집중은 집결된 의식이지만 명상은 깨어있는 의식일 뿐이다. 예를 들어, 그대는 내 말을 집중하면서 들을 수 있다. 그것은 그대를 피곤하게 만들 것이다. 그대의 에너지를 소진시킬 것이다. 단 한 마디도 놓치지 않으려고 아주아주 긴장하면서 듣는다면, 그것은 피곤한 일이 될 것이다. 그러나 그대는 내 말을 명상적인 방법으로도 들을 수 있다. 마음을 열고 이완한 채로 있는 것을 의미한다. 그것이 전부다. 그대는 피곤하지 않을 것이다. 한 시간 반 동안 들으면서도 피곤해지기는커녕 생기가 나고 풍요로워질 것이다. 전보다 더 많은 에너지를 느낄 것이다. 그대 존재 안으로 많은 것이 흘러들어오는 것을 느낄 것이다. 따라서 네 번째 것은 자각, 명상, 열림이 되어야 한다.

집중은 방향성이지만, 명상은 방향이 없다. 집중은 대상이 있고 내용이 있지만, 명상은 아무런 대상도, 아무런 내용도 없다. 그저 열려 있는 것뿐이다. 내 말을 듣는 동안 새들이 노래를 한다. 그것 또한 그대는 듣는다. 기차가 지나간다. 그것 또한 그대는 듣는다. 내 말만 전적으로 듣고 있는 것이 아니다. 모든 것이 포함된다. 그대는 온 사방으로 열려있다. 나에게만 열려있는 것이 아니다. 이것이 집중보다 더 높은 진화의 단계다. 그것은 탈집중이다.

그리고 다섯 번째를 나는 '유희성'이라고 부른다. 기독교에는 유희라는 개념이 없다. 샤르뎅도 유희라는 개념이 없다. '방향', '목적지', '목적', 아주 사업적이고 피곤하다. 그리고 사람을 슬프고 심각하게 만든다. 유희성 같은 것이 더해져야 한다. 왜냐하면 진정으로 성장한 사람은 놀 줄 알기 때문이다. 진정으로 성장한 사람은 진지하지만 심각하지는 않다. 심각함은 일종의 병이다. 심각함은 긴장을 만들어내기 때문이다. 그것은 그대가 축제를 즐기는 것을 허용하지 않는다. 오직 유희성만이 축제와 기쁨이 될 수 있다.

샤르뎅의 차트에는 기쁨이 들어갈 공간이 없어 보인다. 거기엔 유희성이 전혀 없다. 복합성, 집중, 방향, 그 자체로는 좋다. 그러나 충분하지 않다. 그들은 행복하고 찬양하는 인간을 만들지 않는다. 찬양이 없다면 목적이 무엇인가? 모든 목적은 목적 없는 놀이를 향하고 있다. 그대가 일을 한다. 그러나 결과적으로는 쉬기 위해 일을 한다. 열심히 일을 한다. 오직 놀 수 있기 위해서다. 닷새 동안 일하는 것은 주말에 해변에서 쉬기 위해서다. 모든 목적이 목적 없는 놀이로 향한다. 따라서 다섯 번째를 나는 유희성이라고 부른다. 심각하지 않음, 목적 없음, 찬양, 즐거움이다.

그리고 여섯 번째를 나는 '에고 없음'이라고 부른다. 에고는 필요하다. 하나가 혼돈에 떨어지면, 인조 자아가 필요하다. 그러나 그 자아는 인공적이다. 플라스틱이다. 진짜가 아니다. 언젠가는 떨어져나가야 한다. 그것을 이용하라. 그것을 넘어서라. 그것을 던져버려라! 에고 없음으로 가야 한다. 그대가 실존으로부터 분리되어 존재한다는 것을 잊어야 한다. 그 망각 속에서, 그 에고를 버림으로써, 그대는 다시 완전히 새로운 방식으로 아담이 된다. 그리스도가 된다. 다시 하나가, 다시 단순성으로, 다시 순수성으로 된다. 그러나 이제는 빛과 함께 있다. 두 번 태어난 것이다.

이런 식으로 그대는 다시 본래의 단순성으로, 본래의 얼굴로 돌아온다. 그러나 그것은 첫 번째 원형보다 더 높다. 그래서 나는 그것을 나선형이라고 부른다. 그것은 원초적인 순수성이다. 그러나 단지 원초적인 순수성에 그치지 않는다. 그 안에 무한한 빛이 있다. 그것은 어둡지 않다. 그것은 원시적이지 않다. 그것은 의식의 최정상이다. 그것은 신성한 순수성이다.

플로티누스Plotinus, 204~270, 고대 후기 그리스 철학자가 말한 '하나the One' 가 그것이다. 먼저 그 하나는 자신을 알지 못했지만 이제 그 하나는 자신을 알고 있다. 신이 그대 안에 탄생한 것이다.

아담 안에서 신은 하나의 씨앗이었고, 그리스도 안에서 신은 꽃이 되었다. 씨앗이 완전히 현현된 것이다.

이것이 아이와 현자의 차이다. 아담은 아이이고, 그리스도는 현자다. 그 둘은 서로 닮았지만 전혀 같지 않다. 뭔가 비슷하지만 절대적으로 다르다. 순수성에서는 유사하지만 자각과 빛에 있어서는 서로 다르다. 그 첫 번째 상태를 '자연' 이라고 부르고 두 번째 상태를 '신' 이라고 불러도 좋다. 자연이 자신을 실현시킬 때, 그것은 신이 된다. 자연이 자신을 인식할 때, 그것은 신이 된다. 처음과 끝은 어떤 면에서는 같아져야 하지만 어떤 면에서는 같아서는 안 된다. 알파는 오메가가 되어야 하고, 오메가는 알파가 되어야 한다. 하지만 그들은 완전히 다른 차원에 존재해야 한다. 아담은 육체고, 그리스도는 영혼이다. 그리고 예수는 마음이다. 두 양극 사이에 있는 다리다.

이것이 마지막 밤이다. 예수는 떠날 준비가 되어있다. 그 이별의 장면은 인류 성장의 역사에서 가장 아름다운 장면 중의 하나다. 최후의 만찬이다. 예수는 열두 제자를 불러들였다. 그 열 두 제자 중에는 그를 배신하게 될 이스가리옷 유다Iscariot Judas가 있다. 예수는 처음으로 제자들의 발을 씻겨준다. 제자들은 매우 당황한다. 그리고 거듭 묻는다. "왜 이러십니까? 왜 우리 발을 씻겨주십니까? 당신은 우리의 스승입니다. 우리의 주인이십니다!"

그러나 예수는 말한다. "오늘 나의 마지막 계율을 주고 싶기 때문이다. 마지막 계율은 사랑의 계율이다." 그리고 예수는 그것을 말이 아니라 아주 실존적인 방식으로 주고 있다.

어젯밤 새로운 산야신 롤라Lola가 왔다. 그녀는 며칠 전에 산야스를 받았다. 나는 그녀에게 데바 롤라Deva Lola라는 이름을 주었다. 그것은 '신에게 흔들림' , '신에게 잡힘' 이라는 뜻이다. 그런데 입문하는 바로 그날 그녀는 너무도 엑스터시에 전율하여서 내가 그 뜻을 설명하였지만 그녀는 그것을 이해하지 못했다. 그녀는 너무도 전율했다. 너무도 황홀해했다. 그녀는 거기에 있었지만, 거기에 있지 않았다. 그녀는 하늘 높이 날아가고 있었다. 취해있었다. 그래서 그 뜻을 들었지만 아무 것도 기억하지 못했다. 어젯밤 그녀는 다시 본국으로 돌아가면서 이렇게 물었다. "제 이름의 뜻을 다시 말씀해주세요. 첫날에 들은 것을 전혀 기억하지 못하겠습니다."

그녀에게는 엄청난 잠재력이 있다. 그래서 나는 말했다. "그 뜻을 말로 주는 것보다 실존적으로 주겠다." 그리고 나는 그녀에게 손을 들어 올리고 신에게 사로잡히라고 했다. 그리고 무슨 일이 일어나든 그대로 일어나게 놔두라고 했다. 짧은 순간에 그녀는 몸을 흔들기 시작했다. 미풍에 흔들리는 꽃처럼 몸이 흔들리기 시작했다. 그리고는 점점 더 빨리 움직이기 시작했다. 손이 움직이기 시작했고, 몸 전체가 움직이기 시작했다. 그녀는 신성에 사로잡혔다. 바로 이것이 실존적인 의미이다. 말로 하는 의미가 아니다.

예수는 제자들의 발을 만졌다. 그들에게 사랑의 실존적인 의미를 전해주고 싶었기 때문이다. 사랑 안에서는 아무도 높지 않고 아무도 낮지 않다. 사랑은 계급을 모른다. 예수는 제자들의 발을 만졌다. 스승이 제자들의 발을 만지는 것이다. 예수는 이렇게 선언하고 있다. '그대는 나와 똑같다. 다른 것이 없다. 그대와 나는 완벽하게 똑같다. 나는 그것을 알고 있지만 그대는 그것을 모른다. 다른 것은 그것뿐이다. 우리 존재에는 아무런 차이가 없다.'

그 제자들은 아직 두 번 탄생하지 않았다. 그들은 아직 씨앗이다. 꽃을 피우지 않았다. 그러나 예수는 이미 꽃을 피웠다. 꽃을 피운 자는 그 씨앗들도 역시 꽃을 피울 것이라는 것을 알 수 있다. 씨앗들은 꽃을 알아보지 못한다. 왜냐하면 자기들은 자신들이 꽃을 피운다는 것을 알지 못하기 때문이다. 그러나 꽃은 씨앗을 알아볼 수 있다. 그 두 가지 상태를 다 겪어보았기 때문이다. 그는 씨앗으로서의 자신을 알았고 꽃으로서의 자신을 알았다. 그래서 그는 알아볼 수 있다.

똑같은 일이 붓다에게도 일어났다. 붓다는 말한다. : 여러 생 이전에 내가 깨닫지 못하고 다른 사람들과 마찬가지로 무지했을 때, 나는 붓다 - 이미 깨달은 사람 - 를 보러 갔다. 그의 이름은 디판카라 Dipankara였다. 내가 디판카라의 발을 만졌을 때, 나는 놀랐다. 왜냐하면 그도 나의 발을 같이 만졌기 때문이다. 나는 매우 당황했다. 사람들이 많이 모여 있었고 모든 사람들이 그 모습을 보면서 의아해했다. '도대체 무슨 일이지?' 나는 매우 부끄러웠다. 약간의 죄의식도 들었다. 그래서 디판카라에게 말했다. "스승이시어, 무슨 일을 하신 겁니까? 제 발을 만지시다니요, 저는 무지한 죄인입니다. 당신은 깨달으셨고 위대한 스승이십니다. 수천 명의 제자들이 당신을 따르고 있습니다. 저는 단지 당신의 축복을 받으려고 왔는데 제 발을 만지시다니요! 무슨 일입니까?"

그러자 디판카라가 크게 웃음을 터뜨리고는 이렇게 말했다. "그대가 곧 깨달음을 얻게 된다는 것을 그대는 모른다. 나는 그것을 알아볼 수 있다. 그대는 한때 내가 있었던 그 상태에 도달해있고 곧 지금 내가 있는 이 상태로 있게 될 것이다. 그대가 그것을 보지 못한다는 것을 나는 이해한다. 그러나 나는 그것을 볼 수 있다." 높이 있는 자는 낮은 곳에 있는 것을 볼 수 있지만 낮은 곳에 있는 자는 높은 곳에 있는 것을 보지 못한다.

예수는 제자들의 발을 만졌다. 아주 드문 현상이다. 높은 것도, 낮은 것도 없다는 커다란 메시지다. 모든 계급은 마음에 속한 것이고 정치적이다. 영성 안에는 계급이 없다. 그것은 모두 하나다. 모두 똑같다. 존재 하나가 모든 곳에 존재한다. 심장 하나가 수백만의 심장 속에서 뛰고 있다. 의식 하나가 모든 의식 안에 있다. 달 하나가 수없이 많은 연못에, 바다에, 강에, 저수지에 비추고 있다. 달 하나가…….

예수는 말한다. "이것은 나의 마지막 계율을 주는 것이다. 그 계율은 사랑의 계율이다." 그런 뒤 그들은 음식을 먹고 술을 마셨다. 예수는 일상의 삶과 영적인 삶에 구분을 두지 않았다. 그것이 그의 두 번째 메시지다. 내가 전에 말한 첫 번째 쾌락주의는 두 번째 쾌락주의로 변형되어야 한다. 예수는 금욕주의자가 아니다. 예수는 마조히스트 masochist, 피학대 음란증 환자가 아니다. 그는 삶을 즐겼다. 삶을 즐기지 말아야 할 이유는 없다. 삶을 즐김으로써 그대는 신을 즐길 수 있다. 삶을 즐기지 않으면, 신도 즐기지 못한다.

삶은 즐기는 훈련장이어야 한다. 신은 엄청난 축복이다. 따라서 만일 그대가 삶의 작은 축복을 맛보지 않는다면 신의 축복을 받을 준비가 되지 않을 것이다. 그것이 오히려 그대를 질식하게 만들고 죽게 만들 것이다. 그대에게는 너무 과한 것이 될 것이다. 그대의 용량을 늘려야 한다.

마지막 날 밤에도 예수는 빵을 자르고 제자들의 잔에 포도주를 채워준다. 그들은 즐기고 있다. 즐겁게 음식을 먹고 있다. 죽음이 가까이 다가오고 있지만 그것 때문에 축제를 멈추어서는 안 된다. 예수는 이 죽음이 최고의 찬양이 될 것임을 알고 있기 때문이다. 그는 찬양 속에서 제자들을 떠나고 싶어 한다. 예수는 제자들의 의식 속에 삶을 찬양하는 사람이었다고, 단식이 아니라 축제를 즐기는 사람이었다고, 꽃이나 새나 강과 같은 삶의 작은 즐거움에 전율하는 사람이었고, 들판의 백합을 좋아했고, 사람들을 좋아했고, 사람들의 눈을 바라보면서 엄청나게 전율하며 사랑을 했고, 삶을 반대하지 않았다는 것을 각인시키고 싶어 한다.

그런데 기독교는 삶을 반대했다. 기독교는 수도승처럼 되어버렸다. 수도원이 만들어졌고, 피학대음란증 환자들이 거기에 모여들었다. 자학이 대세가 되었고 예수의 축제는 사라졌다. 아니면 축제는 오직 의식으로만 남아있다. 이런 일이 반복되고 있다.

바로 어젯밤에 할 무신Hal Musin이 산야스를 받았다. 이제 그의 이름은 프라모드Pramod이다. 기쁨이란 뜻이다. 그는 평생을 살면서 여기에서 지냈던 열흘이 가장 행복했었고, 그런 행복이 있다는 것도 알지 못했다고 한다. 이제 그는 걱정하고 있다. 딸에게 크리스마스가 되면 집에 돌아가겠다고 약속했기 때문이다. 내가 그에게 말했다. "이곳이 크리스마스다. 어디로 가려고 하는가?"

기독교인들은 크리스마스가 무엇인지, 그리고 무엇이 되어야 하는지 완전히 잊어버렸다. 그것은 하나의 의식儀式이 되었다. 크리스마스는 내면의 불꽃이 되어야 한다. 삶에 대한 사랑이 되어야 한다. 보통 속에서 특별함을 찾는 것이어야 한다. 세속 안에서 초월을 찾는 것이어야 한다. 몸 안에서 영혼을 찾는 것이어야 한다. 자연 안에서 신을 찾는 것이어야 한다. 보이는 것에서 보이지 않는 것을 찾는 것이어야 한다.

예수의 마지막 메시지는 사랑과 기쁨에 대한 것이다. 그는 축제의 분위기 속에서, 울지도 않고, 제자들을 슬프게 하지도 않은 채 제자들을 떠났다. 그는 제자들 모두를 안아주었다. 그의 배신자까지도 안아주었다. 그는 유다에게 키스했다. 그런 차원의 의식을 가진 사람에게는 친구도 없고 적도 없기 때문이다.

그러나 제자들은 약간 두려워하고 있었다. 소문이 떠돌고 있었다. 그래서 예수가 "조금만 있으면 나는 떠날 것이다. 나의 아버지에게로 갈 것이다."라고 말했을 때, 그들은 매우 놀라고 또 두려워했다. 그들을 달래기 위해서, 그들에게 희망을 주고 용기를 주기 위해서, 예수는 이 말을 한 것이다. 무한히 소중한 말이다. 이 말을 명상하라.

* 너희는 마음에 근심하지 말라, 하나님을 믿으니 또 나를 믿으라.

그들의 마음은 어수선했다. 그들의 스승이 죽을 것이다. 그들의 스승이 몹시 고통스럽게 죽을 것이다. 그들은 어두운 밤에 길을 잃을 것이다. 그들의 빛이 더 이상 그들과 함께 있지 않을 것이다. 그들을 이끌어주었던 사람, 그들을 황야에서 꺼내 주었던 사람, 그들의 길이 되었던 사람, 그들의 안내자였던 사람, 그들의 친구였던 사람이 더 이상 그들과 함께 있지 못할 것이다. 그리고 그들은 그에게 너무도 의존하게 되어 그리스도가 없는 삶은 생각도 할 수 없다. 그들의 마음은 어찌할 줄 모르고 있었다. 자연스런 일이다. 그것이 인간이다.

* 너희는 마음에 근심하지 말라, 하나님을 믿으니 또 나를 믿으라.

그는 말한다. "그대들은 믿음이 무엇인지 안다." 믿음belief은 히브리어를 옳게 번역한 것이 아니다. 올바른 번역은 신뢰trust가 될 것이다. "그대들은 신뢰가 무엇인지 안다." 신뢰란 신이 돌보고 있고, 우리는 걱정할 필요가 없으며, 누군가 커튼 뒤에서 우리를 돌보고 있고, 실존이 우리를 부모처럼 돌보고 있으며, 우리가 고아가 아니라는 것을 의미한다. 그것이 신뢰의 의미다. 우리가 고아가 아니라는 것, 우리가 이 세상에 이방인이 아니라는 것, 여기가 우리의 집이라는 것이다. 왜냐하면 이곳이 신의 집이기 때문이다. 세상은 우리의 것이다.

* 하나님을 믿으니 또 나를 믿으라.

'그대들은 신뢰가 무엇인지 안다.' 그가 말했다. '신뢰가 무엇인지 안다면, 나 또한 신뢰해도 좋다. 이것은 누구를 신뢰하느냐의 문제가

아니기 때문이다. 일단 신뢰가 무엇인지 알면, 그저 신뢰하면 되는 것이다.'

그대가 신을 신뢰하든, 예수를 신뢰하든, 또는 붓다를 신뢰하든 그것은 문제가 아니다. 기억하라! 신뢰하면 그저 신뢰하는 것이다. 기독교인들은 이렇게 말한다. "나는 오직 예수만을 신뢰한다. 붓다는 아니다." 그들은 신뢰가 무엇인지 모른다. 신뢰는 차별을 모르기 때문이다. 그리스도를 신뢰하게 되었다면 붓다도 신뢰하게 될 것이다. 거기에 아무런 차이도 없기 때문이다. 언어가 다를 수는 있다. 표현의 방법에 차이가 있을 수는 있다. 그러나 신뢰는 모든 것의 심장부로, 가장 중심부로 직접 도달할 것이고, 그리스도와 붓다가 같은 차원에 있다는 것을 보게 될 것이다. 그것은 같은 의식이다. 같은 자각이고 같은 깨달음이다. 붓다를 신뢰한다면, 크리슈나와 모하메드도 신뢰할 것이다. 나를 신뢰한다면, 그리스도를 신뢰할 것이고, 짜라투스트라를 신뢰할 것이다.

신뢰는 주소를 모른다. 그것은 어느 주소로 가는 것이 아니다. 신뢰는 하나의 내적인 자질이다. 거기에 있다면 거기에 있는 것이다. 그것은 불을 가져오는 것과 같다. 그대가 방 안으로 등을 가져온다. 이제 그 빛은 탁자만 비추는 것이 아니다. 의자도 비춘다. 의자만 비추는 것도 아니다. 벽도 비추고 벽에 걸린 그림도 비춘다. 벽에만 비추는 것도 아니다. 바닥과 천장도 비춘다. 방 안에 등을 가져올 때, 빛은 거기에 있는 모든 것을 비춘다. 신뢰도 마찬가지다. 신뢰는 하나의 빛이다. 그대 가슴속에 신뢰가 점화되면, 아무런 차이도 만들어지지 않는다. 그대는 신을 신뢰하고, 그리스도를 신뢰하고, 그대의 아내를 신뢰하고, 그대의 남편을 신뢰하고, 그대의 아들을 신뢰하고,

그대의 친구를 신뢰하고, 그대의 적을 신뢰한다. 그대는 자연을 신뢰하고 죽음을 신뢰하고 불안함을 신뢰한다. 간단히 말하자면, 그대는 단순히 신뢰할 뿐이다.

예수는 말한다.

* 너희는 마음에 근심하지 말라, 하나님을 믿으니 또 나를 믿으라.

나는 그대들이 신을 신뢰한다는 것을 안다.

* 내 아버지 집에 거할 곳이 많도다. 그렇지 않으면 너희에게 일렀으리라. 내가 너희를 위하여 처소를 예비하러 가노니

이 제자들은 또다시 누가 그들 중에서 가장 훌륭한지를 따지고 있었다. 그 마지막 밤에도 그들은 누가 천국에서 예수의 다음 자리를 차지할지 토론하고 있었다.

예수는 말한다. '걱정하지 말라.'

* 내 아버지 집에 거할 곳이 많도다.

'모든 사람을 위한 공간이 있다. 아무도 거부되지 않을 것이다. 모두가 환영받고 받아들여질 것이다. 신은 아주 넓다. 누가 신의 다음에 있고 누가 나의 다음에 있게 될지 걱정하지 마라. 신의 눈에는 모든 사람이 똑같이 소중하다. 그는 아주 광대하다. 그의 사랑은 모든 것을 똑같이 사랑할 만큼 크다. 그는 나눠 줄 것이 너무도 많아 고갈

되지 않는다. 그러니 걱정할 필요가 없다. 부족함의 문제는 없다. 그가 일정한 사랑만을 갖고 있어 내가 그 사랑을 가져가면 그대는 가져갈 수 없는 그런 것이 아니다. 몇 사람은 그의 사랑을 가져가고, 더 이상 사랑이 남아있지 않아 몇 사람은 가져가지 못하는 그런 것이 아니다.'

* 내 아버지 집에 거할 곳이 많도다.

'그의 공간은 널찍하다. 그의 사랑은 거대하다. 그것은 무한하다. 원하는 만큼 가져갈 수 있다. 그런 후에도 여전히 무한한 채로 남는다. 그대는 그것을 다 소모하지 못한다.'

* 그렇지 않으면 너희에게 일렀으리라.

'불안해하지 마라. 걱정하지 마라.'

* 내가 너희를 위하여 처소를 예비하러 가노니

예수는 말한다. '나는 그대들을 위한 자리를 마련하기 위해 간다.' 그는 위로하고 있다. 그들에게 용기와 희망을 주고 있다. 그들에게는 그것이 필요하다. 어두운 날들이 다가오고 있다. 그들은 엄청난 고난을 겪게 될 것이다. 쫓길 것이고, 고문 받을 것이고, 박해받을 것이고, 늑대들 속에 있게 될 것이다. 그리고 스승은 떠나가고 있다. 스승은 더 이상 그들과 함께 있지 않을 것이다. 그는 그들의 방패였고 위안이었고 안전장치였다. 그는 그들을 보호하는 갑옷과 같았다. 그와 함께 있으면 불안하지 않았다. 항상 보호받았다. 이제 그 은신처가 사라지려고 한다. 비가 올 것이고, 뜨거운 날이 올 것이다. 여름이 오고 겨울이 올 것이다. 그런데 그들은 무엇을 해야 할지 모른다. 그들은 이 세상에서 외톨이가 되고 너무도 낯선 이방인이 될 것이다.

어떤 스승이든 제자를 남겨두고 떠나기 전에 기초를 세워두어야 한다. 그래서 앞으로 올 날을 준비해주어야 한다. 그것은 제자들에게는 어려운 일이 될 것이다. 예수를 죽이려는 사람들이 제자들을 가만히 놔두지 않을 것이기 때문이다. 그들이 그리스도를 죽인다면 제자들에게는 더 많은 고난이 있을 것이다.

그는 말한다.

＊ 내가 너희를 위하여 처소를 예비하러 가노니

'신을 신뢰하라. 나 또한 신뢰하라. 나는 저 건너편 다른 실재의 세계에서 그대들이 있을 자리를 만들기 위해서 간다.'

＊ 가서 너희를 위하여 처소를 예비하면 내가 다시 와서 너희를 내게로 영접하여

'걱정하지 마라. 나를 신뢰한다면, 내가 다시 와서 그대들을 내게로 맞을 것이다.'

스승을 신뢰한다면, 스승을 사랑한다면, 그 스승은 그대와 영원히 함께할 것이다. 그는 영원하다. 진정한 핵심은 이것이다. 그대는 신

뢰하는가? 그대는 사랑하는가? 그대의 에고가 사라지고, 그대가 모든 것을 내려놓은, 그대는 존재하지 않고 오직 스승의 향기만이 그대의 존재를 채우는, 그런 관계를 진정으로 맺어본 적이 있는가? 그렇다면 그는 영원하다. 그때 스승과 제자 사이는 일시적인 관계가 아니다. 그것은 영원이다. 거기에는 죽음도 없고 시간도 없다.

* 가서 너희를 위하여 처소를 예비하면 내가 다시 와서 너희를 내게로 영접하여 나 있는 곳에 너희도 있게 하리라.

그들은 모두 아직도 이 세상에서 방황하고 있다. 그들은 더 이상 아담이 아니다. 그리고 아직은 그리스도가 아니다. 그들은 거대한 소용돌이, 거대한 혼돈 속에 있다. 그리스도는 그들을 혼돈에서 끌어내야 한다. 그들이 그의 현존을 통해서 어둠으로부터 빠져나올 수 있는, 그런 현존이 되어야 한다. 예수는 매개체가 되어야 한다. 하나의 상징이, 하나의 빛이, 하나의 별이 되어야 한다. 그래서 그들이 그 별을 바라보면서 어두운 밤에 길을 찾을 수 있게 해야 한다.

* ……너희를 내게로 영접하여 나 있는 곳에 너희도 있게 하리라.

이것이 바로 스승이 하는 노력이다. 스승은 제자 또한 스승이 될 수 있도록 제자를 파멸시켜야 한다. 스승의 일은 복잡하다. 먼저 그는 그대가 제자가 되도록 설득해야 한다. 그대에게 먹이를 주며 제자가 되도록 유혹해야 한다. 그리고 일단 그대가 제자가 되면, 스승은 그대를 죽여 파멸시키기 시작한다. 제자로서 파멸되지 않으면 절대로 스승이 되지 못하기 때문이다. 그리고 그대 모두가 스승이 되기를 바라는 스승이 진정한 스승이다. 그것이 목적지이다. 모든 사람은 제왕이 되어야 한다. 왕이 되어야 하고, 여왕이 되어야 한다. 눈에 보이든 보이지 않든 노예는 완전히 파멸되어야 한다. 그대 주변의 온갖 종류의 구속을 태워버려야 한다. 그대의 자유가 완전해져야 한다.

* 내가 가는 곳에 그 길을 너희가 알리라.

도마가 가로되 주여 어디로 가시는지 우리가 알지 못하거늘 그 길을 어찌 알겠삽나이까.

도마는 가장 많은 사랑을 받은, 가장 순수한 제자 중의 하나다. 다른 제자들은 약간 지적이었다.

예수가 '내가 가는 곳에 그 길을 너희가 알리라.' 하고 말했을 때, 다른 제자들은 아무 말도 하지 않았다. 그들은 틀림없이 입을 다물고 있었을 것이다. 그가 어디로 가는지 아무도 모른다. 그가 가는 길을 아무도 모른다. 그러나 그들 중 가장 순수한 제자만이 물을 준비가 되어있다.

도마가 말한다.

* 주여 어디로 가시는지 우리가 알지 못하거늘 그 길을 어찌 알겠삽나이까.

'우리는 그곳에 가본 적이 전혀 없습니다.'

도마는 가장 가까이에 있었고 가장 친밀했던 제자 중의 하나다. 예수가 인도에 왔을 때, 도마가 그를 따라왔다. 인도의 기독교는 세상의 다른 어떤 기독교보다 더 오래되었다. 인도 교회는 세상에서 가장 오래된 교회다. 도마가 인도에 온 첫 번째 사도였기 때문이다. 인도의 기독교는 도마에 의해 시작되었다.

도마가 묻는다. "우리는 당신이 어디로 가는지, 어느 길로 가는지 알지 못합니다. 우리가 어떻게 그것을 알겠습니까? 우리는 무지합니다."

진정한 제자는 절대로 아는 척하지 않는다. 모르면 모른다고 말할 준비가 되어있다. 그것이 스승에게서 배울 수 있는 유일한 방법이기 때문이다. 지적인 제자들은 절대로 배우지 못한다.

나에게도 여기 몇몇의 제자들이 있다. 그들의 질문은 다르다. 그들은 질문을 할 때 마치 다른 사람들을 위해 묻는 것처럼 묻는다. 자기들에게는 아무런 문제가 없는 것처럼 묻는다. 때로는 질문지에 이렇게 쓰기도 한다. '이것은 제 질문이 아닙니다. 오로지 다른 사람들을 위해 질문합니다. 대답해주시면 사람들이 깨우칠 것입니다. 많은 사람들이 이 질문을 마음속에 담고 있습니다. 이것을 설명해주시면 그들에게 좋을 것입니다. 하지만 제 개인적인 질문은 아닙니다!' 사실 그 질문은 자신의 질문이다. 그러나 그들은 그것조차도 고백하지 못한다. '다른 사람에게 도움이 될 것입니다.'

약은 사람들이다.

한번은 어떤 사람이 와서 말했다. "제 친구 하나가 지금 무력감에 빠져 아무 것도 하지 못하고 있습니다. 그를 도울 수 있게 몇 가지 명상법을 추천해주실 수 있습니까?"

나는 그 사람을 바라보았다. 계속 바라보았다. 그는 몸을 떨며 땀을 흘리기 시작했다. 그가 말했다. "왜 그렇게 저를 빤히 쳐다보십니까?"

내가 말했다. "그 친구를 보내줄 수 없겠나?" "그대의 친구가 말하기를 자기 친구 중의 한 사람이 무력감에 빠져있다고는 말하지는 못하겠는가? 그대는 그렇게 무력감에 빠졌는가? 그래서 그것이 그대의 문제라는 것조차 말하지 못하는가?"

그는 무엇을 하면 좋은지 알고 싶어 한다. 그러나 그 문제가 자신의 문제라는 것은 보여주고 싶지는 않다. '어떤 친구가' 지금 그는 외교적인 수완을 부리고 있다. 많은 질문들이 그렇게 외교적이다. 질문하는 사람은 이미 답을 알고 있다고 한다. 자기에게는 아무 문제가 없다고 한다.

다른 제자들은 모두 침묵을 지키고 있었다. 오직 도마만이 물었다. 이 작은 차이로 인해 도마는 더욱더 예수에게 가깝고 친밀해졌다.

* 예수께서 가라사대 내가 곧 길이요 진리요 생명이니 나로 말미암지 않고는 아버지께로 올 자가 없느니라.

한없이 중요한 말이다. 그런데 이 말이 기독교인들에게는 엄청나게 잘못 이해되어 왔다. 잘못 해석되어 왔다. 이 말은 성직자, 교조주의자, 선동가들의 방패막이 되었다. 기독교인들은 그것이 그리스도 – 즉 마리아의 아들 예수 –를 통하지 않고는 아무도 신에게 절대 갈 수 없다는 뜻으로 받아들였다. 예수를 통하지 않는 한 아무도 신에게 갈 수 없다. 그들은 그리스도가 유일하게 올바른 종교라는 의미로 받아들였다. 그런 식으로 해석했다. 그러면 다른 모든 종교는 틀린 것이 된다. 다른 모든 종교는 신에게 반대하는 것이 된다. 오직 기독교만 이 옳은 종교라는 것이다.

* 예수께서 가라사대 내가 곧 길이요 진리요 생명이니 나로 말미암지 않고는 아버지께로 올 자가 없느니라.

예수는 무슨 뜻으로 이렇게 말하고 있는가? 온 세상을 기독교로 개종시키고 있는 성직자들과 선교사들과 기독교인들, 이들이 옳다는 말인가? 그들의 해석이 맞는 것인가? 아니면 예수가 어떤 다른 것을 의미했는가? 그는 완전히 다른 것을 말했다.

바가바드기타에도 힌두교인들이 계속 잘못 해석하고 있는 문구가 있다. 크리슈나가 아르주나Arjuna에게 말했다. 크리슈나와 아르주나 사이는 예수와 도마 사이처럼 거의 똑같은 친밀감이 있었다. 거기에서 똑같은 일이 일어났다. 그들의 관계로부터 똑같은 말이 나왔다. 크리슈나가 아르주나에게 말했다. "Sarva dharman parityajya mamekam sharanam vraja : 모든 종교를 버려라. 모든 종교는 다 잊어버리고 내 발밑에 오라. 오직 나를 통해야만 신에게 갈 수 있기 때문이다."

힌두교인들은 이 말에 매우 행복해한다. 크리슈나가 너무도 명확하게 말했다. '모든 종교를 다 잊어버려라. 다른 종교는 모두 다 버려라. 그리고 오직 나에게 매달려라. 내 발을 붙잡아라. 내 발에 오라. 내 발이 신에게 가는 다리다. 유일한 다리다.'

예수의 말과 크리슈나의 말은 똑같은 상황에서 나왔다. 크리슈나가 이 말을 했을 때 아르주나는 틀림없이 크리슈나와 아주아주 가까웠을 것이다. 그리고 도마의 경우도 마찬가지다. 그는 틀림없이 예수와 매우 가까웠을 것이다. 그리스도가 이 말을 했을 때, 그는 틀림없이 도마에게 꽃처럼 쏟아져 내렸을 것이다. 그대는 도마와 같은 사랑의 이해가 필요할 것이다. 오직 그때만이 이 말의 의미를 이해할 수 있을 것이다. 아르주나와 같은 사랑의 친밀함이 필요할 것이다. 오직 그때만이 크리슈나의 말을 이해할 수 있을 것이다. 그 둘은 똑같다. 똑같은 것을 의미한다. 그리고 그 둘이 모두 잘못 해석되어 왔다.

그 해석은 성직자와 정치가가 만든 것이다. 종교를 조직적이고 정치적인 책략으로 뒤바꿔놓으려고 하는 사람들이다.

* 예수께서 가라사대 내가 곧 길이요

'나는 I am' 이것을 이해해야 한다. 그것은 예수를 의미하는 것이 아니다. 그것은 단지 내면의 의식을 의미한다. 'I am' 은 안에 있는 생명이다. 그대 안에 있는 의식을 그대는 'I am' 이라고 부른다. 이 'I am' 이 유일한 길이다. 이 'I am' 을 이해할 수 있다면, 그것이 무엇인지, 이 의식이 무엇인지 이해할 수 있다면 길을 찾은 것이다. 그것은 예수와는 아무 관계도 없다. 크리슈나와 아무 관계도 없다. 내가 '내가 문이다. I am the gate.' 라고 말할 때, 그것은 나와 아무런 관계도 없다! 'I am' 이 문이다. 문은 그대 안에 있다. 길이 그대 안에 있다. 진리가 그대 안에 있다. 그대 안에서 자신을 'I am' 이라고 부르는 자가 누구인지, 이 의식이 무엇인지, 그것이 무엇으로 되어있는지를 이해해야 한다.

만일 그대가 그대의 의식 속으로 들어갈 수 있다면, 그대 의식의 본질을 느끼고, 보고, 깨달을 수 있다면, 그것이 길이다. 명상이 길이다. 그리스도가 아니다. 크리슈나가 아니다. 모하메드도 아니다. 나는 누구인가? 이 질문이 길이 될 것이다.

라마나 마하리시Raman Maharshi, 1879~1950, 인도의 성자는 '나는 누구인가?' 라는 질문만이 유일하게 타당한 질문이라고 한다. 옳은 말이다. 이 질문을 계속 하라. 이 질문이 그대 안에서 불이 되게 하라. 그것과 함께 불이 붙어라! 그대 몸 각각의 세포, 그대의 존재, 그대 실존의 모든 것이 그 질문과 함께 고동치게 하라. 그것과 함께 진동하게 하라. 그리고 이 질문이 가장 깊은 중심에서부터 일어나게 하라. '나는 누구인가?' 계속 질문하라. 마음이 주는 대답은 어떤 것이라도 받아들이지 마라. 그대들은 계속 우파니샤드를 읽고 있다. 우파니샤드는 이렇게 말한다. '그대가 신이다.' 그러면 마음은 이렇게 말할 것이다. "왜 똑같은 질문을 계속하는가? 나는 대답을 알고 있다. '그대는 신이다.' 제발 조용히 하라!" 기독교인들은 성경을 계속 읽고 있다. 그들은 알고 있다. '신의 왕국이 그대 안에 있다.' 그러면 마음은 이렇게 말한다. "내가 누구냐고? 내가 신의 왕국이다. 이제 좀 조용히 해라!"

머리로부터 나온 대답은 아무 것도 받아들일 필요가 없다. 기억에서 꺼낸 대답은 아무 것도 받아들일 필요가 없다. 지식으로부터 나온 대답은 아무 것도 받아들일 필요가 없다. 모든 대답들은 '나는 누구인가?' 라는 질문의 소용돌이 속으로 던져버려야 한다. 모든 대답들이 다 사라지고 오직 질문만이 마치 불기둥처럼 홀로 남는 순간이 온다. 그 질문에 그대를 태워라! 그대는 단지 하나의 갈증, 하나의 불같은 질문일 뿐이다. '나는 누구인가?' 그 질문이 모든 대답을 태워버렸을 때, 그때는 그 질문도 스스로 타버린다. 질문이 스스로를 날려버린다. 그리고 질문 또한 사라졌을 때, 거기에 침묵이 있다. 그 침묵이 대답이다. 그것이 문이고, 길이고, 진리다.

주의하고 또 주의하라. 예수가 '내가 길이다. I am the way.' 라고 말할 때, 그는 그대 안에서 자신을 'I am' 이라고 부르는 자가 길이라는 것을 의미한다. 그것은 예수와 아무 관계도 없다. 단지 예수의 발을 붙들고 있는 것은 그대를 아무데도 데려가지 않을 것이다. 단지 예수에게 기도하는 것은 그대를 아무데도 데려가지 않을 것이다. 그가 무엇을 말하고 있는지 잘 들어라.

모든 스승들은 그대를 그대 자신으로 되돌려 보낸다. 궁극적으로 신은 스승 안에 있는 것처럼 그대 안에 있기 때문이다. 그대는 자신 안에 자신의 빛을 안고 있다. 단지 돌아오기만 하면 된다. 단지 안을 들여다보기만 하면 된다.

* 진리요

그렇다. 바로 그대의 의식 안에 진리가 있다. 완전히 깨어있을 때, 그대는 완전한 진리가 된다. 절대적으로 깨어있을 때, 그대가 진리를 대상으로 마주보는 것이 아니라, 그대가 그 진리인 것이다. 그것은 그대의 주체이다. 그것이 그대다. 바로 그것이 우파니샤드에서 말하는 '그대가 그것이다. Thou art that.' 이다.

* 생명이니

예수는 세 가지를 말한다. '나는 생명이다.' 'I am', 의식, 자각. 이것이 생명이다. 그대가 알고 있는 일반적인 생명이다. 그리고 두 번째 '나는 길이다.' 평범한 삶과 비범한 삶을 이어주는 길이다. 아담과 그리스도를 이어주는 길이다. 육체와 영혼을 이어주는 길이다. 그리고 세 번째 '나는 진리다.' 예수는 이 세 가지 모두를 말했다.

그대가 지금 그것이다. 그대가 생명이기 때문이다. 그리고 그대는 길도 갖고 있다. 그대 안에, 그대 뒤에 숨어있다. 그대는 길이다. 그리고 그대는 또한 궁극적인 목적이고 궁극적인 운명이다. 그대는 시작이고 중간이고 마지막이다. 아담이고 예수이고 그리스도다.

* 나로 말미암지 않고는 아버지께로 올 자가 없느니라.

의식 속으로 들어가지 않는 한, 자신의 'I am' 속으로 들어가지 않는 한, 아무도 신에게로 들어가지 못한다. 이것이 그 뜻이다. 이것이 크리슈나의 뜻이고, 그리스도의 뜻이다. 모든 스승들의 뜻이 이것이다.

* 너희가 나를 알았더면 내 아버지도 알았으리로다. 이제부터는 너희가 그를 알았고 또 보았느니라.

엄청나게 중요한 말이다. 단 한 마디 말로 혁명이 일어난다. 조용히, 아주 조용히 명상해보라.

* 너희가 나를 알았더면

예수는 도마에게 말하고 있다.

너희가 나를 알았더면 내 아버지도 알았으리로다.

왜냐하면 나와 아버지는 하나이기 때문이다.

예수가 '너희가 나를 알았더면, 내 아버지도 알았으리로다.' 라고 말하는 동안 도마의 존재 안에서 무엇인가 변했다. 내가 뭔가를 그대들에게 말하고 있을 때, 그대 안에서 뭔가 계속 변하고 있다는 것을 그대들은 안다. 때로는 진리에 아주 가까이 간다. 때로는 단 한 마디 말이 그대의 깊은 곳을 때려 뭔가를 흔들어놓는다. 뭔가 변하기 시작한다. 때로는 아주 급격한 변화가 일어날 수도 있다. 항상 그런 일은 일어날 수 있다. 그래서 스승의 현존 안에 있으려고 하는 것이다. 예수가 말을 하고 있을 때 - 그는 아직 문장을 완성하지도 않았다. 반 밖에 말하지 않았는데 도마가 변했다. - 그래서 예수는 말을 바꾸어야 했다. 이 말이 그렇게 아름다운 이유가 거기에 있다.

* 너희가 나를 알았더면……

거기에 '만일' 이 있었다. 왜냐하면 도마가 망설였기 때문이다. '너희가 나를 알았더면 내 아버지도 알았으리로다.' 그러나 예수가 이 말을 할 때, 도마의 의식 안에서는 급격한 변형이 있었다. 그가 안으로 들어갔다. 그가 변형되었다. 그래서 예수는 말을 바꿔야 했다.

그리고 그가 말했다.

* 이제부터는 너희가 그를 알았고 또 보았느니라.

'만일' 이 사라졌다. 왜냐하면 도마 안에서 '만일' 이 사라졌기 때문이다. '의심 많은 도마' 라는 말을 아는가? 바로 예수의 제자 도마에게서 나온 말이다. 그는 의심이 많았다. 그러나 아주 순수했다. 의심이 생기면 의심을 했다. 그는 감추지 않았다. 그러나 이 순간 '의심 많은 도마' 는 더 이상 '의심 많은 도마' 가 아니다. 의심이 사라졌다.

예수는 '만일' 로 시작했었다. 거기에 의심이 있었기 때문이다. 도마는 망설였다. 도마는 동의하고 있지 않았다. 그는 이렇게 말하고 있었다. "좋습니다. 하지만 저에게 와 닿지는 않습니다. 당신이 진리라고요? 그럴 수도 있겠지요. 그러나 확신이 서지 않습니다. 당신이 길이라고 말씀하십니까? 그것이 사실이기를 바랍니다. 하지만 제 존재에는 와 닿지 않습니다." 그렇게 많은 말을 하지는 않았을지도 모른다. 그것은 문제가 아니다. 그러나 의심이 숨어있었다. 예수는 '만일' 이라는 말을 사용해야 했다. 그러다가 예수의 그 심오한 말에 숨어있던 의심이 사라지는 것을 보았을 때……

인도에서는 그렇게 심오한 말을 마하바키야mahavakyas라고 한다. 위대한 말이라는 뜻이다. 인류 의식의 역사를 통틀어서 그런 말은 아주 드물었다. 이것이 그 심오한 말 중의 하나다. 예수는 틀림없이 도마의 의심이 갑자기 사라지는 것을 보았다. 의심의 그림자가 이제 사라졌다. 도마는 신뢰하게 되었다. 변형되었다. 도마는 더 이상 옛날의 도마가 아니다. 새로운 존재가 태어났다. 새로운 인간이 태어났다. 그래서 예수는 중간에 말을 바꿔야 했다. 스승은 제자에게 감응해야 하기 때문이다. 스승은 감응이다. 스승은 거울이다.

* 이제부터는 너희가 그를 알았고

이제 '만일'이 빠졌다. 예수는 말한다. '이제부터 그대는 그를 알고 그를 보았다. 왜냐하면 그대가 나를 보았고, 나와 나의 아버지는 둘이 아니기 때문이다. 나는 아버지를 대신한다. 나는 그의 반영이다. 메아리이다.'

* 내가 너희를 고아와 같이 버려두지 아니하고 너희에게로 오리라.
조금 있으면 세상은 다시 나를 보지 못할 터이로되

들어보라. 예수는 말한다.

* 조금 있으면

몇 시간 밖에 남지 않았다.

* 세상은 다시 나를 보지 못할 터이로되

세상은 나를 보지 못할 것이다.

* 너희는 나를 보리니 이는 내가 살았고 너희도 살겠음이라.

예수는 말한다. '몇 시간 뒤면 나는 세상에서 사라질 것이다. 그러나 그대 도마에게는 결코 사라지지 않을 것이다! 그대에게는 결코 아니다. 왜냐하면 그대는 십자가에서 죽을 수 없는 나의 실재를 보았기 때문이다. 그대는 불멸하는 나의 진리를 보았다. 내 몸은 십자가에서 죽음을 맞을 것이다. 잠시 뒤에 몸은 사라질 것이다. 세상은 더 이상 나를 보지 못할 것이다. 왜냐하면 세상은 나를 몸으로만 알아보기 때문이다. 그러나 그대는 나를 볼 것이다. 왜냐하면 그대는 나의 빛을 보았고, 나의 영원함을 보았고, 이승을 초월한 존재를 보았고, 나의 진리를 보았기 때문이다. 그대 도마는 나를 계속 볼 것이다. 나는 그대에게서 절대로 사라지지 않을 것이다.'

사랑은 눈이 있다. 신뢰는 보이지 않는 것을 보는 눈이 있다. 오직 신뢰만이 영생을 볼 수 있을 만큼 충분히 깊이 꿰뚫을 수 있다. 오직 사랑만이 시간을 넘어선 것을 일별할 수 있게 한다.

* 조금 있으면 세상은 다시 나를 보지 못할 터이로되

'도마여, 행복하라. 그대는 축복받았다. 그대는 계속 나를 볼 것이다.'

* 너희는 나를 보리니 이는 내가 살았고 너희도 살겠음이라.

그리고 이 순간에 이 씨앗이 그대 안에 뿌려지게 하라. 내가 십자가형 이후에, 내 육체가 파괴된 이후에라도 살게 될 때 – 만일 내가 살게 된다면, 그대 또한 살 것이다! – 이 신뢰가 그대 안에서 태어나게 하라. 오직 나만이 살게 된다는 뜻이 아니다. 나에게만 특별히 일어나는 일이 아니다. 모든 사람의 영혼이 죽지 않는다. 내 몸이 사라지는 것을 보고, 그럼에도 불구하고 계속 나를 볼 수 있다면, 그대가 죽었다고 해도 살아날 것임을 깨달으라.

죽음은 오직 겉껍데기만의 죽음이다. 내면의 중심은 계속 산다. 그것은 생명 그 자체다. 어떻게 그것이 죽을 수 있겠는가? 어떻게 생명이 죽을 수 있겠는가? 생명은 장소만 바꾼다. 사실이다. 집이 썩고 오래되어 다 쓰러져간다. 그대는 그곳을 떠나 다른 집을 찾아봐야 한다. 집은 단지 하룻밤 묵는 둥지일 뿐이다.

* 조금 있으면 세상은 다시 나를 보지 못할 터이로되 너희는 나를 보리니 이는 내가 살았고 너희도 살겠음이라.

여기에 부활의 비밀이 있다. 부활의 증거는 없다. 이 세상에 있어서는 증거가 없다. 그러나 제자들에게 있어서는 증거가 있다. 예수는 육체로서 죽었지만 그를 신뢰했던 사람들, 그의 진정한 실재를 보았던 사람들, 그의 진정한 존재를 보았던 사람들에게는 영혼으로서 남아있다.

* 그 날에는 내가 아버지 안에 너희가 내 안에 내가 너희 안에 있는 것을 너희가 알리라.

예수는 말한다. '우리는 서로 얽혀있다. 우리는 모두 하나이기 때문이다.' 내가 아버지 안에, 너희가 내 안에, 내가 너희 안에 있다. 그는 이렇게 말하고 있다. '도마여, 그대는 신을 모르지만 나를 안다. 나는 신을 알고, 그대는 나를 안다. 나는 내가 신 안에 있다는 것을 알고, 그대는 그대가 내 안에 있다는 것을 안다. 그대의 사랑이 그대를 나의 일부로 만들었기 때문이다. 내가 그대에게 이르노니 내가 그대 안

에 있다. 그러므로 우리 모두가 신 안에 있고, 신이 우리 모두 안에 있다. 우리는 모두 서로 얽혀있다.'

제자는 스승만을 알고 스승은 신을 안다. 제자는 스승을 사랑하고 서서히 스승 속으로 녹아들어 간다. 스승은 신 안에 녹아있다. 스승을 통해서 제자는 신과 하나가 된다. 스승은 자기 자신을 제자에게 계속 부어주고 있다. 그리고 스승이 신과 하나가 되었기 때문에, 신이 아주아주 간접적으로 제자에게 자신을 계속 부어준다. 이것이 진정한 삼위일체다. 제자, 스승, 그리고 신. 그리고 그들은 서로에게 계속 자신을 부어준다. 제자는 무슨 일이 일어나고 있는지 알지 못한다.

내가 그대를 만질 때, 그대는 내가 그대를 만진다고 생각하는가? 신이 그대를 만진 것이다. 내가 신 안에 있고, 내가 그대를 만질 때, 신이 그대를 만진 것이다. 그러나 그대에게는 그것이 스승의 만짐으로만 보인다. 더 깊이 이해하면 할수록, 스승은 단지 도구일 뿐이라는 것을, 신의 노래가 계속 흘러나오는 플루트일 뿐이라는 것을 볼 수 있다.

* 그 날에는 너희가 알리라.

예수는 말한다. '그대가 깨닫게 되는 날, 그대 또한 그리스도가 되는 바로 그 궁극적인 만남의 날에'

* 평안을 너희에게 끼치노니 곧 나의 평안을 너희에게 주노라 내가 너희에게 주는 것은 세상이 주는 것 같지 아니하니라.

왜냐하면 내가 그대 안에 나의 평온을 부어주고 있고, 그것을 세상에서 하는 것과는 다르게 조건 없이 부어주고 있기 때문이다. 세상에서는 어느 누구도 조건 없이 주지 않는다. 세상에서는 모든 것이 거래다. 사람들이 그대에게 사랑을 준다고 해도, 그것은 받기 위해서 주는 것이다. 그것은 일종의 거래다.

* 평안을 너희에게 주노라

예수는 말한다. '걱정하지 마라. 나는 갈 것이나, 나의 평안이 그대 주위에 남아있을 것이다. 그대를 감쌀 것이다. 그리고 그대가 나를 기억할 때마다 평안이 그대에게 쏟아져 내리는 것을 발견할 것이다. 나의 평안은 항상 그대에게 남을 것이다.' 신뢰하는 가슴에게 그것은 항상 준비되어 있다.

* 평안을 너희에게 끼치노니 곧 나의 평안을 너희에게 주노라 내가 너희에게 주는 것은 세상이 주는 것 같지 아니하니라.

무엇인가를 받기 위해 주는 세상과는 같지 않을 것이다. 예수는 그저 주기만 한다. 거기에 거래라는 것이 없다.

스승은 주기만 한다. 무엇을 받기 위해서가 아니다. 제자가 스승에게 무엇을 줄 수 있겠는가? 그것은 일방통행이다. 스승은 계속 부어준다. 그러나 그가 그대에게 의무를 지우고 있다는 뜻이 아니다. 그는 신이 그에게 계속 부어주고 있음을 알고 있기 때문이다. 그가 그것으로 무엇을 할 수 있겠는가? 신을 통해서 들어오는 것을 그는 나눠주어야 한다. 신에게는 거래가 없다. 순수한 선물일 뿐이다.

* 내가 갔다가 너희에게로 온다 하는 말을 너희가 들었나니 나를 사랑하였더면 나의 아버지께로 감을 기뻐하였으리라. 아버지는 나보다 크심이니라.

예수는 말한다. '너희가 나를 사랑했다면, 기뻐할 것이다' 사랑은 죽음을 모른다. 사랑은 결코 죽음을 마주치지 않는다. 사랑에게 죽음은 존재하지 않는다.

그러므로 예수는 말한다. '만일 그대가 신뢰한다면, 만일 그대가 사랑한다면' 이 말은 틀림없이 도마에게만 한 것이 아니라 모든 제자들에게 했을 것이다. 왜냐하면 다시 '만일' 이 들어왔기 때문이다.

이 미묘한 것을 이해해야 한다. 성경에는 예수가 지금 누구에게 말하고 있는지 언급되어있지 않다. 그러나 '만일' 이 다시 들어왔다. 도마에게는 이렇게 말했다. '이제부터는 네가 신을 보았다. 네가 나를 보았기 때문이다.' 이제 그는 말한다. '만일 너희가 나를 사랑했다면, 기뻐할 것이다.' 그는 틀림없이 다른 제자들에게 몸을 돌려 그들 모두에게 말했을 것이다. '만일 너희가 나를 사랑한다면, 죽음은 없다. 나는 십자가형을 받을 것이고 그대들은 내가 신성한 몸으로 부활하는 것을 볼 것이다. 내가 신 안으로 들어가는 것을 볼 것이다. 신 안으로 사라지는 것을 볼 것이다. 나는 궁극적인 실재를 만나러 갈 것이다. 그대들의 스승이 궁극적인 실재를 만나러 갈 것이다. 그대들은 기뻐해야 한다. 이것을 찬양하라. 축제가 되게 하라. 기뻐하라.'

* 내가 갔다가 너희에게로 온다 하는 말을 너희가 들었나니

'그러나 나는 다시 올 것이다. 그대가 부르면 언제든, 그대가 필요로 하면 언제든 다시 올 것이다. 그대의 가슴이 아무 의심 없이 기도할 때마다 내가 가까이에 있는 것을 발견할 것이다.'

* 나를 사랑하였더면 나의 아버지께로 감을 기뻐하였으리라.

'그러므로 슬퍼할 이유가 없다. 나는 죽는 것이 아니다. 나는 신성에게로 가는 것이다.'

무지한 자에게 죽음이란 생명의 죽음이다. 아는 자에게 죽음이란 신성한 삶의 시작이다. 아는 자에게 죽음은 신성으로 들어가는 문이다.

이 이별의 메시지는 무한히 소중한 말이다. 그것이 그대 안에 깊이 가라앉게 하라. 그것이 그대의 심장 고동이 되게 하라. 그것이 명상하는 유일한 방법이다. 그것이 그 의미에 도달하는 유일한 방법이다. 기독교에서 지금까지 말해온 것들을 모두 잊어버려라. 그 독단적인 주장은 모두 광신적 차별주의다. 예수의 순수한 말에 신학자들이 얹은 것을 모두 잊어버려라. 그동안 배운 것은 모두 제쳐두고 그의 말에 직접 들어가 명상하라. 그러면 무한히 많을 것을 얻게 될 것이다. 축복을 받을 것이다.

아담이 어떻게 그리스도가 되고, 무의식이 어떻게 빛이 되고, 평범한 것이 어떻게 비범한 것으로 변형되고, 세속적인 것이 어떻게 신성한 것으로 가득 채워지고, 물질이 어떻게 의식으로 변형되는지 하는 것은 인류 역사상 인간의 변형에 대한 가장 위대한 이야기일 것이다.

초판 역자후기 (1983년 가을)

한 꽃이 오랫동안 움츠려 왔던 봉오리를 펼치고 신비스런 향기와 함께 잎을 여는 순간 꽃과 하늘은 하나가 되었고 하늘에서는 이런 소리가 들려왔다. "이는 내 사랑하는 아들이오, 내 기뻐하는 자라."

똑같은 씨앗으로서 흙에 뿌려져 꽃이 되기로 약속되었으나 꽃이 되지 못한 채 시들어 가는 봉오리들. 그것이 바로 우리들의 모습이다. 우리는 꽃이 되기를 포기해왔다. 아니 그 이전에 우리는 자신이 꽃이라는 사실을 잊고 있었다. 그리고 항상 봉오리만으로 성장을 그치고 그 속에서 온갖 슬픔과 불편함을 감수하면서 좌절과 욕망으로 혼잡한 가치관을 고수하며 살아 왔다. 여기서 먼저 자신의 내면에 감추어진 무한한 가능성을 발견하고 봉오리의 한계성을 뛰어넘어 아름다운 꽃을 피운 예수는 우리들의 기나긴 혼돈의 잠을 깨우고 있다. "너희 율법에 이른바 '내가 너희를 꽃이라 하였노라' 하지 아니하였느냐?"

예수는 봉오리들의 내면에 불을 붙여 거대한 내적인 혁명을 일으켜 놓고 다시 세상을 떠났다. 2천년이 지난 오늘 또 다른 이름을 가진 한 선각자가 하나의 꽃이 되어 우리들의 기억 속에서 그 원형을 달리 하면서 서서히 자취를 감춰 가고 있는 예수의 영혼을 재생해주고 있다.

라즈니쉬, 그는 서양의 신학이 아닌 동양의 사야를 통해서 예수를 보여주고 있다. 전혀 어울릴 것 같지 않던 붓다나 선사들이 예수의 이해를 더 깊이 해주는 것은 신선한 맛을 준다. 우리는 여기서 우리가 배우고 들어 온 것과 다른 분위기의 예수를 발견한다. 변형된 예수. 그러나 사실 예수는 변하지 않았다. 그 스스로 변화하려고 하지만 않았다면 그는 2천년 전에 하나님과 하나가 된 바로 그 예수다. 기나긴 그리스도교의 역사 속에서 변화되어 온 것이 있다면 그것은 예수의 본질이 아니라 그에 대한 우리들의 해석과 이해였다. 그의 이 강의는 조직화된 기독교에 대한 영혼의 혁명이다. 그는 각각의 사람이 자신의 권리를 되찾아 예수가 그러했듯이 신의 유일한 아들이 되기를 바라고 있다.

라즈니쉬는 1931년 인도의 자이나교 집안에서 태어나 1953년 3월 21일 깨달음을 얻었다. 지금은 침묵 속에 들어가 있는 그는 1974년부터 81년까지 약 4천 시간 동안 행한 강의에서 동서양 선각자들의 독특한 가르침을 손상되기 이전의 원형으로 되살려주고 있다. 그 중에서 이 책은 1977년 10월 21일부터 11월 10일까지 강의 한 것으로서 예수에 대한 강의록 7권 중 I Say Unto You 1, 2권이다.

기독교의 입장을 떠나 전혀 새로운 동양적인 관점에서 예수를 다시 생각해 볼 기회를 갖게 된 것을 참으로 다행스럽게 생각한다.